John
Dewey

现代西方
价值哲学经典

The Classic Works
of Modern Western
Value Philosophy

北京师范大学价值与文化研究中心　组编

冯　平　总主编

杜　威 卷

冯　平　主编

北京师范大学出版集团
BEIJING NORMAL UNIVERSITY PUBLISHING GROUP
北京师范大学出版社

致　谢

2018 年北京师范大学价值与文化中心正式立项组织《现代西方价值哲学经典》(第一辑)的编辑和出版。《现代西方价值哲学经典》(第一辑)共八本。《尼采卷》由孙周兴主编,《布伦塔诺与迈农卷》由郝亿春主编,《舍勒卷》由倪梁康和张任之主编,《哈特曼卷》由邓安庆、杨俊英主编,《闵斯特伯格卷》由刘冰主编,《杜威卷》由冯平主编,《史蒂文森卷》由姚新中、张燕主编,《刘易斯卷》由江传月主编。

在本套丛书出版之际,特别感谢北京师范大学杨耕教授,感谢北京师范大学价值与文化中心,感谢中心主任吴向东教授,感谢中心的工作人员陈乐、张永芝,感谢北京师范大学出版社饶涛副总编辑和本套丛书的策划编辑祁传华编审,感谢孙周兴、倪梁康、张任之、邓安庆、姚新中、郝亿春、刘冰、江传月、杨俊英和张燕的鼎力相助。

诞生于 19 世纪中叶的现代西方价值哲学,是西方现代化运动之子。它直面现代人的困境,直面生活的巨大不确定性和信念的极度虚无主义,为我们提供了宝贵的思想资源。相信本套丛书一定能为中国的价值哲学研究做出贡献。

《现代西方价值哲学经典》(第一辑)总主编　冯平

2022 年 11 月 6 日于复旦大学 杜威研究中心

目录

导　言

在现代西方价值哲学的研究成果中，杜威的价值哲学理论对于中国价值哲学研究者具有特别重要的意义。杜威以行动为基石的实验经验主义在历史—社会之现实的基础上，超越了他那个时代的价值哲学研究，超越了他之前的价值哲学研究关于价值的客观性、主观性、绝对性、相对性等解题方式，用杜威自己的话说，他的价值理论完成了一次哥白尼式的革命。

一

杜威的价值哲学革命是从对哲学观的改造开始的。杜威认为，哲学必须摒弃对绝对终极实在的追求，重新将自己的热情与精力集中于解决人类活动的那些最困难而又最重要的疑问，重新直面人类所感受的道德的和社会的大缺陷、大困苦，关怀社会的信念和社会的理想，阐明人生不幸的本质和原因，构建能够理解和校正社会弊病的、关于更好且可能的社会的观念和理想，以助成人类获得幸福的热望为己任。因此具有这一旨趣的哲学，必须斩断寻求绝对确定性这一死结，重新面对这个充满风险变动不居的经验世界。

建立一种经验存在论：认定我们只有一个世界，一个我们经验的世界，一个我们与周围环境交互作用的世界，一个我们生活着行动着的世界，一个我们需要思考、需要认识的世界，一个我们受其影响也通过行动而影响着的世界。这个世界没有一个最后的实体，不存在各自独立存在着的东西，它有的只是流变着的经验过程和彼此相关联着的"事情"。

建立一种行动认识论：它认定认识的对象就是这些事情或变化之间的相互关系。认识的目的就是控制变化的进程，控制变化的结果，就是使变化能够产生我们所期望的结果（end in view）。取代静观知识的是行动的知识。

建立一种创造者的信念：通过有目的的行动主动调节与活动相关的各种条件，从而获得具有较高概率的安全性。取代绝对确定性寻求的是对控制方法的探究。通过行动，在变化中获得相对的安全。这是一种"做事情"的哲学，而不是一种"看世界"的哲学；是一种改造现实的哲学，而不是一种逃避现实的哲学；是一种筹划未来的哲学，而不是一种描述和解释现存的哲学。行动这个范畴在这一哲学中获得了最高的地位。

二

杜威价值哲学讨论的核心问题是：关于目的、计划、措施和政策等的真正的有根据的命题是否以及如何可能。

这一理论所实现的革命变革之一：转换了价值哲学的核心概念和核心问题，将"价值判断"而不是将"价值"作为价值哲学研究的核心概念和核心问题；转换了讨论"价值"的方式，从因果关系上和从操作上界说价值，而不是描述关于价值的直接经验。杜威通过批判最常见、最容易得到人们认同的经验主义价值界定方式，而阐释了实验经验主义对"价值"的操作性理解：我们关于价值所有可说的话，都是关于价值的发生条件和它们所产生的后果的。这个意义上的价值不是已然的存在，不是我们静观的对象，而是需要我们通过智慧指导行动而创造的结果。

这一理论所实现的变革之二：建构了实验经验主义的价值判断理论。实验经验主义的评价理论的核心之一，是杜威明确区分了"关于价值的判断"（judgments about values）和"评价判断"（valuative judgment）。杜威称说的"关于价值的判断"就是从杜威那个时代流行至今的、乃至被当成经典的那种人们称之为"价值判断"的判断。"评价判断"是杜威为了区别于经典"价值判断"而新造的一个词，所表达的是对价值判断的一种新的理解。杜威认为严格说来，"关于价值的判断"并不是判断，而只是穿着判断外衣的陈述。它只是一种事后的报道和陈述。杜威认为，在人类生活中存在着一种真正需要哲学研究并提供智慧的境遇：这就是所有直接的善/好或内在的善/好都不辞而别。我们面对的不是什么不容置疑的善/好。我们全然不知我们应该满怀热情去对待的东西是什么。"评价判断所能发挥的最大的辅助作用，就是使一种价值作为价值、作为一种给定的价值而成为一种物理的存在。"与"关于价值的判断"不同，"评价判断"的对象不是给定的已然存在着的价值，而是一种通过某种行动才有可能成为存在的价值。因此，评价判断是对一种价值可能性的判断，对一种尚未存在的、有可能通过活动而被创造出来的价值承载者的判断。在这里，"不确定的价值，通过判断、并且只有通过判断才存在"。因此，评价判断的首要功能就是创造，首要特点也是创造。

三

在长达四十余年的价值问题研究中，杜威发表于 1915 年的《实践判断的逻辑》一文最为重要。可以将杜威的这篇论文视为杜威实验主义价值哲学的纲领，将此文中"价值判断是一种实践判断"这一命题，视为杜威实验主义价值哲学的核心命题。杜威通过这一命题而呈现出来的方法论原则，对于现实决策和价值判断能力的培养都具有极为重要的意义。

杜威认为，实践判断（practical judgment）是一种区别于主谓判断、关系判断、数学判断、描述性判断、预测性判断等各类判断的一种独特的判断类型。实践判断与其他判断的区别在于实践判断具有独特的论题（subject-matter）。"实践判断主要研究的并不是对象（objects）的价值，而是使一个不完善的情境得以完善所要采取的行动路线。"实践判断的论题是将要采取的行动方案和采取这种方案"所期望的结果"（end-in-view）。在这个意义上，杜威将实践判断定义为：一种关于"要做什么和要做到什么"的判断。由"要做什么和要做到什么"为中心所形成的一系列内容，就是实践判断不同于其他判断形式的独特的论题。杜威说，"有这样一种形式的命题，诸如：某某应该做这个而且应该这样做；这更好、更明智、更谨慎、更恰当、更可取、更合时宜、更有利，因此就这么做，等等。而诸如此类的判断就是我用'实践的'所命名的一类判断。"在杜威看来，以"要做什么和要做到什么"为论题的实践判断是一种"指明产生一件事实的重要性和必要性的判断","只有这一种判断,才是与指导行动有关的"。因此,对于人类活动而言,价值判断是认识与实践相连接的判断,是一种直接指导行动的判断,因而也是直接影响行动结果的一种判断。

在《实践判断的逻辑》中,杜威详细阐释了实践判断的六种逻辑蕴涵。其一,现有情境是有欠缺的,这种欠缺是需要通过以"要做到什么"为目标的"做"(行动)而改变的。其二,实践判断所形成的"命题本身就是使情境得以完善、推进情境走向自身完结的一个因素"。其三,实践判断"使所何以终结——即一种结果比另一种结果更好有所不同;而命题将是(在可能的范围内)确保这个更好结果得以产生的一种因素"。其四,"实践命题是二元的。它既是一种关于以一种具体的方式处理所予的判断;一种关于容许如此处理所予的判断,一种关于容许一种具体的客观结果的判断,也是一种一视同仁地对目的(将要带来的结果)和手段所作出的判断"。其五,实践判断的论题在逻辑上蕴涵着:它必须完整、准确地把握现实。实践判断"对情境中所予的描述"必须是"准确的",而"完整性""就是准确性的一个条件。"其六,实践判断的论题在逻辑上蕴涵着:"实践判断和对所予的判断的真与假,是由这些判断所导致的结果所确定的。""在尝试实践判断所控制的行动过程之前,关于目的—手段(构成实践命题的逻辑项和关系)的确定只是假设性的。这类行动的结果或产物,就是这个判断的真与假。"杜威说:"这个直接的结论是从'只有判断所导致的结果才能使判断的论题得以圆满'这个事实中得来的。"杜威关于只能在尝试实践判断所控制的行动过程的结果中确定实践判断的真假,这一观点与我们所说的马克思主义的一个基本原则——"实践是检验真理的标准"的理念是一致的。由此,杜威还进一步得出了:"就已经解释过的意义而言,所有描述发现的命题或描述探知的命题,以及所有的直言命题,都是假设;而它们的真实性,与它们经过检验的理智行动的结果相一致。"他将这种观点称之为"摆脱了对唯意志论心理学(voluntaristic psychology)依赖的实用主义"。这种实用主义,就是后来杜威以"实验主义"(experimentalism)命名的他所主张的那种主义。

一视同仁地对待手段与目的,是杜威价值哲学中非常重要的观点。它颠覆的是价值哲学的目的价值与手段价值的二元对立的教条。无论是在《实践判断的逻辑》之后的价值哲学研究中,还是在政治哲学研究中，"一视同仁地对目的（将要带来的结果）和手段做出判断"都是杜威理论的基本信念，也是杜威批评其他理论的关键。杜威在对实践判断论题蕴涵的这一部分提醒我们："特别值得注意的是，实践判断在它涉及描述手段时的交互性（reciprocal）特征。从目的的角度看，这种交互性确定了乌托邦主义和浪漫主义的位置，并谴责了乌托邦主义和浪漫主义，有时，乌托邦主义和浪漫主义也被称为理想主义（idealism）。从手段的角度看，这种交互性确定了唯物主义和预定论的位置，并谴责了唯物主义和预定论，有时，唯物主义和预定论也被称为机械论。"

杜威将他自己的观点称为"行动的理想主义"。"行动的理想主义不是对希望的盲目冲动，也不是各式各样的反启蒙主义的情感主义常常称呼的那种乐观主义，更不是乌托邦主义。行动的理想主义认可：凭借精确的发现，我们才能推进事情的发展进程，才能重新确定进程的方向。更准确地说，行动的理想主义所认可的是：一种作为主导动机的操作，这种操作是发现的延伸，是对发现结果的利用。"行动的理想主义必须严肃地研究"所予"，全面考察和盘存现有条件（事实）；弄清现有条件的存在是为了理智地决定将要做什么，和为了完善所予还需要什么。发现事实本身，是"延伸"和"利用"现有条件的前提。"如果掩盖、隐藏事实，便必定一无所获，这就是实践判断的性质。"

四

杜威在他讨论价值问题的文章中提过多位学者的名字，在《评价理论》一书中首先批判了艾耶尔《语言、真理与逻辑》一书中的观点，但如果说有哪位价值论学者的观点让杜威感到"颇费周章"的话，那非 R. B. 佩里莫属。1918 年杜威在他的《评价的对象》一文中，回应了佩里 1917 年在《杜威和乌尔班论价值判断》一文中的质疑。在此后21 年间，杜威在他关于价值的论文中曾不下 10 次直接提到过佩里的质疑。在 80 岁出版的唯一一本价值理论专著《评价理论》中，杜威更是用三分之二的篇幅直接或间接地回应了佩里在《杜威和乌尔班论价值判断》一文中对他关于价值判断理论的质疑。如果说，有哪一位价值论研究者对他理论的质疑，让杜威二十几年"耿耿于怀"的话，那只有佩里；如果说，有哪一位价值论研究者的著述，让佩里感到必须要"与之一搏"的话，那就是杜威的著述。然而，在我看来，杜威对佩里理论的意义是低估的，而佩里则始终未能同情地理解杜威的思路。但无论如何，佩里的价值理论和杜威的价值理论都是一种伟大的价值理论，虽然在先验主义路向的价值论者看来未必如此。

先验主义的价值哲学会鼓动辉煌理想的风帆，让人读来热血沸腾激情飞扬。杜威的实验经验主义价值哲学，会让人冷静、沉着，一步一步深思熟虑地前行。它们以各自不同的方式，回应着将人抛入巨大不确定性中的现代生活。

对道德进行科学研究的逻辑条件①

Ⅰ "科学的"一词的用法

科学是系统化的知识体，这个我们所熟知的观点可以用来引入对本文所使用的"科学的"一词的讨论。"系统化的知识体"这个短语，可以有不同的含义。它可以指内在于被安排的事实的一种属性，既不考虑事实之间被排列而成为事实的方式，也不考虑这种排列得以确保的方式。或者，它可以指观察、描述、比较、推断、实验、检验等各种理智活动，这些理智活动是获得事实和使事实变得融贯所必须具备的。它应该同时包含这两种意义。但是，既然排列的静止属性依靠于先前的动态过程，就有必要阐明这种依靠性。在使用"科学的"一词时，我们需要首先强调方法，然

---

① 首次发表于《代表院系的研究Ⅱ：哲学与教育》（*Investigations Representing the Departments，Part Ⅱ：Philosophy，Education*），芝加哥大学十周年专利第一系列，第3卷，芝加哥，芝加哥大学出版社，1903。本书选用的是徐陶译、赵敦华校的译本，被收录在华东师范大学出版社版《杜威全集·中期著作》第3卷。

后通过方法强调结果。在本文中，"科学的"指控制我们形成关于一些论题之判断的有规则的方法。

从心理的日常态度到科学态度的转变，对应的是不再把确定事物看作是理所当然的，而是采取一种批判的或者探究的、实验的态度。这个转变意味着一些信念及其相应的陈述不再被当作是自足的和自身完全的，而是被当作结论。把一个陈述看作结论，意味着两点。（1）它的根据和基础外在于它自身。超越它自身的这种相关性，使我们开始寻找作出这个陈述所必需的先在的断言，这种寻找就是探究。（2）这种先在的陈述基于它们在确定更多一些陈述（结论）时的关联或者重要性而被讨论。逻辑上，一个特定陈述的含义或者意义在于：我们在作出这个陈述的同时必须承认其他陈述。因此，我们开始进行推理，即一个特定断言或观点使我们承认和获得其他断言之发展。对于每个被通过的判断，当我们同时朝这两个方向查看时，我们的态度就是科学的。首先，通过它作出其他的、更加确定的判断（它是与这些判断连接在一起的）的可能性来核查或者检验它的有效性；其次，通过在作出其他陈述时它的使用来确定它的含义（或者意义）。通过作出其他判断（该陈述所依靠的那些判断）的可能性来确定它的有效性，和通过作出其他判断（该陈述使我们承认的那些判断）的必然性来确定它的含义，这是科学程序的两个标志。

只要进入这个程序，我们就不会把判断的各种活动看作是独立的和分离的，而是将其看作一个内在联系的系统。其中，每个断言都使我们得到其他断言（因为这些断言构成了其含义，所以我们必须审慎地对其作推论），并且我们只有通过其他断言才能获得这个内在联系的系统（因此，我们必须审慎地寻求这些断言）。因此，本文所使用的"科学的"一词意味着确定一个判断之秩序的可能性，以致每个判断被作出时，也可以确定其他判断，从而控制这些判断的形成。

这种"科学的"概念强调探究的内在逻辑，而不是强调探究的结果所具有的特定形式。上述观点可以用来排除一些反对意见，而当我们提到行为科学时，这些反对意见就会立刻出现。除非我们对这个概念进行了强调，否则"科学的"一词很可能让人想起那些我们在物理方面最为熟悉的知识体系；因此给人一种印象，以为我们所寻求的是把行为还原为相似的物理的甚至准数学的形式。但是，我们想要的东西类似于探究的方法而不是最终的结果。虽然这个解释可以排除一些反对意见，但是在目前的讨论阶段，还远远不能排除所有的反对意见并因此确保一个自由开放的领域。这个观点鲜明地否认了任何想要把关于行为的陈述还原为某些形式（类似于物理科学的形式）的努力。但是它也鲜明地肯定了两种情况下逻辑程序的一致性。这个观点将会遇到尖锐和断然的拒绝。因此，在发展道德科学的逻辑之前，有必要讨论一些反对意见。这些反对意见断定道德判断（moral judgment）和物理判断之间的内在差异，认为不能根据在一个领域中判断活动的控制推论出另一个领域中相似控制的可能性。

Ⅱ 对道德判断进行逻辑控制的可能性

正如刚才所指出的，在考虑这个可能性时，我们会遇到这样的主张，即认为正是行为的本质使得逻辑方法不能以它们在已经公认的科学探究的领域中被使用的那种方式得到运用。这种反对暗示着道德判断具有这样一种特质，使得我们不能从任何一个判断中系统地析取出什么东西，即使这个判断可用于促进和保证其他判断的形成。它从逻辑方面否定了道德经验的连续性。如果存在这样的连续性，那么任何一个判断都可以用作形成其他判断的自觉工具。否定道德经验的连续性之根据在于以下信念：伦理判断的基础和担保原则存在于超越的概念，即意见之中。这些超越的概念或意见不是从经验进程中产生的，是依据自身而被判断的，有着独立于这种经验进程的意义。

这种指出逻辑差异的主张采取了各种表现形式，它们都采用了几乎相同的预设。一种说法是伦理判断是直接的和直觉的。如果这是正确的，那么伦理判断不能被看作结论；因此，不能把它与其他东西（例如判断）在理智上（或者逻辑上）进行有序排列。一个纯粹直接判断依据其本性，是不能被用作理智上的校正或者应用的。这个观点体现在一种流行的思想中，即认为科学判断依靠于理性，而道德判断来自一种独立的能力——良知。道德判断有属于它自身的标准和方法，不服从理性的监督。

断定极端差异的另一种说法是认为科学判断依靠因果原则。因果原则必然带来一个现象对另一个现象的依赖性，因此也带来了陈述任何事实和陈述其他事实之间具有联系的可能性；而道德判断包含最终原因、目的或者理念的原则。因此，想要通过先在的命题对道德判断内容的形成和断定进行控制，就会破坏它独有的道德特性。或者，用流行的话语来表述：伦理判断之所以是伦理的，正因为它不是科学的；因为它处理的是规范、价值、理念，而不是特定的事实；因为它处理的是"应该是什么"，而不是"是什么"，前者通过纯粹的精神愿望来评估，后者通过调查研究来决定。

当认为科学判断根据时间的序列性和空间的并存性来陈述事实时，这也表达了几乎相同的观点。无论我们在什么情况下处理这种联系，很显然，关于一个项或者一个成员（member）①的知识可以引导和检查对于其他项或者其他成员的存在和性质之断言。但是，据说道德判断处理的是还有待完成的行动。在这样的情况下，道德特有的意义只能存在于判断之后且依靠判断而存在。因此，道德判断被认为从本质上超越了任何在过去的经验中所发现的东西；并且，若试图通过其他判断的媒介来控制道德判断，会消除它的道德特性。这种观念的表现形式出现在以下信念中，即认为道德判断与涉及自由的现实相联系，从而使得理智控制变得不可能。这样的判断被认为不是依据客观事实，而是依据在某种赞同或反对中表达出来的任意选择或者意志。

我并不想充分地讨论这些观点。我将把它们归结为一个单独的逻辑表述，然后在最一般的意义上讨论它。把这个单独的逻辑陈述看作刚才所提出的那些（和其他类似的）反对意见中的一种并进行辩护，这并不是我试图去做的，因为接下来的讨论并不依靠于那种观点。经过概括，关于道德判断和科学判断之间的鸿沟的各种陈述归结为关于两个二律悖反的断言：其一是普遍的和个别的之间的分离；其二是理智的和实践的之间的分离。这两个二律悖反最后归结为一个：科学陈述涉及一般的（generic）条件和联系，因此可以成为完全和客观的陈述；论理判断涉及个别的（individual）活动，并且个别活动依据其本性超出了客观陈述。这种分离的基础是：科学判断是普遍的，因此只能是假设的，并因此不能与行动发生联系；道德判断是直接的，因此是个别化的，并因此涉及行动。科学判断陈述的是：条件或者条件类别在哪里被发现，那么就能相应地在那里发现特定的其他条件或者其他条件类别。道德判断陈述的是：一个特定的目的具有直接的价值，因此可以被实现而不需要涉及什么先在的条件或事实。科学判断陈述的是条件之间的关联，道德判断陈述的则是无条件地要求实现一个观念。

对目前讨论的这个问题的逻辑表述，使我们把注意力集中到两个还需进一步讨论的关键点上。首先，科学判断是否处理本质上普

---

① "项"与"成员"均是三段论中的术语。——译者注

遍性的内容（它的全部意义都在于展示了特定的条件联系）？其次，通过理智的方法来控制道德判断（当然完全是个别化的）是否会破坏或者削弱其特有的伦理价值（ethical value）①？

在讨论刚才提出的两个问题时，首先，我试图指出：科学判断具有伦理判断（ethical judgments）②的所有逻辑特性；因为它们涉及（1）个别事例和（2）行动。我试图表明：科学判断即关于条件之联系的表述，有它产生的根源，并且是为了解放或者加强（应用于独特的和个别的事例的）判断行为这个特殊、唯一的目的而被发展和应用的。换句话说，我试图表明不会存在以下问题：由于把伦理判断放入一种不同的逻辑类型中，而这种逻辑类型又属于所谓的科学判断，这种做法就会消除伦理判断的独特性质；因为在科学判断中被发现的逻辑类型，已经考虑到了个别化和活动性。其次，我试图指出：个别化的伦理判断需要借助一般命题来得到控制，这些一般命题以普遍（或者客观）的形式陈述了相关条件之间的联系；而且，通过指导探究而获得这样的一般命题是可能的。最后，如果要对伦理学进行科学化的研究，我将简要提出建构这样的一般科学命题必须遵循的三种典型路线。

Ⅲ　科学判断的性质

科学判断是假设的，因为它们是普遍的。这种说法在最近的逻辑理论中几乎是一个常识。的确，这个说法在某种意义上陈述了一个毫无疑问的真理。科学的目标是规律。当规律表现为恒常性、关系或者顺序的形式（如果不是公式的话，至少也是表现为简单表述）时，规律就是恰当的。很显然，任何规律，不管是简单顺序还是作为公式，表达的都不是个别化的现实，而是条件之间的某种联系。到目前为止，人们对此还没有出现争论。但是，如果认为科学和普遍陈述的这种直接和显明的关联包括科学方法的所有逻辑含义，某些基本假设和基本含义就会被忽视；我们所争论的逻辑问题被回避了。真正的问题不是科学的目标以一般概念的形式或者条件联系的公式来进行陈述，而是科学如何做到这点，并且在得到这些普遍陈述之后，如何利用这些普遍陈述。

换句话说，我们首先必须询问一般判断的逻辑意义。因此，本

---

① 此处括号内原文为编者所加。——编者注
② 此处括号内原文为编者所加。——编者注

节不是要考察作为科学之客观内容的一般公式之意义，而是试图表明这种意义在于把"科学"或一般公式的体系发展成为控制个别判断的手段和方法。

1. 现代科学引以为自豪和骄傲的东西，是它特有的经验的和实验的特征。"经验的"一词，指科学陈述从具体经验中产生和发展出来；"实验的"一词，指通过所谓规律和一般概念在具体经验中的应用，对规律和一般概念进行检验和检查。如果这样的科学概念是正确的，那么毫无疑问，这表明一般命题处于一个纯粹中介的位置。它们既不是原初的，也不是最终的。它们是我们借以从一个特定经验到另外一个经验的中介；是以这种形式出现的个别经验，以便控制其他经验。否则，科学规律只能是理智抽象物，只能通过相互之间的融贯来检验，被认为把科学和中世纪的沉思区分开来的特性也会立即消失。

另外，如果物理和生物科学的命题的一般性是最根本的，那么这样的命题从实践观点来看是完全无用的；它们完全不能被用于实践，因为它们在理智上脱离实践应用所关注的个别事例。如同初始前提一样，对抽象物的纯粹演绎之推理也不能产生贴近具体事实的结论。演绎过程系统地引入一系列的新观念，使普遍内容变得更复杂。但是认为我们通过普遍内容的复杂化就能接近经验的个别化，这种观念是中世纪实在论的谬误，也是上帝存在的本体论证明的谬误。化学、物理学和生物学中的普遍命题（如果这样的命题在逻辑上是自足的）的演绎推理，并不能帮助我们修建桥梁或者确定热伤风流行病的源头。但是，如果普遍命题及其演绎推理能被阐释为对理智工具的制造和使用，并以促进我们的个体经验为明确的目标，那么结果会完全不同。

科学陈述的经验起源、实验检验和实践用途本身，足以说明我们不可能固守对判断的任何逻辑区分：普遍判断是科学的，而个别判断是实践的。这意味着我们所说的科学正在形成和准备一些工具，以便我们处理经验的个别事例——这些事例如果是个别的，那么就如同道德生活中的事例一样独特和不可替代。我们甚至可以说，使我们采取一种肤浅的观点并相信一般判断和个别判断之间的逻辑区分，即相信存在一个巨大的、自足的普遍命题的体系的事实本身就证明：对于一些个别经验，我们已经制定出控制我们与它们进行反思交流的方法，而在经验的另一个阶段，这个工作仍有待去完成——这就是当前的伦理科学的任务。

获得控制所要获得的目标的技术，不是这里要讨论的问题。只要指出假设性的命题是最有效的工具就足够了。如果我们不准说"这个，A，是 B"，能(1)找到根据说"哪里有 mn，哪里就有 B"，能(2)表明哪里有 op，哪里就有 mn，并且(3)有技术来发现在 A 中存在 op，那么即使所有外在的和习惯的特征都是缺乏的，即使"这个，A"表现出确定的特性，这些特性不用借助于一般命题的中介就能让我们必然把它等同于 C，我们也有理由把"这个，A"等同于 B。换句话说，同一性的识别(identification)要成为可靠的，只有当对它的判定是通过(1)把自然判断中未经分析的"这个"拆分为确定的特性，(2)把谓项拆分为相似的元素组合，(3)在主项和谓项的一些元素之间建立统一的联系。日常生活中的所有判断，以及地质学、地理学、历史学、动物学和植物学等科学(所有处理历史叙述或者空间并存的描述的科学)中的判断，实际上最终都会回到同一性的问题上。甚至物理学和化学中的判断，当它们是最终的和具体的时，也是与个别事例相联系的。在所有这些科学中，只有数学①涉及纯粹的普遍命题——这因而成为数学必不可少的重要性，即为技术的判断和其他科学的判断提供工具。同样，在所有艺术中(不管是商业的、专业的还是具有美感的)，判断都可以被归结为正确的同一性识别问题。观察、判断、解释和熟练技能都在处理个别事例的过程中展现出来。

2. 到目前为止，我们已经看到科学中一般陈述的意义并不能为假定在它们的逻辑形式和对行为的科学研究的逻辑形式之间存在差异说明理由。实际上，因为我们已经发现一般命题的产生、发展及对它们的检验都在对个别事例的控制之中，所以我们只能假定相似性而不是差异性。我们能否进一步扩展这种相似性？它能否同样应用于伦理判断的其他特性，即涉及行动？

正因为现代科学强调的是科学陈述的假设性和普遍性，把它们与个别判断的关联放入了背景(实际上之所以这样放置，只是因为这种关联性总是被看作理所当然的)，因此，现代逻辑强调判断的内容方面而牺牲了判断活动。但是，现在我将试图表明：这种强调之所以出现，也是因为与活动的关联完全被当作理所当然的，以至于可能忽视它——就是说，没有清楚地把它表达出来。我将试图指出，判断必须被看作活动；实际上，严格意义上的判断的个别特征在最

① 如果现在的论证需要，我当然还可以指出：所有数学都涉及个别事例。在数学科学中，符号(图表也是符号)是个别对象，具有像化学中的金属和酸以及地质学中的岩石和化石一样的逻辑性质。

终的分析中，意味着判断是一个不可替代的单独活动。

我们的关键点是对任何特定判断所断言的内容或者意义的控制。这种控制如何能够被获得？我们到目前为止的讲述，好像在说一个判断的内容可以简单地通过参照另一个判断的内容得到阐明；特别是，好像一个个别判断（例如，一个关于同一性识别的判断）的内容可以通过参照一个普遍性或者假设性命题的内容来获得。实际上，并不能仅仅通过参照别的内容来控制一个判断的内容。认识到这个不可能性，就是认识到：对判断之构成的控制，总是通过行动的中介，通过行动使得个别判断和普遍命题各自的内容被挑选出来且被放入相互联系之中。从任何一般公式到一个个别判断，并没有道路。这个道路要经过进行判断的个人之习惯和精神态度。普遍命题只有在行动中才能获得逻辑力量和精神实在性。通过行动，普遍命题被当作工具发明和建造出来，然后为了它所服务的目标而被使用。

因此，我试图表明，活动性在形成判断的每个关键之处都有表现：(a)它在被使用的一般命题和普遍命题的起源中表现出来；(b)它在对被判断的特定论题之选择中表现出来；(c)它在检验和证实假设之有效性以及确定的特定论题之意义的方式中表现出来。

a)目前为止，我们已经假定了为了方便使用而制造和选择一般原则的可能性，这些一般原则可以控制个别事例中的同一性。就是说，除非我们有被定义为特殊条件之间的联系的特定的一般概念，除非我们知道何时以及如何从这样的可用概念中选择所需要的那一个，否则我们就不能控制"这是伤寒症"或者"那是贝拉彗星"这种类型的判断。被认为是彼此联系的公式之体系的整个科学，正是一个可能发生的谓述的体系，就是说，是用来限定一些特殊经验（对于这些经验的性质和意义，我们还不清楚）的可能观点或方法的体系。它给我们提供了一套进行选择的工具。当然，这种选择依赖于特定事实的需要，我们必须在特定事例中区分和确认这些事实，如同木匠根据他想要做的东西决定从工具箱中选择锤子、锯子还是刨子。有人也许会认为，一个职位的众多可能候选者的存在，加上在数学上他们可能的组合和排列，两者合起来决定了他们中的某一个获得那个职位。这类似于认为，一个特定判断可以根据一个理论上可以穷尽的一般原则之体系被推演出来。作为它本身的一个有机组成部分，这个逻辑进程包括对一般原则的体系中一个特定原则的选择和涉及，而这特定的一般原则是与特定事例相关的。这种个别化的选择和适应是这个情境之逻辑的组成部分，而且，这种选择和调整很显然就是行动的性质。

我们一定不要忘了说明，我们关注的不是选择或者适应一个现成的普遍命题(universal)，而是关注普遍命题的起源，目的正是完成这种适应。如果经验中的个别事例不曾给我们的识别活动制造任何困难，如果它们不曾产生任何问题，那么普遍命题简直就不会存在，更别说被使用了。普遍命题正是经验的这种表述，以便促进和保证个别化的经验的价值。在这种作用之外，它不会存在，其可靠性也不能得到保证。在科学已经获得长足发展的情况下，我们可以毫无错误地这么说，似乎普遍命题已经是现成的，并且似乎唯一的问题只是它们中的哪一个被挑选出来使用。但是，这种说法不应让我们无视以下事实：正是因为需要更客观地确定特定事例的方法，普遍命题才会产生，并且呈现特定的形式和特征。如果普遍命题不是作为在这种冲突中进行调和的中介，正如它能在这种类似的冲突中找到其用途，那么这种使用将会是绝对任意的，并且因而没有逻辑限制。进行选择和使用的活动是逻辑的，而不是在逻辑之外的，因为被选择和使用的工具正是为了进一步的选择和使用而被制造和发展出来的。①

b)同一性判断中的个别活动(或者选择)，并不仅仅表现于从一些必要的特定谓项的可能性中进行选择，还表现于对"这个"，或者主项的确定。逻辑专业的学生都熟悉特殊性的事实和一个特殊项的限定或者区别特征之间的区分——这种区分如果换个说法，又叫"那个"(that)和"什么"(what)的区分，或者"这个"(this)和"此性"(this-ness)的区分。② 此性指的是一个性质，不管这种性质是多么感官性的(如热、红和响)，但可能在它本身的含义上，这种性质同样地属

---

① 当然，这里所提出的观点无疑是实用主义的。但是，我不是非常确定特定形式的实用主义的含义。它们似乎表示：一个理性的或者逻辑的陈述直到某个阶段都是很好的，但又有确定的外在限制，因此在关键点上，必须求助于显然是非理性的或者外在于逻辑的思考因素，而这种求助就是选择和"活动性"。实践的和逻辑的因此相互对立。我想要维护的就是这种对立，即逻辑是实践内在的或者有机的表达，当它在实践中起作用时，就实现了自身的逻辑基础和目标。我并不想表明，我们称为"科学"的东西是由**外在**的伦理因素任意限制的；我也不想表明，科学因此就不能把自身引入伦理的领域；我想表明的恰恰相反，即正因为科学是一种控制我们与经验物的世界之间的行动联系的模式，伦理经验才急需这种控制。通过"实践的"一词，我仅仅指的是经验性的价值之受控制的变化。

② 最近逻辑学中的这个区分是由布拉德雷(Bradley)在《逻辑原理》(*Principles of Logic*)中提出的，颇具说服力，也很清晰。

于很多特殊项。它是一个表达所具有的东西，而不是它就是那个东西。这样一些应用在性质观念中有所涉及。它使得所有的特性能够被看作程度。它使得特性的名称很容易把自身转变为抽象的语词，如把蓝色变成蓝性，把高声变成高声性，把热变成热性，等等。

判断的特性，说得更明白点，判断的单一性是由关于"这个"的直接描述建构的。[①] 这种描述特征指的是偏好的选择，它是属于活动的。或者，从心理学的角度，感觉特性只有在运动反应中才能变成特殊的。作为直接经验的红、蓝、热等，总是涉及确定它们的运动调节。改变这种运动调节，这种经验的特性也会发生改变；减少运动调节，这种特性也会变得越来越模糊不清。但是，对作为判断之直接主项的任何特殊的"这个"的选择，并不是任意的，而是依赖于所关注的主要目标。理论上讲，任何在感知中的对象，或者任何特性，或者任何一个对象的元素，都可以作为"这个"起作用，或者作为在判断中被确定的论题起作用。纯粹客观地说，没有理由从无限的可能性中选择这一个而不选择那一个。但是，关注的目标（这个目标当然能在判断的谓项中找到表达）为我们决定什么对象或者对象的什么元素在逻辑上是适合的提供了根据。选择活动的含义由此成为逻辑操作的有机组成部分，而不是在逻辑活动完成之后的任意的实践附加物。这种导致普遍命题的建构和选择的兴趣关注，也导致了对普遍命题所使用的直接资料或者材料的建构性选择。[②]

c）所有科学同一性识别都具有实验性，这是一个常识。它是如此平常，以至于我们很容易忽视它的巨大重要性，即公开的活动对逻辑进程的完整性是绝对必要的。正如我们已经看到的，活动同时被包含于谓项或者解释意义和"这个"或者有待确定的事实中。如果这两种活动不是相互联系于一个更大的经验价值变化的体系之中的，那么它们都会是任意的；它们相互之间最终的恰当性或者适应性，会是完全令人惊奇的事情。如果一个任意的选择活动从可能限定的整个体系中抓住一些谓项，而起源上完全独立的另一个选择活动从感知的整个可能领域抓住一个特定领域，并且如果这样的两个选择能够彼此符合、互相服务，那么这将是完全的偶然性。

---

① 这里不是很有必要指出，冠词"the"是弱化的描述，代词（包括"它"）都与描述相关。

② 因此，在接受布拉德雷的"这个"（This）和"此性"（Thisness）的区分时，我们并不能接受他给予这个区分的特定阐释。按照他的阐释，"这个"和"此性"之间不可能有严格的**逻辑**关联。只有"此性"，才有逻辑意义；"这个"是由完全超越理智控制的思考来确定的。实际上，这表明：一个外在于判断活动的实在闯入或者进入一个逻辑观念或者意义之领域，这种独特而强制的侵入是我们的经验之极其有限性必不可少的伴随物。

但是，如果同一个目标或者关注在对这两个选择的控制中起作用，那么情况会完全不同。在这样的情况下，证实的实验活动是在实现一个目标，而这个目标同时表现在对在主项和谓项的选择中。它不是第三个进程，而是一个活动整体，我们已经考虑了这个活动整体的两个部分而非典型的方面。意义或者谓项的选择，总是与有待解释的个别事例相关；并且特定的客观事例的建构，总是受到与其所服务的目标相关的观点或者观念的影响。这种相互关联是持续被使用的检验或者试验；更加明显的有关证实的实验活动仅仅表示：这样的条件使得检验过程表现得很明显。

　　现在我试图表明，如果我们采用科学判断的唯一最终形式，即鉴定或者区分一部分个别化的经验，那么判断显然是一种判断活动；这种活动表现在对主项和谓项的选择和决定中，同时也表现在对它们彼此相关的价值的决定中，因此也表现在对于真理和有效性的决定中。

　　既然我在讨论中用了一套并非自明的术语，并且引入了很多陈述；在现在的逻辑讨论的状况或条件下，这些陈述对于许多人来说似乎还需要论证而不是已经提供了论证，那么我可以指出：这种论证是完全能够被经验证实的。所获结论的真实或错误依赖于以下两个观点。

　　第一，任何判断就其具体现实性而言都是一种关注活动，并且像所有关注活动一样，它也包含兴趣或者目的之作用，以及服务于这种兴趣的习惯和冲动倾向之施展（这最终包含运动调节）。因此，它包含对于关注对象和"理解"或者解释之观点和模式的选择。改变了兴趣或者目的，被选择的材料（判断的论题）也会改变，并且相关的观点（还有谓述的种类）也会发生改变。

　　第二，抽象的、普遍的科学命题是由于这种个别判断或者关注行为的需要而发展起来的；它们采取了它们的存在形式（发展出它们特有的结构或者内容），并且将其作为使得个别判断能够最有效最有作用的工具；也就是说，使得个别判断能够最可靠和最经济地实现它所要完成的目的。因而，这些概念的价值或者有效性总是通过使用被检验，而这种使用通过其成功和失败来判定普遍原则等的效力，以便履行它们所要完成的控制功能。①

-----

① 所有一般的科学命题、所有的规律陈述、所有的等式和公式都有严格的规范性。这是它们存在的唯一理由，是对其价值的唯一检验，也是它们控制关于个别事例之描述的能力。意识到以上观点，便可以检验一种流行的倾向，即在纯粹规范性的哲学和纯粹描述性的科学之间严格划界。认为科学命题等只是简单记录或者抽象描述，这证实了而不是否定了这种观点。如果简单而抽象的陈述并没有在与实在的直接关涉中起到工具作用，那么为什么还要产生它们呢？

　　只要科学判断被判定为一种活动，那么就没有任何先验的理由在公认科学之材料的逻辑和行为的逻辑之间划界。因此，如果能够找到任何确定的基础，我们就能自由地前进。认识到判断活动并不是普遍存在的，而是在本质上涉及一个最初的起点和一个终极性的完成，这正好提供了确定的基础。判断活动不只是自由的活动经验，还是需要特定动机的活动经验。必定存在一些使人们从事这种特定种类的活动而不是别的活动的刺激因素。为什么要参加那个我们称之为判断的特定种类的活动？其他一些活动或许也会进行，如锯木头、绘画、小麦市场的囤积居奇、谴责。必定有某些东西存在于最完备和最正确的理智命题的集合之外，这些东西使我们进行判断而不是进行其他活动。如果有人想要判断，那么科学提供了条件，这些条件在最有效地进行判断活动时会被使用。但是，这建立在如果的基础上。没有什么理论体系能够讲清楚个人在特定时候会进行判断而不是做其他事情。只有聚焦于个人兴趣的整个行为系统，才能提供那种起决定作用的刺激因素。

　　不但为了有组织的科学体系之使用而必须找到一个实践性的动机，而且为了这个科学体系的正确和恰当的使用，必须找到一个相似的动机。理智命题的逻辑价值区别于纯粹理智存在物（ens rationis）的独特的逻辑意义，依赖于实践的并且最终是道德的考虑因素。这种兴趣必须能使个人进行判断，还能使他精细地进行判断，把所有必需的预防措施和所有可用的资源（能确保结论接近最大可能性的真理）都运用起来。科学体系（"科学"一词指有组织的理智内容）的逻辑价值绝对依赖于道德关注：真诚地想要进行正确的判断。失去这个关注，科学体系就会变成纯粹的美学对象，即借助于它的内在和谐与对称而激发情感反应，但是没有逻辑含义。再一次假设一个鉴定热伤风的案例，其中是职业的、社会的和科学的兴趣使医生历尽千辛万苦试图得到所有与形成判断有关的资料，并且使他充分考虑使其阐释具有工具作用。理智内容只有通过特定的动机，才能获得逻辑功能；而这个动机虽然外在于理智内容本身，但是在逻辑功能上又与理智内容绝对联系着。

　　如果科学资源、观察和实验的技术、分类体系等在指导判断活动（并因此确定判断的内容）中的作用依赖于判断者的兴趣和倾向，那么，我们只能使这种依赖性变得明确，并且所谓科学判断的确显得就像道德判断。如果物理学家由于急切地想要完成工作而变得粗心和武断，或者在金钱方面的需要影响到他的判断方式，那么，我们也许会说，他在逻辑上和道德上都失败了。在科学上，他没有使用已经掌握的方法去指导他的判断活动，以便给予判断最大的正确性；而逻辑上的失败在于他自己的动机和倾向。总之，科学的一般命题或者普遍命题只有通过判断者的习惯或者倾向之中介才能起作用。它们自身没有运作方式（modus operandi）。①

附加于理智活动之上的独特的道德性质之可能性要归因于以下事实：并不存在一个特定的点，一个习惯由此开始而其他习惯由此停止。如果一个特定的习惯变得完全孤立和分离，那么也许有一个依靠纯粹理智技术、依靠使用专门的技术来处理特定材料之习惯（而不考虑任何伦理限制）的判断活动。但是，连续性原则是绝对的。不仅特定的心理态度通过习惯可以扩展为一个单独事例，而且任何习惯在其自身的运作中都可以直接地或者间接地召唤其他习惯。"性格"一词指的是这种影响最终判断的、相互作用的复杂的连续统一体。

Ⅳ　伦理判断的逻辑特征

现在我们又回到一开始的命题：对于任何对象的科学研究都意味着对工具的使用。在所有属于那个对象的材料中，这种工具都可以控制判断的形成。我们已经消除了先验的反对意见，即公认的科学判断所应用的论题如此不同于道德判断所关涉的论题，因此它们之间没有共通的特征。我们现在可以自由地回到开始的问题：对行动进行科学研究的特有的逻辑条件是什么？每一种判断都有属于自己的目的；工具（被使用的范畴和方法）必定随着目的之变化而变化。如果我们普遍地认为科学技术、公式和普遍命题等的逻辑本质在于它们能够保证判断活动以便实现一个目的，那么我们必须同意进一步的命题：所需要的逻辑工具随着想要实现的目的而变化。因而，如果在伦理判断活动所促成的目的中有什么特别的东西，那么同样地，在对它的科学研究的逻辑中也必定有独特的性质。

---

① 就我所知，查尔斯·皮尔士（Charles S. Peirce）先生是第一个提醒人们关注这个原则的人，也是第一个强调它的根本逻辑重要性的人。皮尔士先生把它称为连续原则：一个过去的观念，只有当它与它所要产生作用的对象保持心理上的连续性时才能产生作用。一个普遍的观念只是一个有生命力的、扩展中的感觉，习惯是对于一个特定心理连续体的特殊运作模式的表述。我通过不同的路径得到了以上结论，同时并没有贬低皮尔士先生之陈述的先在价值，或者它更加普遍化的逻辑特征。我觉得自己的陈述有着某种独立确证的价值。

　　因此，问题同样回到了伦理判断的特有的区别特征之上。如果我们回到那些科学同一性的事例，其中伦理因素变得明显，那么这些特征很容易显现出来。我们看到在一些事例之中，同一性的本质及其真假在意识上依靠于判断者的态度或者倾向。"在意识上"一词，区分出一个特定种类的判断。所有个别判断中都有一个活动；并且在所有情况下，活动都是动机并因此是习惯，而最终是整体习惯或性格的表达。在很多情况下，性格的含义只是一个假设，不必去注意它。它是判断活动的实践条件的组成部分，但不是逻辑条件的组成部分；因此，它没有被吸纳到内容里面，即进入判断中有意识地对象化。把它看作实践条件而不是逻辑条件，这意味着尽管它对任何判断来说都是必需的，可是一个判断活动只是和任何其他判断一样需要它。它相同地影响所有判断；对于特定判断的真实或虚假来说，这种不偏不倚的关涉就和完全没有关涉一样。在这种情况下，判断受其他性质的条件的控制，而不是受性格条件的控制；提供给它的材料按照和材料一样状况或者性质的对象来被判断。不仅被判断的内容没有有意识地包括动机和倾向，而且还明显地存在阻止或者抑制来自判断者的因素。从这种判断的角度来看，这些因素被看作在逻辑上仅仅是主观的，因此是妨碍我们获得真理的因素。我们可以毫无矛盾地说，判断活动中判断者的活动在进行之时，力图防止它的活动对判断的材料有任何影响。通过这些判断，"外在的"的对象被确定了，判断者的活动对于它涉及的东西保持绝对的中立和漠不关心。同样的观念也可以由以下说法来表达：动机和性格在起作用的时候是完全相同的，它们对于特定的对象或者被判断的内容来说毫无差别。因此，动机和性格也许是被预设的，从而可以不予考虑。

　　但是，无论什么时候，性格的含义、习惯和动机的作用都会被看作影响特定的判断对象之性质的因素。我们为了逻辑的目标必须注意到这个事实，并使这种联系成为判断论题中内容的一个显明因素。当性格不再是无关紧要或者中立的因素，当它在性质上影响判断者展现给自身的情境之意义时，那么，区别特征就被引入被判断的对象之中；这个特征不仅是一种改进，或者种类上同质于已经所予（given）的事实，而且还能够改变这些事实的意义，因为这个特征把评价的标准引入了被判断的内容。换句话说，如果性格的影响实际上是先在的，即如果性格不是任何判断的相同的、中立的条件，而是单独地（或者隐含地）决定如此这般的这个判断之内容价值，那么作为实践条件的性格就成为逻辑条件。换个角度来看，在"理智的"判断中，性格对于描述什么对象被判断来说是毫无差别的，因此任何判断都可以精确地进行；但是，在道德判断中，问题的关键在于决定内容如此那般时所导致的差异，这种差异是判断之为判断的必要条件。

这种在意识上与个人倾向的关联，使得对象成为一个动态的对象，即一个由特定限制来规定的过程：一边是特定的事实，另一边是特定类别的行动者所改变的同一些事实。被判断的对象是动态的，而不是"外在的"，因为它需要的不仅仅是作为前提的判断活动，而且是作为自身结构之必要成分的判断活动。在典型的理智判断中，我们的假设是：这种必定会导致某种结合与区分的活动外在于被判断的材料，只要它完成自己的工作，即把属于整体的因素放在一起而去除其他不相关的因素，那么就要立刻停止工作。但是，在伦理判断中，这个假设有完全相反的含义，即情境正是通过在判断活动中表现出来的态度被产生出来。从严格的逻辑观点来看（就是说，不会明显地涉及道德方面的因素），伦理判断因此具有自己特有的一个目标：它进入对论题的判断中，并且导致判断活动的态度或者倾向是决定论题的一个确定因素。

随之而来的是，伦理判断的目标可以被这样陈述：把判断活动本身建构为复杂的客观内容。如同对于独特的理智过程中的判断活动一样，它要弄清判断活动，并且使判断活动的性质和本质（区别于它的形式——那是心理学研究的问题）成为考虑的对象。正因为性格或者倾向被卷入评价所通过的材料和判断所组织的材料中，性格才被判断所决定。这是一个有重大伦理含义的事实；但是，在这里，它的意义不是伦理的，而是逻辑的。从严格的逻辑观点来看，它表明我们正在处理一个典型的判断种类，其中，判断活动的条件本身被客观地决定。判断者要对自身进行判断；并且，因此为任何种类的一切更多判断设定条件。用更加心理学化的术语来说，判断通过有意识的考虑和选择，实现了一个到目前为止或多或少还是模糊和冲动的动机；或者，它以这样一种方式表现了一个习惯，即不仅仅是在实践上加强这个习惯，而且根据某种后果把这个习惯的情感价值和含义带入意识。从逻辑的立场来看，我们说判断者有意识地参与到构建一个对象的活动中（并且因此把客观形式和现实性赋予）判断活动的控制条件。

V　伦理科学的范畴

伦理判断会导致被判断的情境和在判断活动中表现出来的性格与倾向的完全的交互决定。一般来说，单个的道德判断必定会在自身中表现出所有属于道德判断的本质特征。不管特定伦理经验的材料多么令人惊奇和独特，它至少仍是伦理经验；同样，对它的考虑和解释必须符合判断活动的条件。产生自以上这种交互决定的判断，有自身特有的结构或组织。它所要进行的工作，赋予它限制性的或者规定性的因素和属性。这些因素和属性构成了所有伦理科学最终的术语或者范畴。并且，因为这些术语在判断过程中的道德经验里有所表现，所以它们不只是形式的或者空洞的，而是在科学考察具体情境时分析具体情境的工具。

根据其他相似对象来建构一个对象的特定理智判断，必定有自己固有的结构，这种结构为物理科学提供了最终的范畴。空间、时间、质量、能量等单位，规定了这种类型的判断起作用的限制性条件。现在，有一种判断根据性格来决定一个情境，并且构建我们所说的动态情境或者有意识的动态作用。这种判断在逻辑上同样拥有自己的观点和方法；对它的任务来说，是必需的工具。伦理讨论充满了这样的术语，如自然的和精神的、感觉的和理念的、标准的和正义的、义务和职责、自由和责任。但是，这种讨论和对这些术语的使用会遇到根本性的困难。这些术语通常被看作以某种方式被预先给予的，因此是独立和孤立的东西。理论首先讨论这些范畴是否有效，其次讨论它们特有的含义是什么。这些讨论是任意的，因为这些范畴不是被当作限制性的条件；正如逻辑操作的构成元素一样，如果它们有自身的任务要完成，就必定拥有为了成功实现目标所必需的手段和工具。因此，对伦理学进行科学研究的首要条件是：对这些被使用的基本术语、理智观点和工具的讨论，要与它们应用的处境和它们在一个特定种类的判断中所起的作用联系起来；这种特定种类的判断，指的是那种能产生动态情境和心理倾向在客观上相互决定的判断。

当范畴接受了当前讨论所赋予的那种结论，当它们因为孤立的方式偶然地被提出，那么它们就没有了控制判断形成的方法。其他依赖于它们的使用的判断同样越来越无法控制。使更多的特定判断经济地和有效地运作所必需的工具，其自身的结构与运作模式仍然是晦暗不明的。它们在使用时必然一团糟。因为范畴被看作似乎拥有现成的独立意义，每个范畴都有自身的意义，所以我们无法审查任何一个范畴所具有的意义，也没有公认的标准来判定任何范畴的有效性。只有联系范畴在其中出现和起作用的情境，才能为评价它们的价值和意义提供基础。否则，对最终的伦理术语的定义只能留给基于意见的推理。这些意见抓住了情境更鲜明的特征（因此可以拥有一定程度的真理性），但是不能抓住作为整体的情境，也不能抓住情境的典型术语的精确含义。例如，关于什么是伦理标准（不管是有助于快乐，还是接近于存在的完善）的讨论，相对而言必定是徒劳的；除非通过事例的逻辑必然性，并拥有一些方法来决定什么东西存在并且能够成为标准。我们没有根据伦理判断和情境的本质条件来对标准进行定义。这样一个关于标准的定义，实际上不是给予我们一个关于制造道德价值的临时观点，例如形成道德规则，而是为我们设定了想要成为道德标准的东西必须满足的确定条件；因此，它作为工具来评判想要成为标准的东西，不管它们作为普遍理论还是作为具体事务。同样，理论家一直想要说明什么是人的理念、什么是至善、什么是人的职责以及什么是他的责任，想要证明他是否拥有自由；但是，理论家并不拥有受控制的方式来定义"理念""善""职责"等术语的内容。如果这些术语拥有任何属于它们自身的可证实的恰当含义，那么，这个含义就是作为某种判断的限制特性；这种判断能产生（institute）判断中的心理态度和被判断的论题之间的相互决定。对这种判断之形成的分析，必定会揭示所有作为基本伦理范畴的区别特征。不管含义的哪种要素作为这种判断的组成部分，它都具有道德经验本身所具备的有效性；一个不在这样的分析中出现的术语不具备有效性。任何一个术语的不同含义，都依靠它在这种判断的形成和终结中所起的特定作用。

VI　作为控制伦理判断之条件的心理分析

如果道德判断真的是这样，即最后被确定的内容在每个环节上都受到判断者倾向的影响（因为他根据自己的态度来解释遭遇到的情境），那么我们可以立刻得出结论：对个别道德判断进行恰当控制所必需的普遍理论包括对倾向的客观分析，因为倾向会通过判断的中介影响活动。作为一个简单事实，我们每个人都知道现在大部分关于道德的研究包括对性格的合意的和不合意的特征——美德和罪恶——的讨论，包括对作为性格之功能的良知的讨论，也包括对作为性格的表达和形成方式的意向、动机和选择的讨论。另外，关于自由、责任等的具体讨论被看作性格与行为媒介的关系问题。前面提到的性格和判断内容的交互决定性表明，这种讨论不只是实践上所必需的，也不仅仅是澄清某些次要的观点，而是恰当的伦理理论的重要组成部分。

如果性格或者倾向在判断最后所陈述的内容的每个构成点上都有表现，那么对于这种判断的控制显然取决于我们是否能够以普遍化的方式阐明构成性格这一客观事实的相关因素。① 只有当我们具有关于把物理对象判断为物理的这个过程能被观察到的特定条件的知识，并且这种知识独立于或者先于经验的特殊情况，我们关于物理对象的特定判断才能得到控制。正是通过这样的规律，或者对于联系条件的表述，我们才能得到公正性和客观性，从而使得我们能够在危急关头不受当下因素的影响进行判断。我们摆脱了经验的迫不得已的直接性，而到达了一个能够清楚和完全地看待它的地步。因为性格是一个渗入一切道德判断的事实，所以控制能力依靠于我们以条件之普遍联系的方式来表述性格的能力，而这种条件脱离了特定事例之境况的影响。心理分析是一种工具，使得性格从专注于直接经验的价值转变为客观的、科学的事实。它其实是根据自身发展之控制模式来对经验进行的表述。

即使是一般人，也知道心理倾向在某种道德意义上改变判断的许多方法，并且习惯于利用这个认识来控制道德判断。我们可以收集到很多表达心理态度影响道德评价方式的谚语。在如下表述中体现出来的观念对普通人来说也是常识：习惯、习俗和利益削弱了观察能力；激情阻碍和扰乱了反思能力；私利使判断者只注意被判断情境的某些特定方面；冲动使心理匆忙而又不加分辨地下判断；当目标和理想被关注时，它们激发起容易充满整个意识的情感，当情感开始膨胀时，它们开始限制进而消除我们的判断能力。这样的表述不胜枚举。它们不仅为大众所了解，而且通常用于帮助人们形成健康的道德行为。

---

① 当然，术语"对象"（object）和"客观的"（objective）是在逻辑的意义上被使用的，而不同于"物理的"，后者仅仅指逻辑对象可以采取的一种形式。斯图亚特（Stuart）博士 1903年刊于《逻辑理论研究》（*Studies in Logical Theory*）的《作为逻辑过程的评价》（"Valuation as a Logical Process"）可以作为参考，它讨论了"对象"一词的逻辑意义以及它与经济的、伦理的判断之客观性（objectivity）的关系。

心理学完全不等同于这些陈述的堆积，因为心理学阐明了不同的倾向如何产生相应的结果。什么是不同的心灵态度和倾向？它们如何结合在一起？一个如何召唤或者排除另外一个？我们需要包括不同的典型倾向的清单，以及对倾向如何刺激或者抑制其他倾向这两种结合方式的说明。心理分析满足了这个需要，尽管它只能通过发展出科学结构来满足这个需要。科学结构作为心理考察的结果在经验中展现自身，但是典型的态度和倾向确实和日常经验的那些作用一样是我们所熟悉的。同样，最原子主义的心理学也会使用普遍化的陈述来说明特定的"意识状态"或者要素（已经提到的结构）如何系统地引起特定的其他"状态"。实际上，联想理论正是以普遍化的方式说明了：要素的客观顺序对于心理学家来说，如何反映出经验之直接过程中的态度或倾向之顺序。特别要指出的是，感觉论者不仅承认而且宣称其他意识状态同痛苦或者快乐之状态的联系都有可以被归结到普遍命题的相同倾向，都有可以构成（表现于所有行为中的）普遍原则的相同倾向。如果心理原子主义真的是这样，那么我们为了认识更加有组织的、内在复杂化的心理结构所做的每一步努力，都大大增加了关于心灵状态中条件之联系的可能命题的数量和范围——这些可能命题是这样的陈述，如果说得没错的话，它们具有"物理规律"所具有的那种逻辑有效性。就这些"状态"是在我们的直接经验中起作用的态度和习惯的代表而言，每一个这样的命题都可以立刻转化为关于性格如何构成的命题，后者正是科学伦理学所需要的那种一般陈述。

当然，心理学的意图不是恢复个人的直接经验；也不是描述经验的直接价值，不管是美学的价值、社会的价值还是伦理的价值。它把直接经验还原为一系列被当作生活经验之条件或者特征的倾向、态度或者状态。它所关注的不是看见一棵树的完整经验，而是关注通过抽象被还原到态度或者知觉状态的经验；它所关注的不是带有个人和社会意味的具体发怒行为，而是作为一种一般心理倾向即情感的愤怒。同样，它也不是关注具体的判断——更不用说道德判断。但是，心理分析在经验中发现了它所处理的典型态度，并且将它们抽象化，以便它们可以被客观化地陈述。

任何想要与我们的道德意识产生联系的道德理论之表述都说明了一些联系，这些联系的真理性最终必须通过心理分析来检验，正如任何关于特定物理现象的判断最终必须满足在物理分析中提出的物理实在性的某些一般条件。

　　例如，心理分析并没有为我们提出一个实际上经验到的目标或者理想，不管是道德的还是其他的。它并不想要告诉我们什么是目标或者理想。但是，心理分析向我们指示了形成和持有一个目标意味着什么。心理分析把我们在直接经验中发现的目的的具体结构加以抽象化，并且因为（不是不管）那种抽象作用而根据它的条件和后果，即根据出现在其他经验中的其他典型态度来向我们展示什么是"拥有一个目的"。

　　纯粹的心理命题对于具体的道德理论来说是必不可少的。对道德判断过程的逻辑分析，根据其所要完成的特定逻辑功能提出了内在的组织和结构，并提供了伦理科学的范畴或者限制条件，还提供了它们的形式意义（它们的定义）。但是，只有当一些个体具有关于目的或理想的实际经验时（包括形成或者持有这些目标的活动或者态度），如目的或者理想这些逻辑范畴，才能成为具体的。因此，只有当一些个体实际上参与到关于善和恶的经验时，并且当这种经验客观上被当作判断时，标准这一范畴才不只是可能的理智工具。持有目的、判定价值等活动是性格的现象。把它们从经验的直接事务中抽象出来考虑，即把它们当作活动、状态或者倾向，它们如同心理分析所出现的那种性格现象。甚至把一个经验或者经验方面看作理想，就是要去反思那个经验，也就是要进行抽象和分类。它涉及对一个经验下判断，这超出具体的经验活动。如果是这样进行的话，它就是心理分析，也就是说，它是和在心理科学中所发现的具有相同程序的过程；并且，它包含心理科学所发现的相同区分和条件。但是，心理科学能够抽象和划分意识进程，这使我们能够控制它们而不是仅仅顺从于它们。

　　因此，认为心理学不能"给出"道德理想，而必须借助超验的因素即借助于形而上学的说法是无用的。形而上学指的是对那种类型的判断（这种判断在完全的交互性中决定判断的主体和内容）进行逻辑分析。在这个意义上，形而上学也许能"给出"理想，即可以说明理想的形式或者范畴如何是这种判断的一个构成要素，并且具有属于这种判断活动的有效性。但是，这样的逻辑分析远远不是超验的形而上学；无论如何，我们只能获得作为可能的道德判断之立场或终点的理想范畴。毫无疑问，理想是被直接经验到的。只有生活而非形而上学和心理学，能够"给出"这种意义上的理想。当伦理理论对理想性格和行动所具备的重要性进行陈述时，当它强调这种意义上的理想而非其他理想时，它是在提出关于条件的普遍条件。因为对心理倾向的分析能根据先在条件和后果说明"拥有一个理想"是什么意思，因此除了通过对心理倾向的分析，绝对没有什么别的方式来检验这种陈述的有效性及其宣称的普遍性和客观性。如果关于理想我们能够作出什么普遍陈述，那是因为构想理想的心理态度可以被抽象出来，并且可以被放到与代表其他经验之抽象的态度的某种联系之中。拥有一个理想，形成或者持有一个理想，必定是一个活动，否则理想就是绝对的非存在和无意义。讨论什么是拥有一个理想，就是参与到了心理分析中。如果"拥有一个理想"可以根据同其他相似态度的顺序来陈述，那么就有一个心理学上的一般陈述（或者规律），并可以作为分析工具去反思具体的道德经验，就像自由落体"规律"在我们关于打桩机和炮弹轨迹等的判断中起作用一样。关于性格现象的普遍化命题之可能性，要依靠揭示某些趋势、习惯或者倾向彼此之间规律性合作与协调的心理学分析之可能性。因此，有必要重复一句老话：作为自然科学的心理学处理的是事实，而伦理学关注的是价值、规范、理想，关注它们应该做什么而不管它们是否存在。这样的老话要么不得要领跑题了[①]，要么证明我们不可能对这些东西作出任何形而上学的、实践的和科学的一般陈述。

Ⅶ　作为控制伦理判断之条件的社会学分析

我们再一次回到了我们的基本观点：在道德判断中判断活动与判断内容的交互决定。正如我们已经看到的，对活动的恰当控制即对内容的决定，包含使性格成为科学分析之对象的可能性，即把性格陈述为相互联系的条件之体系或者完全自足的对象（普遍命题）的可能性。我们现在必须认识到相反的一面，即只有具备对内容本身（从它与活动的关涉中抽象出来）进行分析的方法，才能控制关于活动的判断，从而控制关于在活动中有所表现的性格之判断。

伦理问题需要从以下观点加以处理，即把活动看作对内容的限定，而内容是对活动的限定。因此，一方面，我们在特定的道德危机之前需要以普遍的方式表述态度和倾向的机制，这种机制能决定关于活动之判断；另一方面，我们需要先有产生这种判断之情境的相似分析和分类。在特定事例中，我们让科学工具的哪部分最显著地发挥作用，这取决于该事例中可能会导致错误的环境条件。如果

①　此处为编者所译。——编者注

情境或者活动的场景（我们指的是引起或者激发道德判断活动的条件）是我们很熟悉的，我们可以假定判断中错误之来源在于经验背后的倾向——如果我们能够确保判断者的动机是正确的，那么判断本身就是正确的。在其他情况下则相反。我们可以合理地假定或者理所当然地认为，判断者采取了正确的态度，问题在于对情境的阐释。在这种情况下，正确判断所需要的是关于"这一情况之事实"的令人满意的知识。这样，现有的目标就是要进一步解决其他问题。我们现在必须讨论的正是问题的后一方面。

行动者能判断他自身作为行动者并且因此控制他的活动（把他自己领会为一个要做某件事情的人）的唯一方法，是查明他所遇到的情境，该情境使他必须判断它以便决定某个活动过程。只要对行动之场景的性质下了结论，那么也就对行动者将要做什么下了结论，这又决定了行动者将成为什么样的行动者。纯粹的理智判断也许作为单独的种类被划分出来，其中内容或者对象根据价值上相似的其他内容或者对象而被确定，并且相应地作为程序的一部分来防止来自或者涉及判断者倾向的东西进入其中。但是，伦理（不仅仅是理智的）判断没有作这样的抽象。对于伦理判断而言，被判断的内容包括判断者的参与，而判断者的决定包括被判断对象的参与。换句话说，在道德判断中，被判断的对象或者被建构的情境不是冰冷的、遥远的和默然的外在对象，而是与行动者关系紧密的、独特的对象，或者就是作为对象的行动者。

既然如此，为了形成这样一个关于行动之场景或者条件的判断，以便促进对于行动者最充分而可能的建构，我们需要的是什么呢？我的回答是需要把内容分析为要素之结合的社会科学，就像心理学把活动分析为一系列的态度。我们假定了引起独特的道德判断的情境是一个社会情境，只能通过社会学分析的方法被恰当地加以描述。我意识到（甚至承认对活动场景进行某种科学解释的必要性）说这种科学必定是社会学的，还遗漏了什么东西。这个逻辑上的漏洞可以通过关于道德判断之范畴的讨论加以克服，因为这种讨论可以使这些范畴的社会价值清楚地显现出来。这些分析远离了我现在的目标。在这里，我只需要回到先前的观点，即在伦理判断中判断者和被判断的内容是相互决定的，并且指出这个观点在其逻辑发展中可以得到以下结论：因为判断者是个人的（personal）[①]，因此被判断的内容

---

　① 　此处括号内的原文为编者所加。——编者注

最终也必定是个人的；道德判断确实建立了个人之间的联系，建立了我们所谓"社会的"个人之间的联系。

但是，无论如何，获得关于情境的客观陈述（根据条件之联系来获得的陈述）的方法是必要的。某些描述科学是必要的，在很多情况下，也没有人会否定社会生活的要素也被包括在被描述的事实之内。但是，即使我们承认场景是社会性的，对这个特性的描述也并不是描述的全部。任何社会性活动的场景同时也是宇宙的或者物理的，还是生物的。因此，要把物理的和生物的科学从伦理科学那里完全排除出去，是绝对不可能。如果伦理学理论能够依据本身来描述引起道德判断的情境，并以此作为它的必要条件，那么任何促进或者保证这种描述之充分性与真理性的命题，不管是机械学的、化学的、地理学的、心理学的还是历史学的，都将成为伦理科学的重要辅助工具。

换句话说，道德科学的假设是科学判断的连续性。这个假设同时被形而上学的唯物主义流派和超验的流派否决。超验主义的流派在道德价值领域和宇宙价值（cosmic values）①领域之间划分了确定的界限，使得涉及后者的命题对于涉及前者的命题来说不可能成为辅助（auxiliary）或者工具（instrumental）。物理科学和生物科学的进展如此深刻地改变了道德问题，并改变了道德判断和道德价值。这一事实可以被用来反对超验的伦理学，因为按照超验的伦理学，这样明显的事实是不可能的。唯物主义同样否认了判断的连续性原则。它把方法的连续性，即把关于一个对象的普遍陈述用作决定其他对象的工具，与论题的直接等同性相混淆。它没有认识到伦理形式的经验同其他形式的经验的连续性，而不仅在逻辑方法上而且在自己的本体论结构中把伦理经验划归到在判断中被定义的其他形式（物理形式）的对象之中，从而消除了伦理经验。如果我们认识到所有的科学判断，无论是物理的还是伦理的，最终都关注于获得以客观（普遍的）形式陈述的经验以便指导进一步的经验，那么，一方面，我们能够毫不犹豫地使用任何能够形成其他判断的陈述，而不管它们的论题或者含义是什么；另一方面，我们将不会想着如何消除各种经验的独特性质。因为意识生活是连续的，使用某种经验模式去辅助另一种模式的经验之形成的可能性是所有科学（包括非伦理的科学和伦理的科学）的最终假设。这种使用、应用和工具性服务的可能性，使

① 　此处括号内的原文为编者所加。——编者注

得我们有可能而且必须使用唯物主义的科学来建构伦理理论，并且在这种应用过程中防止伦理价值的败坏和分解。

总之，如果我们说本文所提出的意见并不包含迂腐的假设，即认为在道德经验的任何特定事例中使用科学或者逻辑控制是必需的，那么就可以避免引起误解。我们同物理自然之间进行的具体接触的更大部分、无限的更大部分，并不是有意识地参照物理科学的方法甚至结果来进行的。但是，没有一个人会质疑物理科学的根本重要性。这种重要性以两种方式来展现自身。

第一，当我们遇到特别困难的问题时（不管是解释的问题还是创造性的问题），物理科学使我们拥有进行有意识的分析和综合的工具。它使我们节约时间和精力，并且给我们带来成功解决问题的最大可能性。这种使用是有意识的和慎思的。它包含把技术和已经确立的科学结论批判性地应用于非常复杂和混乱的事例；如果没有科学资源的话，这些事例将无法得到解决和处理。

第二，物理科学有更大范围的应用，无意识的应用也包括在内。以前的科学方法和科学研究会对我们的心理习惯及其涉及的材料产生影响。我们无意识的领会、解释和思考的方式受到以前有意识的批判性科学的成果影响。因此，我们同特定情境的理智接触，受益于我们已经遗忘的甚至个人从没有进行过的科学活动。科学是在我们面对周围世界的直接态度中形成的，并且被体现于那个世界之中。每当我们通过发送电报、穿过桥梁、点燃煤气、登上火车、测温来解决一个难题时，就是在通过使用如此高度累积和浓缩的科学来控制一个判断的形成。就其很多特征而言，科学已经预先形成了我们必须进行判断的情境；正是这种在任何环节上都符合习惯之形成的客观划界和结构上的增强，才能在它的行为细节中对理智提供最大的帮助。

我们有充分的理由来假定对于行为的科学来说同样如此。只有通过参照那些一开始就需要判断进行有意识和必不可少的指导的事例，一门科学才能够被建立起来。我们需要知道，在其中发现自己需要进行活动的社会情境是什么，这样才能知道做什么是正确的。我们需要知道，一些心理倾向对于我们看待生活的方式进而对于我们的行动有什么作用。通过认清社会情境，通过使我们自己的动机及后果变成客观的，我们建立起一般命题：把经验作为条件之间的联系来陈述，即以对象形式来陈述经验。这种陈述会在处理更多问题时被应用。它们的使用变得越来越习惯化。"理论"成为我们心理机制的一部分。社会情境采取了某种形式或者组织。它被提前分为特定的种类，而这个种类又被分为特定的一类和一种；现在，剩下来的唯一问题是对特殊的变种进行区分。再一次，我们习惯性地认为存在于我们自己的倾向中的某些错误之来源会对我们关于行为的判断发生影响，因而使它们受到充分的控制，以便不再需要有意识地参照它们的理智公式。正如物理科学产生了物理世界之组织以及我们处理那个世界的实践习惯之组织，伦理科学也会产生社会世界之组织以及使个人与那个世界发生联系的相应的心理习惯之组织。就像在物理实例中那样，我们把道德行动的领域和工具也都整理清楚，而只有在面对非常复杂的问题和高度新奇的构建时，我们才会有意识地求助于理论。

总　结

1. "科学的"指控制判断之形成的方法。

2. 这种控制只有通过以下能力才能获得，即能够在被判断的经验中抽象出特定要素，并且能够把这些要素当作条件之间的联系，即当作"对象"或者普遍命题（universals）。

3. 这样的陈述构成了公认科学的大部分内容。它们是一般命题或者规律，并且通常以"如果 M，则 N"的假言形式出现。但是，这种一般命题是科学的工具而不是科学本身。科学在关于同一性识别的判断中具有自己的生命力；并且是为了这些判断，一般命题（或者普遍命题，或者规律）才被构建出来并且接受检验或者证实的。

4. 这种关于具体同一性识别的判断是个别化的，并且也是一种活动。作为逻辑要素的活动间接出现于（a）对主项的选择中和（b）对谓项的决定中，（c）最直接地出现在系动词（试探性的主项和谓项之相互形成与检验的整个过程）中。

5. 当判断与活动的这种相关性可以被预设，从而不需要我们有意识地提出或者揭示时，那么判断在逻辑类型上就是"理智的"。当所涉及的活动无差别地影响被判断内容的性质时，就会出现这样的情况。当影响判断内容的活动有意识地发挥作用，或者活动和内容之间的交互决定本身变成了判断的对象，并且对该对象的决定是进一步获得成功判断的先决条件时，那么判断在逻辑类型上就是"伦理的"。

6. 对道德判断的控制需要能够把活动和内容的交互决定构建成

一个对象。这有三个阶段。第一，对这种涉及活动和内容之间交互决定的判断之限制形式的陈述。这种判断的限制条件构成了伦理科学之对象的典型特征或者范畴，就像根据其他对象来构成一个对象的判断之限制条件构成了物理科学的范畴一样。从这个观点出发对道德判断进行的讨论，可以被称作"行为的逻辑"。第二，对活动的抽象，即把活动看作被包含在"具有经验"之中的态度和倾向之体系，并且把活动（既然是一个体系）当作一个通过其他不同态度与判断态度之间的特定联系来构建的对象进行陈述，就是心理科学。第三，对"内容"进行类似的抽象，即把内容看作形成场景或情境（活动出现于其中）的社会因素之体系，并且行动者是由这个体系构建出来的，这就是社会科学。

7. 整个讨论意味着把对象决定为对象（甚至当并不是有意识地涉及某一行为的时候）最终还是为了发展更多的经验。这种进一步的发展是变化，即现存经验的改变，因此是主动的。只要这种发展通过把对象建构为对象而受到有意识的指导，那么就不仅有主动的经验，而且有受控制的活动，即行动、行为和实践。因此，所有的把对象决定为对象（包括构建物理对象的科学）都涉及经验的变化，或者作为经验的活动；并且当这种关涉从抽象过渡到应用（从消极方面过渡到积极方面），那么把对象决定为对象就涉及对变化之性质的有意识的控制（有意识的变化），从而具有伦理意义。这个原则可以被称作"经验连续性的准则"。这个原则一方面保护道德判断的完整性，揭示道德判断的至上性（supremacy）①以及理智判断（不管是物理的、心理的还是社会的）相应的工具性和辅助性；另一方面，更重要的是，防止道德判断的孤立性（防止超验论），使它与关于这个经验之论题的所有判断（甚至那些最明显的机械和生理方面的判断）进行交互的协作。

---

① 此处括号内的原文为编者所加。——编者注

永恒价值[①]

　　虽然这部书[②]并不是作者德文版的《价值哲学》(*Philosophie der Werte*)的一个翻版，但是它充分再现了德文版的《价值哲学》，以致没有必要在 1909 年 3 月的《哲学评论》(*Philosophical Review*)发表那篇详尽透彻而又令人佩服的评论之后再写一篇新的详尽的评论。因此，我将仅涉及一些与绝对主义哲学逻辑的普遍问题有关的观点，而这些观点中的大多数泰勒教授在评论中都有所涉及，尽管他是从不同的立场、不同的着重点来看待这些问题的。

　　首先，绝对主义的唯意志论和每一种彻底的一元论所面临的困难是相同的。当被经验到的世界的任何一个阶段或因素都被概括为**终极事物**(Ultimate)[③]的时候(就像用以解释其他一切事物

---

① 首次发表于《哲学评论》第 19 卷(1910 年)。本文是杜威关于《永恒的价值》的评论。本书选用的是周小华被收录于《杜威全集·中期著作》第 6 卷的译文。为了全书相对统一，编者做了些许改动。

② 指闵斯特伯格 1909 年于美国出版的《永恒的价值》(霍顿·米夫杯出版公司)。——编者注

③ 杜威经常大写那些他希望被人们当作概念的词汇，使它们在意义上区分于相同词汇的非大写形式。——译者注

的"实在"），这种终极事物也就失去了一切区别或差异的特点，因而对解释任何事都毫无用处了。从逻辑上来看，所有终极事物都是相似的；冯·哈特曼（Von Hartman）的无意识、斯宾塞的不可知物、叔本华的意志，以及一些新黑格尔主义者的自我意识或思想之间的差别，并不是理智上可定义的差别。终极事物被置于与具体经验相对比的状况中，如果不是与终极事物相联系的那些具体经验所延续下来的联系，以及著作者与读者的情感态度把我们带到某个独立于这个前提、独立于这个逻辑过程的结果前，那么这些差别就仅仅是言辞上的。即使是闵斯特伯格最漫不经心的读者，都会为他将意志（及其同义词）作为描述和解释的术语来大量使用而感到惊讶。如果认真的读者愿意取若干典型实例，并且问：为什么作者使用意志这个术语，而不使用无意识或理念（Idee），或不可知的绝对这些术语呢？同时问：如果用这些术语中的任何一个来代替意志的话，那么与结果的特有风格相区别的程序会因此而受到损害吗？如果有读者提出这样的问题，那么他会更好地欣赏我的批评的意义。这种声音可能使我们想起了费希特，而躯体和手似乎使我们想起了谢林。

这就提出了我批评的第二个观点。闵斯特伯格坚持认为，意志的自我同一性是他绝对主义逻辑的一个自然结果——不过，诸多差异仍然存在，并且必须对这些差异作出解释。它们是否被解释了，抑或仅仅是假定，并且是以一种与终极原则相矛盾的方式来假定的呢？把经验多样性引入争论中，将使人们从闵斯特伯格的立场来回避问题的实质；但是，我们至少可以考虑那些对他的立场来说是本质的差异。他断言，永恒价值本身存在诸多差异，这也包含了展现过程中的"意志"与我们承认的态度之间的差异。例如，考虑一下美的价值（Beauty-Value）与人的价值（Person-Value）的不同。对于意志在美的表达中所具有的"孤立的"或自足的特点，所有闵斯特伯格的读者都非常熟悉。那么，构成（或承认）人的价值的意志如何不同呢？因为，在后一种情况下，意志"作为同一的意志，对新目标采取了新态度"。新颖事物的引进是必不可少的，任何读过此争论的人都会看到这一点。既然意志是自我同一的，那么为将人的价值与美的价值区分而必需的差异（新颖事物的差异）就将在新对象与新目标之间去寻找，而这些新对象与新目标在意志的新态度中显示自身——真正的差异被带回到意志本身中。

在这种程序中，我所发现的只是假定，而且是自相矛盾的假定。在需要时就断定同一性；同样需要时又断定差异，然后又在需要时断定它们的同一性。例如，"它（'同一的意志'）是主体的自我连续性，这种连续性同样是非时间性的，它永恒地约束着个人的所有具体行动"。我提出的问题并不仅仅是关于"非时间东西"与"新颖事物"这种结合的可能意义的问题，虽然我没有弄懂任何可以将"非时间东西"与"新颖事物"结合在同一个概念中的方法。尤其是，我引用意志的这种结合是要把它看作"永恒地约束"具体行动，不过它自身仍然必然体现在那些真正多样化（因为新颖事物）的具体行动中。我把它作为回避而非解决同一性与差异性协调问题的例证。只有在需要时承认差异性（新颖事物），才能拯救整个宇宙（人与其他一切），避免它陷入无所不包的美之中。

在我看来，这个困难不是被这样一个事实消除了，反而是被它增强了，即如果假设永恒价值形成一个永恒存在的世界，而我们仅仅发现或复制它，那么闵斯特伯格把这种假设看作对他的立场的一个讽刺。与此相反，它们"是我们正在构建的世界的任务"（参见《永恒的价值》。在《科学与唯心主义》中，闵斯特伯格宣称，如果假设"数学家发现的有关数学事实的世界……在某处是现成的、预先完成了的，那么这种假设是对他立场的一个讽刺"）。至少在某些情况下，意志本质上是一种"他性"的意志，以致发展、进步、成就都是实在的真正特性。然而，设想可以通过科学或历史来确立起进步或发展，这是徒劳无益的，因为科学只懂得自足的机械论，历史也只懂得一成不变的目的论。这是因为，成为"人类作为的论题是绝对必要的目的，没有它，我们就不能思考在现实生活中所发现的自然"，证明我们赋予进步观念以有效性是合理的。——但是，这样的陈述不可避免地提出这个"绝对必要的目的"在个体与主观之外的意义上是否必要的疑问，于是人们就可以断言：发展的"绝对有效价值只存在于这样一个事实中，即自然在其发展过程中实现自身、忠于自己的目的、实现自己的意图"，以致"成为人类工具、成为人类作为之论题的意志必须因此被理解为自然的客观特征"。在这种处理方法中，我只能发现一种循环推理，这种推理根据论证的需要来强调自相矛盾情境的这个或那个方面。当然，我的批评的要点不是说闵斯特伯格作为闵斯特伯格特别喜欢自相矛盾，而是说我所引证的那些自相矛盾之处。这些自相矛盾之处例示了每一种宣扬终极事物、绝对事物、永恒事物的哲学所内蕴的结论。

然而，有一点是闵斯特伯格版本的绝对主义本身具有的特殊困难。就像泰勒博士提到的，闵斯特伯格喜欢分类，喜欢做尖锐、严格和彻底的区分。黑格尔那行云流水般的辩证法及其否定性原理为"调和"终极事物与多样性和变化提供了一项技艺，这种技艺比闵斯特伯格的严格划分方法要高明多了。科学与现实生活的严格分离，物理科学与心理学的分离，这两者与历史的分离，以及知识、历史、心理学与艺术的分离，对"内在生活"的确认与在美和人的领域内确认的分离，历史与进步的分离，所有这些分离都充满了问题。我想特别考虑的困难是：按照这种划分的方案，哲学是如何以及在什么地方发挥作用的？我将一般地考虑任何哲学，尤其是现在我们正在考虑的这种哲学。从表面上看，哲学是知识或艺术的一个分支，或者是两者某种结合的一个分支。但是在这种哲学中，知识和艺术被如此定义，以致这些哲学观都被排除了。如果哲学代表的是趋向价值的意志（will-to-value）的一种特殊形式，或承认价值意志（will-values）的一种特殊形式，那么在一种给定哲学的情况下，对于个人那些如此令人不快的主观嗜好的产物与那种永恒有效的超越个人意志的产物，我们如何能够作出辨别呢？一种哲学可以用永恒价值的术语来表达，不过却仍然不是其论述主题的个案或例证。最终，我发现，除了这类哲学的作者需要这类哲学，并希望我们也能接受这类哲学之外，没有任何理由促使人们接受眼前这类哲学。而且当我发现这类哲学与我的逻辑感以及我的嗜好都背道而驰时，我完全没有标准来决定是我的嗜好还是作者的嗜好具有必不可少的超越个人的性质。除非对这种超越个人意志的某种权威性直接进行揭示，否则我看不到有什么方法来获得我们所需要的这种标准。

　　这种表述问题的方式看起来可能轻率了一些。如果情况果真是这样，那么谈论的问题同样可以很好地用闵斯特伯格自己体系的术语来表达，并且确实可以用他自己的语言来表达。在他的书的最后一页，我们读到："外在世界、人的世界（fellow world）和内在世界这种永恒统一……将永远不可能，如果它们不都来自超自我的同一个永恒绝对作为的话。这种超自我是实在的……没有知识可以教给我们这些。这种确定性是建立在确信基础上的……不过，这种确信本身最终还是我们自己的作为。"如果这种确信是我们自己的作为，并且确信的问题是永恒绝对实在的特征，那么我们有正确的作为就显得相当重要了。在论证中，为了不陷入糊涂的循环，这种确信要从哪里获得保证呢？我们可以继续作者的话："我们不能不这样做，除非我们要牺牲我们自己，因为只有通过这种作为，我们所意愿的整个世界才能形成一个统一体。"但是，困难又来了。如果我的意志是主观的，它就几乎很难有效地保证一个绝对而永恒的超自我，这只是因为，这对于其统一性是必要的。我如何才能确保在意欲有这种确信时，我的意志不处在其主观性的转变期呢？许多人发现，只有在最具有主观主义、相对主义色彩的时刻，他们才会倾向于这种确信；并且当他们以具体的客观性面对客观价值时，他们的意志持一种更收敛、更谦卑的态度。我并不是说这种意志态度就是这两种态度中客观有效的一种，但是我要问（用闵斯特伯格哲学的术语来说）：我们如何才能获得用以判断这些相对立类型的意志行为的客观性与有效性的标准呢？

永恒价值

价值问题[①]

　　哲学协会的所有成员都应该对明确拟定下次会议论题的执委会表示感谢。我认为，最好的感谢方式，就是立刻按照执委会的要求，对这一论题作出明确的补充说明。

　　首先，我对执委会的四个成员所作的说明做一点评论。"价值是一种终极的，是一种依附于独立于意识的'事物'的东西吗？或者，价值是某种依附于那些具有欲望和厌恶的有机存在者的东西吗？"我认为，在这个问题中，"或者"这个词，应该被这样理解：它所标示的是在"意识"与"具有欲望和厌恶的有机存在者"之间的一种名副其实的二者择一，而不是将"具有欲望和厌恶的有机存在者"与"意识"并置，也不是用"具有欲望和厌恶的有机存在者"来解释"意识"。对于某些可能倾向于把价值的存在和有机存在者的行为联系起来，而

① 　首次发表于《哲学、心理学与科学方法杂志》（Journal of Philosophy，Psychology and Scientific Methods）1913 年第 10 卷。本文是应执委会之邀而作的。执委会要求进一步明确阐述这个问题，以便发表。本书选用的是冯平的译本。此译本以冯平和余泽娜的译本［首次发表于《评价理论》（上海译文出版社 2007 年版），修订后发表于《现代西方价值哲学经典·经验主义路向》（北京师范大学出版社 2009 年版）］为基础，参考由刘娟翻译、欧阳谦校对的《杜威全集·中期著作》第 7 卷的同名译文重新做了校订。

又不愿意把欲望、厌恶和"意识"等同起来的人来说，这个选择是名副其实的，而且也是非常重要的——实际上，他们竟然认为"意识"（consciousness，在此"意识"一词的含义是未加限定的）本身是依赖于那些与有机存在者的欲望和厌恶相关的事情的。既然在某些人看来，无意识的欲望和无意识的厌恶包含一种语言上的矛盾，所以，也许用更为客观的词，如"选择"和"拒绝"等来取代欲望和厌恶会更好些；或者泛论此事，并且使我们所论及的二者择一仅与有机存在者的行为（behavior）相关会更好些。

这样理解这个问题会引起一种疑问，即对"终极"这一术语在第一种情形中的影响力的质疑。当价值被认为是有机体行为的变量时，是否不如它被认为是与有机体行为无关的事物时更"终极"呢？如果回答是肯定的，那么这个答案的依据是什么呢？

我毫不怀疑，讨论将会按照执委会所提出的说明顺利进行。然而，在某些方面，这个说明似乎没有必要和唯心论与实体论的论辩纠缠在一起。我承认这种复杂化有它的优势，即保持讨论年复一年的连贯性；但是，在目前这个节骨眼上，如果我们从侧翼入手来处理这个有争议的问题的话，那么可能会更加有效地解决这个问题。无论如何，我斗胆提出以下问题。

1. 在哲学讨论中，能离开性质（status of qualities）而讨论价值吗？

2. 价值能脱离有机体的行为特点吗？如果有机体的行为有其自身独特之处，那么断言"价值是有机体的行为特点"是否就暗示了价值的"主观性"呢？若是这样，所谓"主观性"是就什么意义而言的呢？价值与有机体行为的联系是否暗示了价值对意识的依赖呢？

3. 如果我们把评价理解为一个反思性评估或反思性判断过程，那么，价值是在评价之先呢，还是依赖于评价呢？

4. 如果价值是在评价之先，那么，评价是未经任何改变地发现了价值呢，还是对先在的价值进行了更改呢？评价创造（produce）新价值吗？如果创造新价值，那么这种更改和产生仅仅是偶然的呢，还是本质的呢？

5. 如果没有蕴含"反思是对先在的、天然的价值的认识"的话，我们能理解理智在一般行为中（以及在特殊的道德行为中）的作用吗？

6. 什么是欣赏（appreciation）？欣赏是领会理解（认识）价值的一种特殊的方式呢，还是价值在经验中直接存在的一个名称呢？价值是如何与评价和批评相联系的呢？

7. 价值在一般经验中的存在(或者说在特殊经验中存在的宗教价值)具有可作为证据的意思吗？也就是说，我们举个例子，宗教价值的存在证明了某类超越这些价值自身的对象的存在吗？或者再举一例，任何一类价值在经验中的存在都意味着使心灵知道了外界(在最广泛的意义上)的某种事物吗？(把这个问题和第一个问题，即有关性质的问题联系起来考虑，也许是有益的。)

8. 倘若对这些问题的回答都是否定的，那么对于经验和哲学来说，这样一些价值的重要性，是否就因此而被确认为无效的或虚幻的呢？"根据事实本身，一切经验都是为了认识对象"，除了这个假设之外，我们还能对这个问题作出肯定的回答吗？

实践判断的逻辑[①]（节选）

Ⅰ　实践判断的性质

　　在简要介绍这个讨论之前，为避免可能造成的误解，我想先说一句。或许有人会反对"实践判断"（practical judgment）这个提法，认为这样一种术语其实是一种误导；"实践判断"这个提法属于用词不当，而且是一个危险的术语。因为，就其本质而言，所有的判断都是理智的（intellectual）的或推理的（theoretical）。所以，"实践判断"这个术语就存在这样一种危险：它会使我们将某些实际上根本不是知识的东西当作知识，并且因此使我们走上一条神秘主义或蒙昧主义之路。我可以接受这些说法。我并不是想用"实践判断"这个术语表达一种在构件和起源上与其他判断有所不同的判断类型。我只是想用这个术语表达一种具有特

①　首次发表于《哲学、心理学与科学方法杂志》1915 年第 12 卷，修订并重刊于《实验逻辑论文集》（芝加哥大学出版社 1916 年版）。本书节选了《实践判断的逻辑》的第一部分和第二部分，采用的是冯平的译本。该译本以何克勇译、欧阳谦校的译本（被收录在《杜威全集·中期著作》第 8 卷）为基础，在此向何克勇先生和欧阳谦先生致以诚挚的谢意。

殊类型论题（subject-matter）的判断。实际上存在与日程表（agenda）——要做什么和要做到什么——相关的命题，这些命题是对决定行动的情境的判断。有这样一种形式的命题，诸如：某某应该做这个而且应该这样做；这更好、更明智、更谨慎、更恰当、更可取、更合时宜、更有利，因此就这么做，等等。诸如此类的判断就是我用"实践的"所命名的判断。

也可能有人提出反对意见，认为这种类型的论题并非与众不同；没有理由将它们与主谓（SP）判断，或关系（mRn）判断区分开来。我也乐意承认，这或许是事实。不过，同时，如果只是为了达到这一结论——是否存在这类论题，它们是如此与众不同，以至于需要一种不同的逻辑形式——也值得考虑一下这种显而易见的差异。无疑，在考虑之前就假定实践判断的论题必须还原为主谓判断或关系判断，这与相反的假定——实践判断的论题一定不可还原为主谓判断或关系判断——一样，都是站不住脚的。因为它回避了可以提出的关于这个世界的一个最重要的问题：时机（time）的性质问题。而且，目前的讨论表明，对这类命题的讨论，即使不说是完全空白，至少也可以说是存在明显缺陷的。在罗素先生最近说到的关于逻辑的两部分内容中，第一部分历数或总结了命题的不同种类，或者命题的不同形式。显而易见，罗素甚至根本没有提到实践判断是一种可能的判断类型。可以想见，这一忽略多么严重地危害了对其他类型判断的讨论。

可以补充一些实践判断的样本：他最好去看医生；对你来说，投资这些债券是不明智的；美国要么改变其门罗主义的立场，要么做好更强有力的军事准备；现在是盖房子的良机；如果我做那件事情，那我就错了，等等。细细琢磨这类判断的实践意义是荒唐可笑的，但指出实践判断的重要性，激发人们对在一般逻辑形式的讨论中忽略实践判断之理由产生怀疑，却一点儿也不荒唐可笑。关于实践判断，我们可以作出以下阐述。

1. 实践判断的论题蕴含一种不完善的情境（incomplete situation）。这种不完善不是心理的。某种东西在"那儿"。但是，在那儿的东西并不构成一个完整的（entire）客观情境。因为，一个完整的客观情境还需要别的东西。只有被提供了那种别的东西，这个所予（the given）才能构成完整的论题。这种看法对于不确定性和偶然性观念而言，具有重要的意义。有时，人们（包括追随者和反对者）会想当然地认为，这些观点的有效性必须以所予本身是不确定的为前提——而这看上去好像很荒谬。其蕴含的逻辑是：这个论题是一个尚未终结的、尚未完成的，或尚未完全所予的，是关于未来的。此外，这种不完善性并不是针对某个人的。我想说的是，实践判断的这种不完善情境并非受限于判断者；实践判断既非专门也非主要是关于某个人自身的。相反，只有当一个判断是针对一种情境，而这一情境中既有这个人，还有除了这个人之外的诸多其他因素时，这个判断才是关于这个人的。关于道德判断（moral judgments）各种全然不同的假设持续不断，以至于这个说法一定会显得十分武断。不过，这种情况肯定是显而易见的：当我在权衡自己是不是应该给路边那个乞讨者钱时，我是在对一种客观情境进行判断；我的结论是受关于情境的命题左右的，而我不过恰好是在这个情境之中。这个完整的、复杂的论题包含那个乞讨者、社会条件、一些推论，以及社会慈善组织，等等，恰好也包括我自己。以任何其他的根据为道德命题的客观性做辩护，似乎都是不可能的。除了这个事实之外，我们至少还可以指出这样一个事实：无论是关于我们自己的，还是关于其他行动者的方针政策的判断，都必定是对一种暂时未完成的情境的判断。"现在是我购买某一铁路债券的好时机"，这是一个关于我自己的判断，仅仅因为它主要是对数百个完全独立于我的因素的判断。如果承认的确存在此类命题，那么，关于道德判断的唯一的难题就是：它们是不是我们所定义的实践判断的一些实例？对于道德理论而言，这是一个至关重要的问题；但是，对于我们的逻辑讨论而言，却并非如此。

2. 实践判断的论题蕴含：命题本身就是使情境得以完善、推进情境走向自身完结的一个因素。依据"应该做这个或者应该做那个"的判断完成动作时，情境就会具有这样或那样的论题。"这样做是好的"这类命题，就是以某种方式处理所予的命题。因为这种处理方式是由命题确立的，所以，命题就是结果的一个决定性因素。作为关于所予之补充物的命题，命题本身就是补充物中的一个因素。而且这个因素并不是一种异物，也不是继命题之后的某种东西，而是命题本身的一种逻辑力量。至少根据初步印象，我们在这里会发现，实践判断与描述性判断或叙述性判断显著不同，不仅与我们所熟悉的主谓命题显著不同，也与纯粹的数学命题显著不同。也就是说，主谓命题与纯粹的数学命题并不参与论题的建构。实践命题也不同于诸如"他已经动身去你家了""房子的大火还在烧""天大概要下雨"等具有这类形式的偶然的以经验为依据的命题（contingent proposi-

tion)。这些命题蕴含所予的未完成性，但并不意味着，这些命题就是命题所蕴含的未完成性得以完成的决定性因素。

3. 实践判断的论题蕴含：它使所予何以终结——一种结果比另一种结果更好——有所不同；而命题将是（在可能的范围内）确保这个更好结果得以产生的一种因素。换言之，在形成这一命题时，客观上有些东西危若累卵。描述性判断是一种受到所予限制的判断，无论这种限制是时间的、空间的，还是潜在的。一个正确的或者错误的描述性判断并不对它的论题产生影响；它既不会促进其论题的发展，也不会阻碍其论题的发展。因为根据假设，描述性判断的论题就没有发展。但是，实践命题却会使论题变得更好或更坏，因为它是关于所要做的事情的判断，是关于使完整的论题得以存在之条件的判断。①

4. 实践命题是二元的。它既是一种关于以一种具体的方式处理所予的判断，一种关于容许如此处理所予的判断，一种关于容许一种具体的客观结果的判断，也是一种一视同仁地对目的（将要带来的结果）和手段所作的判断。那些将关于目的的讨论与确立手段割裂开来的伦理学理论——很多伦理学理论都是如此，也就将对目的的讨论排除在判断之外。如此这般所获得的目的便无理智可言。

"我应该去看医生。"作出这个判断，就意味着我应该采取一种具体的方式以完善情境中的所予要素，而且也意味着这些所予要素提供了某些条件，这些条件使得完成所提出的解决方案是可行的。这个命题所关注的内容既有各种资源也有各种障碍——既要理智地确定那些阻碍生命力的因素，又要理智地确定可被用以避开或克服这些障碍的因素。需要医生的这个判断意味着在日常生活中存在一些障碍，但是它同样意味着日常生活中存在一些积极因素，这些积极因素在生活中被创造出来，用以克服日常生活中存在的那些障碍，从而使生活恢复正常。

特别值得注意的是实践判断在它涉及陈述手段时的交互性（reciprocal）特征。从目的的角度看，这种交互性确定了乌托邦主义和

---

① 分析实在论者已经表露出，他们极端厌恶将未来结果的性质作为命题项来讨论。未来结果与关于未来结果的心理活动当然不是一回事；未来结果对于关于未来结果的心理活动而言是"客观的"。那么未来结果已经存在于某个存在领域了吗？或者，存在（subsistence）只是逻辑指称的事实的别名，而让对"存在"含义的确定依赖于对"逻辑"含义的确定？更笼统地说，关于未来，分析实在论者的立场到底是什么呢？

浪漫主义的位置，并谴责了乌托邦主义和浪漫主义。有时，乌托邦主义和浪漫主义也被称为理想主义（idealism）。从手段的角度看，这种交互性确定了唯物主义和预定论的位置，并谴责了唯物主义和预定论。有时，唯物主义和预定论也被称为机械论。我用"唯物主义"这个概念，指的是这样一种观念：所予彻底蕴含了整个实践判断的论题，所予就是所有的"一切"。毫无疑问，所予是其所是；它是完全确定的。但是，它是有待去做的某件事情的所予。全面考察和盘存现有条件（事实），这本身还不够；弄清现有条件的存在是为了理智地决定将要做什么，和为了完善所予还需要什么。那么，认为因其"所予"这一特点，所予就否决了采取任何行动、进行任何改变的可能性，这样的看法是自相矛盾的。作为实践判断的一个部分，发现一个人正遭受疾病的折磨，并不等于发现他必须遭受此疾病的折磨，也不等于发现接下来发生的事情是由他的疾病决定的；这个发现标示了这个人要恢复健康所需要的、可能的行动路线。即使被发现的这种疾病是绝症，这个原则依然适用。因为，它标示了不要再在这件徒劳无功的事情上浪费时间和金钱了，还是去准备后事吧，等等。这个发现还标示了要摸清情况，以备将来遇到相同情况时可以做一些补救，而不是坐以待毙。实践判断的全部地道性的好坏成败都与此原则有关。这个原则接受任何质疑。但是，关于这个原则有效性的讨论，必须以经验证据为基础。不能用所谓"已经具有了什么"或"已经发生了什么"这些命题含义的逻辑延伸否认这个原则的有效性。也就是说，不能从关于科学判断的断言中推论这一原则是无效的。这个关于科学判断的断言就是：科学判断作为关于"是"（what is）的发现和陈述，它严禁这一原则；更不能用对数学命题的分析推论这一原则是无效的，因为这种方式是在回避问题。除非，由于暗中引入了某些先入之见而使事实变得错综复杂，否则，显而易见的经验情形就是：科学判断——确定的诊断——赞同、偏爱，而不是严禁可能改变所予的原则。再重申一遍，如要推翻这一假设，就应去发现证明不能相信这一原则的具体证据。无穷无尽的经验证据显示，我们通过科学判断的手段增强了控制所予（科学判断的论题）的力量。鉴于此，发现证明不能相信这一原则的具体证据的可能性，似乎微乎其微。

这些考虑揭示了行动的理想主义和机械论的正确含义。行动的理想主义，无非明确地承认了我们一直在考虑的这些含义。行动的理想主义意味着：所予作为所予，既可以作为推动行动进程和完成行动的障碍，又可以作为另一行动进程的资源，而这一行动进程可以间接地改善直接受阻的行动进程。行动的理想主义不是对希望的盲目冲动，也不是各式各样的反启蒙主义的情感主义常常称呼的那种乐观主义，更不是乌托邦主义。行动的理想主义认可：只有凭借精确的发现，我们才能推进事情的发展进程，才能重新确定进程的方向。更准确地说，行动的理想主义所认可的是一种作为主导动机的操作，这种操作是发现的延伸，是对发现的结果的利用。

机械论意味着认可手段的交互性。它认可所予和事实在实践判断中具有决定性作用的重要意义。彼此孤立的事实，被当作自身完满的事实，不是机械论的。这样的事实最多不过是这样一些事实，即这样一些事实的结果。作为实现这样一些事实所标示的可能性的机制和手段，它们是机械论的。除了前瞻（预测事情的未来走向）之外，"机械论"是一个毫无意义的概念。将"机械论"这个概念用于一个业已完成的世界、用于任何一种单纯的处理完毕的场景，都是毫无意义的。那些关于过去世界的命题，仅仅关于过去的命题（而非为将来行动提供条件的命题），也许是完整的和精确的，但是，它们常常具有复杂目录的性质。另外，采用机械论概念，就等于引入了未来成就之种种可能性的暗示。①

5. 正如我们刚才已经看到的那样，关于要做什么的判断蕴含了对情境中的所予的陈述，这个陈述被当作对将要进行的过程的指示（indication），当作对可被用于将进行的过程之工具的指示。这样的判断要求准确。完整性并不是额外的要求，而是准确性的一个条件。因为，从根本上说，对准确性的判断是以与决定将要做的事情的关联为根据的。完整，并不意味着穷尽，而是意味着要充分地尊重目的和实现目的的手段。关注的东西过多，或者所关注

---

① 假设现在的问题是关于过去地质时代地球的某种炽热状态。假设所发现的事实是命题或科学的全部论包，但却不能把所发现的事实视为生命出现的原因或机理。因为根据定义，所发现的事实构成了一个封闭系统；引入未来事件的参照，就否定了这个概念。反之，说地球过去的情况是后来生命出现的机械条件，就意味着，过去那个阶段并非仅仅被视为过去，而是被视为转向未来的一个过程，被视为一个朝向生命方向的转变过程。这个方向上的变化，就构成陈述地球史早期阶段必不可少的部分。一个纯粹的地质学的陈述，在地质学的论域里也许是相当精确的，但在其他论域中却不是相当完善的，因而是不准确的。也就是说，地质学的命题也许准确地陈述了事物的一个较早阶段，但却忽略了对这个阶段所引起的后来阶段的揭示。一种未来的哲学也许不会忽略这个隐含的未来。

的是不相干的东西，都违背了准确性要求，等于遗漏了或没有发现重要的方面。

对此的清晰认识将使人避免一些逻辑混乱。前面已经论证过了，对所予存在和对事实的判断，不能是假设的；实在性与假设性，两者毫不含糊是矛盾的。如果把这两种定性用于同一方面的话，就会是矛盾的。而它们又不是矛盾的。"假说"是这样一种事实——这一事实构成了所予命题的逻辑项，它对当下目的具有重大的意义，而且适合于当下目的。这一当下目的，就是确定完成行动的可能性。资料也许就如你所喜欢的那样真实和确凿，然而，绝不能保证它们就是这个特殊的判断所需要的。如果"假说"所要做的事情是形成一个关于彗星返回的预测，那么，主要的困难并不是进行一些观察，也不是基于观察的数学演算（这些也许都很困难），而是证实我们所获得的观察资料真的与正确地做这件特殊的事情——预测彗星的返回——有关，即证实我们没有遗漏某些相关的东西，也没有纳入某些与彗星下一步运行无关的东西。达尔文关于自然选择之假说的好坏成败，并不受他关于驯化动物繁殖之命题的正确性的影响。人工选择的事实也许与他的陈述是一致的——这些事实本身也许没有任何东西是关于它们的假设，但是，将物种起源建立在这些事实的基础上，仍然是一个假说。从逻辑上说，当一个事实命题被当作推论基础时，它就是一个假言命题。

6. 就实践判断（包括对所予的判断）的真相而言，这段话的意义显而易见。实践判断和对所予的判断的真与假，是由这些判断所导致的结果确定的。在尝试实践判断所控制的行动过程之前，关于目的—手段（构成实践命题的逻辑项和关系）的确定只是假设性的。这类行动的结果或产物，就是这个判断的真与假。这个直接的结论是从"只有判断所导致的结果才能使判断的论题得以圆满"这个事实中得来的。既然如此，那么，至少检验和真实性是完全重合的——除非在先前的分析中存在一些严重的错误。

完成了这个解释，就为对其他问题的考虑提供了准备。但是，这一解释还提出了另外一个独立的问题，我需要附带讨论一下。将所得到的这种结论，应用于所有的事实命题的可能性和正当性（legitimacy）到底有多大？也就是说，认为所有关于事实的科学的或描述性的陈述，都间接或直接地蕴含某种将要做的事情，蕴含某种未来在行动中将被实现的可能性，这种看法是可能的和正当的吗？正当性这个问题太复杂了，无法附带讨论。但是，不能否认这样的应用是有可能的，也不能否认这种可能性是值得仔细研究的。至少，我们可以提出这样一个假设：所有关于事实的判断，都与确定将要尝试的行动的过程有关，都与发现使行动成为现实的手段有关。就已经解释过的意义而言，所有陈述发现的命题或陈述探知的命题，以及所有的直言命题（categorical proposition）①，都是假设的；而它们的真实性，与它们经过检验的理智行动的结果相一致。

这种理论可以被称为"实用主义"。但是，它是一种摆脱了对唯意志论心理学（voluntaristic psychology）之依赖的实用主义。它没有因涉及情感满足或欲望游戏而变得复杂难解。

我不是要讨论这一点。但是，对实用主义的批评者们来说，如果能够在批评时对日常实践判断进行分析，并着手考虑实践判断的效果与事实判断和本质（essence）判断之间的关系，那么，他们就会重新理解实用主义的意义。伯兰特·罗素先生在《哲学论文集》（*Philosophical Essays*）中评论道：实用主义是作为一种真理理论而起步的，但却忽视了"事实真理"；"事实真理"才是理论的基础，而且理论只有以"事实真理"为根据才能得到检验。我不想在罗素先生所关心的实用主义的出发点这一问题上对罗素先生的观点提出怀疑。至少，哲学一直以来主要是一个理论问题；而且，对于确定这种理论的意义和检验这种理论的方式，詹姆斯先生已经足够劳心费神。如罗素先生所说，詹姆斯的实用主义实际上已经陈述了将用于归纳科学的同样的检验方法，用以检验哲学的必要性。但是，这并不妨碍我们用类似的方法处理所谓的"事实真理"。事实也许是事实，但还不是当下研究中的事实。然而，在所有的科学探究中，把这些事实称作事实、资料、事实真理，意味着它们被当作与进行推论相关的事实。就像这个所显示的一样，如果这些事实因此被卷入（无论如何间接）一个关于未来行动的命题中，那么，它们本身在逻辑性质上就是假设的。陈述的准确性和推理的正确性将因此成为真理的要素，于是也将是真理的证明。真理应该是一种三位一体的关系，它具有一种与罗素先生所说的不同的品质（sort）。准确性和正确性，这两者都应该是可证实性（verifiability）的应变量（function）。

---

① 直言命题通称性质命题，心理学著述亦称范畴命题，中国台湾、香港等地区惯称定言命题，就是断定对象是否具有某种性质的简单命题。——译者注

Ⅱ　价值判断

A

我的目的是将前面所得到的关于实践判断之含义的一些结论，运用到价值判断的论题上。首先，我将尝试清除那些引起误解的原因。

然而很不幸，有一种歧义根深蒂固，使人们难以对价值问题置之不理。一种关于"好"的经验，与一种关于某一东西具有某一种类某一数量之价值的判断，几乎一直纠缠不清。这种混淆由来已久。中世纪的思想中就存在这种混淆；而笛卡尔使之再度复活，新近心理学给予它新的成功。感觉（senses）被当作比较适当的认识方式；而情感（feeling）被当作感觉的一种方式，并被进一步当作认知理解的一种方式。出于科学的目的，笛卡尔致力于说明：感觉不是理解诸如身体之特性的工具（organs），而仅仅是理解身体与有感知力的有机体的安乐关系的工具。快乐和痛苦的感觉（sensation），连同对饥饿、干渴等的感觉，都很容易以这种方式被理解；颜色和声调，等等，也是如此。关于所有的感觉，笛卡尔在《第六个沉思》中说："为了表明（signify）什么是有益的和什么是有害的，自然将这些感官知觉赋予我的身体。"这样才可能把身体的实在特性与身体的几何特性视为等同，而免于面对这样的结论：上帝（或自然）在颜色知觉和声音知觉上欺骗了我们。这些知觉只是为了教导我们应该追求什么和避免什么，而且这样领悟就足够了。在下面这句见于《哲学原理》的话里，我们可以清楚地看到，笛卡尔关于每一种关于"好"的经验和一个判断或一个认知领悟的确认："当我们听到一个消息时，我们的心（mind）首先对它作出判断。如果是好消息，我们就心感欣喜。"

这是经院哲学家心理学关于判断力（vis aestimativa）理论的一种残存物。洛采认为：情感（如涉及快乐与痛苦）是价值判断的工具，或者用更新近的术语说，情感是对价值的认知领悟（对应于感觉性质的直接领悟）。洛采的这种理论，不过是用一种新的术语呈现了同一种传统。

比起所有这一切，本文所采取的是休谟在下述文字中所表达的立场："情感（passion）是一种原始的存在，或者，如果你愿意的话，也可以说是存在的一个变体；情感并不包含任何使它成为任何其他存在或变体之复本的表象特征。当我愤怒时，我实际上就具有这种情感，而且这种情绪，并不比我口渴、生病涉及更多的其他对象，也不比我身高五呎①涉及更多的其他对象。"②我这样做，看上去回避了正在讨论的问题。但是，这无疑是关于这个问题的一个显而易见的事实。先前有一个教条，大致意思是：每一种意识到的经验，根据事实本身（ipso facto），都是一种认知（cognition）形式。这个教条遮蔽了那个显而易见的事实，提供证明的重担就落在赞成这个教条的人的肩上。③

　　有一种学说认为："欣赏"（appreciation）④是一种特别的知识，或者说，是一种实在的认知性揭示。"欣赏"的特别之处在于：它有一种独特类型的实在作为对象，而且有一种区别于日常知识的理解力和科学知识的理解力的独特心智条件作为工具。鉴于这种学说的流行，似乎特别需要对"欣赏"这个词作进一步讨论。实际上，似乎真的没有理由认为，欣赏就是刻意提高对一个对象价值的经验，或强化对一个对象的经验。"欣赏"的对立面不是描述性知识或解释性知识，而是低估——一种对对象的贬低性理解。一个人爬到山上也许是为了看到更好的风景；他到希腊旅行也许是为了获得比他在照片上看到的更充分的对帕提侬神庙的认识。获得这种强化经验的步骤包含理解力和知识，但这并不会使风景和帕提侬神庙成为丰富的意味深长的认知对象。所以，一种丰富的音乐经验，也许依赖先前的批评分析，但没有必要将听音乐当作一种非分析性的认知活动。欣赏，要么仅仅意味着一种强化了的经验，要么意味

---

① 英尺旧称，1 英尺约等于 0.3 米。——编者注

② 《人性论》（Treatise of Human Nature），第 2 卷，第 3 章，第 3 节。原注误注为"第 3 卷"。此处译文参照了关文运译、郑之骧校的《人性论》（商务印书馆 1983 年版）。——译者注

③ 对我来说，谈其他的问题而使这个问题更加复杂，也许是一个很糟糕的策略。但是，显而易见，"情感"（痛苦、快乐），也许可以被当作某些**证据**，证明某些东西是超越自身的（就像"超过五呎高"这个事实一样），因此，"情感"（痛苦、快乐）就获得了一种表征性身份或认知性身份。不是还有一种**貌似真实**的假定吗？这种假定认为：所有感觉性质本身都是赤裸裸的、没有认知矫饰的存在或出现，它们作为其他东西的符号或证据而获得认知性身份。认识论观念论者或认识论实在论者确认：快乐与痛苦不具有认知特征。他们也许肩负着慎重地思考以下论点的特殊的责任，这一论点就是：除非感觉性质被当作某些其他东西的象征或标志，否则它们都不具有认知性质。这一认可使认识论关于第二性质的讨论成为无逻辑的。

④ "appreciation"这个词还具有欣赏、赞赏、重视、鉴定、鉴别等含义，用其中任何一个统译，都不尽如人意。——译者注

着一种批评，于是，它就坠入普通判断的范围，所不同只在于，欣赏被用于对艺术品的判断，而不是对其他论题的判断。分析欣赏的这种模式，也适用于分析"直觉"这种比较陈旧但却与"欣赏"同类的术语。"相识""熟悉""识别"（认可）这些术语，也都布满了同样的歧义陷阱。

然而，在当代关于价值判断的讨论中，"欣赏"是一个特别暗藏危险的术语。开始，人们声称（或者假定），所有关于"好"的经验都是认识形式（modes）："好"就是一个命题的术语。作为批评过程，评价是以确定"好"为目标的探究过程。这个过程恰恰与科学所采用的确定事件性质的过程相似。接着，当经验深入地强化了作为批评过程的评价与普通的关于好坏的经验之间巨大差异时，便诉诸直接欣赏与间接知识或推理知识之间的差异，并引入了"欣赏"，让其充当当下直接认知性领悟的便利角色。这样，第二个错误就掩盖和庇护了第一个错误。按阿诺德·本涅特[①]笔下女主人公的惯常做法，充分而彻底地享受一种东西，不过是认识到这是一个尽情享受眼前东西的机会罢了，就像发现了某种香味四溢的东西很好时那样。这种认识与感到愤怒、感觉口渴并无不同，也与知道某人身高五呎并无二致。我们能够使用的所有语言，都充满了一种通过反思而获得的力量。甚至在我谈到一种关于好或坏的直接经验时，人们极可能会稍微理解我所描绘的一个东西，这个东西经过思考而被感到是好的；人们不得不使用语言，仅仅是为了激发一种直接经验，而语言并不依赖于这种直接经验。如果有人想进行这样一种富有想象力的旅行（不强人所难），那么他会注意到发现一个东西好，除了反思判断之外，无非意味着以某种方式对待这个东西——对它抓紧不放，魂牵梦绕，满心欢喜地迎接，采取行动而使当下永恒，喜爱它。这是一种指向这个东西的行动方式，是一种有机体的反应方式。也许，一个心理学家会引入情绪，但是，如果他的贡献有重大意义的话，那是因为在他的描述中，情绪就是有机体对这个对象的基本反应。相反，如果不是以一种反思地检验结果的方式，而是以与之有明显区别的直接经验的方式，那么，发现一个东西坏，就是想要抵制它、摆脱它、消灭它，至少取代它。言外之意，这不是一种欣赏行为，而是一种拒绝与排斥行为。说一个东西是好的或是讨厌的，是在陈述一个事实（包括留在记忆中的），而实际上这个事实被包含在一个

---

① 阿诺德·本涅特（Arnold Bennett，1867—1931），英国小说家、剧作家、散文家、记者，著有《老妇人的故事》《里程碑》等。——译者注

有机体接受或拒绝的情境中。无论这个事实的性质如何，它们都明确地具有接受或拒绝这种行为的特征。

之所以说这些，是因为我确信，当代关于价值和评价的讨论都遭受着一种混淆之苦，即它们受害于混淆了两种截然不同的态度。一种是对好的东西与坏的东西的直接的、行动的、非认知的经验；另一种是评价。评价，纯粹是与任何其他判断形式一样的判断方式；评价与其他判断形式的区别在于，它的论题恰巧是"好"或"坏"，而不是一匹马、一个行星或一条曲线。不幸的是，对于诸多讨论而言，"to value"指的是两种截然不同的事情，即珍视（prize）与鉴定（appraise）；估计……的价值（esteem）与估价（estimate）意味着，发现上面所描述的意义上的好，并且判断它是好的，认识它为好。我之所以说珍视与鉴定是截然不同的，是因为珍视指的是一种实践的、非理智的（non-intellectual）态度；而鉴定指的是一种判断。人们喜爱和珍视一些东西，珍惜和在乎某些东西，同时忽视和蔑视其他的东西，这是毋庸置疑的事实。把喜爱和珍惜的这些东西称作"价值"，只是重申它们是被喜爱的和被珍惜的，而不是给出喜爱和珍惜它们的理由。称它们是"价值"，然后赋予它们评价对象的特性；或者将事物被珍视的这种特性引入价值，即引入被认为有价值的对象，这就给价值判断理论带来了无可救药的混淆。

鉴于这种混淆的流行以及它所导致的严重恶果，在进行更专门的讨论之前，我还是有必要仔细讨论一下这个问题。可以将两者之间的区别，比喻成吃东西和对所吃东西的食品特性进行考察研究的区别。一个人吃某种东西。"吃"这个行为本身就意味着他把这个东西当成食物了，他判定了这个东西是可以吃的，或者说认知性地考虑过它了；而且意味着问题仅在于他判断得是对的，还是得出了一个虚假命题。如果有人愿意谦恭地对待这一具体经验，那么，他就会发现人们吃东西时不假思索这件事情是多么常见；人们会习惯性地把面前的东西放进嘴里，就像一个婴儿本能地如此一样。一个旁观者或任何一个思考过这件事情的人都有理由说，这个行动好像他已经将他所吃的东西判定为食物了。但他却没有理由说，"吃"这个行为已掺入了判断或理智的决定。他已经行动了，他已经朝着被他当作事物的东西行动了：这只是说他把那个东西放进了嘴里，咽下去了，而不是把它吐出来了。于是，那个物体被称作食物。但是，这既不意味着那个东西就是食物（可消化的有营养的物质），也不意味着因为吃那个东西的人已将那个东西判定为食物了，因此他的判定就构成了一个或为真或为假的命题。只有当他产生了某种怀疑，或者当他思考（尽管他对那个东西的直接看法是厌恶，但是那个东西是有益健康的，而他自己的身体需要更健康等）时，才会产生或为真或为假的命题。产生这样命题的时间甚至更晚：假设一个人生病了，医生可能会问他吃过什么东西，然后断言他吃的那个东西根本不是食物，而是有毒的东西。

在上述例证中，使用"食物"这个回溯性（retroactive）术语，并不存在危险，也没有任何危害；并没有将"实际吃的东西"与"有营养的物品"这两种含义相混淆的可能。但是，如果用"价值"和"好"，就有产生混淆之危险，而这类混淆是长期存在的。作为合理性的（reasonable）术语，"好"与"坏"涉及与其他事物的关系（这与把某个特殊的物品称作"食物"，或称作"有毒的东西"的含义极为相似）。由于忽略了这个事实，当我们在思考或者探究某种行动或某个对象的"好"或价值时，我们会以为我们所处理的是结构单一、自我封闭的东西，就像我们出于本能或习惯，没有任何逻辑性和没有任何理由地立刻显示出对某种东西的珍视、满意地接受或珍爱一样。实际上，就像确定一个东西是食物，意味着考虑了这个东西与消化器官的关系，考虑了这个东西在身体系统中的分布状况和最终去向一样，我们确定一个被认为是好的东西（换句话说，以某种方式对待它）是好的，就意味着我们不再把它看成一种直接的、自给自足的（self-sufficient）东西，而是从它所产生之结果的角度来对它加以考量，也就是说，从它与更大一系列其他事物的关系的角度来对它加以考量。如果一个正在吃东西的人有意识地暗示自己吃的是食物，那么，他就是在期盼某结果或对某种结果作了预测，"吃"这个行动因此或多或少有了适当的理由。无论其结论真假，他都经过了判断、理解和认识。因此，一个人不仅可以享受一个东西，而且，他还能判定他所享受的这个东西是好的，是一种价值（value）。当他作这类判断时，他就超越了直接呈现在他眼前的事物，推演了其他事物，因此暗示了其他事物与眼前事物的关联。不管吃的人想没想过，吃到嘴里和肚子里的东西都一定会产生结果。但是，除非想到了这些结果，并且将这些结果与他所吃的东西联系起来，否则，他就根本不了解自己所吃的东西，即他并没有把它当作一个具有某种特性的项（term）。如果他只是停留于说"哦，这太好吃了"，那么，他只是在说他享受吃这个东西的乐趣这个事实，而并没有在说关于这个对象的其他任何事情。如果愿意的话，我们可以把这一感叹当作一种反思或一个判断。但是，如果这句感叹是有意识使然的，那么发出这个感叹，就是为了抬高这一享受的价值；发出这个感叹由此成为达到一个目的的手段。一个饥肠辘辘的人一般会先在某种程度上满足自己的食欲，而不是沉湎于这种不成熟的建议。①

B

现在，我们必须回到我们要解决的问题所处的语境中。我的观点是：价值判断就是实践判断的一种实例，它是一种关于要做什么事情的判断。我的这一观点与一种假定是相冲突的。这种假定认为：价值判断是关于独立于行动的一种特殊的存在类型的判断；价值判断的主要问题是，它是主观的还是客观的。我的这一观点还与这样一些倾向相冲突。它们认为，确定一种行动路线（无论是道德的、技术的还是科学的、探究的）是正确的还是错误的，依赖于一种单独的对于那些被称作"价值对象"（value-objects）的东西的确定，这些东西如幽灵一般——无论它们幽灵般的特征是来自它们存在于其中的那些先验而永恒的领域，还是来自它们存在于其中的那些所谓的心灵状态。我的主张是：价值对象只是这样一些对象，它们被判定为拥有一种力量，这种力量在一种情境中会推动事情向一种确定的结果凡俗地发展。我重申：发现一个东西好或不好，并没有将什么归功于或归咎于这个东西。它只意味着要针对这个东西做点儿什么。考虑这个东西究竟是好还是不好，以及它有多好，就是在问它将会怎样像作用力一样对一种行动路线起促进作用。

因此，在一种"好"和一种直接经验，与一种被评价、判断的"好"之间存在着巨大的差别。下雨也许是让人感到最不舒服的（下雨就是下雨，就像一个人身高五呎就是身高五呎一样），但是，下雨对庄稼生长来说却是好的，也就是说，下雨有利于或促进庄稼朝着一个特定的方向运动。但这并不意味着我作出了两个截然不同的价值

---

① 对于那些领会了我的论辩想法的读者而言，这样说也许不是没有意义的。典型的观念论的谬误在于：在直接经验中导入理智的或反思的审视结果。实在论的谬误在于：把反思性操作看作完全在处理最初行动时涉及的同一论题——将"有理由"的"好"与直接反应的"好"看成同一类东西。这两种谬误的起因都在于：通过对其冠以"认识"（knowledge）之名，而将两种不同的行为当成同一种行为，于是，这两种行为之间的差异便被当成直接的领悟和通过中介而得出的领悟之间的差异。

判断，而意味着我根本没有作出任何价值判断。如果我要作出价值判断的话，我很可能会说，尽管我因淋湿了而觉得很不愉快，但下雨的确是一件好事。这是我将下雨当作两个相反的情境中的手段而作出的判断，即将下雨作为相对于两种目的的手段而作出的判断。下雨的一种结果是让我感到不舒服，另一种结果是庄稼未来的好收成。我对这两种结果进行了比较，然后说："就让后一种结果顺其自然吧。"作为行动者，我支持后一种结果，而不支持因淋湿而感到不舒服这一结果。一点儿没错，在下雨这个例子中，我其实是无用武之地的。可以这么说，无论我站在哪一边都是感情用事，既没有实际地考虑让雨停下，也没有实际地考虑农作物的生长。实际上这只不过是断言：人们不会以下雨使人不舒服为由而使雨停下；如果可能的话，人们会鼓励雨继续地下。人们会说："雨啊，你继续地下吧！"

在大量其他的实例中，对行动所采取的具体干预倒显而易见是有目共睹的。我想到一个实例——我正在吃的这种"食物"令我感到很愉快，但它却并不是适合我的食物，因为它会导致我消化不良。于是，这种"食物"就不再作为一种直接的好而发挥作用，也不再作为被接受的东西而发挥作用。只有经过慎思，我才会继续吃这种东西。我将它当作相对两种相互冲突的可能的结果之手段而加以考虑：既考虑眼下我吃这种东西所获得的享受，又考虑吃了这种东西以后我的身体状况。要么获得当下的享受，要么保持身体健康，这两种结果都是可能的，但却不可能兼而有之。当然，我可以通过让自己相信在这个实例中两者是和谐一致的，来"化解"这个难题。现在，这个价值对象指的是作为被判定为实现这个或那个目的之手段的东西。因为珍视、珍重、看重表示的是行为的方式，所以，评价所表示的，就是根据它们与其他行动的关系而对它们进行的判断，或者是就它们所属的行为连续体而对它们进行的判断。评价意味着将行为模式从对一种行动的直接接受和欢迎，转换成对这种行动的怀疑与考察。这种被怀疑与考察的行动包含一种直接的（或称显性的）行动的延缓，而且蕴含一种未来的行动。这种未来的行动具有与当下事件所不同的意义，因为，即使一个人决定继续推进先前的行动，但当经过反思性审视而选定这一行动时，这一行动的实际内容也已经不同了。

我们已将实践判断定义为关于"要做什么"和"要做到什么"的判断。实践判断所重视的是不完善的、尚未确定的情境的未来结局。

说价值判断属于实践判断领域，是指以下两点。其一，价值判断绝不会自我完成，它永远是为了确定"要做到什么"而进行的；其二，价值判断（明显地区别于直接将某种东西经验为好）蕴含着：价值并不是预先所予的；价值是通过未来的行动而产生的东西；价值本身是以价值判断为条件的，随价值判断的变化而变化。这种说法也许显得与最近一种主张相矛盾。这种主张断言：对于认识而言的价值对象，是指经调查研究而被确定作为相互竞争的目的之手段的东西。作为这样一种手段，它已经是了；如果我吃龙虾，那么它将使我享受当下美味和遭受后来的消化不良。但是，在我做判断的时候，价值是不确定的。问题不在于这件事情会怎样——对此我也许相当清楚，而在于是否要采取这项使可能性成为现实的行动。在非此即彼的选择中，我究竟想使情境变成什么样？而这就意味着究竟要给予作为手段的这个东西何种力量。我是应该将它作为当下享受的手段呢？还是作为未来健康的一个否定性条件呢？一旦确定了这个东西在这些方面的身份，那么也就确定了这个东西的价值；于是，判断结束，行动开始。

因此，实践判断主要研究的并不是对象（objects）的价值，而是使一个不完善的情境得以完善所要采取的行动路线。不管怎样，对参与预期行动，作为这一行动目的和手段的那些对象之价值的判断，都将形成对确定行动路线的实践判断的适当控制。例如，我最初的和最终的判断是买一套西装。要不要买？如果买的话，买什么样的？无论结果如何，问题所关乎的是可供选择的行动路线，而不是各式各样的对象。但是，这个判断将是一种判断，而不是一种偶然发生的反应。在这一判断中，各式各样对象的价值情形（value-status）被当作中介性论题。可选的这些西装价格如何？从目前时尚的角度来看，它们的式样如何？它们的图案协调吗？它们的耐用性如何？它们各自与我所想的主要穿着场合的吻合程度如何？相对而言，或相比较而言，耐用性、便宜程度、合适程度、式样、审美的吸引力，这些就构成了价值特质。它们并不是对象本身的特质，而是作为进入一种情境可能和可预见的圆满中的特质。它们的价值，恰恰在于它们在这一功能中的力量。就这一点而言，判断它们的好坏，就是确定它们各自的能力和强度。除了它们在这种功能中的情形之外，它们不具备任何其他适合于认识的价值特质。当在一些西装中确定了某一套西装具有更胜一筹的价值时，就等于（有……的力量）决定了做什么更好。它为采取行动提供了必要的刺激，或者说，它使行动从一种尚未决定、犹豫不决的状态转变为决定。

也许一提到"主观的"和"客观的"这两个术语，就会引起一大堆歧义。正是出于这个原因，在将"客观的"这个术语用于评价时，就值得指出"客观的"这个术语模棱两可、含糊其词的性质。"客观的"会被相当错误地等同于一种独立存在于这样一种情境之外的性质，而正是在这样一种情境之中才确定了未来行动的路线。或者"客观的"会被用于表示一个对象的性质状态，而这个对象涉及通过判断而被完善的那个情境。在要求实践判断的那个情境之外，西装已经独立地具有了价格、耐用性、式样，等等。衣服的这些特性不受关于它的实践判断的影响。它们存在着；它们已为所予。但是，作为所予，它们并不是确定的价值。它们不是评价的对象；它们只是评价的资料（data）。也许我们要殚精竭虑才能发现这些所予的性质，但是之所以要发现这些性质，是因为也许紧随其后有一个价值判断；如果这些性质本身已经是被确定的价值，那么就不需要再对它们作出评估了；它们就是刺激人们作出直接反应的东西。如果购买者已经决定依据价格来衡量价值，那么，他可以直接买那一套最便宜的西装。他所判断的是"价格低廉"所具有的价值，而这取决于在要求行动的这一情境中，与耐用性、式样和适合性等相比较时判断"价格低廉"的权重和意义。如果购买者发现这套西装是冒牌货，这虽然并不会影响西装实际的耐用性，但却会影响它的"价格低廉"所具有的价值。也就是说，会影响"价格低廉"这种特质在这个判断中被赋予的重要性。如果"价格低廉"的价值是已经确定了的，那么，这种事情就不会发生。总之，一种价值意味着一种考量，而考量并不只是一种存在，而是一种要求判断的存在。被判断的价值，并不是关于已然存在之性质的记录，而是一种影响。这种影响是在关于决定的判断（determining judgment）中，根据对所予存在之性质的判断而被确定的影响。

由此得出的结论并不是"价值是主观的"，而是"价值是实践的"。要求进行价值判断的情境，并不存在于人的头脑中（mental），更不是人凭空想象出来的。我认为，最近大量关于价值的客观性和价值判断的客观性的讨论，不过是以一种站不住脚的（false）心理学理论为基础的。它依赖于赋予某些术语以源自内省心理学的意义；这种内省心理学相信一个纯粹私人的意识状态领域。所谓"私人的"，不是一种社会交往意义上的礼貌，或者对他人保密，而是存在意义上的独立和分离。例如，认为价值属于（refer to）选择或欲望，也就是说，价值是依主观条件而定的（subjectively conditioned）。如果跳出这样的心理学，那么，我们就会得出与之相反的结论。选择、决定主要指某种行动，指针对某个特定事物的某个方面所采取的行为。一匹马选择吃草，只是意味着一匹马吃草；一个人选择偷窃，就意味着（至少意味着）他试图偷窃。如果，经过反思活动的干预之后而产生这种企图，那么，这个人的行为就具有了某种理智的或认知的性质。不过，这也许只意味着一种行动事实，只是在回顾时，它才被称为"选择"：就像一个人千方百计想成为另一个国家的人，选择出生在英国，而如果稍有一丁点儿理智的话，这就意味着在做一个不可选择的选择。在后一种意义上（在这个例子中，"选择""欲望"这样的术语指的是行为方式），它们的用法只是一种普遍原理的具体详述。这种普遍原理就是：所有评价必须做的就是参与行动路线的确定。选择、倾向，原本只是一种在一个特定的方向上的偏爱，这种偏爱并不比一个被抛出去的球突然转向某个特殊方向而不是沿其他弧线运行更主观，或更是心理性的。选择、倾向，只是对这种行动显示出差别的特征的一种称谓。但是，使（let）行动继续沿着某种路线发展，这一点是值得怀疑的。也就是说，"使"被当作未来结果的一个手段，这个结果具有可供替代的选择。于是，"选择"也就获得了一种逻辑的或理智的意义，即获得了一种精神的重要身份——如果说"精神的"是留给具有这种理智性质的活动的话。"选择"更意味着确定一种行动路线；至少意味着一旦现实情况允许就会被释放的一种倾向（set）。否则，人就没有选择，而只是为了缓解自己因悬而不决而造成的紧张，自我安慰地让自己相信自己已经做了选择。

对于"欲望"完全可以做同样的分析。被预期的各种各样的结果，也许会引起种种彼此分歧和相互抵触的反应；而不同的、彼此对立的路线，会让有机体感到被蹂躏和被撕扯。有机体内部的撕裂和拖拽，这种活跃的倾向间的冲突和斗争，是一种真实的现象。一种朝向某个所予方向的撕扯，在与其他撕扯的比较中，衡量着一种预料中的结局或结果对我们的直接控制。如果有人探问评价过程的机制，我会毫不迟疑地说，答案就在刚才所考虑的种种欲望中。除非所有与高度安排有序的活动有关的一切都被冠以"主观的"之名，否则，我认为，将评价过程冠以"主观的"之名是毫无理由的。就我的理解而言，在"主观的"意义上强调对价值和评价的心理学处理，就是以一种极为拙劣和极为消极的方式维护一种积极的真理。这一积极的真理就是：价值和评价属于行动领域；就像欢迎、接受是一种行动一样，评价也是一种行动，它是一种确定未来所要采取的行动的当下行动；之所以会有这个当下行动，是因为那个未来所要采取的行动是不确定的，也是不完全的。

这一结论来自下面这一事实：评价并非对一种手段相对于延续一个过程所具有的力量和功效（efficiency）的简单认可（recognition）。因为，只有在对一个过程的延续和终止产生怀疑的时候，评价才会发生；只有当行动中发生了矛盾和冲突而导致行动犹豫不决时，主体才会对一个过程的延续和终止产生怀疑。

比如，我们可以说，下雨对于除尘雾是好的，这便是将力量或功效与价值看作一致。我认为，除非在一个持续的情境中，事物、事情具有一种推进过程的潜能，否则就不会有评价，也不会有价值被创造出来。"占优势"（prevailing）、"骁勇"（valiancy）、"原子价"（valency）和"价值"（value）这些词之间存在着一种密切的关系。"价值"这个术语绝非只是对"功效"这个术语的重复；"价值"增加了某种东西。当我们在向某个结果运动的同时，又被激励向另一个与这个结果不相容的结果运动（就像在吃龙虾那个例子中，龙虾既会使我得到享受，又会导致我消化不良），在这种情况下，一个东西其实具有双重潜能。尽管不必怀疑龙虾的功效，但是只有在结果被建立起来之后，龙虾的价值才能被确定下来。如前所述，实践判断同时确定了手段和目的。因此，虽然已知功效，但在选定目的之前，怎能确定价值呢？比如，下雨对除尘雾是有价值的。但是，对于我们而言，除掉尘雾是否有价值呢？如果有价值的话，它的价值到底多大呢？只有当我们自己的那些作为除掉尘雾的因素的行动，同一个与之不相容的行动发生冲突时，我们才会知道下雨除尘雾的价值到底有多大。的确，下雨的价值就是它的力量，但是，这是它的一种推动我们向这个目的而非那个目的运动的力量。换言之，并非每一种潜能都意味着价值或有价值的东西，只有那种对于判断未来行动而言具有特殊资格的潜能，才意味着价值或有价值的东西。因此，价值只存在于那些可以找到欲望和需要慎重选择的情境中。然而，这个事实并没有为将欲望、慎思和决定看成主观现象提供理由。

用一种自相矛盾的话说：只要一个人知道了他的欲望是什么，那么这种欲望就会不再存在；剩下的只是在一个既定方向上的活动和努力。欲望是复数的[①]，而同时产生的多个欲望彼此是互不相容

① 原文为"Desire is desires"。——译者注

的。例如，我们已经提到的那些欲望标示着在方向上相互矛盾的活动和运动，不可能都被满足。反思就是要查明什么是我们想要的，如我们所说，什么才是我们真正想要的，而这就意味着一种新的欲望的形成，一种新的行动方向的形成。在这个过程中，事物、事情获得了价值，而这些价值是这些事物和事情以前所不具有的，尽管它们有它们的功效。

无论要冒多大的风险，无论会引起多大的震惊，我还是要不加修饰地说出这一信条。所谓对价值的判断，就是在尚无所予价值之处，创立一种确定的(determinate)价值。所予价值并非评价所必需的资料；而且，当所予价值是所予的资料时，它们只是确定尚未存在的价值的条件(terms)。当一个人病了，并在慎思地考虑之后作出"最好去看医生"的决定时，医生毫无疑问是在这个人作出这个决定之前就存在的。所要判断的事情不是医生对当下的情境是好的，而是去看医生对当下的情境是好的——根据描述，一个东西的存在(exists)，只是一个基于判断而采取的行动所致。他所判断的未来会有价值的事情，也不是他先前曾拥有的健康(或其他人拥有的健康)，而是重新恢复健康；根据描述，重新恢复健康这件事情是尚未存在的。毫无疑问，由他过去的健康所产生的多种结果，会影响他形成现在这个"如果能重新恢复健康就好了"的判断，但是这些结果并不构成作为他的判断之论题和判断之对象的"好"。他也许会判断说这些结果曾很好，而不会判断说这些结果现在很好；因为得出"现在很好"这一判断，意味着判断一个尚未实施的行动过程的应有的对象。判断"它们曾很好"(这明显不同于仅仅回忆健康所带来的某些好处)，是判断如果过去有一个情境要求人们对一个行动过程进行慎思的反思的话，那么，人们会判断说：健康是通过行动才能获得的和保持的存在。这种类型的判断，可能会引起逻辑论证的困难。因为，这种类型的判断隐含着对一个判断而言似是而非的悖论，这个判断恰当的论题就是确定它自身的形成(formation)。掩盖、隐藏事实，必定一无所获，这就是实践判断的性质：因为它是一种判断，一种对"什么"和"怎样"的判断，一种对确定的判断中各种不同因素进行权重赋值的判断。探究一下这种特性能否使人更清楚地认识"意识"的性质将非常有趣，但是，我们现在还不能进入这一领域。

C

从前面所述而能够直接得出的结论就是：确定的价值是作为将来行动一种需要作出抉择的(decisive)因素而被构建的。只要有一种确定的好，就足以刺激行动，这时根本不需要对接下来的行动作出什么判断，也不需要对一个目标(object)的价值作出什么判断。然而，人们常常想当然地认为，评价就是将某些固定不变的或者确定的价值应用于一种各种好相互竞争的情境的过程；评价隐含着一种先在的(prior)价值标准，评价就是将各种好与作为最高价值的这一标准进行比较。这一假设需经考察。即使这个假设是合理的，它也剥夺了有效性(validity)所一直占据的位置。因为这一假设使一种关于应做什么的判断，变成了对一种现成价值的应用。而我们的观点是：评价是关于应做什么的判断，评价是实践判断中的一个结论(determination)。论辩应该以这样的方式进行：每个实践判断都依赖于对要实现的结果之价值的判断；这个结果可能只是大致准确的，这就意味着还会有其他东西被判断为好，因此，从逻辑上说，这种判断会一直延续，直到我们获得对至高无上的好的判断、对一个最终结果的判断，或言直到我们作出尽善尽美的判断。如果这一陈述正确地描述了这件事情，那么，毫无疑义，实践判断一定依靠先前对价值的认识；这样的话，根据我们一直在进行的讨论，那个假设就与事实彻底不符了。

批判性评论首先要指出的是"end"这个词的歧义性。在此，我要借助我早先所说过的，在实践判断中，手段与目的(end)具有一种完全的交互(reciprocal)关系。如果承认这种交互性，那么就得承认只有通过对手段的判断，才能在判断中确定地推断出目的。手段是一些使一种不确定的境况得以完成的有价值的东西。恐怕我还不能将此视为理所当然的。所以，我要指出，"end"既可以指判断的实际极限(limit)，顾名思义，极限是不在判断之中的；也可以指判断最后的或者要完成的目标(completing object)，一旦形成了这个目标，一个过渡性的、不完全确定的特定情境就会趋于稳定。第一种意义上的"end"，应该说根本不存在价值；第二种意义上的"end"，与我们一直在讨论的终曲(finale)①是一回事，或者说它是在判断过程中被

---

① finale，音乐的终曲、末乐章，戏剧的终场，常为高潮性的结尾。——译者注

确定的，并不是控制这个判断的一种所予价值。可以断言，在前文的例子中，别具一格的西装本身就是一种价值，可以在众多的西装中为购买者提供评价标准；购买者将这套作为标准的西装与其他西装进行比较，从而确定其他西装的价值。这套西装由此被当成一个"end"，一个最高价值。这样说就引出了我们刚才提到的"end"的歧义性。因为需要买套西装，这就刺激了购买者要对所提供的西装作出价值判断；而一旦买好了，判断也就结束了（end）。判断的"end"中的"的"（of）是宾格而非属格；也就是说，这个"end"指终止，而非指目的。一旦决定买下某一套西装，就不需要再进行判断了。如果权威的话有分量的话，我可以说这就是亚里士多德的原则。亚里士多德说，我们绝不会慎思结果，我们只会慎思手段。也就是说，在所有慎思中（或者在所有实践判断或者探究中），总会有一些东西是判断顾及不到的，而这些东西贯穿判断的始终。我要补充的是，根据亚里士多德的观点，往往在"当我们发现因果链条的第一环，这也是发现顺序的最后一环"时，慎思就停止了；也就是说，"当我们在追究因果（手段）链条最后追到我们自身时"，慎思就停止了。换言之，最后的通过对行动的判断而获得的这个所期望的结果（end-in-view），无非就是做某事的适当的或完备的工具。

然而，我们慎思目的，慎思所期望的结果，这一事实说明，目的和所期望的结果与作为慎思之极限的结束（end）是截然不同的。在眼下这个例子中，目的并不是那套西装，而是获得一套合适的西装。这才是需要仔细判断和评价的事情。我想，我已经说清楚了：这个目的的确立，与通过比较西装的价格、耐用性、式样、图案而确定一套西装的价值是完全等同的。价值不是通过将各种西装与理想样板进行比较而得到的，而是根据价格、耐用性、合适程度等，通过将不同西装进行相互比较而得到的，当然，还要考虑购买者自己的钱包、已有西装、以及在这个情境中需要考虑的其他具体因素。当然，购买者也可能在买西装之前就已经选定了某种样板；但这仅意味着他事先完成了判断；这个样板在那个判断中不起作用，但对他的当下的行动却起到了刺激作用。这里所涉及的关于道德类型实践判断的思考极为重要：关于样板的观念越完备，行动就越不明智，因为这种样板观念的形成，脱离了或者说未顾及当下行动情境的具体条件。在面对实际选择时，绝大多数人都会或多或少改变已有的理想样板，在购买西装的例子中就是如此。在道德情境中，如果一个人无法理解这种改变，那么他就不再是一个道德主体，而是变成一台应答机了。简言之，评价标准是在实践判断过程中形成的，或者说，评价标准是在评价过程中形成的。评价标准不是从外面拿来而用到评价过程中的东西，因为这种应用意味着根本就不存在判断。

D

关于标准，迄今为止，还没有人这样说过。然而，标准或者尺度的概念与评价有着如此密切的关系，因此，对标准的思考就提供了对评价结论的检验。必须承认，我在前面的讨论中提出的对评价标准性质的看法，与通常人们对评价标准的观点是格格不入的。我的论点是：评价标准是在评价的过程之中确定的，而不是在评价过程之外确定的，因此，不能把评价标准当作支配评价过程的一种现成的东西。在很多人看来，这似乎很荒谬，完全是自相矛盾的。不过，人们对于流行的观点往往是未经审查就先接受了；其实，这是一种偏好。一旦接受了这一偏好，那么，与道德行动有关的判断和认识便失去了一切重要性。假定标准是已经所予的，那么剩下的事情就只是把这个所予的标准机械地应用到正在考虑的实例上去而已——就好像用一把一码的尺子去量布料一样。于是，不可能存在真正的道德不确定性；如果说哪里好像存在道德的不确定，那也不过是道德遗憾的别称罢了。这种道德遗憾源于内在的恶，源于对现成的和被提供的规则的认同和使用；道德的不确定性也表示一个人道德理解力的衰落而导致的道德堕落。有一种教条主张道德标准是先在于、独立于道德判断的，只要这一教条与关于原罪和堕落的另一些教条合在一起，那么人们就必须尊重这一教条的绝对逻辑。但是，一些假定道德标准在道德判断之前而不是在道德判断之中生成的现代理论，却不属于这种情况，这些理论无视人们理解中的不确定性和错误。当然，这样的考虑解决不了什么问题，但它们也许有助于我们更少偏好地倾听一种与各种流行的理论不同的假说。这种假说明确地表达了目前实践的趋势，即目前的实践越来越倾向于将理智活动当作道德的核心要素。

相应地，我们把价值标准当作在反思性评价过程中逐步形成的东西。让我们来看一看，除此之外还有什么选择。如何才能知道一种评价标准？一种方式，是通过先验直觉的方法；还有一种方式，是通过对先前案例进行抽象。后一种方式把我们推入快乐主义的怀抱，因为快乐主义关于价值标准的观点就是从对以下观念的考虑中获得其逻辑功效的。这一观念主张，一个先在的、固定的标准（这个标准不是在特定的情境中经过反思而获得的）迫使我们以先在的不可还原的快乐和痛苦为基础；而这些快乐、痛苦本身就是确定的毫无疑义的价值；它们足以充当标准。这些标准本身是完全不受约束的和终极的。这显而易见的常识性选择会将先前情境的"价值"，如将先前一个仁慈之举的价值一股脑地加于患者。但是任何诸如此类的好都只是那个未经分析的情境的一个应变量；因此，除非新的情境与旧的情境一模一样，否则这个"好"对新的情境根本不适用。只有在把这个"好"解析成清晰的不可改变的单元，而且新情境与旧情境所包含的单元数量相等的前提下，人们才可能找到毫无歧义的标准。

　　这个逻辑无懈可击，并且指向作为评价标准的不能被化简的快乐和痛苦。困难并不在于逻辑，而在于经验事实，经验事实可以证明我们前面的论点。为了进行论证，就算我们承认有一些确定的存在，被称作快乐和痛苦，它们也并不是价值对象（value-objects），而只是一些需要被评价的东西。作为一种存在，完全相同的快乐或者痛苦，在不同的时间，由于被判断的方式不同，其价值也是不同的。与吃龙虾造成的消化不良带来的痛苦相比，吃龙虾带来的快乐之价值是什么？当然，那个逻辑规则告诉我们，要把快乐和痛苦解析成基本单元，并且计数。① 然而，这样的基本单元似乎完全属于常识范围，就像随便问问街上的行人，他们都会知道原子或者电子一样。这样的基本单元就像分析心理学家认为的方法论上的必需品一样清晰明白。以牙疼这样一种十分确定的存在为例，它所具有的价值还会因其组织结构和反应的不同而不同，那么，显而易见，日常经验中的快乐和痛苦就更加复杂。

---

① 　分析实在论应该喜好这种快乐主义；可是当下的分析实在论者并不喜好这种快乐主义，这一事实似乎表明，分析实在论并没有严肃地对待自己的逻辑。实践动机所致，他们并没有彻底贯彻自己的逻辑。说道德生活呈现了一种高级的组织系统和整合，这既是说这些东西是真的，也是说根据分析逻辑，需要将这些东西分解成终极的和独立的单一体（simples）。除非他们把边沁所说的快乐和痛苦当作终极的，否则就必须提出一种可接受的替代理论。但是，在这里他们倾向于改变自己的逻辑，而把一些**组织系统**（有五花八门的界定）的完善（fulfilment）作为"好"的标准。于是，要保持一致性就得接受这样的假设：在**任何**情况下，最终的（eventual）**组织系统**（而不是作为前提的单一体）都提供了认识标准。

同时，"完善"（或任何相似的词）这个词表示，承认讨论中的这个组织系统并不是本体论意义上先在的东西，而是尚未如愿以偿的东西。

不过，我们可以搁置这个难点。我们甚至可以搁置这样一个事实，即一个理论起初完全是从经验出发的，后来却陷入欲使经验事实吻合辩证法要求的泥淖。但是，有一个难点如此难以克服，以致我们无法将其搁置。在任何情况下，测量标准都是由基本存在物的量构成的，基本存在物的量是取决于判断的，而这个判断被认为是由这个量校准的。评价标准是由行动造成的一些单元；这些单元是将来的结果。此刻，判断者的性格（character）就是产生这些结果的条件之一。一个麻木不仁、冷酷无情的人不仅不能预见某些结果，而且无法对某些结果作出恰当的衡量，也不能对这些结果的产生提供一个敏感的人所建构起来的条件。他完全有可能通过判断而激发出一些行为，而这些行为强化了其器官的麻木感。从逻辑上说，关于道德标准的分析概念为敏感性的刻意钝化提供了养分。如果我们所讨论的问题的症结，只是让快乐单元的数量超过痛苦单元的数量，那么，实际上，只要安排一下让某些痛苦不再被感受到就行了。要获得这个结果，既可以通过操控器官之外的条件来实现，也可以通过使有机体感觉迟钝而实现。不懈地坚持下去，虽然短期会焦虑不安，产生交感神经性的极度痛苦，但从长远看，这些痛苦都将消除。与此相应，剩下的就全是快乐了。

这是一种久享盛名的对快乐主义的批评。我现在对快乐主义的关注，纯粹出于逻辑方面的原因。我认为，企图从过去的对象里找出一些成分作为评价将来结果的标准是没有希望的。评价—判断有一个明确的目标，即释放出一些不能单纯依靠过去的东西来衡量的崭新因素。然而，如果关于应用于道德的分析逻辑的讨论，不能有助于消解任何一种诉求系统或组织的完善作为道德至善，即作为标准的意义，那么这种讨论就很可能是没用的。如果这种诉求是审慎的，那么它就会要求重组当下情境，使其实现它目前所不具有的统一；要求把这种组织当作被创造和被制造出来的东西。显然，这种诉求可以满足前面所描述的实践判断的所有的具体要求。在进行判断时，这个需要通过行动实现的组织还处于构思和酝酿之中，也就是说，它还只是处在作为重组活动的反思性探究阶段。处于构思和酝酿中的组织既是力求实现的组织的一个条件，又是反思性探究充分性的一个应变量。显然，在这里可以进一步证实我们关于实践判断的陈述，即实践判断是一种关于判断什么和如何判断的判断，它是将当下不完善的情境推向完善所必不可少的部分。更确切地说，它也表明，标准是引导探究达到完满的一个规则：它既是要求审查有助于达到完满诸因素的忠告，也是对抑制识别有助于达到完满诸因素的警告。尽管一个人也许会欺骗自己或欺骗他人，但是一个人真正的价值权衡会体现在他的所作所为中，而不是体现在他的所思所言中。因为，做，就是实际的选择，就是完成了的反思。

现在，在道德理论中强烈抨击快乐主义和先验论是比较容易的，但是要看出替代它们的逻辑蕴含却并不容易。人们常常将组织兴趣或倾向的概念看成内容明确、形式鲜明的概念，而没有将它们当作探究程序的规则，当作行动指南或警告。它们只是被当作某种所有的构成要素在知识方面都已所予的东西，尽管实际上并非如此。于是，正付诸实施和有待实施的行动一定不会被当作具有理智意义的。行动会被视为只是"做"而已，而非一种学习和检验。但是，在一个事实上不完善的情境被完善之前，如何才能被彻底知晓呢？一个构思中的组织在尚未付诸实现之前，关于这个组织的概念，除了是一种有效的假设之外，除了是一种为了弄清将发生什么而对所予因素进行处理的方法之外，还能是什么呢？每一个蕴含理解认识所达目的[1]之可能性的意图，不也同时蕴含着一种对目的之性质的先验启示吗？要不然就是说，那个组织不过是一个由已经所予的基本部分组成的整体——难道这就是快乐主义的逻辑？

按照自然科学的归类逻辑，我们可以把事物的一种所予状态与一个作为模型的现成概念进行比较——如天文现象就要符合天体运行周期。实验科学的方法打破了这种观点；实验科学用一种实验公式取代了所谓的调控模型，这个实验公式就是特殊现象自身的整合功能。这个实验公式可作为一种用于更深入的观察和实验的方法，从而是被检验和待发展的。依此类推，人们可以相信，道德标准或道德模型是从行动的特殊情境中生长出来的。对这一点的拒绝，说明人们对科学方法的一般逻辑力量的理解是何其之少。事实上，自然科学直到打破了那个将模型或形式当作知识之标准的教条，才得以进步。然而，我们却因恐惧道德的混乱而死死抓住道德中的类似教条不放。对无序现象的认识能生成一种对法律和秩序的认识，人们曾以为这是不可能的。人们以为，必须提供关于秩序的种种独立的原则，而且必须以现象与固定模型的距离对其作出判定。在实践

---

[1] 一定不要忽视：仅仅提起过去所确定的目标就足以构成对行动的刺激。实在论者很可能将对这个目标的回忆与对目标的认识混为一谈，因此将其称为理解。但是，回忆根本不包含认知，它不过是为一个已经决定了的行动按下按钮，发出信号而已。

事务中，关于标准的通常观念与其何等相似。当人们勇于从无规律的现象入手，并开始探讨作为新观察和新实验之方法的各种方案时，自然科学就开始了其确有把握的进程。按照这些设想，自然科学分析、展开、组织现象，从而改善这些设想，而这些设想就是潜在的探究方法。有理由相信，对道德认识形成阻碍的，首先是这样一种观念：在构建行动方法时，除了反思之外，还存在一些作为知识之前提的善的标准。如果坦然承认道德情境的不确定性，承认行动所依据的所有道德衡量规则都具有假设性，那么这种承认会被当成不确定性和怀疑论的始作俑者。这就像一个传递坏消息的人常常会背负恶名，就好像他也参与了他所传递的坏消息中的恶行似的。

不过，可以商榷的是，所有这些并不能证明前面那个陈述是对的，即引发判断和中止判断的那个限制性情境本身并没有什么价值。有人会问，如果一套西装没有价值，买了也不可能获得更多的价值，那又何必买呢？答案很简单：因为他不得不买，因为他的生活情境要求他买。这个答案似乎太笼统了。但它也许会让我们想起，其实在生活中，人从来不会被要求对他是否要行动作出判断，而是被直接要求对他该如何行动作出判断。决定不采取行动，这是一个关于以某种方式行动的决定，而绝不是关于不行动的判断。它是一个关于要做其他事情的判断，比如关于等待的判断。一个关于最好退出积极主动的生活，而成为高柱修士（Simon Stylites）①的判断，是一个关于以某种方式行动的判断。人的判断受制于一种必然性，即无论怎样判断，人都不得不行动。一个关于自杀的决定，并不是一个关于死的决定，而是一种关于采取某种行动的决定。这种行动可能是以"不值得活"这个结论为根据的。作为一个判断，一个关于自杀的决定是一个关于"以终结将来要求判断和行动的情境之可能性的方式行动"的结论。任何关于"怎样活"的判断，都是以"生命是一种最高的价值，是一个基准"这样一种判断为基础的，但是，在一个关于自杀的决定中，不包含这个判断。更准确地说，它不是依据生命本身的价值而作出的判断，而是一种因无法马上找到让一段时间的生活具有意义的具体手段所产生的判断。作为一种将要实施的行动，自杀既属于生活又是对生活的僭越。一种依据生命价值所作出的判断，顾名思义，回避了这个问题。没有人能通过论证生命的价值，

① 中世纪在高柱顶上苦修的修士。——译者注

而影响一个想要自杀的人；想要说服一个准备自杀的人，唯一可行的方式，就是向他建议和提供各种使生活值得过的条件和手段，换言之，就是对生活提供一种直接的激励。

然而，我担心这番论证会使我明摆着还没有论证的一个观点变得模糊不清。这个观点就是：关于要做什么的所有慎思，都与一个在某些方面未完善和不确定的情境的完善和确定有关。每一个这样的情境都是具体的；它并非仅仅是不完善的；这种不完善性是属于一个具体情境的。因此，这个情境设定了反思过程的限制条件；这个情境确定了究竟要对什么作出判断，而且，这个情境的限制条件绝不会在它所限定的实际情境中得到评判。现在，我们在日常语言中找到了一个词。这个词可以表达那些限制价值判断的条件的性质，即"无价的"。"无价的"并不是指某种东西与其他东西相比具有至高无上的价值，而是指某种东西的价值为零。这意味着某种东西是超出评价范围的——某种东西不在判断范围内；无论是否在当下的情境之中，它都不是也不能是判断内容的一部分；而且，它还是那个主使判断和终止判断的东西。简言之，它意味着，在某种情况下，判断会撞上把某种东西视为宝贵的、当作判断之极限的无理性的行为。

E

价值是在判断该做什么的过程中被确定的。也就是说，价值是在这样一种情境中被确定的，在这一情境中，偏好取决于对要求行动的情境的各种条件和各种可能性的反思。有人会反对这个观点，理由是：我们实践活动中的慎思常常是以先前的特殊价值为前提的，同时也是以先前的这些价值的某种秩序和等级为前提的。在某种意义上，我不想否认这一点。我们进行审慎选择的情境，或多或少与我们已经作出选择的情境相似。当慎思影响了一种评价，而行动又证实和验证了这一评价结论时，这个结果就会保留下来。情境是部分重叠的。在一种情境中，被判断比 N 好的 M，在另一种情境中比 L 差，依此类推；于是，一种优先就被建立起来了。而且，我们必须拓宽眼界，将我们所生活于其中的共同体中习以为常的反思性偏好秩序纳入视野。被这样构建的价值会将自己作为事实而呈现在之后的情境中。通过同样的方式，在过去评价中占优势的对象也会将自己作为规范化价值（standardized values）而呈现出来。

不过，我们必须注意，这样的价值标准只是以可能性为根据的（presumptive）。一方面，它们的地位取决于当下情境与过往情境的相似程度。在一个向前发展的或迅猛变革的社会生活中，关于完全相同的目前价值的假定变得越来越不可能。但是，在现在的评价中抛弃在其他情境中已经构建的价值，将是愚蠢的。我们必须记住，习惯会使我们忽略差异，并且在不存在同一性的时候以为存在同一性，从而导致对判断的误导。另一方面，过去对价值的确定是否具有贡献价值，取决于这个确定过程的批判性程度；特别取决于仔细观察通过践行这种确定而产生的结果的程度。换言之，过去的价值在当下判断中的以可能性为根据的力量，取决于在验证这一价值的过程中所付出的努力。

　　无论如何，只要进行判断（而不是将对过去的"好"的回忆作为当下行动的直接刺激），所有的评价在某种程度上就都是再评价（revaluation）。如果尼采只是将自己局限于声称所有的判断在批判性智慧的意义上都是对先前价值的重估（transvaluation），那他肯定不会引起如此大的轰动。必须承认，任何一种关于通过判断而改变或改革一个目标的观点，都会招致盲目推崇者的怀疑和敌意。对许多人来说，这好像就是观念论、认识论的残余。但是，在我看来，只有三种选择：要么，根本不存在实践判断——作为判断的实践判断只是一种幻象；要么，未来只是对过去的一种重复，或者只是对永恒存在于超验领域的某种东西（逻辑上相同的东西）的复制[①]；要么，实践判断的目标就是改变或变更所予的东西，这种改变的性质取决于判断，同时也构成判断的内容。除非认识论的实在论者接受前两个选择中的一个，否则，在接受第三个选择时，他一定会不仅承认作为一种后效应（after effect），实践判断会使事情有所不同（对于这一点，他似乎随时准备承认）；而且承认判断的重要性和有效性就是使事情有所不同。当然，有人会认为，这只是指出了实践判断与科学判断的差别。但是，只要承认实践判断使事情有所不同的这个事实，就不能再声称："推想判断的目标就是带来事情有所不同，判断的真理是由判断所实际致使的结果的不同而形成的。"这个关于判断的观

---

① 　这一观念的支持者一般会以这样一种观念美化重复论：所判断的目标是朝着接近永恒价值的方向的进步。实际上，进步从来都不是参照超验的永恒价值而作出的判断（我曾不断地指出这一点）。关于进步的判断，参照的是在满足特殊情境的需要和条件的前提下，"所期望的结果"的实现——放弃文中所提出的这个教条。从逻辑上说，进步如同接近的观点已无容身之地。应该这样解读这个理论：我们总是努力重复已知的价值，实际上却屡试屡败。但是，继续不断的失败就是进步的一个奇怪的名称。

点具有摧毁性。如果一个逻辑实在论者认真地对待这样一种见解，即道德善就是一个组织的完善或整合，那么他必须承认，关于这样一种目标的命题是前瞻性的，即这一命题关乎通过行动将要获得的目的；而且必须承认，提出这个命题的目的就是促进完善。如果从这一点入手，而且将这一设想运用于对其他种类的命题的考虑，那么，我想，我们将拥有一种最便捷的手段，来理解下面这种理论之意图，即所有命题都只不过是提请验证的可能性知识，它们还不是知识本身。除非人们像武断地将有机体与环境割裂开来，或将主观的与客观的割裂开来那样，将关于善的判断与其他判断割裂开来，否则就没有理由在命题的连续统一体中画出一条泾渭分明的分界线。

但是（这里要消除误解），这并不意味着是某些超自然的（psychic）状态或行动制造了事物之间的差异。首先，判断的论题是将要产生的变化；其次，只有在将判断付诸行动之后，这个论题才会成为一个目标（object）。是行动造就了这种区别。然而，行动仅是判断完成（complete）了的目标，而只有在行动中，判断才能作为一种判断而得以完成。有人（尤其是 A. W. 摩尔教授）质问反实用主义者，他们如何能将判断或知识与行动断然地区分开来，然后又随意地承认并坚持：知识会在行动中进而在存在中造成差异。这是整个问题的症结。而且这是一个逻辑问题。这不是关于精神如何影响物质（如行动）的疑难（就像人们以前考虑过的那样），而是心灵如何影响身体这个古老问题的变种。这意味着，只有在误解了判断的逻辑重要性时，知识与行动的关系才会演变为精神（或逻辑）实体作用于物质实体的问题。建设性的论点是：逻辑命题的领域呈现为可能性的领域，即呈现为通过现实中明显的行动而使事物得以重组之可能性的领域。于是，从命题到行动就不是一个奇迹，而是命题自身特性的实现，即命题自身逻辑意义的实现。当然，我并不认为，一切命题的情况都是如此。对此，我还没有加以讨论。不过，在说明关于实践判断具有哪种性质的假说是站得住脚时，我至少排除了这一纯粹的辩证法论证：就其本身而论，知识的本性拒斥"一切逻辑命题直接或间接的意义，就在于带来差别"这一假说。现在，至少道路已经扫清，而我们可以更无偏好地考虑这一假说自身的价值了。

哲学复兴的需要[①]

　　理智的发展是以两种方式发生的。有的时候，知识的增加是对旧有概念的重新组织，它们被展开、阐释和提炼，而不是那种严肃意义上的修正，更不是摒弃。有的时候，知识的增加要求质的改变而非量的改变，需要一种变更而不是增加。人们的思想对他们之前的理智所关切的东西变得冷漠了，原先十分盛行的观念渐渐过时了，原先急切的兴趣似乎也消退了。人们从不同的方向看问题，原先的困惑被认为是不真实的，而许多考量由于慢慢显得不再重要而被忽略了。原先的问题可能还没有得到解决，但它们也不再那么强烈地要求得到解决。

　　哲学并不例外于这个规则。但它不同平常地保守——不是在需要提供答案时显得保守，而是在对问题的坚持上显得保守。这和神学以及代表着人类主要兴趣的神学道德如此紧密地联系在一起，以至于激进的改变会让人十分震惊。比如，在 17 世纪，人类的行为发生了一次决定性的崭新

---

① 首次发表于《创造性智慧：实用主义态度论文集》（亨利·霍尔特公司 1917 年版）。本书选用的是王成兵和林建武的译本，被收录于《杜威全集·中期著作》第 10 卷。

转向；而在培根和笛卡尔这样的思想家的领导下，哲学看起来好像来了一次大转向。但是，尽管有上述变动，许多较旧的问题最终只是从拉丁语被翻译为各国自己的语言，或者被翻译为一种由科学提供的新术语。

哲学与学院教学的结合，强化了这种固有的保守主义。在学院围墙外，人们的思想朝向另一个方向运动，之后，经院哲学在大学里得以存活。在过去的数百年中，科学和政治学中理性的提升以相似的方式被结晶为教导的素材，并且迄今还在抵制进一步的变化。我不会说教学的精神敌视那种自由探索的精神，但一种主要是被教授的哲学而非一种完全被反思的哲学有益于被其他持有见解的人们讨论，而非得到当下的回应。当哲学被教授时，它不可避免地要放大过去思想的历史，并引导专业哲学家通过对所接受体系的重新表述而接近论题。同时，它也倾向于强调人们会因已经在某些点上被分为不同的学派而屈从于追溯的定义和说明。因此，哲学讨论有可能成为一种对立传统的梳妆打扮，其中对某种观点的批评被认为是为其对立面提供真理的证据（似乎正是对观点的确切表达，保证了逻辑上的排他性）。对当代难题的直接关涉则留给文学和政治去做。

假如变化的行为和膨胀的知识曾经要求人们心甘情愿地不仅放弃既有的解决方案，而且放弃旧问题，那么，现在正是时候。我并不是说我们可以突然离开所有传统的话题，这是不可能的。试图这么干的人最终会陷入失败。不考虑哲学的专业化，哲学家讨论的依旧是那些孕育西方文明的观念。正是这些观念，充斥着受教育民众的大脑。但是，那些并不投身专业哲学研究却又严肃思考的人最想知道的，是更加崭新的工业、政治和科学运动需要对理智遗产作怎样的修正和舍弃。他们想要知道，当这些新运动转变为一种普遍观念时，究竟意味着什么。除非专业哲学可以充分调动自身以便为人们思想的澄清和转向提供帮助，否则，它有可能在当前生活主流中变得越来越边缘化。

这样，这篇文章可以被看作一种尝试，即把哲学从过分亲密、独一无二地依附于传统问题的状态中解放出来。这不是对已经提出的各种解决方案进行批评，而是提出一个关于当前科学和社会生活条件下传统问题所具有的真实性问题。

毫无疑问，我讨论的有局限的对象会产生一个夸大的印象，显得我相信当前的许多哲学运动都在故弄玄虚（artificiality）。并非我故意夸大我所说的内容，而是目的的局限性使我不能对与一个更加宽泛的目的相关的事情说太多。在文章中，一种限制较少的讨论会努力加强讨论问题的真实性。这主要因为，它过去讨论过而现在继续加以讨论的这些问题，只有在它们自己的背景中才成为真正的问题。详细论述一些哲学体系作出的重要贡献是令人愉快的任务，但这些体系作为一个整体是不可能依赖于成熟而丰富的观念的。在对一些不真实的前提下故弄玄虚的问题的讨论中，文化中某些不可或缺的东西呈现出来。视野得到拓宽，大量的观念涌现出来，想象力复苏了，一种对事物意义的感觉也被创造出来。人们甚至有可能询问，这些传统体系的伴生物（accompaniments）是否并没有经常被当作一种对体系自身的保证。不过，虽然这是一种褊狭思想抛弃诸如斯宾诺莎、康德和黑格尔等丰富和充分观念的标志（由于其观念的展开在逻辑上是不充分的），但它无疑也标志着一种不那么正规的观点，即把它们对于文化的贡献当作对一些前提的确认，而它们与这些前提并无关系。

Ｉ

必须从某处开始一种从哲学问题传统性质的立场出发，针对当前的哲学化运动的批评，而对开端之处的选择却是随意的。在我看来，被十分积极地讨论的问题所蕴含的经验观给出了展开批评的自然出发点。因为，假如我没有看错的话，经验的固有观念对于所有的经验学派（empirical school）及其对立面都是一致的；正是这些观念使得许多讨论得以持续，即使这些讨论的话题表面上看起来与经验相差很远；而根据现存的科学和社会实践，这些经验观念恰恰是最站不住脚的。因此，我打算简要地陈述一下经验的正统描述与当下条件下同类经验描述的主要差异。

（1）在正统看法中，经验首先被看作一种与知识有关的事件（knowledge-affair）。但是，眼睛不能看透过往的景象，经验确定无疑地呈现为有生命的存在者与其物理的和社会环境之间相互作用的事件。（2）依照传统，经验是（至少首先是）一种受到"主体性"（subjectivity）全面影响的心理事物。经验自身要求的是一个真正客观的世界，它参与到人类的行动和遭遇中，并在人类的回应中经历着各种变化。（3）任何东西只要超越乏的（bare）当下，被既有的学说认可，过去就会将其计算在内。记录所发生的和参照过往都被认为是经验的本质。经验主义被设想为与过去曾经是的东西联系在一起，或者被认为是"所予的"（given）。但经验在其根本形式中是实验性的（experimental），是一种改变所予的努力。它以规划和涉及未知为特征，以与未来的联结为显著特征。（4）经验传统信奉特殊论（particularism）。连接和连续性被认为与经验不相干，只是一种具有不确定合法性的副产品。一种经验就是对一种环境的承受，是一种在新方向中获得控制的抗争，它孕育着各种联系。（5）在传统观念中，经验和思想是对立的两面。只要推论（inference）不是过去所予的东西的复活，那它就在经验之外；因此，它或者是无效的，或者只是一种绝望的措施，我们在其中通过把经验作为跳板，跳到一个稳定事物的世界以及其他自我中。但是，挣脱了旧有概念束缚的经验充满了推论。很显然，不存在没有推论的有意识的经验（conscious experience），反思是天然的和持续的。

考虑到用关于现代生活的经验解释替代传统解释产生的效果，这些对照提供了下列论题。

假如我们认真地看待生物学给我们的经验观带来的贡献——不是眼下那种生物科学发现的各种事实，而是这种科学极其强调自身，就不再有任何借口忽略它们或将它们当作可被忽略的。任何对经验的解释现在必须适合经验，这意味着生活的考虑。生活总在持续；并且，由于环境的中介作用，生活并非处于真空之中。有经验的地方就有生命存在（living being）。有生命的地方，就要维持与环境的双向联系。部分来说，环境能量组成了机体的功能，进入机体之中。没有环境这种直接的支持，生命的存在是不可能的。但是，当所有机体的变化都取决于环境中自然能量的产生和作用时，自然能量有时会带动机体功能兴盛向前，有时则阻碍机体功能的持续。成长和衰败、健康和疾病，都与自然环境的活动联系起来。区别在于对将来的生命行为（life-activity）发生的一切产生的影响。从这种对将来的指向立场看，环境事件（environmental incidents）可以分为不同的类别：有利于生命行为的和不利于生命行为的。

有机体的那些成功的行动——那些行动在环境帮助下得以具体化，作用于环境，带来有利于人类自己的未来的变化。人类必须处理如何回应周围变化的问题，这样，这些改变能够产生某种转折而不是其他什么转折。换言之，这样的转折需要通过人类自身更进一步的功能性活动而获得。当人类的生活部分地为环境所支撑时，它就不只是环境的平静有序的呼气吐气（peaceful exhalation）了。它不得不努力奋斗，也就是说，不得不利用环境所能提供的直接支持以便间接地影响那种可能以另一种方式出现的变化。在这种意义上，生命通过控制环境的方法得到延续。它的行动必定能够改变周围发生的变化；它们必须使有敌意的事件中立化，必须把中立事件转换为能够相互合作的要素，或者转化为崭新的特征。

自我保存（self-preservation）观念和生存努力（conatus essendi）观念的辩证发展，经常忽略实际过程中的所有重要因素。它们进行争辩，似乎自我控制、自我发展作为一种源自内在的、敞开的推动力而直接运作。但是，生命只有借助于环境的支持才能得以维持。由于环境对于我们的支持并不是完美无缺的，因而自我保存——或者说自我实现，诸如此类——总是间接的，总是关于当前行动影响方向的方法问题。这一方向是由环境中的独立变化决定的。障碍必须被转化为手段。

我们也习惯于忽视"调整"（adjustment）这个概念，似乎这意味着某些固定的东西——这是一种所有有机体（至少理论上）针对环境所做的适应性调整。但是，由于生命需要环境能够适于有机体的功能，因而对环境的调整意味着不是被动地接受环境，而是行动起来使周围环境的变化朝向某个特定的方向。生命类型越"高级"，就会有越多的调整采用那种为了生命的利益而对环境要素进行调整的形式；生活越是缺乏意义，它就会越发针对既有环境进行适应性调整，直到生命和非生命（non-living）之间的差别在一个较低的层次上消失。

这些说明都是外在性的。它们是关于经验的条件而不是关于经验活动本身的。但可以确定的是，经验的具体发生证实了这些说明。经验首先是一个经历（undergoing）的过程：一个维持某些东西的过程；一个受难和煎熬的过程；从这些词的字面意义上说，是一个情感受影响的过程。有机体必须忍受和经历自身行动的结果。经验并非沿着一条由内在意识设定的路径移动。私人的意识是那种重要的、客观经验的偶然结果，而不是经验的来源。然而，经历并不仅仅是被动的。最有耐心的病人绝不只是一个接收者，而是一个行动者、一个反应者、一个试验者、一个考虑以某种方式去经历和体验的人，并且这种方式可以影响现在还在发生的事情。纯粹的忍受和回避之类的逃避行为终究也是应对环境的方法，这些方法具有一个观念，而这个观念是这些处理方式导致的。即使我们以极端的方式缄口不言，我们也还是在做着什么；我们的被动性也是一种积极的态度，而不是不作任何回应。就像所有行为中并没有肯定的（assertive）行为和没有对事物侵略性的攻击那样，也不存在不属于我们的持续发生的经历。

换句话说，经验是做（doings）和遭遇（sufferings）的同步发生。在改变事件的过程中，我们的经历是实验性的；我们积极的尝试是对自身的检验和测试。经验的这种两重性，在我们的快乐和幸福中、在我们的成功和失败中得以展现。当沉思或者置之不理时，胜利都是危险的；成功会耗尽自身。任何一种与环境的协调所达到的均衡都是不稳定的，因为我们甚至不能在环境中与各种变化平稳地并驾齐驱。这些尤其与我们必须选择的方向势不两立。我们必须冒险共同面对这种或另一种运动。没有什么东西可以剔除所有的风险和冒险，那种注定要失败的东西也试图立刻与整个环境保持一致，也就是说，在所有事物都自己运行的时候，保持那种快乐的时刻。

横亘在我们面前的障碍是变化的刺激物，是崭新的反应的刺激物，因而也是进步的机缘。假如环境给予我们的帮助掩盖了某种威胁，那么环境的冷漠就是一种实现至今尚未经历的那种成功模式的潜在手段。把不幸当作除了不幸之外的任何东西，只是一种毫无诚意的道歉，就像一种不真实的祝福或善中的一种必要因素一样。但是，说人种的进步是受到人们所经历的各种疾病的刺激，人类通过寻找新的和更好的行动路径而前行，这些都是真真切切的。

就那些对经验的兴趣是经验性的人来说，对正在到来的事物经验的独占是显而易见的。因为我们的生活是向前的，因为我们生活在一个不断变化的世界里，而这个世界的问题意味着我们的祸福；因为我们所有的行为都修正这种变化，并因此充满了各种许诺或者充斥着敌对的能量——这是经验应当具有的东西，是蕴含在当下之中的将来！调整并非一种无时间限制的状态，它是一种持续的过程。说一种变化需要时间，可能就是讨论某些外在的和没有什么益处的事件。但是，有机体对环境的调整在某种重要意义上需要时间，这个过程中的每个步骤都以指向它所影响的更深远的变化为条件。有机体关注的是环境中发生的事情，而不是已经以成熟和完成形式"在那儿"的东西。鉴于正在发生的可能因有机体的干涉而受到影响，正在变化的事情就是一个挑战，而这个挑战拉长了忍耐力以应对将要来临的东西。经验活动展示了从未被终结的方面移向被终结的结论这一过程中的事物。被完成的和被处置的东西是重要的，这不是因为它自己，而是因为它影响到未来，简而言之，因为它并不能真正被处置掉。

因而，期望（anticipation）比回忆（recollection）更为根本；规划未来比唤醒过去更为根本；预期比追溯更为根本。设定我们生活于其中的这个世界包含着各种变化，其中有些变化对我们有利，有些变化则显得冷漠无情。经验一定是在某种意义上被预期的东西。生命体可以得到的一切控制力，都取决于为了改变事物的状态做了什么。成功和失败是生命的首要"范畴"（categories）；趋利避害是生命的首要兴趣；希望和忧虑（这些不是感觉的自我封闭状态，而是欢迎和谨慎的积极态度）是经验的支配性特征。对未来想象性的预测就是这种行为的稳定性质，它使当前的指导成为可能。在幻想或空想中实现那些实际上不能实现的东西，是这种实际特征的衍生物；抑或，实际的理智只是一种经过历练的幻想。这两者几乎没什么差别。想象性地重现过往，是成功闯入将来的必要条件，但它毕竟还只是一种工具。忽视其重要性，是未加规训的行动者的标志。与过去隔离，出于自身原因而沉思过去，以及以知识的名义称颂它，这些都是用对过去的追忆替代实际的有效理智（effective intelligence）。迎接未来的忍耐力是有偏好的和充满热情的；然而，对过去的超然和公正的研究是确保激情通向好运的唯一途径。

II

　　对经验的这种描述只是对其普通特征的狂热称颂，而不是展现其与正统哲学解释的差异。这种差异表明，正统的解释并不是以经验为根据的，而是由经验必然是什么所产生的演绎（deductions），这些演绎来自一些未加命名的前提。历史上的经验主义在一种技巧和有争论的意义上是经验的。经验曾经被尊为主宰，但实际上，这只是强行将观念塞到经验中，而不是从经验中累积出观念。

　　由此，在哲学思想中引入的混乱和不自然，远没有用经验处理各种关系和动态连续性时引起的混乱和不自然来得明显。一个在物理的或社会的环境中努力把握自身、不断前进的生命体的经验，是一个纽带和关系、使用和结果的必然性问题。这些环境有些阻止了、有些又促进了生命体自身的行动。可以说，经验的要点就在于它不是发生在真空中的；借助于最亲密的和广泛的纽带，它的忍耐力与事物的运动密切关联在一起。只是因为有机体内在于世界和与世界相关，只是因为有机体的行动以多种方式与世界上其他事物相互关联着，因此，它更容易经历各种事物，能够试着使对象转化为保护其好运气的手段。这些联系的多样性已经无可辩驳地被其过程中出现的那种起伏波动所证实。帮助和妨碍、鼓励和压抑、成功和失败都明确地意味着相互关系中的不同模式。虽然世界上事物的行动发生在存在的连续延展中，但还是存在各种各样的特殊关系。

动态的关系在质上是多样的，就像行动的中心是多样的一样。在这个意义上，多元论而非一元论才是既定的经验事实。那种通过对一种关系本质的思考而建立一元论的尝试，只是辩证法的一种。同样辩证的，是那种通过思考关系的本质而建立一种终极的、本体论的、多元论的努力：简单和独立的存在。在对关系"外在"特征的思考中得到某些结果的尝试，是从关系的"内在"特征中演绎出某些结果的尝试的一部分。某些东西相对而言，不受另一些东西的影响；某些东西则比较容易受另一些东西侵扰；还有一些东西受到强烈的吸引，把自身的行为与另外一些东西的行为联结起来。从最亲密的联结到最表面的并列，经验展现出各种各样的联系①。

从经验的意义上说，各种各样积极的纽带和连续性与静态的断裂构成了存在的特征。否认这种性质上的异质性，就是将生命的奋斗和困难、喜剧和悲剧都还原为幻象；还原为希腊人的非存在，或者这种非存在的现代相似物——"主体性"。经验就是一种促进和抑制、维系和中断、关心备至和置之不理、帮助和扰乱的事务，是这些词语所表达的各种各样的好运和失败。毫无疑问，各种异质性方式中确实存在着真正的联系。诸如结合、分离、抵制、更正、突变、流动（用詹姆斯的形象化术语来说）之类的词语，只是暗示了它们实际上的异质性。

在经验情境的特点所要求的对历史问题的修正和放弃中，那些以理性主义—经验主义论争（rationalistic-empirical controversy）为中心展开的问题可能会被挑选出来，加以关注。这种争论有两重含义：首先，联系在名义上和在实际上都是同质性的；其次，假如联系是真实的，那都归功于思考，而假如联系是经验的，那就是过去某些特殊东西的副产品。正统经验主义顽固的特殊论是其显著的特征，

---

① "关系"（relation）这个词受困于模糊性。我在这里所说的"**联系**"（connexion）是动态的，并且在功能上是互动的。"关系"也用于表述逻辑关联，我怀疑大多数内在关系和外在关系的论争都源于这种模糊性。人们总是随便从事物的存在联系，过渡到属于的逻辑关系。这种将存在等同于**术语**与观念论相一致，但在一种公开的实在论中却是自相矛盾的。

因而，与之相反的理性主义，除了大致将其联系到超一经验的理性上，找不出什么正当理由来为关系、持续性和各种联结作正当性辩护。

当然，休谟和康德之前的经验主义并非都是感觉论的——感觉论将"经验"打碎为孤立的感觉特征或简单的观念。并非所有经验主义都追随洛克，把一般化的所有内容都当作"理解的技巧"。在康德之前的欧洲大陆，哲学家满足于区分关于事实的经验一般化与应用到理性真理中的必然的普遍性。关于经验事实的陈述，仅仅是对特殊事例在数量上的概括。在起源于休谟的感觉论（ser.sationalism，康德关注到任何严格意义上的经验要素，但他未质疑感觉论）中，含蓄的特殊论变得明显了。但是，"感觉和观念是众多分离的存在"这个学说既不来自观察，也不来自实验。它是从经验本性中那种先验的、未经检验的概念中逻辑演绎出来的。在同样的概念中，人们可以推导出稳定的对象和联系的一般原则，其表现也仅仅是一种表象。①

这样一来，康德主义就很自然地借助了普遍联结来恢复客观性。但是，它在这么做的时候接受了经验的特殊论，并在非经验资源中继续对这种特殊论进行补充。一种感觉完全复制了存在，而存在在经验中都是真正经验性的，一种超越经验的理性必须提供综合。最后的结果，可能是提出一种对经验的正确解释。因为我们只有忘记达到最后结果的工具，才能感受我们面前那些单纯的人的经验——被用各种方式（有静态的方式，也有动态的方式）联系在一起的、不断变化的多样性。对于经验主义和理性主义而言，这一结论将带来致命的一击。因为，要弄清楚据称是不相关联的、特殊的多重性中的非经验特征，就没有必要要求一种能够将它们联系起来的理解功能。随着传统经验观念的崩塌，诉诸理性以补充其缺陷就显得有些多余了。

然而，传统牢牢地盘踞着，尤其是当它为所谓心灵状态的科学提供论题的时候，这一点在其在场时就被直接认识到了。历史的结果是一组关于关系的人造的新谜语（artificial puzzles），它在很长一段时间内把先天与后天的争论作为论题强加给哲学。这一争论到今天已经平静下来了。但是，今天依然可以发现，一些腔调和意图都很现代的思想家认为，关于经验的哲学必须承诺否定真正的一般命

---

① 在柏格森看来，用一种精神状态流溢和相互渗透的学说替代僵化的不连续性，将收获良多。但这种替代没有涉及那种对经验根本意义上的错误表述，即把经验概念当作直接的而且首先是"内在"的和精神的。

题的存在，他们还把经验主义当作一种骨子里反对承认存在组织性、建构性理智的学说。

我认为，刚才提到的平静部分地取决于纯粹的疲乏。但它也取决于由生物学观念引入的立场转变，尤其是发现了从低级有机体到人类的生物上的连续性。在一个较短的时间内，斯宾塞的哲学可以把进化的学说同旧问题联系起来，并用一种长时间的"经验"堆积产生某种对于人类经验而言是先验的东西。然而，生物学思维方式的趋向既不确证也非否定斯宾塞的学说，而是转换了论题。在正统立场中，后天和先天是与知识相关的事情。但是，有一种情况很快变得明显起来：当确定人类经验中存在某些先验的东西（也就是说，某种与生俱来的、天然的和原初的东西）时，这种东西一定不是知识，而可能是通过既有的神经元之间的联系而形成的行为。这种经验事实并不能解决传统的问题，而是消解了这些问题。它表明，问题是被误解的，而双方从不同方向提出的解决方案都是误入歧途。

在实际经验中，有机体的本能、有机体的记忆力或者习惯的养成都是不可否认的要素。它们是影响组织和确保连续性的要素。它们是特殊的事实的一部分，一种对认知有机行为与其他自然客体行动之间关系的经验描述就包含这些要素。不过，虽然生物科学对一种真正经验活动进行经验描述的贡献很幸运地使对先天和后天的讨论变得不合法，然而，同样的贡献对另一论题的转化性效果却被忽视了，只有实用主义还在努力使之得到承认。

III

对于过去争论双方都是一样的经验观之重点问题，就在于思想或理智在经验中的地位。是否理性有着与众不同的职能？是否理性提供了一种富有特色的关系次序？

回到我们肯定的看法上，经验首先是与行为的关系所经历的东西，这种行为的意义在于它们的客观结果——对将来经验的影响。有机的功能把事物当作对过程中、操作中、尚未所有和完成的事态中的事物加以处理。所处理的东西，正好"在那里"的东西，只有在其可能预示的潜在性中才被涉及。它并不考虑作为结果的东西和完全所予的东西。但是作为可能到来的东西的标记，它成为处理变化的行为，以及尚未确定的结果中不可或缺的要素。

有机体拥有的唯一能够控制自己将来的力量取决于：它在其媒

介（medium）中发生的，当下的反应性改变的方式。一个生命体可能相对来说比较无力，或者比较自由。当下对事物的反作用（reactions）影响将来对事物的反作用，这只是一个方式问题。如果不考虑意愿或者目的，那所有行为都会在环境中产生某种差异。当关系到自身的生涯和命运时，变化可能显得很琐细。但是，它也可能变得无以复加地重要，既可能导致危害和破坏，也可能带来福祉。

生命体有无可能增加自身对成功与福祉的控制？它能否在某种程度上设法保证其将来？或者是否安全的结果完全取决于情境中的各种意外？这些问题使得注意力集中在经验过程中的反思性理智的重要意义上。一个行动者的推论能力，即他把所予事实当作尚未出现的某种事情之征兆的能力，是衡量其系统地扩大对将来控制力的尺度。

在某种程度上，一个可以把所予和完成的事实当作将要到来事物的标志，把所予事物当作尚未存在事物之证据的生命体，可以预测未来；也可以构建出合理的期待。它能实现理念，它拥有理智。利用所予和已经完成的事物来预测过程中可能发生的结果，这恰好是"理念"和"理智"所意味的东西。

就像我们已经注意到的，环境很少仅仅是针对有机体的福祉的，它对生命行为的全神贯注的支持是不稳定和临时性的。有些环境的变化是吉兆，有些则意味着危险。成功——那种最伟大的可以实现的成功——的秘密，就在于有机体对当前有利的变化作出回应，与之共进退，以便加强自身，同时以此避免不利的结果。所有的反应都是一种冒险，会引发危机。我们总是会比我们所预测的做得更好或者更糟。但是，有机体在事件发生过程中决定性的介入是盲目的，其选择是随机的，除了它可以把在其身上所发生的当作之后有可能发生事情的推断的基础之外。随着有机体可以在当前进行的事物中发现将来的结果，它的回应性选择，它对这种条件或那种条件的偏好，都变得理智起来了。它的偏好也开始变得合理了。它可以慎思地、有意图地加入事件的发生进程中。它对各种不同将来的预见（这种将来的结果根据的是掌握在事件形成过程中的这种或者那种要素）使之能够愉快地而不是盲目和不幸地参与到那种由它的反应所产生的结果中去。参与是必须的，并且一定会感到幸福或者痛苦。推论利用所发生的一切推断将要发生什么（或者至少可能发生什么），区分了那种直接的和间接的参与。这种推论的能力正好和利用自然发生的事件来发现和确定结果完全一样——这种结果是新的动态联系的系统表述，正是这些表述构成了知识。

思想是经验的本质特征这一事实，对于将之当作一种人工副产品的传统经验主义来说是致命的。出于同样的原因，对于通过经验哲学给予思想次要和反省性立场来为自己的合法性进行论证的历史上的理性主义来说，这一观点也是致命的。根据后者的特殊论，思想不可避免地只是严格分离的东西，思维只是把已经完全所予的事项收集和联结起来，或者同样地将它们人为地分离开来——这是对所予事项进行一种机械的增加和删减。这仅仅是一种累计记录（cumulative registration）、一种统一性的合并（consolidated merger）。一般性是容量、体积（bulk）问题，而非质量问题。思维因而被当作缺乏建构性的力量，其组织能力仅仅是模仿，它在真理之中只有一种专断的归档作用。对新奇之物、对慎思的各种变化和发明的真正规划，是这样一种经验版本毫无根据的虚构（idle fictions）。如果存在创造，那也是发生在一个遥远的时代。从那以后，世界就只是在背诵过去的经验。创造性建构的价值如此珍贵，以至于不能够被轻慢地对待。其唐突的否定提供了一个机会来断言，除了经验之外，主体还有一种现成的思想能力，或者一种超越经验的理性。理性主义因而接受传统的经验论给出的关于经验的解释，并引入了作为超级经验的理性。不过，还是有一些思想家认为所有的经验主义都必须信奉一种单调乏味地依赖于不相关先例的信念。他们坚持认为，所有为了新的和建设性的目的而对过去经验进行的系统化组织，与严格的经验主义都是不同的。

然而，理性主义从来没有解释，一种与经验毫无关联的理性是怎样进入与具体经验的有益关系中的。在定义上，理性和经验正好相对，因而对理性的关注并不是对经验过程的有效扩展和指引，而是一个太过崇高而不可触碰或不可被经验碰触的考察领域。谨慎的理性主义者将自身限制在神学、深奥科学的联盟和数学中。理性主义是为学院中的专家和抽象的形式主义者准备的，它并不认为其任务是为传统的道德和神学提供一种正式的辩护（apologetics），并由此与人类现实的信念和关切相联系。传统经验主义的恶名在于：它对许多陈旧信念进行激烈的批评和摧毁，却对建构新社会方向这一目的束手无策。但是，我们经常性地忽视这样一个现实：不管理性主义什么时候摆脱了保守的正式辩护，它都只是一种指出现存信念中矛盾和荒谬之处的手段——就像启蒙运动所呈现出来的那样，它在这个领域中曾经非常有用。莱布尼茨和伏尔泰是那个时代不同意义上的理性主义者。①

认识到反思是经验中的真正要素，是控制世界（这个世界保护一种对经验的顺利的和有意义的拓展）不可或缺的要素，这就削弱了历史的理性主义，就像它确切地废止了历史的经验主义基础那样。正确地考虑对现代观念论进行反思的场所和位置，其意义显得不那么明显，但也不那么不确定。

正统的经验主义的好奇心之一，即它突出的思辨问题是"外在世界"的存在。因为，与经验作为排他性的占有物而被附着在私人性的主体上这个观念相一致，一个我们居于其中的世界必须"外在"于经验而不是成为经验的论题。我将之称为一种好奇心，因为假如有东西看起来充分以经验为基础，那就存在一个抵制主体经验特殊功能的世界；一个在某些方面独自行动、独立于这些功能并破坏我们的希望和意旨的世界。致命的无知、失望、调节目标和手段似乎充分地赋予经验情境以特性，从而保证外在世界无可置疑的存在事实。

通过强迫实际的经验事实符合从外在于真实自然世界的知者观念出发得到的辩证发展来描述经验这个事实，已经被经验主义与理念论的历史性联合所证实。② 根据正统经验主义中最具逻辑一致性的可靠版本，所有能够被经验的都是短暂的、瞬间的精神状态。那种唯一（alone）绝对且无疑是当下的，因而其唯一性在认知上是确定的。这种唯一就是知识。过去（以及将来）的存在，正当的稳定的世界以及其他自我的存在——当然，也包括自身——外在于这些经验的材料。这只能通过"向外"（ejective）的推论才能达到，这是特定类型的推论，它像从跳板上起跳那样从经验跳到某些经验之外的东西上。

辩证地说，这一学说是许多矛盾的集合；在表明这一点时，我不会预言任何困难。这很显然是一种绝望的学说，同样，它在这里被引用，是为了表明那种忽视经验的事实已经变成经验的学说这一令人绝望的困难。更积极的启发是那种客观的观念论，而这些观念论是历史上理性主义的"理性"与历史上经验主义中所谓直接的精神

① 在形式方面，或作为形式逻辑的一个分支，数学科学已经成为理性主义在经验上的堡垒。但是，一种经验意义上的经验主义与传统演绎推论的经验主义相反，它在建构自身推论功能之领域没有任何困难。

② 将"观念论"（idealism）这个词，连带其道德和实践内涵，用于一种学说，其原则是拒斥一个物理世界的存在，以及所有对象的精神特征——至少就它们是可知的而言，这是令人遗憾的事情。但我还是沿用这种说法，而不是试图改变它。

性东西的结合。这些观念论意识到了联系的真实性与"感觉"的无效性。这样，它们就将联系和逻辑或理性等同起来，因而把"真实的世界"当作一个通过理性的自我意识引入客观性（涉及稳定性和一般性）而产生的感觉意识的综合。

在这里，为了当前的目标，批评又显得是多余的。它足以指明，这个理论的价值与声称是一种解决方法的问题的真实性联系在一起。假如基本的概念是一种虚构，也就不存在解决的要求。更重要之处在于：觉察到包含在客观观念论中的"思想"，在什么程度上来自适应实际思想所产生的经验要求。与历史上的理性主义相比，观念论更不正式（formal）。借助于联合的和建设性的功能，它把思想或理性当作经验的构成（constitutive），而不是把它当作与远离经验的永恒真理领域相关联的东西。根据这样的观点，思想肯定要失去抽象性和间接性。不幸的是，它在得到整个世界的时候失去了自身。一个在本质结构中已经被思想支配的世界，并不是除了前提的矛盾之外，思想无所作为的世界。

那种合逻辑地导致不真实的变化和无法解释的错误的学说，是专业哲学技巧中那种重要性的结果；是否定其中所蕴含的经验事实的结果，这种事实似乎主要是一种来自那种前提的*归谬法*（reductio ad absurdum）。但是，这种结果毕竟只有专业上的意义。严肃的甚至有一点不幸的、含蓄的，是与事物规划之反思的位置相关联的那种诡辩。一种在名义上提升思想但忽视其功效（就是它在优化生活中起的作用）的学说，即便没有严重的危险，也不能被欣赏和教授。那些与专业哲学没有关联但是热切期盼理智成为改善实际条件的一种要素的人，只能轻蔑地看待如下学说：事物的一切计划都已完备，我们正确把握它们的诀窍仅仅在于懂得如何稳定和完全合乎理性地行事。这引人注目地展现了哲学在质量上得到补偿的程度。但是，这个事情不能被忽视，好像它只是一个简单的，不要吝惜对生活在不可挽回之邪恶中的人给予特定数量安慰的问题。对于这些恶，没有人知道有多少是可以弥补的，而一种声称辩证的知识理论能够将世界呈现为一个已经而且同时永恒自我发光的理性整体的哲学，在其起源之处就玷污了思想的范围和使用。用通过规则的操作得到的怠惰的见识来替代由反思智慧引导的人类缓慢的合作性劳动，不仅仅是思辨哲学家犯下的技术性错误。

一种实际的危机可能会将观念与生活的关系置入一种如布罗肯现象般夸大的、怪异的慰藉中，在那里，夸张使得可察觉的特征不那么容易被注意到。因为一些排他性的目标在人类事务中并不新奇，所以，要使用力量去保护那种狭隘。为了增加使用力量的有效性而调动所有掌握的理智并不是很常见，它也呈现不出什么固有的非凡的东西。然而，把力量（军事的、经济的和行政的力量）与道德必要性以及道德文化联结起来，是一种不太可能在广阔领域内展示自身的现象，除非在理智已经被观念论教唆的地方——这种观念论把"实际的与理性的"同一起来，因而在由优越的力量决定的无情事件中发现理性的度量。如果我们想要拥有一种介乎附着于草率处理的规则与系统化地将理智附属于预先存在目的之间的哲学，那它只能出现在寻找理智终极度量的哲学中——这种哲学是在考虑一种合乎愿望的将来，以及寻找将理智进步性地带入存在的手段。如果专门的观念论最终被证明是一种狭隘的实用主义——之所以狭隘，是因为它理所当然地认可由历史条件决定的目的的终极性——那么，一种实用主义应该是以经验为根据的观念论，主张理智与尚未实现之将来具有本质联系（这种将来具有变换的可能性）。

Ⅳ

为什么对经验的描述与经验情境的事实有如此大的距离？要回答这个问题，我们先要说明当前的哲学工作沉迷于认识论这一现象。所谓认识论，就是一般性地讨论知识的本性、可能性以及限度，并试图从对这些问题的回答中获得某些关于实在的最终属性的结论。

对经验的非经验学说趋向的质疑（甚至包括那些宣称自己是经验主义者的人）的回应在于，传统的解释源于一个曾经被广泛接受的关于经验主体、承担者和中心的观念。对经验的描述被迫遵守先验的概念；它首先是演绎自那种概念，不断涌入那种演绎模式的实际经验事实。这一先验观念的重要特征，在于假定经验围绕着或者聚拢或者来自一个自然存在过程之外的中心或主体，而经验又与之对立地存在着——无论这种对立的中心或主体被称为灵魂、精神、观念、自我、意识，或者只是知者、知的主体；对于当前的目的来说，它并不重要。

在我们思考被质疑的观念的流行形态时，有一些似乎有道理的立场包含在人类几个世纪以来的宗教笃信中。这些是慎思的、系统性的、超凡脱俗的世界。它们以一种人类的堕落为中心。这种堕落不是自然中的事件，而是侵蚀大自然的原初灾难。它们以一种通过超自然手段才得以可能的救赎为中心，以另一世界中的生命——从根本意义上说，不仅是空间上的另一世界，而且是一个完全不同的世界——为中心。命运的伟大戏剧发生在一种灵魂或者精神中。在特定环境中，这些灵魂或精神即便（严格来说）不是超自然的，也是被看作非自然的或外在于自然的。当笛卡尔和其他人从中世纪的兴趣中挣脱出来时，他们依旧被当作如理性工具般的东西。比如，知识被一种外在于自然的力量操控，并与被认识的世界相对立。即使他们有意愿完全摆脱过去，也没有什么可以替代放在原先灵魂位置上的知者。人们可能会质疑，在科学得出物理的变化是能量的功能性互动、人是其他生命形式的延续这些事实之前，在社会生活已经发展出一种理智自由、有责任感的作为行动者的个体之前，是否存在有效的经验替代品（empirical substitute）。

但是，我的主要论点并非依赖任何关于经验载体（bearer of experience）观念的历史性起源的特殊理论。我的要点是：那些观点就在那里独立存在着。根本性的东西在于，载体被认为外在于世界，因而构成载体的存在的经验通过一种在世界上的任何地方都找不到的操作产生影响，而知识仅存在于考察世界，观察世界，获得一种旁观者的见解。

神学问题获得关于作为最终实在的上帝的知识，被有效地转化为获得关于实在的知识可能性的哲学问题。一个人如何能够超越主体和主体状态的局限性？熟悉引起的轻信要比它引起的轻视经常得多。当人们热烈地针对一个问题讨论了近三百年后，它怎么又成了虚假的问题呢？如果那种把经验作为某种世界对立面的假定与事实相违背，那么，自我或心灵、主体经验、意识如何能够获得关于外在世界知识的问题就确实没有什么意义了。无论这些问题如何与知识相关，它们都不是那种已经构成认识论的问题。

包含在认识论专门研究中的知识问题是一般的知识问题——是一般意义上知识的可能性、范围和有效性问题。这种"一般意义"是什么意思呢？日常生活中，有许多含有丰富知识的特殊问题。我们试图获得的每一个结论，无论是理论上的还是实际中的结论，都可以提供这种问题。但是，却不存在所谓一般意义上的知识问题。当然，我的意思并不是说，不存在对于知识的一般性陈述，或者得到这些一般性描述的问题不是真问题。相反，在探究其存在过程中，有一些成功和失败的特殊例子，而且，正因为具有这样的特征，一个人可以发现导致成功和失败的条件。对于这些条件的陈述构成了逻辑，并可以为恰如其分地指导认识活动的进一步尝试提供重要的帮助。但是，知识的逻辑问题与认识论处于对立的两端。特殊的问题在于要达到的正确结论——实际上，也就意味着从事探究事业的正确道路。正确的和错误的探究和检验方法意指知识和错误之间的差异，这种不同不是经验和世界之间的差异。关于一般（Überhaupt）的知识问题是存在的，因为人们假定，存在一般意义上的认识者，这个认识者外在于将要被认识的世界，且通过与世界完全不同的特征而被定义。通过类似的假定，我们可以构建和讨论一个一般意义上的消化（digestion）问题。所有需要的东西，都要考虑胃口和存在于不同世界中的食物材料。这种假定会给我们留下可能性、范围、本性问题，以及胃与食物交相作用的真实性问题。

但是，因为胃和食物存在于一种持续延伸的存在中，因为消化只是世界中不同行为之间的一种联系，所以消化的问题是特殊和多样的：构成消化的特殊关系是什么？它如何在不同的情境中进行下去？对于其最好的性能而言，什么是有利的，什么是不利的？如此等等。假如准备从当前的经验情境——包括进化的科学观念（生物连续性）以及现有的对自然的控制技艺——中得到线索，人们是否能够毫不动摇地将主体和客体看作占据着同样的自然世界，就像毫不动摇地假定动物与其食物之间的联系那样？人们会不会不认为知识是自然能量协作的一种方式？除了发现这种协作的特殊结构，产生最好效果的条件以及随之出现的结果外，还有什么问题吗？

人们习以为常的是，现代哲学的主要分支——不同种类的观念论、各种名号的实在论、所谓常识的二元论、不可知论、相对论和现象论，都围绕着主客一般关系的认识论问题而发展。这些问题不是公开的认识论问题。比如，意识中的变化与身体变化的关系是不是在同样根源下相互作用或者平行或者自发的关系？一旦产生那些问题的假定缺乏经验的支撑，那种包含对这些问题不同回答的哲学会面临怎么样的状况？哲学家从试图确定各种回应问题的相关价值转向对问题自身要求的考虑，是否还不是时候？

当统治性的宗教观念加强那种认为自我是这个世界中的陌生人和朝圣者的观念的时候；当与之保持一致的道德发现，真正的善只存在于自我内在状态中，人们除了通过个体自身的反思，没有办法通达它的时候；当政治理论设定了分离的和相互排斥的人格的终极性的时候，那种认为经验载体是与世界相对立而非位于世界之中或系世界一部分的观念就是合适的。它至少拥有对其他信念的保证和热望。但是，生物连续性或有机体进化论的学说已经摧毁了这一概念的科学基础。从道德上说，人们关心改良现在世界上的共同命运所需要的状况。社会科学认可被联合在一起的生命并非仅仅是物理上的并列，而是真正的相互交往——一种非隐喻性共同体意义上的经验共同体。我们为什么还要试图修补、改进和延伸旧的解决方案，直到它们看起来包含思想和实践上的变化？我们为什么不承认麻烦与问题同在？

对机体进化的信念如果没有无保留地延伸到一种使经验主体得以被思考的方式上，如果没有努力使整个经验理论和认识理论与生物学和社会中的事实保持一致，它几乎就是匹克威克式的（Pickwickian）①。比如，许多人坚持认为，除非根据一个自我（或"意识"）给"真正的客体"施加了一种不断修正的影响的理论，否则，梦、幻觉和错误不可能完全得到解释。逻辑上的假定是，意识外在于真正的客体，是某种不同的东西，因此它拥有把"实在"转变为表象，将"相对性"引入事物自身的力量——简单地说，拥有用主体性影响真实事物的力量。这些作者看起来没有意识到这一事实：这些假定使意识在词语的字面上看起来是超自然的，而且，退一步说，这一观点只有在其他处理事实的方法都用光之后，才可能被持生物连续性学说的人接受。

实在论者（至少某些所谓的新实在论者）拒斥任何诸如此类的意识的奇妙干涉。它们②承认问题的真实性，只是否认这种特殊的解决方式，试图发现其他方法；这些方法将会依然保持知识观的完整性，将之当作一种主体与客体的一般关系。

现在，梦、幻觉、错误、快乐和痛苦这些可能的"第二级"的性质，除非存在经验的有机中心，否则就不会发生。它们围绕着一个主体而丛生。把它们作为独自存在于主体的东西加以对待，或者通过站在这个世界对立面的认识者提出的那个扭曲现实对象的问题，或者提出首先被解释为沉思知识的案例的事实，都证明人们需要通过学习进化论课程来处理手中事务。

---

① 匹克威克是狄更斯的小说《匹克威克外传》中的主人公。杜威在这里用其比喻宽厚迂执。——译者注

② "它们"意味着"一些"先天的判断，其实在论是认识论意义上的，而不是成为一种要求，即把经验事实当作我们通过经验工具轻松发现的东西。

假如生物学的发展能被接受，经验主体至少是动物，它与一个更加复杂的组织过程中的其他有机形式连接在一起。动物至少是生命体中的化学—物理过程的延续——这些过程具有很高的组织性，它们用自身的界定性特质真正构建了生命的活动。经验并非与大脑行动同一，它是在与环境的（自然的和社会的）互动中整个有机体的施予—接受过程。大脑首先是一种特殊类型的行为器官，而不是认识世界的器官。重复已经说过的话，去经验只是互动、关联和自然对象的特定模式，或者可以说，有机体碰巧成为其中一个模式，同样可以导出的是：经验首先并不意味着知识，而是行动和遭遇的方式。知道必须通过发现做和遭遇的特殊模式（性质上唯一的）进行描述。实际上，如果从原先外在于世界的旁观者的观念出发，我们发现，经验可以同化为一种非经验性的知识概念。①
…………

V

　　我们的讨论与对当前哲学的范围、职责的看法有什么关系呢？与哲学自身相关，我们的结论预示、要求什么呢？由于达到此种关于知识和心灵结论的哲学，必须真诚地和全心全意地将这些结论应用于关于其自己的本性观念中。由于哲学声称成为一种认识的形式或模式，假如得出结论说，认识是将与增加力量相关的经验发生（empirical occurrences）投入从事物中产生出来的结果中的一种方式，那么，结果的应用必须被归于哲学自身。同时，它不再仅是那种对存在的沉思式审视，也是对其过去所做的进行分析，是一种与达到更好、防止变坏的将来可能性有关的全局观。哲学必须优雅地服下自己开的药。

　　传统的渗透体现在下面的事实中：像柏格森那样在当代至关重要的思想家发现了一种哲学上的革命，而这场革命涉及抛弃传统上把真正真实的与固定的东西同一（这种同一是从希腊思想中承继过来

---

① 一些实在论者将认知关系等同于世界上的其他存在关系（而不是将其当作一种独特的或认识论的关系），被迫将他们的知识概念当作一种"表象"的或看得到的事物，以便将后者的确定特性拓展到所有事物的关系中，因而使世界中所有"真实"的事物成为完全独立的、纯粹的"单一体"。注意到这一点是很有意思的。如此想的话，外在关系的原则更加表现为**事物**之完全外在性的原则。除此之外，由于其辩证的独特性，由于假定前提的发展，而不是由于支持它的经验证据解释所具有的说服力，这个原则同样显得很有意思。

的)的做法；但是，在他的心中却找不到对类似的哲学与寻求真实实在的统一的弃绝，因而，他发现有必要用一种最终和绝对的流动替代最终和绝对的永恒。这样，在呼唤关注对生命和心灵问题进行时间思考的根本重要性的过程中，他那伟大的经验主义的贡献与一种神秘的、非经验的"直觉"相妥协了。而且，我们发现，他痴迷于用他最终实在的新观念解决传统的实在自身(realities-in-themselves)与现象、物质与精神、自由意志与决定论、上帝与世界的问题。这难道不是关于哲学的经典观念受到影响的证据吗？

即使新的实在论者并不满足于把他们的实在论看作一种直接接近论题的呼吁，而是通过认识论工具的干涉实现这一点，他们还是发现有必要首先确定那个真实对象的地位。因此，他们过分地纠缠于错误、梦、幻觉等的可能性问题，简而言之，过分纠缠于恶的问题。在我看来，一种尚未被侵蚀的实在论会把这些当作真实的事件，除了那些专心对任何真正发生的事件进行思考的问题——结构问题、起源问题和操作问题，没有其他任何问题。

人们经常说，除非实用主义乐于仅仅在方法论上作出贡献，否则，它一定会发展出一种关于实在的理论。但是，这种实用主义实在观的首要特征在于，没有一种关于实在的一般理论是可能的和必需的。它占据了一种被解放了的经验主义或者一种十分天真的实在论位置。它发现，"实在"是一个外延性的术语，一个习惯于冷漠地标明所有发生之事的词语。谎言、梦、疯狂、欺诈、神话和理论，确定地说，都只是特定的事件。实用主义乐于站在科学的立场上，因为科学发现所有这些都是描述和探究的论题，就像星星和陨石、蚊子和疟疾、闪烁和视力一样。它也站在日常生活的立场上，认为这些事物真的需要被认真应付，就好像它们发生在许多事件的交集中一样。

使"实在"这个术语不仅仅是总括性的外延术语，唯一的方法就是在其多样性和当下性中求助于特殊的事件。概要地说，我发现，关于实体观的哲学坚持认为，实在世代相袭似的优先于日常生活中发生的事件，这是哲学从常识和科学中不断被孤立出来的主要原因。常识和科学并不在诸如此类的领域内运作。在处理真正的困难时，哲学发现自身依旧受制于这样一种情况，即它同实体的关系要比同直接发生的事情的关系更真实和更根本。

我已经说过，把哲学上的原因同至上实在(superior reality)的观念等同起来，这是其不断从科学和现实生活中孤立出来的原因。这一表达让我们想起，曾经有一段时间，科学的事业和人类道德的兴趣都在一个令人反感地区别于日常发生的事件领域中运动着。虽然所有发生的都是真实的，因为它确实发生了，但是发生过的并非有着同样的价值。它们各自的结果、它们的意义发生了巨大的改变。伪币虽然是真实的(或者也是由于其真实)，却和有效流通的媒介差异明显，就像疾病和健康有着明显的不同一样。它们在特定的结构上不同，因而在结果上也不同。在西方，希腊人首先区分了真和假的普遍化样式(generalized fashion)，表述并强化了它对于生命行为的重大意义。然而，他们没有掌握实验分析的技术，没有充分的数学分析手段，只是被迫处理真与假、可靠与不可靠之间的差异。他们指出了两种存在：真正真实的存在和表面上真实的存在。

有两点没有得到足够的强调。古希腊的感受是完全正确的：只要善和恶的问题处于人的控制范围之内，它们就与真和假的区分、"存在"和表面东西的区分联系在一起。但是，他们缺乏在特殊情境中应付这些差别的足够手段，被迫把这些差别当作巨大和僵死的东西加以处理。科学关注最终的景象和真正的实在，意见是与相伴而行的表面实在相关联的。它们各自有着永恒分割的恰当领域。意见的东西永远都不可能成为科学的东西，它们的内在本性不允许它们这么做。当科学实践在这种条件下持续进行时，科学和哲学是同样的东西。两者都不得不处理与日常发生的事件有着严格、不可克服差别的最终实在。

我们只能提到某种方式——中世纪的生活用这种方式把关于终极和至上实在的哲学放置到实际生活的背景中——以便让人意识到，数百年来的政治和道德的兴趣是与绝对真实和相对真实的区别联系在一起的。这种差异不是关于一种远离生活的技术哲学，而是关于一种控制着从摇篮到坟墓、从坟墓到死后无尽生命的哲学。依靠一种庞大的制度(实际上，也就是国家和教会)，关于最终实在的说法得到强化，通向这种实在的手段也被给出。对实在的承认，给这个世界带来了安全，也给下一个世界带来了拯救。没有必要报告已经发生过的变化的故事。就我们的目的而言，注意到下面一点就足够了：现代关于至上实在或真实对象的哲学——不管它们是观念论的还是实在论的，没有一个坚持认为，它的洞察力能够产生出像罪恶与圣洁、永恒的责难与永恒的赐福似的差别。而在自身的语境中，终极实在的哲学受到人们的关注。它现在往往变成一种在教授的圈子里被操练的足智多谋的雄辩，这些人保持了古老的前提，但又拒绝把它应用到生活行为中。

同样明显的是：哲学不断从科学中分离出来，并与那个真实的问题同一起来。科学的成长恰恰包括设备、器具的技术和程序的发明，科学把所有发生的事情都看作同质性的真，并通过特殊情境中的特殊处理模式，把证据同伪造区分开来，把真同假区分开来。训练有素的工程师、胜任的医师以及实验室专家的程序被当作把虚假从合法中区分出来的仅有方法。这些方法也揭示出，差异并非存在的先前稳定性的一种，而是一种处理模式和一种伴随而来的结果。在人类学会信任特定的程序以便区分真假之后，哲学就妄称自己是从自身的角度出发的对这种区分的强化。

本文不止一次指出，与令人厌恶的真实实体观相伴而来的是知识的旁观者观念。假如认识者（无论如何界定他们）都站在被认识世界的对立面，那么认识就在于拥有一种对真实事物的记录。这种记录或多或少有点精确，但又是多余的。无论这种记录具有表现的特征（就像实在论者所说的那样），还是依靠对代表着事物的意识的陈述（就像主观主义者说的那样），它在我们的语境中都是极为重要的。另一方面，与双方都同意的那些东西相比，这些都是可以忽略不计的。认识就是从外面去观看。但是，假如自我或者经验主体当真是事件过程的重要部分，那么，自我就成了一个认识者。凭借事件过程中特有的参与方式，它成了一种心灵。重要的不再是认识者和世界之间的区别，而在于事物运动中或与之相关的存在方式之间的区别，也就是没有理性的物理方式与有目的的理智方式之间的区别。

没有必要详细重复前面的陈述。其主旨在于，在处理存在的条件时，对将来的可能性做方向性（directive）的呈现就是认识所意味着的东西；当对未来结果的期待像对它的刺激那样起作用时，自我就成为认知者或心灵。我们现在关心的是这一观点在哲学认识本性上的影响。

根据我所能得出的判断，对实用主义哲学的流行回应受到两种截然不同的考虑的推动。对于有些人来说，这为其立场受到威胁的特定宗教观念提供了新的约束和新的辩护模式，因为特定的宗教观念在其基础上受到威胁。对另一些人来说，它之所以受到欢迎，是因为它被当作一种哲学打算放弃其多余和无益疏离的标志；哲学家开始承认，哲学只有像日常认识和科学那样才是重要的，它应该给行动提供指导，因而在事件中造成差异。它受到欢迎，是因为它成为一种标志：哲学家乐于通过可靠的检验来衡量他的哲学工作的价值。

我还没有看到这一观点得到专业的批评家的强调，甚至几乎没有得到承认。态度上的差异可能很容易得到解释。认识论话语域的技术性如此之高，以至于只有那些受过思想史训练的人才能根据这点来进行思考。相应地，对于非专业的读者来说，解释学并不会有这些问题，这种学说的意义和思想的有效性是通过结果和在个人感受中满足一般的结果之间的差异来确定的。然而，那些受过专业训练的人，把陈述仅仅当作观看修正他们观念的事物这种行为中的意识和精神。它对用结果去检验有效性的学说是这么理解的：只有人们在情感上乐于接受那些由理解和概念引起的修正，它们才是真的。

原先的讨论可能已经很合理地表明，这种误解的根源在于对时间性考虑的忽视。认识活动中的自我所引起的事物变化不是当下的，也可以说不具有代表性。它是纵向的，在已经所予的变化的方向上持续着。其类似物可以在铁矿石变成钟表发条的发展变化过程中被找到，而不能在圣餐变体论（transubstantiation）的奇迹中被发现。由于主体和对象之间静态的、有代表性的非时间性关系，实用主义的假设替代了依靠其他事物产生的结果来对事物进行理解，而那些其他事物正试图对事物产生影响。由于那种独一无二的认识论关系，它替代了一种熟悉的实际关系：回应性的行为及时地改变了它应用其上的对象。构建认识活动的回应性行为的独一无二之处在于，那种将其与其他回应形式区分开来的特殊差异，也就是预期和预言在其中所扮演的角色。认识活动是一种保护和避开结果的行为，一种由先见（foresight）激发的行为。能否成功实现目标是衡量先见的地位的标准，而回应正是在此种先见的指导下进行的。实用主义哲学意味着哲学应该发展与生命实际危机相关的观念，发展能够很好地处理这些危机的观念，并且这些观念的正确与否要依据它们所能提供的帮助。这种流行的印象是很正确的。

然而指向实际的回应会提出另一种误解。许多批评家已经被"实用主义"这个词语同实际的东西之间显而易见的联系吓了一跳。他们认定，实用主义的目标是限制所有的知识（包括哲学知识），以提升"行动"。这些行动既可以被理解为仅是身体的运动，也可以被理解为有利于身体的持久、康宁的运动。詹姆斯关于一般概念必须"兑现"（cash in）的看法，被看作（尤其是被欧洲的批评家看作）意味着理智的目标和衡量在于其所产生的狭隘和粗糙的效用。即使是很敏锐的美国思想家，在首先把实用主义批评为一种观念主义的认识论之后，也开始将之当作这样一种学说，即认为理智是推动身体工作的润滑剂。

这种误解的来源之一是这一事实：对詹姆斯来说，"兑现"意味着一个一般的观点必须总能够在特殊的存在性实例中得到证实。"兑现"这个观点并不是指特殊结果的广度或深度。作为一种经验的学说，它不会泛泛地讨论这些，特殊的存在性实例必须代表自身言说。假如一个想法被吃牛排这一事实证明了，而另一个想法被银行中良好的信用平衡证明了，这并不是由理论上的东西造成的，而是由于该想法的特殊本性，由于存在着诸如饥饿和交易之类特定的事件。假如有一些存在，其中最自由的美学观念和最慷慨的道德观念能够被特殊的体现物证实，那么，上述看法就更加确定无疑了。我认为，一种严格的经验哲学被这么多批评家视为暗示一种先验的、关于能够存在之结果的信条，这一事实显然证明了许多哲学家不能按照具体的和经验的方式进行思考。这些批评家已经习惯于通过处理"结果"和"实践"概念来得出结论，认为即使是一个想要成为经验主义者的人，也必须处理这类东西。有些人还是需要很长一段时间才会相信，一个哲学家真的想要用特殊的经验来确定实践包含的范围和深度，以及世界允许实现的结果是什么样的。概念是如此清晰，很容易就可以展开它的内涵；经验是如此凌乱，需要很多时间和精力来把握它。然而，同样是这些批评家，却指责实用主义接纳了主观和情感的标准！

事实上，实用主义关于理智的理论意味着，心灵的功能是规划新的和更复杂的目标——把经验从常规惯例和任性中解放出来。实用主义教导给我们的东西，并不是把思想当作实现身体机制或社会存在状态中既定目的的手段，而是使用理智解放行动或放宽对行动的限制。限定在既定和固定目的上的行动可能在技术上极有效率，效率又是其唯一能够要求的性质。这种行动是机械的（或者会变成机械的），无论原先形成的（pre-formed）范围是什么，它都是上帝的意志或者文化的结果。但是，由于理智在行动范围内所发展出来的学说针对的是尚未到来的可能性而非既定的东西，它与机械效率的原则是对立的。作为理智的理智本质上是向前看的，只有忽略其首要的功能，它才能仅仅作为一种既定目标的手段。这种目标是从属性的，就算它被标示为道德的、宗教的或者美学的。但是，指向行动者原先并没有参与到此中目标的行动，不可避免地带上一种加快和放大的精神。一种实用主义的理智是一种创造性的理智，而非一种机械的常规性。

所有这些都可以被解读为：有意为实用主义提供最可能的实例的人对实用主义进行的辩护。然而，这并非真正的意图。其目的在于指出，理智在何种程度上把行动从一种机械的工具特征中解放出来。实际上，理智只有通过行动确定未来经验的特征，它是工具性的。但是理智关注将来，关注至今尚未实现的东西（以及关注仅仅作为可能性实现的条件的既定的、已经确立的东西）这一事实，使得产生效力的行动变得大方而自由，使得精神得到解放。那种延展并赞同理智的行动，在成为工具的过程中拥有自身的固有价值——这是一种为了丰富生命而与理智一同活跃起来的固有价值。借助于同样的行为，理智也变得真正自由了：认知是一种人类事业，而不是一个优雅的阶层或一小部分饱学之士在资本主义领地中进行的一种美学上的评价——不论这些人是科学家还是哲学家。

现在我们更关注的是哲学不是什么，而不是哲学将会成为什么。但是，不需要也不要指望把哲学当作一种预定了程序的规划。人类有一些急迫的和深层次的难题可以通过训练有素的反思进行澄清，而且这些难题的解决方案也可能通过各种假设的精心发展而被提出。当人们理解到，哲学的思考活动是参与到事件的实际过程中，它们具有引导事件向着一个有利的结果前行的功能，这时，问题就开始充分地自我呈现出来。哲学不会解决这些问题，哲学是一种视角，一种想象力和一种反思，而这些功能又与行动不同，它们什么都改变不了，因而什么也解决不了。但是，在一个复杂的和反复无常的世界中，缺乏视角、想象和反思的行动，更有可能增加混乱和冲突，而非澄清事物和解决问题。将慷慨的、可持续的反思变成行动中引导性和启发性的方法，这并不是一件容易的事。除非哲学能够把自己从与问题的同一中解放出来——这些问题被假定依赖于实在，或者依赖于同表象世界的差别，以及同认识者的关系，否则，哲学的双手就是被束缚住的。没有机会通过提供将要尝试的东西而把命运与一种负责任的职业生涯联系起来，就不能把自身与生活在反复无常中实际发生的问题等同起来。当哲学不再成为处理哲学家的问题的工具，而是成为一种由哲学家为解决人类问题而培育出来的方法时，哲学才能实现自身的复兴。

强调的重点必须随着困扰人类之问题的要点和特殊影响而发生改变。每个时代都知道自身的病症，并寻求自身的治疗。一个人不需要预测一个特殊的计划，来表明当前任何计划的中心要求是对理智的本质及其在行动中的地位的充分认识。哲学不能否认自身必须对许多理智本质上的误解负责，这些误解现在阻碍了理智的有效运作。它至少被强加了一种消极的任务。它必须卸下那种重担——在与困难斗争时，普通人的理智就背负上了这种重担。哲学必须拒绝和抛弃那种无用的、只进行观看的理智，这种理智使用一种遥远的和外在的中介记录自然和生活的景象。强调想象和思想的呈现是相对于人类的遭遇同其所作所为之间的关系而言的这一事实，就是自发地说明那些遭遇，并对那些行为进行指导。在通向新事物的关联中，所谓心灵把握世界的进程，就是踏上看到理智是所有新事物中最有希望的东西的道路，踏上看到过去转化为将来的意义（它就是现在的实在）之呈现的道路。把理智呈现为引导这种转变的工具，当作这种转化的性质的唯一指挥者，是向行动表述当前未被告知的意义。详细阐述理智与人类行为及其经历的相互关系，阐述理智与世界中那种新颖、有创造性的呈现以及方向的相互关系，是足以让哲学家忙得不亦乐乎的任务，除非有更有价值的东西被强加到他们头上。必须通过把阐述工作应用到所有与人类行为有密切关系的学科中，而得出尽可能多的详尽细节——这些学科包括逻辑学、伦理学、美学、经济学，以及形式的和自然的科学的程序。

理智在这个世界上并因而在对人类的命运的控制上（只要这些命运还是可控制的）的关键地位，是生命诸问题中最独特的问题，也是与我们自己最接近的问题。尤其对我们这些不仅生活在 20 世纪初而且生活在美国的人来说，更是如此。我相信，强化这点有一种真正的意义。我们很容易在思想与国家生活关系上做傻事。但是，我没有看到，人们是如何就英国或法国或德国哲学的独特的国家色彩提出疑问的。假如以后思想的历史受到德国观念内在进化原则的支配，那么，它仅仅需要一些探究来使我们确信这一原则自身证明了一种特殊的国家主义的要求和起源。我相信，除非能在意识中添加美国人自身的要求，以及成功行动自身的内在的原则，否则，美国哲学将会长期咀嚼历史的残渣，直到最后变得索然无味，或者为失去的原因（消失在自然科学中）进行辩护，或者成为一种经院哲学，一种图解式的形式主义。

我确信，对于通过理智方法进行的政治上的慎思的控制来说，这种要求和原则是必要的。这种理智不是在教科书中耀武扬威而在其他地方被忽视的才智，而是冲动、习惯、情绪、记录以及那些预言将来的可能性中什么是可期望的和什么是不可期望的发现的集合。

它也是为了想象的善而进行的精妙的发明。我们的生活没有什么供我们退守的神圣范畴的背景，只有在自身的无所事事中，我们才把先例当作权威加以依赖——因为对于我们而言，存在一种持续新颖的情境，对先例的最终依赖使得一些阶层的利益能够通过意愿而引导我们。英国的经验论诉诸过去所发生的，它终究只是一种先验论（priorism），因为它制定了一条供未来的理智遵循的固定的规则，故而，只有沉浸在技术学习中的哲学才能够防止我们将其当作一种先验论的本质。

我们为自身对事实的实在论的冷静认识而感到自豪，我们投身于对生活手段的控制中。我们为一种实际的观念论而感到自豪，这是一种对活泼、轻松和至今尚未实现的可能性的信念，是对心甘情愿地为了这些可能性的实现而作出牺牲的信念。观念论很容易成为对浪费和疏忽的认可，而现实主义是一种对代表事物自身利益（占有者的权利）的合法的形式主义的认可。因此，我们倾向于把一种松散、效率低下的乐观主义与默认按力量各取所需（权力神圣化）的学说结合起来。所有的人，一直都是实践中的狭隘的实在论者，并且利用理想化在感情和理论上掩盖自身的粗陋。不过，这一潮流似乎从没像我们今天所面对的那样危险和诱人。我相信，在理智的力量中想象一种未来（这种未来是当前令人满意的规划物），发明实现它的机制，这是我们的拯救所在。这是一种必须被培养和清晰表达的信念：这的确是我们的哲学一项十分重大的任务。

评价的对象①

　　我曾在较早一期《哲学、心理学与科学方法杂志》上提出过一种关于评价判断（valuation-judgment）的理论②。我这样做，是有意将关于价值性质（nature of value）的问题放在一边。我不想因为引入"价值"这个已经意见纷呈的论题而使问题变得更加复杂。我曾经认为，将评价的逻辑方面和形式方面的问题与价值性质方面的问题区别开来，在理论上是可能的。就像我们可以将描述性判断与描述特殊论题的判断这二者的逻辑形式区分开来，或将不对称的传递关系与这种传递关系是否涉及空间、时间以及数值级数的问题区分开来一样。现在我仍然认为，对问题做这种区分在逻辑上是合理的。但是，这段时间的讨论使我对这种

---

① 首次发表于《哲学、心理学与科学方法杂志》1918 年第 15 卷。此文所回应的文章参见佩里（R. B. Perry）的《杜威和乌尔班论价值判断》（发表于《哲学、心理学与科学方法杂志》1917 年第 14 卷），以及 W. T. 布什的《价值与因果关系》（发表于《哲学、心理学与科学方法杂志》1918 年第 15 卷）。这两篇文章被编入《杜威全集·中期著作》第 11 卷，见附录 2、附录 3。本书选用的是冯平的译本。此译本以冯平和余泽娜的译本（首次发表于《评价理论》，修订后发表于《现代西方价值哲学经典·经验主义路向》）为基础，参考由马迅翻译的《杜威全集·中期著作》第 11 卷的同名译文，重新做了校订。

② 参见《哲学、心理学与科学方法杂志》；该文增补后被收入《实验逻辑论文集》。

区分在目前情形下有效性的看法有所改变。因此，我希望不久的将来可以针对价值性质进行讨论。目前，我想借助最近的一些讨论来说清楚我以前没有说清楚的理论要点。我将借助佩里先生和布什先生的文章，对我自己的观点进行一些解释。

佩里先生说："假设我生病了，并希望通过看医生恢复健康。在这个情形中，我们必须区分以下几项：我生病了，并意识到自己讨厌生病；我渴望康复，并意识到自己对康复的渴望；我相信去看医生就能使我康复；我采用的有益于康复的做法就是去看医生……然后，因为我的这种讨厌、渴望和相信，我的确去看了医生。去看医生的结果就是，我康复了……但是，这里并不存在根据价值判断而构成价值的事情。"

就佩里先生所描述的这种特殊情形而言，我非常赞同。这一情形已经确定地存在一个否定性价值，即生病，同时也有一个确定的肯定性价值，即康复(当然，尽管它并非有形的存在，但对于认识来说依然是确定的)。除了这些由不同的作者冠以不同名称的价值，诸如"内在的"价值、"直接的"价值或"自主的"价值之外，还有一种被决定的工具性价值或依赖性价值：对于健康这种肯定性价值来说，去看医生是有帮助的、有用的、有价值的。没有什么比这更清楚或更令人满意的了。在这种情形下，一个慎思判断所能够发挥的最大的辅助作用，就是使一种价值作为价值、作为一种所予的价值成为一种物理的存在。只有极其愚笨的人才会把一种判断对一种价值的产生所起的辅助作用，与一种判断在决定一种价值作为价值方面所给予的帮助混为一谈。

我并不觉得，我应该对目前这种混乱的局面负责。说我认为那些关于已经作为价值而所予的价值的命题根本就不是评价判断，而不管这些命题是关于直接价值的还是关于实用意义上的价值的，这纯粹是文字游戏。这比起说我希望将一个关于钉子的判断称为钉子判断，更有过之而无不及。在上述情形中，没有任何东西可以划分出判断的特殊的逻辑类型。如果我们把这些判断称为评价判断，那么，它们正好和所有关于某一确定论题的命题处于同一逻辑层面。我不能过于强调以下这一点，即就对这类情形的考虑而言，我恰好是从佩里先生所主张的观点开始的。

但是，这里还有一个事实问题，这个问题与"评价"或"价值判断"这个术语在语言学上的正确用法无关。这个事实就是：是否存在这样的情形，即虽然一个人厌恶生病，但在特殊的情形下，生病并不是这个人极端厌恶的事情；另外，这个人并不知道他所应该极端厌恶和极端渴望的东西到底是什么。在根据事先关于可能为善和好的结果的初步估计或初步评价而采取行动之前，一个人不可能具备建立确定的喜欢和厌恶所需的充足数据。这种情形并不意味着在过去健康不是一种善和好，或不是一种"普遍的"善和好。它意味着，可能存在这样的情形，即当事人真的不能肯定他所欲求或喜欢的到底是什么：究竟是康复呢，还是以自身的健康为代价而获得医学上的发现呢？在这种情形中，对判断来说并没有什么已经所予的善和好，或已经所予的价值。这个善和好究竟是什么？是康复，还是失去健康而获得具有更高声誉且能帮助别人的医学发现呢？尚且未定。正是这类情形，也仅仅是这类情形，才使我主张评价有助于确定一种新的善和好，并且使我主张这样的评价具有一种独特的逻辑性质，这种逻辑性质是传统逻辑曾过于轻率地忽略的。我的这两个信念也许有一个是错的，也许两个都是错的，但只有提出下面这个前提性问题，它们的错误才可能显现。这个问题就是：是否存在这样一类情形，即客观上这类情形的善和好、价值或目的是什么是尚未确定的，而人们认为，假如它们的善和好被确定地所予的话，那么，这个善和好就是内在的和直接的善和好。在论及这个问题之后，与这些情形相关的评价（评估或鉴定）判断的性质问题，自然就会随之而来。①

布什先生写过这样一段话："锡拉库扎城②有一个非常好的风俗。那里每年秋天都会举行全州的交易会，交易会的最后一个晚上是全城儿童狂欢游行。锡拉库扎几乎所有的人都兴致勃勃、热情洋溢地关注这一游行，说他们给予这一游行极高的评价一点儿都不为

---

① 尽管我还不确定，但这样做是可能的，即我可以通过参照佩里先生关于判断的"客观性"（该判断包含了信念或承诺）理论，依照他的用词来展开我的观点。进行以下假设似乎是合理的，即假设存在一些真正的疑惑：关于"客观的"应该是什么？关于某个令人感兴趣的信念的含义或陈述更好是什么意思？在这样的场合中，如果我们要运用反思，通过判断来对"客观的"作出裁定，以此作为在更进一步的判断中应用"客观的"的前提，那么，我设想，有一类判断在逻辑上和我正在论及的判断很相似。佩里先生在相同的关系上说："实用主义理论在强调心灵的可塑性行为和创造性行为的方面，在把认知情形比作欲求的或意志的情形方面，是正确的。"在稍后的一篇文章中，他又煞费苦心地否定思考对于构成某个欲求情形的对象的任何可塑性行为的作用。我承认，我对此感到很困惑。我感觉，他修订了他的有关信念判断的（belief-judgment）理论，但维持了早前有关评价判断性质的看法。我也感觉到，如果他把修订后的有关信念判断的理论应用到评价判断性质的论题中，那么他会无可避免地得出一种和我所阐明的观点相一致的有关评价的见解。

② 意大利西西里岛东部的一个港口，也作锡拉库萨。——译者注

过。价值是否真的隶属于这类事物，或隶属于那些使这些事物得以产生的手段？当然，这是个文字上的问题，但这个问题使我们考虑工具主义在什么地方不再是一个充分的观点。"

假如情形如上所述，那我就只能表示完全赞同了，除了对一点有所保留之外，即工具主义并非如此不充分，并非如此荒谬和不切题。如布什先生所言，说在这种情形中也许根本就没有发生任何赋值（valuing），或许纯粹是一个说法问题。然而这种说法也许是达到以下事实的一条路径。这一事实就是：这里没有发生在反思性比较（包括慎思、对一种想法与另一种想法的权衡）这一意义上的赋值。这也许是了解以下事实的修辞学途径。对于锡拉库扎的市民来说，该对象是有价值的，也就是说，该对象的价值并不以批评性质疑为条件。他们对狂欢游行作出"极高的"评价，但是，这一评价并不是在这样的意义上得出的，即经过了对许多事情的考虑和比较，并因为考虑和比较而得出确定的衡量标准，然后再根据这个标准评判狂欢游行，从而得出结论，认为这一游行在价值上超过了其他善和好。他们对这一狂欢游行的评价是在无条件地、没有经过任何质疑，而珍视和珍爱该风俗的这个意义上作出的。

到目前为止，我认为布什先生和我的观点并无分歧；他非常明确地意识到，我清楚地区分了两种珍视：一种是非认知性珍视，非认知地发现善和好或珍贵；另一种是认知性评价。但他接下来问道，我在做这种区分时，"在工具主义者的表达中，是否将'价值'这个词变成了'效用'的同义词"。如果我将"价值"一词变成了"效用"的同义词，那么，如布什先生中肯地指出的那样，为什么我不停止使用"价值"一词？为什么不将"价值"一词限定为"效用"或"有价值的"呢？接着，布什先生对我的观点做了这样的解释："当我们面临'在这些情形中哪些东西或哪些手段具有效用价值（value of utility）'这个问题时，价值就发生了。"

这正是我全然不能得到布什先生的理解的地方。到底我的说明有多么含糊不清，我不能作出恰当的判断。如果我的说明总体上给布什先生留下的是这样的印象，那么，我要对他在谈到我的一个说明时的婉转表示感谢。就以寥寥数语而能达到如布什先生所说的"没有人会不赞同"的结果而言，我的这个说明实在是复杂难解，冗长不堪。可能"工具主义"这个词本身就暗示着：判断被认为是关涉工具或关涉手段的。可能将评价判断称为实践判断就暗示着：在"实践的"这个词目前的含义中，判断也被认为是关涉工具或关涉手段的。若是这样，这两个暗示都是相当令人误解的。判断的工具理论并不意味着判断就是关于工具的判断；它指称的是一切判断作为判断的功能，而不是指称判断的论题。无论如何，判断的工具理论强调的并不是评价的工具性特征，而是评价的实验性特征。也许，布什先生的观点没错，"实践的"一词在语言学上的首要含义就是有用；不幸的是，在这种关系中，我们没有含义不含糊的词可用。我力图阐述清楚的是，我在用"实践的"这个词时，指的是什么是应该做的，而不是如何实现某个既定的令人满意的目的。关于手段的判断，只要它们本身不进入关于构建一种目的或一种善和好的判断①，我会说，这类判断是技术性的而非实践性的。我这么说的意思就是，实践探究主要关注的是目的、善和好。

这正好使我回到我在讨论佩里先生的那段话时所提出的观点。有的时候，所有直接的善和好，或内在的善和好都不辞而别了。我们面对的不是什么不容置疑的善和好。我们全然不知应该满怀热情去对待的东西是什么；当我们更成熟些以后，或者当各种条件发生某些变化之后，我们开始怀疑，认为我们过去毫不犹豫、迅即珍视的那些东西其实根本没有价值。在这样的情况下，我们当然会相信运气；我们有可能会等待某事的突然发生，等待一个新的、一个让我们毫不置疑地珍爱和守护的对象的出现。但有的时候，我们却试图通过慎思而促使这种善和好的产生。我们进行探究是为了作出这样的评估，即假如我们能获得，那么，就这一情形而言的善和好会是什么？除此之外，还有一种情形，就是只有当我们根据一种判断而采取了行动，并因此使某种东西产生之后，我们才能确定我们应该珍视的东西或应该喜欢的东西到底是什么。这就是我所关注的那类情形。当处于未确定的状态时，最常见的就是我们经过考虑而推断我们所能做的最好的事情是这样或那样。简言之，也就是说，我们推断：如果我们采取了这样的行动，我们就可以获得那些我们喜欢的或者我们认为好的结果。但是，当我们采取了行动并因此产生结果的时候，我们却根本不喜欢那些结果。我认为，这与我们发现我们对完成某事的有用的方法的判断是不对的是两码事。这种结果意味着，我对一种直接的善和好的评价是错误的。也就是说，我对在某物被创造出来后，什么是直接的善和好或什么是直接的恶和坏的评价是错误的。

让我们回到布什先生的那个例子。可以想象，虽然锡拉库扎习

---

① 参见《实验逻辑论文集》340～344、358～362 页的例子。在这些例子中，有关目的的评价与有关手段的评价殊途同归，它们是理解同一事物的两种方式。

惯于满怀热情地对待狂欢游行的市民，但可能会出于下面的原因而对这种游行的价值产生怀疑。或许，他听说这种游行使很多孩子都生病了，这种游行使孩子过度兴奋，或者使孩子为了引起别人的注意而变得过分注重自我表现。这种怀疑当然不会改变已经发生的事实，也不会改变他从前的喜好，也不会改变他曾体验过直接的、无条件的善和好这个事实。但是，这种怀疑会使他重新评价游行；他会认真考虑以后还会不会喜欢这种游行，会不会对这种游行犹豫不决，会不会对这种游行产生反感。他可能会尝试运用他的判断得出关于游行的一个理由充分的结论，然后作出安排，以便在下一次游行中避免那些令人讨厌的因素。或者，他可能尝试安排其他某个典礼，提供一个直接展现儿童集体活动之美的机会。无论如何，这样的结果一旦发生，就会是一个直接的善和好或直接的恶和坏，即一个直接让人喜欢或直接让人反感的东西。但是，它依然部分地①由先前的评价，由先前对非工具性的善和好的反思性评价构成。

假如我已经阐述清我的观点了，我真的很愿意这么想：如果这就是我想说的内容，那么，没有人会不同意我的观点。但是，我不指望真的会这样。因为，我的观点不仅和关于所有判断之逻辑的传统观点相反，而且也和关于道德观念和政治观念的逻辑的传统观点相反。流行的观点主张：善和好、目的、价值全都是所予的，它们在已然存在而有待人们认识的意义上是所予的，只有这样我们才能了解它们。伦理学和社会学理论的争论已经在关注善和好、目的和价值，因为其中大部分争论所涉及的都是善和好是在哪里所予的和如何所予的问题。这些争论所涉及的问题是：善和好是在经验中、情感中、感觉中所予的，还是在思考中、直觉中、推理中所予的？是在主观中所予的，还是在客观中所予的？是在自然中所予的，还是在某些超经验的领域中所予的？一个重要的事实（倘若它是一个事实的话）就是，在对个体行为或对集体行为进行认真探究时必须关注：创造一种新的善和好的那种假设性的和实验性的努力，在一切所予的、确定的善和好的不辞而别的时候，显得十分必要。但是，这个事实尚未能获得人们的认可。让我聊以自慰的是，我相信，我的观点之所以不能得到别人的理解，大部分原因是我的表达笨拙，还有一部分原因是要转变这个理论所涵盖的所有社会问题的思维方法是极其困难的。

---

① 我从未说过判断是新对象的唯一决定性因素。判断只是有助于重建或重构。这意味着重建或重构还有其他因素和其他变量。

哲学的改造①（节选）

变化中的哲学概念②

人与低等动物可以区别开来，因为人能保存过去的经验。过去所发生的事情可以在人的记忆中再现出来。关于今天所发生的事情，可能萦绕着一层层的念想，这些念想与人们过去所遭受的相似的事物有关。而对于动物来说，一个经验刚发生随即就消失了，每个新的行动或感受都是彼此孤立的。但是，人类生活在这样的一个世界里，这里发生的每一件事都充满了对以前发生的许多事件的反响和回忆，这里每一件事都是对于其他事件的提示。人不像野兽那样生活在一个纯粹物质的世界里，而是生活在一个充满符号和象征的世界里。一块石头不只是人们撞上它后感觉到硬的一个东西，它还是怀念已故先人的一块纪念碑。

---

① 本书选用的是由刘华初译、马荣校订、刘放桐审定的译本。此译本被收录在《杜威全集·中期著作》第12卷。

② 《哲学的改造》第一章。——编者注

一团火焰不仅仅是能温暖或者燃烧的某种东西，而且是持久的家庭生活的一个象征符号，会给游子提供流浪归来所向往的欢乐、饮食和庇护所。这团火焰不光是会灼伤人的普通的火焰，还是一个人为之崇拜并为之战斗的火炉。所有这些标志人性与兽性之间、文化与单纯物理自然之间差异的东西之所以如此，都是由于人会记忆、保存而且记录其经验。

然而，记忆的再现很少是原义不变的。我们自然记得什么让我们感兴趣，而且正是因为它让我们感兴趣（我们才记住了它）。我们追忆过去并不是因为过去本身，而是因为它丰富了我们的现在。所以，记忆的生命主要是情感的，而不是智力的、实践的。野蛮人回忆起昨天与某个动物的搏斗，并不是为了以科学的方法研究那个动物的诸性质，或者计算明天如何更好地搏斗，而是想通过重现昨天的刺激以逃避今天的单调无聊。记忆拥有战斗时所有的兴奋与刺激，却没有其危险和焦虑。对战斗的回想与品味就是为了给当下时刻增添一种新的意义，一种与实际上属于当下或者过去的意义都不相同的意义。记忆是替代性的经验，它拥有实际经验的所有情感价值，而无其紧张、不确定性与麻烦。战斗的胜利感在纪念战斗的舞蹈中比胜利的那一刻更加强烈；当狩猎追逐的经验在篝火边被反复谈论和重演时，有意识的、真正人性的狩猎经验将会产生。这个时候，注意力被实践细节和不确定性的紧张感占据，只有到后来，各种细节情形才组合成一个故事，融合成为一个完整的意义整体。在实践经验的时候，人是一个瞬间又一个瞬间地存在着的，全神贯注于一个瞬间的任务。当他在思想里重新测量既往的所有时间片段时，一场戏剧便会浮现出来，有开始、中间阶段，有朝向成败高潮的运动。

既然人们只是因为过去的经验可以给当前的闲暇增添兴趣——否则会是空虚的——才去再现它的，那么，记忆的原初生命力就体现为幻想和想象，而不是精确的回忆。它毕竟只不过是一段故事、一场戏剧而已。只有那些具有当下情感价值的事件才会被挑选出来，以便在想象中得到复述，或者向一个倾听者讲述这段故事时增强其当前叙述的故事性效果。那些不足以增加格斗的刺激，或者无助于其成败目标的事件就会被抛下不管。各种事件会重新得到安排，以便具有故事性的品质。故而早期的人类在独居的时候，在不为生存而斗争的时候，他们就生活在一个充满各种记忆的世界里。这个世界充满了各种联想。联想与回忆不同，因为我们不必费劲检验它的正确性。对于联想来说，正确与否是一件相对无关紧要的事情。天上的云彩有时让人想起一匹骆驼，或者一个人的脸面。如果你没有见过真正的骆驼，没有见过那张脸，那朵云就不可能让你联想起它们来。不过，它们之间到底是否相像，是无关紧要的。更重要的是，这个追踪骆驼或面孔的形迹于忽隐忽现之间的过程所激发出的情感上的兴趣。

研究人类原始历史的一些学者谈到过动物故事、神话和崇拜所起的巨大作用。有的时候，一种神秘的东西就是从这种历史的事实中被制造出来的，它似乎向我们表明，驱动着原始人行为的心理状态与驱动着现代人的是不同的。但是，我认为这个解释过于简单。在农业和更高的工业技术（industrial arts）得到发展之前，用来获取食物和避免受到攻击所投入的时间一直就比较短暂，而空闲期却一直比较长。由于自己的一些习惯，我们倾向于认为人们总是忙碌不停，即使没有事做，也至少在想着、计划着什么事情。然而，那时的人们在行猎、捕鱼或者远征探险时才是忙碌的。人只要醒着，心中必定有所想，有所承载，不会因为身体休闲就空虚着。不过，除了与野兽在一起的那些经验，除了在生动的兴趣影响下使得典型的捕猎追逐之类的事情变成更加生动连贯的经验之外，还有什么思想会闯进人的内心呢？人在想象中戏剧性地再现其现实生活中有趣的那些部分，动物本身也不可避免地被戏剧化了。

它们是剧中真正的主人公，因此呈现出人的特征。它们也有欲求、希望和恐惧，过着有友爱、好恶和胜败的生活。尤为重要的是，由于它们对共同体的支持是实质性的，它们的活动和遭受使它们在戏剧地复现过去的想象中，成为共同体生活的真正参与者。虽然它们被捕猎，但它们毕竟是自己允许自己被捕获的，因此它们是（人类的）朋友和同盟者。它们相当真实地将自己奉献于它们所属共同体组织的维系和福祉。于是不仅产生出许多有关动物活动和特性的故事传说，还产生了许多以动物为祖先、英雄、部落图腾、神鬼的仪式与崇拜。

我希望，对于你们①来说，我所讲的与我的论题——哲学的起源问题——不会离得太远。在我看来，除非像这样更深远、更详尽地进行思考，否则我们就不能理解诸哲学的历史之源。我们需要认识到，一般人独居时的通常意识是欲望的产物，而不是理智的考察、研究或沉思的结果。只有当受制于一种背离人性的训练，即从自然

---

① 杜威演讲时所面对的听众。——译者注

人的立场来看这种训练是人为的时候，人才不再受到希望、恐惧和爱憎的驱动。我们的书籍，我们科学的和哲学的书籍，自然是由在知识学科和文化上属于较高层次的人士所著。他们的思想已经习惯于理性的推断了，他们已学会用事实来检验其想象，逻辑地而不是情绪地、戏剧地组织其观念。当沉溺于幻想和白日梦时——这样的时候可能比人们通常知道的还要多，他们当然知道他们在做什么。他们将这些思想的游离贴上标签，从而不至于混淆它们的结果和客观的经验。我们倾向于以己度人，而且因为科学的和哲学的书籍是由这样一些人著述的——他们已经有了合理的、逻辑的和客观的习惯，便以为他们把这同一理性也赋予了普通人。从而忽视了理性和非理性在未经训练的人性里就像故事插曲那样毫不相干；忽视了人受制于记忆而不是思想，而这个记忆也不是对客观事实的记忆，而是联想、暗示和戏剧性的想象。用于测量发自内心的暗示的价值标准与事实不相一致，它是一种情感上的适意。它们是否会刺激并增强情绪感，从而适合于戏剧化的故事呢？它们是否与人们流行的心情状况相一致，并能表达共同体传统的希望和忧患呢？如果我们愿意更宽松、更自由地使用"梦想"这个词，那么简直可以说，除了偶尔从事于实际的劳动和奋斗之外，人就是生活在一个由梦幻构成的世界里的，而不是生活由事实构成的世界之中。这个梦幻的世界由各种欲求构成，追求这些欲望的成功与挫折便构成了这个世界的材料。

如果把人类的早期信仰和传统看作科学地解释世界的努力，或者看作错误和荒谬的尝试，那就大错特错了。哲学最终从其中产生出来的那种材料与科学和解释是没有关系的。它是比喻的，是象征恐惧与希望的符号。它由各种想象和暗示组成，并不表达理智所面临的一个由客观事实构成的世界的意义。它属于诗歌与戏剧，而非科学；它远离科学的真理与谬误、事实的合理性或荒谬性，就像诗独立于这些东西一样。

然而，这种最初的素材至少要经过两个阶段才能变成严格的哲学材料。其中一个阶段是故事、传说和伴随它们的戏剧化得以确认巩固的阶段。最初，对各种经验的情绪化记录大多是随意的、暂时性的。人们抓住激起他们情绪的各种事件，编成故事或者舞剧（pan-tomime）。其中，有些经验会如此频繁而重复地发生，以致它们作为一个整体与人群集体相关，从而在这个人群社会中普及开来。单个人的零星冒险得到仿效推广，成为部族情绪生活的代表和典范。

某些事件还会影响到整个集体的悲欢忧乐，于是获得一种特别的重视和提升，某种传统的结构便建立起来：故事成为一种社会的遗产和财富；舞剧也发展成为固定的仪式。这样形成的传统就演变为一种个人的想象和暗示所要遵循的规范，一个持久的想象结构便由此建构起来；一种构想生活的共同方式便生成了，它通过教育引导着共同体内的每一个人。个人的记忆不知不觉地，或者由确定的社会要求而同化于集体的记忆或传统，个人的想象也融合于共同体特有的信仰体系之中。诗歌被固定下来而变得体系化了；故事成为一种社会规范；重演情感上的重要经验的原始戏剧被制度化为一种祭礼；从前那些自由的暗示也被固定下来，成为各种各样的学说。

这些学说系统而强制的本质通过军事上的征服和政治上的强化得到巩固和确认。随着管治区域的扩张，于是就产生了一种要系统化，要统一那些曾经自由漂浮的各种信仰的明确的动机。除了由交往的事实和共同理解的需要而发生的自然调节和同化以外，还常常有引导统治者集中各种传统和信仰，以扩张和巩固其威望和权威的政治需要。朱迪亚（Judea）①、希腊、罗马，我认为其他所有历史悠久的国家，都给我们展现出这样的记录：为了维持更宽广的社会统一和更广泛的政治权力，对于以前各种地方仪式和教义进行持续的改造。我要请求诸位和我一起设想，人类更博大的创世论和宇宙论，以及更宏大的伦理传统就是这样兴起的。实际是否如此，不必查究，更不要说论证了。在社会影响下发生了教义和祭仪的组织化、固定化，它们赋予想象一般特征，赋予行为一般规则。这样的固定化过程是哲学形成所必需的先决条件，认识到这些对于我们的目的来说就足够了。

这种对信仰的诸观念与原则的组织化和一般化，虽然是哲学的一个必要前提，但不是哲学产生的唯一的和充分的条件。这里还欠缺一个追寻逻辑体系和理性证明的动机。对于这个动机，我们可以假设，它是由传统法典体现出的道德规则和理想对逐渐增多的事实、实证知识的调和所要求的。人绝不能完全成为一种暗示和想象的动物，继续生存的需要使他必须对现实世界的实际事实给予关注。虽然环境对于观念的形成实际上所施加的控制小得出奇——无论怎样荒谬的思想都有人接受，然而环境在毁灭性惩罚的威胁之下要求观念具有一种最低限度的正确性。有些东西是食物，可以在某些地方

① 古代罗马所统治的巴勒斯坦南部地区，包括今以色列南部及约旦西南部。——译者注

被找到，水能淹人，火能燃烧，锐利的尖物既能刺也能砍，重物若没受到支撑就会坠落，昼夜交替，寒暑往来，干湿转换，等等，都有一定的规律性。这些平凡的事实在远古时代就已经备受关注。其中有一些是如此明显而且重要，不需要我们运用想象和思考就显而易见。奥古斯特·孔德说，他从未看到过有一个野蛮民族奉重量为神，尽管一切自然的性质和力量都可被神化。保存和传递一个种族关于所观察到的自然的事实及其系列智慧的常识概括体系逐渐生成了。这种知识与工业、技术（arts）①和工艺（crafts）尤为相关。在此，对材料和过程的观察是成功的行动所必需的，而且行动是连续的、有规则的，只靠变化无常的魔力来解释已经不够了。夸张想象的概念在和实际发生的事情并置时，就会被消除。

水手比纺织工更容易陷入我们现在所称的迷信之中，因为他的活动多为突然的变化和不可预料的突发事件所支配。对于水手来说，尽管可能认为风是一个伟大的神灵反复无常、不可控制的表现，但他还是要掌握熟习若干随着风向调整船、帆、橹等的纯粹机械的原理。火可以被想象成超自然的龙（dragon），因为迅疾、明亮而吞没万物的火焰让人不时联想到运动快捷而且危险的大毒蛇。然而，家庭主妇在照看烹制食物的火与锅时，还是要观察通风、拨火和木材燃烧成灰的过程等这些机械事实。金属工人关于热加工的条件和后果所积累起来的可证细节知识就更多了。在举行特别仪式的场合，他会保留传统的信念，而更多的时候，平常日用会驱除这些观念：当火焰对他来说只是一贯不变的、平淡无味的行为时，它就变成是由实践中的因果关系控制的了。随着技术和工艺的发展，而且愈加精细化，实证的和检验过的知识体得到扩大，所观察的事件序列也就变得更加复杂，范围也变得更为广阔。这一种类的技术产生了关于自然的常识，科学就起源于其中。它们不仅提供了一堆实证的事实，而且产生了人们运用各种材料和工具的技巧。此外，只要技艺不拘泥于浅陋习俗，它还能促进我们心智中实验习惯的发展。

与一个共同体内的道德习惯、感情嗜好和精神慰藉紧密相关的想象信念体，在很长一段时间内，与日益增长的事实知识体相伴共存。一有可能，它们就相互交织在一起，在其他场合却又互不相容，相互抵触，分离如在异处。由于两者只是彼此重叠，人们感觉不到它们之间的不一致性，也就没有调和的必要了。在大多数情况下，

---

① 对于技术或者技艺，杜威用"arts"而不用"technologies"，因为他认为科学技术就是一
　种艺术。——译者注

这两种精神产物是截然分离的，因为它们变成了不同社会阶级的所有物。上层阶级手中拥有宗教的、富于诗意的信念，它们具有一定的社会的与政治的价值和功能，并与社会中的统治要素直接结合。拥有平凡的实际知识的工人和工匠很可能只占据着一种较低的社会地位，并且他们的这种知识受到社会对手工工人持轻视态度的影响，但是，这些人却从事着有益于社会的体力劳动。毫无疑问，在古希腊就是这种事实推迟了实验方法一般的与系统的运用，尽管雅典人拥有敏锐的观察力、超凡的逻辑推理能力和思想的极大自由。由于工匠在社会等级上仅仅高于奴隶，他们的这种知识及其依赖的方法当然也就缺乏声望和权威了。

最后，事实性知识（matter-of-fact）还是增长到如此丰富而宽广的程度，以致它与各种传统的、想象的信念，不但在细节上而且在精神和气质上都发生了冲突。关于如何以及为什么的令人烦恼的问题，我们不必深究，但毫无疑问，这就是发生在我们称之为古希腊诡辩运动中的事情，从中却产生了在西方世界被理解为真正的哲学的那种学问。诡辩论者从柏拉图和亚里士多德那里得到了一个他们从未能摆脱掉的恶名，这个事实证明，这两种信仰之间的争论对于诡辩论者来说的确是重要的事情，而这个冲突对于宗教信仰的传统体系以及与之紧密相关的行为道德准则却起到了一种不和谐的作用。虽然苏格拉底无疑真心诚意地关心双方的和解，但他以实际的方法来处理这个问题，给予其法则和标准优先地位，这足以让他被指控为一个侮辱诸神并毒害青年的人进而被判处死刑。

苏格拉底的命运和诡辩派的恶名可以暗示传统的、情绪化了的信仰与平常的事实知识之间鲜明的对比。这种对比的目的在于指明，我们称之为科学的那个东西的所有优势都在于后者一边，而社会尊崇和权威的优势，以及它与那赋予生活深层价值的东西密切关联本身所具有的优势，则在于传统信仰这一边。显而易见，环境之中被证实的专门知识只限于一个有限的、技术的范围。它与技艺有关，而工匠的目的和好处终究不能延伸很远。它们是次要的，甚至是卑微的。谁会把鞋匠的技艺和治理国家的艺术放在同一个层面上呢？谁会把医生医治身体的技艺放在与牧师医治灵魂的技艺相同的层次上呢？所以，柏拉图在他的对话录里常常提到这个对比。鞋匠是鞋子好坏的鉴定人，但对于是否要穿鞋，以及什么时候该穿鞋这类更重要的问题，他就无从说起了；医生是身体健康与否的判断者，但是，他并不知道到底是活着好还是死了好。工匠对于纯粹有限的技术问题来说是内行专家，但对于真正最重要的问题，即关于各种价值的道德问题，却无能为力。结果工匠的知识类型就被认为天生低下，故而要受到一种启示人生终极目的的较高等知识的调节。只有这样，技术的和机械的知识才能被放置在恰当的地方。在柏拉图的对话里，我们还发现，由于其丰富的文采，在一些与特定人物的冲突中，对于纯粹知识的新要求及其与传统之间的斗争，他有着生动的描述。保守者对于用抽象的法则教授军事技艺感到出奇的震惊，因为一个人不仅要战斗，更重要的是要为他的国家而战斗。抽象的科学不能传播爱与忠诚，即使从更加技术的方面来说，它也不能代替那种体现在传统中的忠国精神的各种策略。

一种学习策略的方法就是通过与使自己学会保卫国家的人相处，汲取其理想和习惯，即实际地熟悉希腊人的战斗传统。试图通过比较本国与敌人的策略从而推出抽象的法则，就是开始投靠敌人的传统和诸神，也就是开始背叛自己的国家。

这样一个可以被生动认识到的观点使我们领悟到，实证的观点与传统观点接触时会引起对抗。后者深深地植根于社会的习惯和忠诚之中；它包含着人们的生活所追求的各种道德目标，还有生活所遵循的各种道德法则。因此，它和生活本身一样是基本而全面的。传统观点不停地跳动着，伴随共同体生活中的温暖又灿烂的色彩，促使人们实现着自我的存在价值。与此不同，实证的知识只关乎物质性的效用，而缺乏对于由祖先的牺牲和同代人崇拜而神圣化的信念的激情联想。由于性质有限而具体，这种实证的知识枯燥乏味。

只有像柏拉图本人那样锐敏活跃的才智者，才能不再像那些保守的市民那样满足于以旧的方式因袭旧的信念。实证知识和批判的探究精神日益增长，破坏了传统的信念。新知识一方拥有确定性、精细性和可证实性这几方面的优势。传统虽然在目的和范围方面还是高尚的，但是基础并不牢靠。苏格拉底曾经说过，未经质疑（unquestioned）的生活是不值得过的，人是要质疑的存在者（being），因为他是理性的存在者。因此，他必定要寻找事物的原因，而不会因为习惯和政治权威而接受它。我们应该怎么办呢？开发一种理性研究和证明的方法，将传统信念的本质要素放在一个不可动摇的基础上；开发一种思考和知识的方法，既纯化传统又保证其道德的和社会的价值安然无损，而且，通过净化它们而增强其势力和权威。一句话，维系在习俗之上的东西应当被恢复，不再依靠过去的习俗，而是基于存在（Being）和宇宙的形而上学。形而上学作为具有更高尚道德的社会价值的源泉和保证，成为习俗的替代者——这就是柏拉图和亚里士多德发展出的欧洲古典哲学的主导论题——它是一种让我们反复回想的哲学，被中世纪欧洲的基督教哲学更新和重述。

如果我没有弄错的话，关于哲学的功能和任务的整个传统就是在这种情境中产生的，这种传统直至最近仍然支配着西方世界的体系性和建设性的哲学。如果我所说的哲学的起源在于试图调和两种不同的精神产物这一主要论点是正确的，那么，只要后来的哲学不是消极的、异端的，其主要特征的关键就掌握在我们手里。一个特征是哲学不是从一个开放的、无偏好的源头里公正不倚地发展起来的，它一开始就设定了自己的任务。它有一个使命，并且事前已对这个使命发过誓。它必定要从受到威胁的过去的传统信念中析取基本的道德核心。到现在为止，情况一直都还不错；这种功夫是批判性的，并且是为了唯一真正的保守主义的利益——保存人类所提炼出的价值，而不是使之变得荒芜。但它要事先承诺以合乎过去信念的精神来提取这一道德本质。它与想象和社会的权威之间的结合非常密切，以致根本无法动摇；所以，以截然不同于过去的形式来设想社会制度的内容是不可能的。故而，在合理的基础上为已被接受的信念和传统习俗的精神——而不是形式——进行辩护，这已变成哲学的工作。

这样产生的哲学，由于形式和方法的不同，在一般雅典人看来似乎过激甚至有些危险。在剪除累赘、摒弃被一般市民视为与根本信念同为一物的诸要素这种意义上，它的确是激进的。但从历史的视角来看，并与后来在不同的社会环境里发展出来的不同的思想形态对比来看，我们可以很容易地看到，柏拉图和亚里士多德对于古希腊的传统和习惯的意义进行过多么深刻的反思，因而，他们的著作和那些伟大的剧作家的著作一样，对于研究与众不同的古希腊人生活最深处的理想和抱负的学者来说，仍然是最好的入门书籍。没有古希腊的宗教、古希腊的技艺和古希腊的市民生活，就不可能有他们的哲学；而哲学家最引以为豪的那种科学的效果将一直表现得肤浅、无足轻重。哲学的这种辩护精神一次明显的表现是，12世纪前后，中世纪基督教为了谋求一个系统的、合理的自我表现而利用古典哲学，特别是亚里士多德哲学，想以理性来为自己辩护。19世纪初起，德国的主要哲学体系，在黑格尔以理性观念论的名义为那些受到科学和大众政治的新精神威胁的学说和制度辩护时，亦是如此。结果就是，那些伟大的体系也不能摆脱代表先入之见的信念的党派精神。由于他们同时声称拥有完全理智的独立性和合理性，结果往往就是给哲学掺入一种不诚实的因素。对于那些哲学的支持者来说，由于完全没有意识到这一点，其潜伏的祸害尤为深重。

　　这把我们带到哲学从其源头萌生出的第二个特征上。既然它的目的在于为以前因情趣相投和社会威望而被接受的事物进行理性的辩护，那么它就不得不重视推理和证明的办法。由于它所处理的材料缺乏内在的合理性，它便走向另一个极端，竭力依靠逻辑形式之类的东西来炫耀。其实，处理事实问题时是可以运用更简单、更粗略的论证方法的；可以说，提出被讨论的事实并指向它就足够了——这是所有论证的基本形式。但是，对于不再能靠习俗和社会权威的主张而使人信服接受的学说，以及不能依靠经验证明的学说，要想令人相信它们的真理性，除了扩大严密思索和严格证明的姿态外别无他法。于是，便出现了抽象的定义和过度科学（ultra-scientific）的论述。它使许多人背弃哲学，但对于其信奉者来说却一直有着主要的吸引力。

　　在最坏的情况下，它使哲学降为一种炫耀精致术语的表演、琐碎的逻辑，以及对广博周详的论证的外在形式的虚假追求。即使在最好的情况下，它也倾向于产生一种为体系而体系的对体系的过度依恋，以及对于确定性的过度自负的主张。巴特勒（Butler）大主教曾宣称可能性是生活的指南；但是，很少有哲学家有足够的勇气承认，哲学能够满足于任何仅仅是可能的东西。由传统和欲望所规定的习俗曾声称有终极性和不变性，它们也曾声称要给出一些对行为进行规定的确定不移的法则。早期，哲学也曾号称有类似的最终确定性。从那时迄今，属于这类气质的东西一直依附在一些传统哲学里。它们坚持认为它们比一切科学都更加科学——的确，哲学是必要的，毕竟任何专门科学都不能达到终极的、完备的真理。也曾有反对者——如威廉·詹姆斯——敢于宣称"哲学是一种洞察"，而且其主要功能是将人的精神从偏执和成见中解放出来，并扩大人们对周围世界的感知。然而大体上说，哲学怀有更大的野心。坦率地讲，除了假设之外哲学什么也不能提供，而且这些假说的价值只在于使人对自己的生活更敏感，这好像是对哲学本身的否定。

　　第三个特征是，为欲望和想象所决定，并在公共权威影响下发展成权威的、传统的信仰体系是普遍而综合的。它在集体生活的方方面面可谓无所不在。其压力是不间断的，其影响是普遍的。所以不可避免地，与它敌对的原理和反思思维也要求类似的普遍性和综合性。它在形而上学意义上自许为普遍而久远，正如传统在社会上所自许的那样。现在只有一种方法能够使这种抱负得以实现，那就是与一个圆满的逻辑体系和确定性的诉求相结合。

所有古典类型的哲学在两个存在领域之间都有一种确定而根本的区别。其中一个对应于流行的传统中宗教的、超自然的世界，在其形而上学的描绘中，它变为最高和终极的实在世界。既然人们发现共同体生活中有关行为的一切重要真理和准则的最后根源与认可，都存在于超越的和毋庸置疑的宗教信念之中，那么，哲学绝对的、至高无上的实在性对经验事实的真理性也就提供了唯一肯定的保障，并对相应的社会制度和个人行为给予了唯一理性的指导。与这个只有通过哲学的系统训练才能领会的、绝对的本体的实在相对立的，是日常经验的、相对真实的现象世界。人们的实际事务和功用正是与这个世界相关联的；事实与实证的科学所涉及的，也正是这个不完全的并正处于泯灭中的世界。

以我的意见，这就最深刻地影响了关于哲学本质的经典概念的一个特征。哲学妄自以为自己的任务就是论证一个超越的、绝对的，或更深奥的、实在的存在，并向人们揭示这个终极至上的、更高实在的本质和特征。因此，它宣称拥有一种比实证科学和日常实践经验所用更高的知识官能，而且这种官能以高级尊严和重要性为标志。如果哲学要把人引导到证明和直觉日常生活与特殊科学的实在以外的实在，那么这个主张是不可否认的。

当然，这个主张不时地遭到哲学家的否认。但这些否定大都属于不可知论和怀疑论。他们满足于断言绝对和终极的实在超越于人类视野之外这一点，而不敢否认，此实在只要在人类智力范围以内就是哲学知识运用的适当范围。关于哲学的适当责任的另一种观念最近才出现。本系列讲演就是要把关于哲学的这个不同观念和本演讲所称谓的古典观念之间的主要差别暴露出来。在此，它只能以预料的方式被粗略谈到。它包含在有关哲学的起源出自一个权威的传统背景这样一个解释之中；而这个传统原来受制于人在爱与憎的影响下，在追求情绪性的兴奋与满足下工作时的想象作用。老实说，关于以系统的方法处理绝对实在的哲学起源的这个解释带有明显的恶意。在我看来，这个发生学方法①对于推翻这类哲学理论活动比

---

① "genetic method of approach"，也可译作"起源追溯方法"，即对事情进行追根溯源的方法。学界通常译为"发生学方法"。考虑到杜威受到达尔文进化论的深刻影响，译者对该译法不尽认同，但从翻译一致性出发，此处从之。——译者注

其他任何逻辑的驳斥都更有效。如果我的讲演能够成功地将哲学不是起源于理智的材料，而是起源于社会的和情感的材料这个观念，作为一个合理的假说留在诸位心里，它也就成功地把一种对于传统哲学有所改变的态度留给了大家。大家就会从一个新的角度，用新的眼光来看待这些传统哲学了。人们会产生关于它们的新问题，也会提出评判它们的新标准。

一个人，只要在思想上毫无保留地着手研究哲学史，把它当作文明和文化发展的一个章节，而不是一件孤立的事情；只要能够将哲学的故事和对人类学、原始生活、宗教史、文学以及社会制度的研究关联起来，那就可以肯定地说，他对于今天讲座的价值必定有自己独立的判断。以这种方式来考虑，哲学史就会呈现出全新的意义。从自命为科学的立场中失去的，可以从人文立场中重新得到。我们可以看到人类关于社会目的与渴望的种种冲突，而不是彼此关于实在本质的争论。我们拥有人类明确表述与其最深切地、充满激情地经验事物相关联的努力的重要记录，而不是不可实现的、超越经验的企图。我们看到一幅有关一批有思想的人选择他们的生活理想以及为人们塑造理智活动的目标的生动画面，而不是作为远离的旁观者，以不带个人情感色彩的纯粹冥思苦想的努力，沉思那些绝对的物自体（things-in-themselves）的本质。

你们当中如果有谁对过去的哲学存有这种见解，那么，他对于将来从事哲学的范围和目的也必然会有一个相当明确的观念。他将不可避免地认同这样一种见解：哲学一直处在不知不觉、无意识甚至可以说是隐蔽之中，它今后必须公开和慎思。如果人们承认在研究终极实在的伪装之下，哲学一直被社会的传统中所包含的宝贵价值所占据，它源于各种社会目的的冲突，出于世袭制度与不可并存的当代趋向之间的冲突，那么他们就会看到，未来哲学的任务在于澄清人们关于自己时代里社会和道德上的各种纷争，其目的是成为尽人力所能及地处理这些冲突的工具。那些用形而上学特性来表述时可能虚假的、非实在的东西，一旦与社会信仰和理想的斗争联系起来，就会变得非常重要。哲学如果放弃对终极的和绝对的实在研究的无聊垄断，它将在启发推动人类的道德力量上，在致力于对人类获得更有序的和明智的幸福所抱热望的帮助中找到补偿。

道德观念中的改造[①]

　　思想方法的改变对道德观念的影响，一般而言也是明显的。善和目的增多了。规则松弛而变为原则，原则又被修改而成为思想的方法。伦理学理论起源于希腊人为生活寻找一套行为规范的尝试，他们认为这些规范应该具有理性的基础和目的，而不单是从习俗而来。但是，代替了习俗的理性也要像习俗一样提供稳定的规范。从此，伦理理论就异乎寻常地着迷于这个观念：它的任务就是发现某些最终的目的或善，或者某种终极的、至高无上的法则。这是各种不同学说的共同点。有些人认为，规范的目的是对高级权力和权威的忠诚和顺服，但关于这个高级原则是什么，他们的见解却各有不同。有的以为是神的意旨，有的以为是世俗统治者的意志，有的以为是体现统治者意愿的制度安排，有的以为是出于对义务的理性认识。他们之所以彼此分歧，是因为他们都承认这么一点：法则具有唯一的和最终的源头。又有些人说不可能从规则的制定中寻找道德，它必须在作为诸善的诸目的中寻找。于是，有的人在自我实现里，在神圣里，在幸福里，或在快乐的最大总量里寻找这个善。这些学派都有一个共同的假定，即存在一个单一不变的终极的善。他们之所以能彼此争论，只是因为有这样一个共同的前提。

　　问题在于：要摆脱这个混乱和冲突，是否就要通过质疑这个共同因素，而追究这个问题的根源呢？相信存在单一的终极之物——或者是善或者是权威性的法则——的信念，难道不是历史上已经消失的那个封建组织的理智产物吗？它不也是那个在自然科学中已经消失的，认为在有限的、有秩序的宇宙里静高于动的那个信念的理智产物吗？当前理智改造的局限在于，它至今尚未认真地被应用到道德和社会活动中，这一事实已经被反复提起。这一深入应用难道不就是要求我们要么相信变化、运动、个别化的善和目的的多样性，要么相信原理、标准、法则就是分析个别或特殊的情境的理智工具吗？

　　断定每一种道德情境都是独一无二的而且有其不可替换的善，看起来不仅笨拙而且荒谬。过去的传统教导我们说，正因为特殊事

　① 《哲学的改造》第七章。——编者注

件的不规则才有必要让行为接受普遍原理的指导，并且道德品性的本质在于使每个特殊事件服从于一种固定原理裁决的意愿。由此可见，普遍的目的和法则隶属于具体的情境，这将会引起完全的混乱和无节制的放纵。但是，依照实用主义的原则，要发现观念的意义，就需要追问这个观念的后果。令人惊奇的是，具体情境的独一性以及它具有自足的善这个特点的首要意义，就在于将道德的沉重负担转移给智慧。这并不是毁弃责任，恰恰是确立责任。一个道德的情境就是在公开的行动之前必须作出判断和选择的情境。这个情境的实际意义——就是说需要为之作出的行动——不是自明的，而是需要寻找的。有互相冲突的欲望，也有不能两全的善。人们需要的是找出行动正确的方向和正确的善。这迫使人们进行探究：对情况的详细构成进行观察，对各种因素进行分析，对幽暗的部分进行澄清，对一些持续而显著的特征进行怀疑，对各种行动方式的可能结果进行追踪，以及在促成决定的那个预期或推想的后果与实际的后果相符合之前，把任何决定都看作假设性的和尝试性的。这个探究就是理智。我们道德的失败是由于某种气质的弱点，是由于同情心的缺失，是由于使我们对于具体事件作出轻率或不正当判断的那种偏好。广泛的同情、敏锐的感觉以及对于不愉快事情的忍耐，使我们能够进行理智分析而审慎决定的对诸利益的权衡，这些都是与众不同的道德特征——诸德性或种种美德。

更值得注意的是，这里的根本问题与物理研究中已得到解决的问题一样。在物理研究中，长久以来，似乎只有在开始使用普遍的概念并且将特殊的事件归于其下时，我们才能获得合理的确保和证明。那些开创了现在已经到处被采用的探究方法的人，当时却都被（真诚地）斥责为真理的颠覆者和科学的敌人。如果说他们最后取得了胜利，那是因为如先前所指出的，对普遍概念的应用肯定了成见和包容了未经证实而流行的观念；而将最初的和最终的重点放在个别事件上，则能激发对事实艰难的探究和对原则的考察。最终，我们虽然不能获得永恒真理，但接近了日常事实。我们虽然失去了高级的、不变的定义和种属体系，但获得了对事实进行分类的、不断发展的假说和规则体系。毕竟我们不过是要在道德的反思中采用那在对物理现象的判断中业已证明可靠、严密而丰富的逻辑罢了。而且理由也是一样的。旧的方法虽在名义和审美上尊崇理性，但却挫伤了理性，因为它阻碍了审慎的持续的研究。

更确切地说，应当把道德生活中遵守规则或追求固定目标的负担，转换成对需要特殊治疗的疾病进行检查，以及设计处理它们的计划和方法。这个转变能够消除使道德学说相互争执，并且不能与实际需求保持密切接触的各种原因。认为存在一种固定不变的目的的理论，不可避免地会把思想引到无法解决的争论泥潭里。如果有一个至善、一个至高目的，那是什么呢？要考察这个问题，我们就要将自己置身于那与两千年前一样激烈的争辩中。假若我们采取一种看上去更加经验的看法，说不存在一个单一目的，但也不如需要改善的特殊情境那样多，只是有许多像健康、财富、名望或声誉、友爱、审美鉴赏、学问等那样的自然诸善和像正义、节制、仁爱等那样的道德诸善，那么，当这些目的互相冲突时（它们必定相互冲突），我们要靠什么东西或由哪一个人来判定哪条是正路呢？我们是否因此就要求助于曾给整个伦理学事业带来坏名声的诡辩呢？或者我们将倚靠边沁所谓"子曰"（ipse dixit）①式的论证方法，即这个或那个人任意地偏爱这个或那个目的？或者我们必须把一切目的从最高的善到最无价值的善依次排列成序？我们又一次发现自己陷入不可调和的争论中，找不到出路。

同时，需要借智慧来解决的特定的道德困惑仍悬而未决。我们不能泛泛地寻求健康、财富、学问、公正或善良。行动总是特殊的、具体的、个别化的、独一无二的，因而对于所应做的行为的判断同样是特殊的。说一个人追求健康或公正，只是说他追求生活得健康和公正。这些事和"真理"一样，都是副词性的。它们是特殊状况中行动的修改者。对于如何生活得健康和公正，每个人都是不同的，因各人过去的经验、机会、气质和后天的弱点与能力而各有差异。除了承受着特定的、身体上的痛苦的人，一般来说，没有人志在生活得健康，因此，健康对于那个特殊的人就和对于别人的意义不同。健康的生活不是离开生活的其他方法而独自得到的。一个人既然要在他的生活里健康，而不是脱离生活，那生活除却他的事业和活动的累积外又能是什么呢？以健康为独一目标的人将变成一个懦弱病夫，或一个狂热者，或一个体操演技者，或一个运动员。他如此偏于一面，以致为追求身体的发展反而损伤了心脏。当他实现其所谓目的的努力不能与其他活动相调和，并为其他活动增添色彩时，生活就将陷入分裂。某些行动和时间是专为健康的，有些是用作宗教的修炼，有些是用于讲求学问，有些是用来做一个好公民或用来专

---

① "ipse dixit"是拉丁文，相应的英文是"he himself said it"。意为武断的言辞、亲口所说。——译者注

攻美术等，只有这样才能合理代替狂热主义者的想法———一切都是为了完成一个目的。目前这还不是潮流，但是，生活里不是有很多失望、虚耗和很多艰辛、逼狭的严酷境遇，正是由于人们没有体会到每一情境自有其独一无二的目的而整个人的个性应与之有关吗？确实，一个人需要健康地活着，这一点影响到他生活的方方面面，因而它不能被认为是一个独立的善。

健康、疾病、公正、技艺等一般性概念之所以重要，并不是因为这个或那个事件可以被安置在其中某个单一的条目下，忽视其独有的特性，而是因为以普遍为对象的科学可以给医师、技艺家和公民这样的人提供他们应该问的问题，应该作的考察，使他们理解所见事物的意义。如果一个医生精于医道，他就会把自己所掌握的科学(无论怎样博大精微)用作工具和方法来诊察个体病症和拟定治疗方案。如果他只是将每个个体的病症武断地归属于疾病的若干分类和治疗的若干常规之下，那么这时候，无论他的学问多大，他所达到的也不过是教条性的机械水平。他的思想和行为将变得呆板、武断，而不是自由和灵活的。

道德的善和目的只有在做某件事情的时候才存在。有什么事要做这个事实说明在目前的情况下存在缺陷和不幸。这个问题就是眼前这个特定的问题，它与其他情况下的问题绝不会完全一样。故而我们必须以这个情境中要改善的缺陷和困难为基础来发现、谋划和获得该情境所独具的善。不能以理智思辨的方式从情境以外注入善。比较各种不同的情境，总结人类所遭到的各种不幸，并把与这种不幸相应的诸善分门别类，这就是所谓的智慧。健康、富有、勤勉、节制、和蔼、礼貌、学问、审美的能力、创造性、勇敢、耐心、进取心、周密和许多其他一般性的目的，都是众所公认的善。这个系统化努力的意义是理智的或分析的。分类暗示了在研究特定情境时所注意到的可能特性，同时也暗示了排除不幸所要尝试的行动方法。它们是智慧的工具，它们的价值在于促进特殊情况特殊对待。

道德不是行为的目录，也不是规则的集合，与随时备用的药方和食谱是不一样的。道德需要的是用以探究和谋划的特殊方法：探究方法能确定困难和不幸在何处；谋划方法能制订计划，成为处置困难和不幸的前期假设。特定情境各有其无可替代的善和原则，情境逻辑上的实用意义在于，使理论学说从关注一般概念转到如何发展有效的探究方法上来。

且就伦理学的两个重要结果评论一下。相信存在固定不变的价值的那种信念把目的分为内在的和工具的，前者是本身真正具有价值的，后者是实现内在善的手段。的确，作出这个区分往往被看作智慧或道德辨别的开始。辩证地看，这个区别是有趣的，似乎没有什么害处。但若将之付诸实践，就会产生悲剧性的结果。历史上，正是这种区别带来了并且证实了理想的善与物质的善之间的严格区分。如今那些思想自由的人认为，内在的善在本质上是审美的，而不单单是宗教的或静观的。其结果是一样的。所谓内在的诸善，不管是宗教的还是审美的，都与日常生活的利益无关，但这些利益却因其恒常性和紧急性成为人民大众关注的重心。亚里士多德利用这个区别声称奴隶和工人虽为国家——公民社会——所需要，但却不是国家的构成因素。那只被看作工具的东西必然是近乎苦工的，不能在理智、技艺或道德上得到关注和尊重。无论是什么，一旦被认为内在地欠缺价值，就没有价值了。所以，拥有"理想"兴趣的人大多选择了忽视或者躲避它。"低下"目的对人的紧迫性和压力一直被传统的礼仪规范所掩盖。或者说，它们一直被贬低到凡人层次，只有少数人可以得到自由，来关心那些具有真正的或者内在的价值的善。这种以"高尚"目的为名义的退却，把低等活动全权委托给了大多数人类，尤其是那些精力充沛的"实践中的"民众。

可能没有人想得到，我们经济生活中那令人厌恶的物质主义及其残酷性，原来很大程度上是经济目的仅被当作工具性的后果。如果它们和其他目的一样被当作内在的、终极的，那么，我们将会发现，它们是能够被理想化的，而且生活的意义正在于它们要获得理想的和内在的价值。审美的、宗教的和其他"理想的"目的因为和"工具性的"或经济的目的分离，已经变得微弱而贫乏了，甚至无用而奢侈。只有与后者结合在一起，它们才能进入日常生活的结构，从而得到充实和普及。仅仅被当作终极的目的，却不能作为手段来丰富生活中的各个部分，这种目的的虚荣和不负责任应该是明显的。但是，现在有关"高尚"目的的学说对于那些被孤立于社会之外，对社会缺乏责任心的学者、专家、美学家和宗教家却能给予援助、慰藉和支持。它保护着他们职业上的虚荣和无用，以免被别人和他们自己识破。这种职业上的道德缺陷却被转换为一个赞美和庆祝的原因。

其他的一般变化体现在，要求彻底废除道德善（如美德）和自然善（健康、经济安全、技艺、科学等类似的东西）之间的传统区别。我们下面讨论的观点痛恨这一生硬的区别并竭力取消它。这种观点并不是孤立无援的。有些学派甚至承认，美德以及德性之所以有价值，只是因为它们能够促进自然善。把实验逻辑的思路运用到道德中，就是要按照各种性质对于现存弊端的改良有无贡献来判断其善与不善。这样一来，它就发掘出自然科学中的道德意义。在对现今社会的弊端进行全面的批判性考察之后，人们会疑惑地感到，那根本性的困难是否并不在于自然科学和道德科学的分离。当物理学、化学、生物学、医学有助于发现具体的人类苦难何在，有助于发展救治计划，有助于改善人类状况的时候，它们就是道德的；它们就成为道德研究或科学机构的一部分。道德就会失去其说教式的、迂腐的味道，即那种道德偏执的劝诱性的声调。它将不再是无力的、刻薄的和模糊的。它的力量将是明显的，而且作用不限于道德科学。自然科学也不再脱离人，其本身变成人本主义性质的了。追求它不再是为了以技术的和特定的方法得到所谓真理，而是为了自身的社会意义和理智上的必要。它仅仅是在为社会和道德工程提供技术这一点上才是技术性的。

当科学意识与人类价值的意识完全结合起来时，现在使人感到沉重的最大二元论，即物质的、机械的、科学的事物和道德的、理想的事物之间的分裂就被摧毁了。因为这个分裂而踌躇不决的人类的力量就会团结起来，壮大起来。只要各种目的还没有被看作满足特定需要和机会的、某种个别化的东西，心灵就会满足于抽象，而对自然科学和历史资料的道德用途及社会用途缺乏切实的感受。但当注意力集中在各种具体事物上的时候，为了澄清特殊的事件，就要求助于理智性的材料。在道德集中于理智的同时，理智性的事物也就被道德化了。自然主义和人道主义之间令人苦恼而无聊的冲突也就终结了。

这些一般化的考察还可以更加丰富化。第一，探究和发现在道德中所占的位置和它们在自然科学中的位置是一样的。评价和证明变成了实验性的并与其后果有关的事情。"理性"这个一直被伦理学看得尊贵无比的词语，现在却化身为各种方法。通过这些方法，我们可以仔细考察各种境遇中的需要和条件，以及阻碍之处和可利用之处，并规划各种改良的方案。高远的、抽象的一般性概念被用于下结论，即"对自然进行预测"。坏的结果则被看作由自然的反常和不幸的命运导致的。但若将视线移到对特殊情境的分析中，探究便是理所应当，对结果的敏锐观察也势在必行。如何行动既不能完全依赖于过去的经验，也不能完全依赖于旧的原则。在特定的场合寻找到一个目的，付出的辛劳再多，也不意味着下面就不要再努力了。相反，对行动所产生的结果，我们必须仔细观察。在结果尚未证实目的之正当性以前，目的只可作为一个正在起作用的假定。错误不再仅仅是无可躲避的、可悲的偶然遭遇，也不再是等待救赎和原谅的道德罪过。它提醒我们，我们错误地应用了自己的理智。它将告诉我们，我们应如何更好地行动。它指出我们需要修正、发展和调整。目的是会生长的，判断的标准是会不断改进的。人有责任认真地运用他所拥有的准则和理想，同样，人也有责任发展更高的准则和理想。这样，道德生活就不至于陷于形式主义和古板的重复，而是灵活的、生动的和不断生长着的。

第二，每个需要道德行动的情境彼此之间都有同等的、道德上的重要性和迫切性。如果一个特定情境中的需要和缺欠表明提高健康是其目的和善，那么在这个情境中，健康就是最终的和至上的善。它不是其他事物的手段。它具有终极的和内在的价值。这在改善经济状态、谋生、生意经营和家政中也一样——这些事务过去仰仗永恒的目的才有自身的存在，只具有第二义的、工具性的价值，因而一直被看作劣等的和无关紧要的事务。在某特定情境中是目的和善的东西，与其他情境中的善具有同等的价值、品位、尊严，值得我们同样的关注。

第三，我们应当注意到根除法利赛主义（Phariseeism）根基的后果。我们习惯于把这看作故意的伪善，因而忽略了它在认识上的前提。从眼前实在的情境中寻求行动的目的，这在不同的情况下会有不同的判断标准。当处于那情境中的人有教养、有才学的时候，与蠢钝而缺乏修养的人相比，他可以有更多更好的见解和行动。用判断文明人的道德标准来要求野蛮人，显然是荒谬的。无论评判个人还是团体，都不可用他们是否达到一个预定的结果为标准，而应根据他们的活动方向来评判。坏人就是正在堕落而渐渐变得不好的人，无论他原来怎么好。好人就是那些正在变得更好的人，无论他原来在道德上多么不足取。这样的思路能够使人严于律己而宽以待人。它抛弃了那种以对固定目的的接近程度作为判断标准所容易产生的傲慢。

第四，生长、改善和进步的过程比静止的结果更为重要。作为一成不变的目的的健康不是目的和善，健康所需的改善——一个连续的进程——才是目的和善。目的已不再是要到达的终点或界限。它是改变现存状况的积极的过程。生活的目标并不在于那作为最终目标的"完美"，而在于不断完善、培养和追求精致的持久过程。诚实、勤勉、节制、正义和健康、富有、学问一样，不是能够被人们拥有的善，就好像它们不是有待于人们去获得的固定的目标一样。它们是经验的性质变化的方向。只有生长自身才是道德的唯一"目的"。

尽管这个观念对于罪恶的问题以及对乐观主义与悲观主义之间的争论所产生的影响过于广泛，无法在此讨论，但也略值一提。罪恶问题已不再是神学的和形而上学的了，而被视为减少、缓和以至于除去人生中的罪恶的实际问题。哲学无须巧妙地证明罪恶只是表面的，而不是真实的，也无须设计精巧的方案来否定罪恶，更不必糟糕地为其辩护。它承担了另外的责任，即谦逊地贡献出一些方法，帮助我们发现人类弊端的原因。悲观主义是使人气馁的学说。它通过宣称整个世界完全是邪恶的，觉得试图为某一个特定的恶事找到救治的方案只能是徒劳的，因而从根基上摧毁了所有使世界变得更好更幸福的努力。完全的乐观主义企图否定罪恶，同样是一个梦魇。

毕竟，认为现世界是一切世界中最好者的乐观主义可以说是对悲观主义的最大嘲讽。如果这个世界是最好的，那么，根本上的坏世界又是什么样呢？改良主义就是这样的一种信仰：一时存在的特殊状况，无论相对来说是坏还是好，总是可以更好。它鼓励理智研究实现善的积极手段以及实现善的障碍，鼓励理智努力改善条件。它唤起乐观主义不能激起的信心和合理的希望，因为后者声言善已经在终极实在中实现了，从而试图向我们掩饰具体存在的诸恶。乐观主义很容易成为生活安逸而舒适的人们和已成功地获得了这个世界回报的人们的信条。乐观主义很容易使其信奉者无视或不关心不幸者的苦难，或者动辄就把别人的困境归结于那些人本身的罪过。它和悲观主义合谋，麻痹了人们的同情心，阻碍了理智对改革的要求，尽管两者在字面上意思完全不同。乐观主义将人们从相对的和变化的世界召唤到绝对的和永恒的平静中。

道德态度中许多这样的变化，其意义都集中在幸福的观念上。幸福曾经是道德家所轻蔑的对象，但极端禁欲的道德家又常常在其他名目下恢复幸福的观念，如"福祐"。没有幸福的善，没有满足感的勇敢和德性，不追求享受的目的——这些实际上是难以忍受的，就像它们在概念上是自相矛盾的一样。幸福不只是一种拥有，它并不意味着固定地得到某种东西。那样的幸福或者是道德家所严厉斥责的毫无价值的自私自利，或者是贴着"福祐"标签的乏味的无聊，是没有任何挣扎和劳苦的永恒的宁静。它只能满足那些最脆弱的懦夫。有成功才有幸福，而成功意味着做事顺利，步步前进。它是一个积极的过程，而不是一个被动的结果，包括对障碍的克服，对缺陷和弊病的根除。审美的感觉和享乐是有价值的幸福的主要成分。完全脱离了精神的更新、心灵的再造和情感的净化的审美鉴赏是柔弱多病的，注定因贫乏而快速灭亡。那种更新和培养是无意识地来临的，没有任何刻意，这使它们更加真实。

从总体上看，在关于目的和善的经典理论向现在的这个可能理论转变的过程中，功利主义的位置最为显著。它具有无可置疑的功绩。它力图摆脱模糊的普遍概念，开始认真考虑特殊的、具体的事物。它让法则从属于人类的功业，而不是让人类从属于外在的法则。它认为制度为人而设，而不是人为制度而设。它积极促进了所有的改革。它使道德的善成为自然的、属人的，从而与生活中的自然善结合起来。它反对非尘世的、彼岸的道德。最重要的是，它使人类的想象力适应了把社会福利作为最高标准的观念。但它在根本的要点上仍受着陈旧的思想方法的深刻影响。它未曾质疑过存在固定的、终极的和最高的目的，只是疑惑当时流行的关于这个目的的本质的见解。它把快乐和快乐的最大量放在了那个永恒目的的位置上。

这种观点并不认为具体活动和特殊兴趣本身就有价值或有幸福的成分，而是认为它们只是获得快乐的外部手段。旧传统的支持者得以指责功利主义，说它不仅把美德而且把技艺、诗歌、宗教和国家看作服务于感官享乐的手段。既然快乐是一个获得物，可以独立于获取它的那个积极的过程而有自身的价值，那么幸福就是一个可以被获得并占有的东西。人占有的本能被夸大了，创造的本能则被埋没了。生产的重要性不再是因为发明和改造世界而具有内在价值，而是因为生产的外在结果能够让人们得到快乐。像所有设定固定的和终极的目标而使具体的目的成为被动性的和占有性的理论一样，功利主义把主动的行动变成了单纯的手段。劳动变成了一种无法避免的，有待减少的坏的东西。财产上的安全在实践中变成了首要的事情。物质上的舒适和安逸在同尝试性的创造活动的辛苦和危险的对比之中被夸大了。

这些缺陷在某些可以想象的情形下也许还只停留在理论上。但是，时代的趋势和那些功利主义的鼓吹者的利益，使这些缺陷具有了危害社会的力量。尽管作为新观念，它能够抨击社会弊端，但它的教义仍包含某些能够掩饰或者导致新的社会弊端的元素。改革的热情表现在批判封建阶级制度所传承下来的恶，即经济上的、政治上的和法律上的恶。然而，代替封建制度的资本主义的新经济秩序也具有自身的恶，功利主义却要掩饰或支持这些恶。如果与当代人对财富和从财富中得到巨大快乐的渴望联系起来，那么对各种享受物的获得和占有的强调就具有难以预料的后果。

功利主义虽然没有积极推动新的经济唯物论，但也缺乏手段与之对抗。生产活动单纯是为了产品，这种功利主义的一般精神间接地促进了粗俗的商业主义的出现。功利主义尽管也对纯正的社会目的感兴趣，但它培育了一种新的阶级性的追求，即资本主义对占有财产的追求，因为财产可以通过自由竞争而不是政府的维护获得。边沁强调安全，故而把私有财产制看作是神圣的，只是提醒避免在私有财产的获得和转让中滥用法律。占有者是幸福的（Beati possidentes），只要占有物是依照竞争的规则获得的就行——也就是说，没有政府外来的帮助。这样，功利主义就证实了这样的观念，即以为"商业"不是服务社会的手段，也不是发展个人创造力的机会，而是增加个人享乐的手段。功利主义的伦理学为前文谈到的哲学改造所要求的东西提供了一个典型的例证。从某种角度看，它反映的是现代的思想和愿望所具有的意义。但它还是被自以为已经完全摆脱了的那个旧时代的根本观念所束缚，以为各种各样的人类需要和行动背后有永恒的和单一的目的，这使功利主义不适合成为现代精神的代表。为了摆脱它所继承的东西，它还要再经过一番改造。

我之所以还要就教育话题说几句，是因为道德过程是从坏到好的一个连续性过程，而教育过程与道德过程完全是一体的。在传统上，教育一直被视为一种预备：去学习，去获得将来要用到的东西。目标是遥远的，教育是在做准备，是对以后会发生的、更为重要的事情的准备。童年生活只是成年生活的准备，而成年生活又是另一种生活的准备。在教育中，最重要的事情总是在将来而不是在现在：获得以备将来应用和享乐的知识和技能，养成日后用来经营生意、做好市民和研究科学的各种习惯。教育也被看作仅是一部分人所必需的东西，因为他们需要依赖别人。我们是生而无知、不熟练且不成熟的，因而处于对社会的依赖状态中。教育、训练和道德规训是成熟者帮助未成熟者学会照管自己的过程。儿童要做的事情就是在成年人的指导下学会成年人的自立，所以作为人生中重大事务的教育在年轻人摆脱对社会的依附状态时就结束了。

上面的两种观念只是笼统的假定，并没有被明确地推导出来，与以经验的成长或连续的改造为唯一目的的观念相抵触。不管我们从哪一个阶段去看一个人，总会发现他一直处在生长的过程中。如果是这样的话，教育就不是副产品，不是对未来生活的预备。在现在这个阶段中从种类和程度上促进其应得的成长就是所谓的教育。这是一种持久的作用，与年龄无关。对某一特定的教育，如正规的学校教育，我们所能说出的最好的事情就是：它能使受教育者获得更进一步的教育，即对于生长的条件更为敏感，更善于利用生长的条件。技术的习得、知识的拥有、教养的获得都不是最终的东西：它们是生长的标志，是持续进步的媒介。

把教育阶段看作依赖社会的时期，把成熟看作独立于社会的时期，这种经常出现的对比确实是有害的。我们常说，人是一种社会性的动物，但我们把这句话的意义局限于社会性最不明显的领域，即政治。人的社会性的核心在于教育。把教育看作预备以及把成年看作生长的一个固定界限的观点，是同一错误的两个方面。如果道德的要务对成年人和对儿童来说都是经验的生长和发展，那么，从对社会的依赖中以及社会对人的依赖中所得到的教导对于成年和孩子就是一样重要的。对成年人来说，道德独立意味着生长的停止，孤立意味着顽固。我们夸大了儿童在理智上的依赖，于是儿童过分受到管制；同时又夸大了成年人在亲密生活和与人交往上的独立性。当认识到道德过程和特殊生长过程的同一性时，对儿童所进行的更有意识和正式的教育将被看作社会前进和重组中最经济、最有效的手段；很清楚的是，检验成年生活的所有制度的标准，在于它们是否能够很好推行持续的教育。政府、商业、技艺、宗教和一切社会制度都有一个意义、一个目的。那个目的就是不分种族、性别、阶级或经济状况地解放和发展个人的能力。这就是说，它们的价值在于能在多大程度上教育个人，使其达到其可能性的极致状态。民主有许多含义，但如果有一个道德意义的话，那就在于：政治制度和工业组织的最高检验标准将是它们应当对社会每个成员的完满生长作出的贡献。

25 年之后看改造[①]:
1948 年《哲学的改造》再版导言

I

这本书是在大约 25 年前写成的——也就是第一次世界大战之后不久，文本未经修改就付梓了。本导言就是依据那个文本的思想而作的。另外，我写作这篇导言，也是基于这样一个坚定的信念：这些年所发生的事情已经创造了这样一种形势，即对改造的需要比写作这本书的那个时候显得更加广泛而紧迫。更具体地说，我相信，当下的形势更清楚地表明了所需的改造必须集中在什么地方，新的细节发展必须前进的方向。今天，"对哲学的改造"这个题目比"哲学中的改造"更为合适[②]。这（25 年）期间所发生的事件鲜明地表明了本书的基本假定的内涵：哲学独特的职能、问题和论题来自共同体的生活中的压力与紧张，正是在这种共同体的生活中，才产生了某种独特的哲学。因此，这种哲学中独特的问题将随着人类生活的变化而变化：生活的变化永不停息，这种变化也就不停地在人类的历史中产生危机和转折。

第一次世界大战对早期的乐观主义来说，是一个强有力的震撼。那种乐观主义曾经普遍地抱着这样一种信念：持续的进步必将导致不同民族与阶级之间的相互理解，并且必然走向（全世界的）和谐与和平。今天，那种震撼令人难以置信地更加强烈了。不安全感与各种争端非常普遍，社会上弥漫着一种对不确定性感到焦虑的悲观态度。对未来生活感到的不确定性，已经给我们当下生活的方方面面涂上了沉重而忧郁的阴影。

哲学是否有能力解决这个时代的重大问题呢？今天，在哲学上已经很少有人能对此表现出足够的信心了。这种信心的缺乏，表现在人们只关注于各种技术方法的改进，或者对过去体系的反复推敲。这两种兴趣在某种程度上都是情有可原的。对于第一种情形来说，

[①] 首次是作为《哲学的改造》重印版导言发表的（灯塔出版社 1948 年版）。

[②] 原文是 "Today Reconstruction of Philosophy is a more suitable title than Reconstruction in Philosophy"。——译者注

技术方法倾向于不断改良和精化出更加形式化的技巧，然而，改造的方式是不应该牺牲实质内容而只关注形式的。关于第二种情形，（改造）不能仅仅通过增加有关过去的、对现在困扰人类的诸多问题没有启发性的广博学识来进行。我们可以毫不夸张地说，当刚才提到的那两个话题中的兴趣成为主流时，哲学从当下的现实情境中越来越明显地退缩了；这本身就表明，人类生活的其他方面所存在的混乱和不安达到了什么样的程度。的确，我们可以进一步说，这种退却表明了以前的各种（哲学）体系对于当前的困扰不能提供什么有价值的东西，这些体系的确存在这样的缺陷：渴望寻找某种固定不变的、确定的东西，从而（为人类的心灵）提供一个安全的避难所。一种与当下相关的哲学必须解决从变化中产生的问题，这些变化发生得越来越快，所涉及的人文—地理范围越来越大，渗透得也越来越深。这个事实清楚地表明，（我们的哲学）需要一种非同寻常的改造。

当一种与此相似的观点在前文以及在下文被向前推进时，它一直被批评为是一种对过去伟大体系的"敌对态度"（sour attitude），这是由一位温和的批评者提出来的。因此，当我们说，对过去的哲学体系的批评不是针对这些体系与它们所处时代、处境的知识和道德问题的相关性，而是针对它们与变化了的人类处境的相关性时，这种说法就与所需要的改造的论题相关了。那些使得伟大体系在自己的社会文化语境中受到尊重和羡慕的东西，从长远看，正是使那些体系脱离现今这样一个世界的原因：这个世界的主要特征已经发生了很大的变化，我们可以从过去几百年来谈到的"科学革命""工业革命"和"政治革命"中看到这种变化的程度。就我所能看到的来说，只有慎思地并且批判性地注意到改造工作所置身其间的、并与之相关的那个背景，我们才能提出改造的要求。这种批判性的关注远非一种轻视的标志，对于发展一门哲学的兴趣而言，它是不可缺失的一部分。这门哲学将为我们的时代和处境（time and place），去完成过去那些伟大学说在其文化媒介中以及为这种文化媒介所做的事情（过去那些体系正是在这些文化媒介中兴起的）。

还有一种批评与上面的讨论相似，那就是关于哲学的工作和职能的批评。这种批评还停留于对那些能够被"理智"完成的事情的浪漫主义夸张上。假如"理智"这个词被当作过去时代一个重要学派所称的"理性"或者"纯粹理智"（pure intellect）的同义词，那么，这个批评就是非常有道理的。但是，这个词意指某种与那被认为获取终极真理的最高机能或者"功能"完全不同的东西。它意指一种一直在发展壮大的观察、实验和反思推理的方法；这些方法在非常短的时间内，对生活的自然条件①进行了革命，在相当程度上也对生活的生理条件进行了革命；但是，这种方法本身明显而基本的人文性的因素还没有得到开发应用。即使在探究自然的领域里，它也还是一个新手；而在人文情境的各个方面，它都还没有得到发展。哲学要采取的改造，不是把"理智"当作某种现成的东西来应用；而是要在人文和道德论题的探究中引入这种方法（观察、理论假设和实验测试的方法）。正是通过这种方法，我们对自然本质的理解才达到了当前的程度。

就像在科学探究存在之前发展起来的认知理论，不能为一种基于当前实际探究行为的认知理论提供范式或者模式一样，早期的体系反映了自然世界的前科学观念、前技术的工业状况，以及学说成型时期前民主的政治状况，因此，它们也不能为当前的探究行为提供认知理论的范式。古希腊，特别是雅典（正是在那时候，欧洲古典哲学得以塑造成型）的实际生活条件，在知与行之间设置了一个显著的区分，这个区分被概括为理论与"实践"的完全分离。在那个时候，这个区分反映了某种经济结构，其中"有用的"工作大多由奴隶完成，自由人从劳动中解放出来并由此变得"自由"。显然，这样的状况也是前民主的。然而，在工业生产衍生出来的工具和过程成为观察和实验行为（这是科学认知的核心）所不可缺少的条件之后很久，在政治事务中，哲学家们还保持着理论与实践的分离。

显而易见，现在需要实行的改造的一个重要方面，与知识理论相关。其中，这个理论的论题需要发生根本的变化；新理论将考虑认知（有效的探究）如何展开，而不是假设它必须和某种有机体机能独立形成的观念相符合。而且，尽管在刚才所指的那种意义上用"理智"（intelligence）替代"理性"（reason）是所需变化的一个重要因素，但改造并不仅限于此。至于所谓经验的知识理论，尽管它们拒绝了唯理论学派的立场，但仍然按照它们所认定的所谓知识的充分必要条件来进行论述，使认知理论迎合于它们预先形成的有关"感觉—知觉"的信念，而不是从科学探究的活动中引出这种感觉—知觉。②

①　"physical"，也可译为自然的。在杜威这里，"physical"与"natural"基本可互用。——译者注
②　心理学理论在这一点上的明显不足，参与了已经提到的形式主义的发展：不是利用这个不足作为心理学理论改造的根据，而是这个有缺陷的观点被当作心理学观点接受下来，被用作一个关于认知的"逻辑"理论的根据。这个理论完全排除了所有涉及知识发展的实际道路。

人们将会注意到，面对上文所提到的批评，我的目的首先不是回应批评，而主要是论证改造为何紧迫而必须，其次是说明哪些地方需要改造。因为，改造工作只能认真考虑以往的体系如何，以及哪些地方蕴含着当前改造的必要，它并不承诺发明和发展一种与当下为哲学观念和问题提供材料的状况相关联的哲学。

II

哲学从人类事务中产生，并且意在为人类事务服务，这一点我已经说过了。进一步说，这个观念蕴含着这样的看法，即对这个事实的认识，是现在所需要的改造的前提条件；但是，它并不仅仅意味着，哲学应当在将来与人类事务中的危机和紧张相关联。因为从哲学所发挥的实际效果来看（如果不是从哲学作为一门职业来看），西方哲学的伟大体系都被认为是经如此激发而产生的。荒谬的是，这些体系声称它们对其从事的东西总是充分了解的。它们在公众的面前，把自己的任务看作处理那些被命名为存在（Being）、自然或者世界、作为全体的宇宙、现实、真理的事物。然而，不管使用什么名称，它们都有一个共同点，即都被用来指称某种被认为固定不变的东西，某种超出时代的永恒的东西。它们也被认为是普遍的、无所不包的事物。这时，这个永恒的存在就被认为是高于并超出于空间的所有变化。在这件事情上，哲学家们以一种概括的形式反思了流行的信念。这种信念认为，事件（events）是发生在无所不包的时间与空间之内的。一个人们熟知的事实是，开启了自然科学革命的人认为，时空是相互独立的，而且独立于存在的事物和在时空之中发生的事件之外。我们假定了隐藏在事物背后的不变的东西，如空间、时间以及永恒的原子。这个假定主宰了"自然"科学。所以，我们不必奇怪，这个假定以一种更概括的形式成为哲学上的假设；我们也不必奇怪，这个假定必然会建立自己的结构体系。几乎什么也不认同的哲学在这一点上却是共同的，即都假定哲学所要关注的是追寻终极不变的、与空间和时间无关的东西。在自然科学的领域里，在道德标准和原则中，人们最近有了新发现。自然科学自身的发展迫使它放弃固定物的假定，承认对它来说是普遍的东西，其实就是过程。但是，直到最近，这个事实在哲学领域中仍然只是一种流行的意见，一个技术的事实，而不是一个最具革命性的发现。

人们通常假定，道德需要永恒的、超时间的原则、标准、规范和目的，只有这样才能防止道德混乱。但是，这个假定已经不能诉诸自然科学的支持了，也不能通过科学来进行辩护了。道德（在理论上和在实践上）可以脱离对时空的考虑，也即变化过程。情绪的（emotional）——或者感情的（sentimental）——反应毫无疑问会否认这个事实，并拒绝在道德上使用现在已经进入自然科学的立场和观点。但是，不管怎样，科学和传统道德在按照各自的角度看什么样的东西是永恒不变的这一点上，一直是格格不入的。于是，科学的"自然"论题和道德的"自然之外"的论题（如果不是超自然的）之间形成了一条不可跨越的鸿沟。一定有许多思想深刻的人被这种分裂带来的后果深深困扰着，他们将欢迎一种观念上的变化，这一变化将使自然科学的方法和结论能够应用于道德的理论与实践。我们所需要的改变，就是接受这样一个观点，即道德所探讨的问题也具有空间和时间上的性质。考虑到各种道德理论的纷争及公共尊严的丧失，这里所需要的牺牲对于那些不受已经成型的制度利益影响的人来说，似乎并不构成威胁。哲学的事业建立在永恒不变的事物的基础上，但正是这一职能和论题，而不是其他什么东西，致使它因为自己的骄傲自大而越来越失去公众的尊重和信任。哲学要从事的工作现在被科学驳倒了，它只能从旧制度那里获得有力的支持，而那旧制度的权力所能得到的威望、影响和收益得依靠旧秩序的维持。就在这个时候，人类状况如此纷乱，我们比以往任何时候都更加紧迫地需要对那些历史上的哲学所做的事情进行广泛而"客观的"调查研究。对于那些既得利益来说，维持一种对时空超越者的信仰，以及人类（"仅仅"是人类）堕落的信仰，是维护一种权威必不可少的前提条件，这种权威事实上已经被理解成从上到下全面管理人类事物的权力。

　　尽管如此，还是存在一种关系中的相对普遍性的东西。人类生活的实际条件和情形在深度和广度上各有不同。为了弄清楚情形为何如此，我们不需要建立一种已被科学摧毁的控制理论——这种控制是由来自人类生活之上和之外的自我推动自我运动的力量实施的。相反，我们在试验观察的时候，使用假设把具体的事实联结在一个更广的时空体系中，这个态度代替了教条主义的态度，并开始在天文学、物理学、生理学等多个科学领域中发挥作用。属于科学理论的所谓普遍性不是指某种内在的东西，如通常所认为的上帝和自然，而是指一种应用的范围。它是这样一种能力：把事件从明显的孤立性状态中带离出来，并将其安排到体系中，这些体系（正如所有生命物共同构成的那种状态）因为其中有变化即所谓生长而保持着活生生的状态。从科学探究的角度看，接受某种结论是最终的，只能对其做一些数量上的扩张而不是进一步发展，这是非常有害的。

在写这篇导言的时候，我收到英国杰出的科学家达林顿（C. D. Darlington）最近的演讲稿复印件。他评论道：

> 专就科学来说，科学发现常常有意无意地被看作创造出某些能够被增加到旧的知识体系中的新知识。这对于那些琐碎的发现来说，是真实的；但对于基础性的发现来说，不是真实的。例如，力学定律的发现、化学的化合作用的发现、进化论的发现，这些最终推动了科学的发展。在新知识创构成型之前，旧知识总要被解体或解构。

他继续提出一些特别的实例，来说明从沉重的习俗惯例中解脱出来的重要性。这种习俗惯例常常推动着人类行动的方式，理智和科学探究也不例外：

> 最先发现细菌的是一位管道工程师，这不奇怪。同样，氧是被一位神论官员分离出来的，传染病理论由一位化学家建立，遗传理论由一位僧侣学校的老师创建，进化论由一个不适合大学植物学或者动物学教职的人创立。

他总结道："我们需要一个掌管动乱的部门（Ministry of Disturbance），这是一个让烦恼有节制倾泻的地方；一个毁坏常规的地方；一个打破自满的地方。"习俗的常规甚至常常使科学探究变得僵化；它阻碍着探究之路，阻碍着富有创造性的科学工作者的道路。从职业上说，发现和探究是同义的。科学是一种探索行动，而不是占有不变的东西；作为观点的新理论，比在数量上增加我们手中已有的储备更应受到奖励。当演讲者说科学上伟大的革新者是那些"第一个对他们的发现产生害怕和怀疑的人"时，这涉及习俗统治的问题。

这里，我要特别关注科学家所说的话对哲学的影响。科学上的假设和哲学上的思辨（常常是贬义的）之间的界限，在新运动的开始时期是脆弱而模糊的——这些运动与"技术的应用和开发"形成对比，在新的革命性的世界观最终获得认同后自然而然地发生。在当时的文化背景中，那些现在看来伟大的哲学家所倡导的"假设"，与那些已经在科学领域中作出伟大（同时也是破坏性的）创新的人所提出的"思辨"是不同的，前者涉及更广阔的领域，具有更广的应用范围：

他们的主张涉及的不是"技术性的"东西，而是深刻而宽广的人文事实。观察和处理事物的新方式是科学意义上的，还是哲学意义上的，那时候人们还没有办法辨别。后来，分类相对来说容易了。如果其应用的领域非常专门、十分有限，进入这个领域相对来说很直接——尽管表面上会伴有情感的骚动，那么，它就是一个"科学的"事件。达尔文的理论就是这样的情况。当其应用的领域太广泛，以致不可能在某种特定的研究中一下子构成某种可应用的形式和内容，这个时候，它就被认定为"哲学"的事件。这个事实并不表明其无效性（futulity）；相反，当代的文化状况有效推动着"假设"的发展，以至于它能够对特定的观察和实验给予即时的指导。正是这些明确以事实为基础的观察和实验构成了科学。科学探究的历史清楚地显示了，正是在"现代"，探究采取了"讨论"的形式。从科学上说，这肯定不是无用的、无聊的形式。就如这个词在词源上所蕴含的，这场讨论是一次革新、一次骚动，它松动了早期宇宙论对科学的统治。这个讨论时期及其带来的震荡标志着这样一个时代的到来：把那些现在归于"哲学"的东西渐渐演变成现在归于"科学"的东西①。"意见之潮"（climate of opinion）并不单单是"意见"，它还是一个文化习惯的问题。这个文化习惯决定着理智的、情感的和意志的态度。哲学史上的而不是科学史的伟人所完成的工作推动了科学运动思潮的兴起，而运动的结果就是取代旧本体论宇宙论的天文学和物理学。

不需要深奥的学问就可以看到，在那个时候，人们把这种新科学看作对宗教以及与西欧宗教密切联系在一起的道德的恶意攻击。当19世纪生物学发生了革命性变化的时候，情况也是如此。历史事实证明，那些"讨论"由于范围的广泛深远，还没有在细节上展开（这正是科学的特征）；但若没有这项工作，科学将不会是现在这个样子。

Ⅲ

上述讨论的关键并不在于它与过去的哲学之间的关系，而在于它与改造的工作与论题之间的关系。今日的哲学，需要通过改造重新赢得过去有过的活力。早期科学史上发生的事情非常重大，以致被称为"科学和宗教的战争"。然而，当把它与现在科学更普遍地进

---

① 值得一提的是，牛顿在相当一段时间内都被归为"哲学家"。对那个论题的划分，仍然按照"自然的"、形而上学的、道德的区分开来。甚至其追随者，也把对笛卡尔的背离处理为非物理科学的，而是"自然哲学"的。

入生活而带来的情形相比较时，这个名称所指的那些事件就是有限的了，而且几乎是技术性的。科学当前延伸所及，通过教育行为及其提出的问题，通过美术以及工艺，从家庭和妇女儿童的地位，到国际和国内交往的政治与经济关系，令人不安地影响着当代人生活的方方面面。它们如此多样，发展得又如此快速，以致无法被概括。此外，这些事件给我们带来很多急切需要关注的实践问题，以致人们一直忙于应付它们，没有时间对它们作出概括的或者理智的观察。它们就像贼一样在晚上突临，在我们毫不知晓的情况下俘虏了我们。

因而，改造的首要条件就是提出一个假设，来解释这个变化为何如此广泛、深入和迅速。这里提供的假设是，人们在全世界范围里、在生活的各个方面遇到的危机是由某种混乱造成的；这个混乱的根源在于，科学研究者在其相对孤独和偏远的被称作"实验室"的技术工作室里所做的工作带来的过程、物质和兴趣走进了日常生活。它不再是一个干扰宗教信仰与实践的问题，而是一个干扰短短几个世纪前在现代科学出现之前所建立起来的机构的问题。早期的"战争"不是由于争论中某一方的彻底胜利而告终的，而是以划分各自领域与权限的折中形式结束的。在道德理想上，至高无上的东西仍然很陈旧。它们的旧形式基本保持不变。随着新科学的运用在许多实践事务上被证明是有益的，新物理学和生理科学也被接受了。人们认为，它们仅仅处理低级的物质关系，不能进入存在的较高的精神"领域"。这个"分离"导致了各种二元论，它们是"近代"（modern）哲学的主要关注点。在实际发生尤其是最近达到顶点的发展过程中，划分领域和权限的做法实际上完全瓦解了。我们可以从当前那些热烈而富有挑衅性的运动中看到这一点。运动中的人们接受"物质"与"精神"之间的分离，但同时也认为自然科学没有停留在它们所属之处，而是实际上——并且时常在理论上——篡夺了确立某种态度和过程的权力。这种权力应该属于"更高"的权威。按照他们的观点，当前伴有冲突和焦虑的混乱、不安全、不确定的景象正是因此而不可避免地产生的。

在这里，我并不想直接反驳这个观点。的确，假如它被用来说明哲学改造的中心问题的话，我也可以认同它。通过对比，它指出了在现存条件下，理智上、道德上的开放的唯一方向。这些人把自然科学看作当前不可否认的弊端的根源，其最终的结论是应让科学受制于某种特别的制度"权威"。另一个选择就是一个广义的（generalized）改造，它是如此根本性的，以致不得不通过认同如下说法而得到发展：虽然当前"科学"进入我们的公共生活方式所产生的弊病是不可否认的，但之所以这样，是因为我们没有采取系统的努力使基于旧制度性习惯的"诸道德"经受科学的探究与批评。所以，这就是哲学要做的改造工作。为了推进对人类事务和道德活动的探索，改造工作必须进行，这正是过去几个世纪以来的哲学家们，为了提升人类生活的自然的与生理的各种条件和各个方面的科学探究所做的事情。

哲学需要关注人类现状，重新获得正在失去的生命力。这一观点的关注重心并不在于否定科学进入人类的各种活动与兴趣存在破坏性方面。这里表达的关于哲学需要改造的观点，其关键是这样的：科学对日常生活的关注，也就是对旧事物的敌意性改变，是导致当前人类状况的主要因素。人们带着可怕的偏好攻击科学，要它为所带来的破坏负责，认为它应为忽视了人类自然积累起来的许多重大利益而感到歉疚。这个时候，我们不能通过制作一张人类得失的平衡表并指出得多于失来应对这种攻击。

事实上，事情要简单得多。当前对科学的攻击所依据的前提是：旧的社会习惯，包括社会信念，为科学对社会生活的影响提供了足够的而且最终的评判标准。那些坚持这个前提假定的人蓄意否认，在造成今天这样的困局的过程中，"科学"是有同谋者的。我们只要稍微注意一下就可以看到，在前科学时代的社会事务中（这些社会习惯没有被科学探究转化成后来出现的与科学探究相适应的道德原则），科学不是单独地凭空地起作用的。

从一个简单的例子，我们就可以看出孤立地看待科学所导致的缺陷和混乱。利用原子核裂变所带来的破坏性后果，常被用作论据攻击科学。但被人们忽略甚至否认的是，这个破坏性后果只会在战争中出现，而且是源于战争的存在。战争作为一种社会现象，比与科学探究相似的人类活动早千万年。这个情况中的破坏性后果直接源于以前的社会条件，这是非常明显的，用不着争论。这并不能证明每一个地方、每一个时候情况都是如此；不过，它对我们当前不负责任的、不分青红皂白的教条主义，的确是一种警示。它给予我们明确的忠告，让我们想起那些非科学的社会条件；正是在那些条件下，实践和理论上的道德获得了形式与内容。我们去关注这个不能被否认但却被蓄意忽视的事实，其目的与从一般的角度或从特定情况出发对科学探究者的工作进行评价的意图，并不是全不相关的。它要将注意力引向那个显著的、引起科学探究的事实。科学探究的发展是不成熟的；在人类所关心的事情、利益和论题上，它还没有超出物理学和生理的探究思路。因此，它的作用是片面的和夸大的。科学探究进入其中并在其中发挥影响的社会制度条件，迄今还没有受到任何科学意义上的认真系统的探究。

这种社会条件和当前哲学之间的关系，以及和应该进行的改造之间的关系，是这篇导言的论题。在继续这个论题之前，我想就道德的当前状况说一说：我们应该记住的是，"道德"这个词既代表一种与是非好坏相关的社会文化事实，也代表一种在检查和评价具体事实时要依据的目的、标准、原则方面的理论。现在，一个简单的事实是，对属于人类之事务的任何探索都必然进入诸道德的独特领域之中，不管它是否意图如此，也不管它是否知道。当"社会学的"理论基于将会被牵涉到的"价值"与科学的研究没有关系这一点而从对人类文化中的基本利益、关注点以及活生生的目的的考虑中退出来的时候，不可避免的后果就是，对人的领域的探究受制于肤浅的、相当琐碎的东西，无论它展示了什么样的技巧。但是，另一方面，如果探究试图以批判性的方式进入完全意义上的人的领域，它就会以反对前科学时代巩固起来的各种偏好、传统和制度性习惯的方式出现。因为，宣称道德在两种意义上都是在现在所理解和实践的科学诞生以前的时代就形成了的前科学的产物，这是同义反复，而不是宣告一个发现或者推论。而且，当具体的人类事务被广泛改变时，我们仍然在事实上拒绝构建一种道德探究的方法，从而使现存的道德（在理论和实践这两种意义上）变成了反科学的东西，这种做法是不科学的。

如果已经有理智的立场、观点或者在哲学上被称作"范畴"的东西作为探究的手段和工具，那么，情况就相对简单一些。但是假定它们随时能被应用也就是假定，反映前科学状态中的人类事务、关怀、兴趣与目的的理智成果足以应付这样一种在极大程度上日益与新兴科学密切相关的人类处境。一句话，就是决定延续当前飘忽不定和不确定的状态。如果上面的说法能被准确理解的话，那么在此提出的关于哲学中的改造（reconstruction in philosophy）的观点也是显而易见的。从这里采取的立场来看，改造的工作可以说完全就是开发、构建和生产（在这个词的字面意义上）理智工具，它将逐渐把探究引导到深刻的属人的（也就是道德）当前人类现状。

第一步，即在大体方向上相同的后续步骤的前提条件，确切地说，就是认可人类当前的情景——无论善恶害益——是现在这个样子的，这是因为植根于自然探究（physical inquiry）的事物进入日常公共（在普遍与共同的意义上）生活之中。"科学"的方法与结论并不局限于"科学"之内。即使那些把科学想象成自我封闭的独立实体的人也不能否认，事实上，科学并非一直如此。把它看作一个实体、一种理论上万物有灵论的神话，那些把科学看作人类当前悲哀之源（fons et origoa）的人犯的就是这个错误。迄今深刻而广泛地渗透进人类实际生活事务中的科学，是片面而不完全的科学：它在自然方面是胜任的，对于生理学方面的状况也日益胜任（从医药与公共卫生方面的发展可以看出来）；但是，在对于人来说极其重要的事情——那些特别的属于人的、为了人的和由人而来的观念——上却还不能胜任。那些观察与理解人类当下状态（estate）的理论都会留意到生活中存在着的巨大的分裂，这种分裂源于两种行动的不协调：一种是证明前科学时代的道德并使之永恒化的努力，另一种是在突然由科学决定的特定情境下的努力——科学对生活的影响已经越来越广泛了，但科学自身还是片面的、不完全的，因此在发挥影响上必然是片面的。

IV

前面我们好几次提到 17 世纪、18 世纪和 19 世纪的哲学家们，他们的杰出在于理清了在理智和情绪上都被吸收进西方文化的那些宇宙论和本体论残余的根基。但是，那些逐渐变革了天文学、物理学（包括化学）以及生理学等特殊探究领域的人，并没有被看作哲学家。作为历史事实，哲学家完成了这样的工作，他们促成了被人们接受的文化氛围和习俗，而这是科学家开展工作必不可少的前提条件。对此以及它对哲学改造的影响，我还想说的是：在做专门的研究工作时，科学家设计了一种探究的方法。这个方法范围如此宽广，如此敏锐，如此普遍和深入，它提供了某种模式，而这种模式允许甚至需要哲学来阐述。这种认知方法在运用时可以自我纠正；它既从成功中获得经验，也从失败中吸取教训。这种方法的核心，在于看到了探究即发现。在自然科学专门化的、相对技术性的活动中，发现、揭示新事物和遗弃旧事物这个职能被认为是理所当然的。在各种理智活动中，这个职能的重要性也是类似的；但是，人们还没有看到这一点：在被分离为"精神的"与"观念的"，尤其是在有关道德的事物上，单单"发现"这个观念就会使许多人震惊，而这些人在特殊探究领域中却把这个观念看作是理所当然的。众所周知，如果"发现"是科学的和理论的，与它实际相关的活动是"发明"；在人类事务的物质方面（physical aspects），现在甚至有一种方法能够概括各种发明是怎么被发明出来的。在那些特别有关人类的事情上，发明很少发生，只有在紧急的情况下才发生。在广泛深远的人类事务及关系中，仅仅"发明"这个观念就能唤醒恐惧与敬畏，因此"发明"被认为是危险的和具有破坏性的。这个重要但很少受到关注的事实，被假定为属于诸道德，并成为道德的本质。这个事实既证明了要进行改造，又证明了实施这种改造的极端困难。

最终调和了——而不是完全铲除——早期的科学与传统社会习惯之间的分裂的是一份休战协定（truce），远没有达到一体化。事实上，这个协定所使用的方法和一体化毫不相干。它僵化地把人类行动的兴趣、关怀和目的分成两个"领域"，或者用一种古怪的话来讲，是两个"圈子"（sphere），而不是两个半球（hemisphere）。其中一个被认为是"高贵"的，因而对另外一个而言，拥有至高无上的权限；另一个被认为内在地就是"低贱的"。那个被认为高高在上的被冠名为"精神的"、理想的，是与道德同一的；而另外一个就是"物质的"，由新的自然科学方法规定。由于低级，所以它是物质的；其方法只适合于物质的以及感官知觉（sense-perception）的世界，而不适合于理性与启示（revelation）。这个新的自然科学只能被迫待在自己的领域里，并只能关注自己的事情，这些领域和事情已经预先被规定好了。对于哲学来说，其结果就是，它是给哲学带来诸多"现代问题"的各种二元论的温床。这是对文化状况的一个反映，而这些文化状况正是道德与自然相分离的原因。这些话代表了一种努力，即一方面获取那些把新科学"运用"到生活中的日常事务中的实际好处，如安逸、舒适、方便与能力，另一方面那些被冠以"精神的"高尚道德的事情仍然要保持完整的、至高的权威。最终成为人们（正是这些人提出了新方法，并运用这一方法对传统上把自然理解成宇宙的所谓科学论述进行了革命性的改造）最可依赖的同盟者的，是新科学在物质上与功利性的优势，而不是任何对新方法的理智意义——更不要说伦理意义——的认可。

停战维持了一段时间。它所表现出来的平衡显然是不稳定的。这种状态就好像要保存一块蛋糕可同时又要吃掉它。一方面，它要努力享受新科学带来的实际的功利性的好处；另一方面，它又要防范新科学对传统社会中作为各种规范和道德原则的基础的那些习惯和信念产生破坏性的影响。结果就是，两者之间不可能泾渭分明。从整体上看，新科学的使用不断影响到名义上为"精神"保留的价值与行动，尽管这不是刻意的（不过还是有一批"进步"的哲学家谨慎地鼓励着这种倾向）。这个影响的过程就是所谓的世俗化过程（secularization），而从这个运动的发展来看，它被看作对神圣精神的一种亵渎。即使在今天，那些几乎完全不接受传统教会制度以及与其相关的形而上学的人，在谈到世俗化的时候，还带有遗憾甚至歉意。新科学的方法和精神在于"探究"；它必然引起"发现"，因此旧的观点和结论就得让位于新的。要真正推广这种精神，我们要抓住的机遇就是构建世俗化过程的各种因素的形式、内容，并且赋予其权威——这种权威在名义上属于道德，但实际上那些从前科学时代继承下来的道德已经不再具有这种权威。这种权威的丧失体现在旧的人性学说的复兴上——用人性的内在堕落解释道德权威的丧失，也体现在盛行的对人类未来的悲观主义之中。如果人们把以前科学时代的行动与信念为基础的社会传统当成终极的、不变的，那么这些抱怨与怀疑就持之有理。然而，如果这些抱怨和怀疑果真以这个观念为基础，那么它们又会对我们建立一种能够实际有效指导道德活动的道德理论提出巨大的挑战——要知道，这些道德活动将会利用现有的资源，为人类的活动和利益提供能够代替原有的混乱且范围在历史上前所未有地广阔的秩序和安全。

现时最流行的抱怨和宣传主要关于三件事情。（1）对于自然科学的攻击；（2）认为人类本性堕落，不求助于一个外在于人、外在于自然的权威，就不可能形成代表稳定、公平和（真的）自由而运作的道德；（3）某些特定社会组织的代表认为，单靠自己就能完成需要做的事情。我在这里提到这件事情，并不是为了直接地批评它。我之所以提及它，是因为它代表了一种立场，这种立场为哲学从与己无关的冷漠中走出来指出了一个方向。形成鲜明对比的是，它指向了哲学可以前进的另一个方向：有计划地观察和陈述在新科学革命影响下的人类未来；做到这一点的前提条件，是坚决明智地发展一套建立在现有条件基础上的信念—态度体系，发展一门哲学。

这个问题实际上是攻击新科学和大范围谴责人性的结果，也是希望全面恢复古代中世纪制度权威的产物；简单地说，即我们是否沿着新条件所指示的方向进步着，或者是否这一点在本质上并不值得信赖，因此必须将它们置于一个外在于人类、外在于自然（"自然的"意义则由科学探究决定）的权威之下？全面地洞察这种哲学方向上的差异，我们就会认识到，那些号称"现代的"东西仍然没有成型，还不成熟。混乱的冲突和与动荡的不确定性说明，新事物和旧事物还没有融合在一起，真正现代的东西还没有诞生。哲学要承担的职责不是从事实际的生产，这个工作只能由具有良好意愿的男男女女坚决而有耐心的合作行动来完成，由每一种有用的职业来完成，而且还不知道需要多长时间。那种认为哲学家、科学家或者任何一个团体组成一群神圣的牧师以受托这个工作的主张，是荒谬的。但是，就像最近两个世纪里，哲学家们在促进自然探究上完成了一件必需的、有用的工作一样，他们的后继者在促进道德的探究上也面临着类似的工作。那种探究的各种结论将会建构出一套完整的道德理论，以及一种以人为论题的实践科学（working science），正如探究者的先驱者促进了人类生存的物理和生理条件的形成和成熟。这一点在构建一门道德人文科学的工作中，会扮演积极的角色。道德人文科学将作为一个必要的前提，改造人类生活的实际状况，从而建立起一种秩序，创建一种比人们现在所能享受的更加完满的生活。

各种哲学如何、在哪里以及为什么会适应古代的与中世纪的条件，适应过去这几个世纪的条件？——在这几个世纪中，自然科学在人类场景（scene）中的出现却与人类处理当前事务的理智如此不相关，以致成为一种破坏性的因素。试图揭示这一点，本身就是一项富有挑战性的理智任务。就像早先表明的，改造不是通过挑毛拣刺或者发发牢骚就可以完成的事情。严格来说，这项理智工作需要对过去的哲学体系和现在的文化环境之间的关系有广泛的学识，正是这些文化环境对这项理智工作提出了问题，并且形成了不同于流行见解的新的科学知识。而且，当这项理智活动摆脱了前科学、前技术—工业的和前民主的政治时期形成的习惯所施加其上的沉重负担时，它们否定性的一面必然涉及一些价值的全面探究。这些价值属于在最近的以及当下的科学、技术以及政治的运动中诞生的真正的新东西。

现在，我们常会遇到这样一个日盛的趋势，它反对那种认为科学和新技术要为当前的各种罪恶承担责任的观点。人们已经认识到，作为手段，科学和技术很强大，能提供很多有用的东西。我们现在所需要的是同样有力的道德上的更新，只有这样，我们才能更好地为实现真正的人的目的而使用那些手段。这个立场与那种攻击科学和技术在特定的社会中使事物从属于它们的立场相比，的确有了显著的进步。只要觉察到问题的核心在道德或人文上，那么，它一定会得到认同。但是——至少在我所遇到的情况下——它有一个严重的缺陷。看起来我们好像已经拥有了一套现成的道德体系，为我们使用那些日益丰富的科技手段设定了目的，然而，当支配的手段各有不同而又把这些手段固执地塞进已经设定好的目的中时，我们会遇到困难。实际上，我们忽视了这个困难。着眼于理论或者哲学，比这更重要的事实是：手段（包括单纯的手段）和目的（包括本质上的内在的目的）之间的分裂仍然未经弥合。因此，一个重要的可以联系道德来考虑的问题就被不幸地忽视了，尽管这不是故意的。

从它们的本性来看，目的和手段之间的分裂根源于旧时代。在那个时代中，"有用性"的活动指那些在生理上而不是道德上给人们提供服务的活动；这些活动由奴隶和仆人完成，而那些从低贱的物质的劳动中解放出来的自由人则享受着这些服务。与这种互相适应的情况类似的是，在今天这个新的时代，我们所掌握的资源在质和量上都各有不同，因此，首要的任务就是为使用新手段找到新的目标、理想和标准。使已经彻底改变了的手段适应至多只是在其固定的范围里被改变了的目的，这在逻辑上和道德上都是不可能的。一直持续着的对手段和机遇的彻底的世俗化，已经革命性地改变了我们的生活，扰乱了旧日的生活秩序。只有在用清晰的理智和体系建立一套新的目的、标准和道德原则之后，我们才能促进和谐和秩序，否则，一切都是白费力气（在实践上也不可能）。

简而言之，无论从什么角度来理解，哲学改造（reconstruction in philosophy）的问题之产生都是因为我们想要揭示：那些在科学上的运动，以及相伴而来的工业上的政治上的混乱和不成熟的运动，该如何完成自己的使命？要想推进这个运动在其方向和动力上顺利完成自己的使命，我们首先需要一套人性的、能够建构道德秩序的目的和标准。

为了未来，我们需要进行这样的改造，哪怕仅局限在哲学领域中。我们需要通过改造来完成我们尚未完成的任务。要想令人满意地列出这个过程所牵涉的哲学问题，我们必须等到这个方向上的哲学运动超出目前已达到的水平。但是，下面这个重要的问题还没有得到足够的重视：单纯的手段和自在的目的之间的鸿沟——这是把人分为高等的自由人和卑贱的奴隶的理论后果。行动的、实践的科学已经完全打破了这些分离和孤立。科学探究产生了曾经被认为是实践的(在一种低级的功利的意义上)那类行动、材料与工具，并将其与科学探究融为一体。天文台里的工作方式，以及物理实验室里的工作方式，对此就是很好的说明。形式理论至今仍远远落后于科学实践理论。事实上，在科学探究中，理论已经不再以最终断言的方式来表达，而是以假设的方式来表达。这个事实在特定的范围以及一般的范围中对道德的未言明的意义，还有待哲学来指明。在那些被看作是道德的事物中，固定不变的、静止的事物仍然占据着主导地位，即使那些道德理论家和道德教条主义者还在为到底什么样的目的、标准和原则才是终极的、永恒的、放之四海而皆准的争论不休。在科学上，不变的秩序已经不可避免地成为"过程"中相互联系的一种秩序。要想发展可用来探究人文道德的一套工具，对哲学改造来说，最紧迫的任务就是系统地探究"人类"发展的进程。

现在就来关注只有在后面的文本中才能提出来的某些流行的错误观点还为时过早。我想明确得到的结论，就是前文反复提到的那个观点。一直受到质疑的是，这里提出的哲学的职能和论题，会使那些认同它的人以为，哲学所做的工作也就是那些所谓改革者(不管是贬义还是褒义)所做的工作。在字面意义上，"再—改革"和"再—改造"①有着密切的联系。但是，这里提出的"再—改革"或者"再—改造"，严格来说是这样一种理论：它范围非常广，足以成为哲学。在一种被改造了的哲学中，我们需要做的事情之一，就是去说明为什么理论和实践之间的鸿沟不再存在，而贾斯蒂斯·霍尔姆斯(Justice Holmes)这样的人就可以说，理论是世界上最具实践性的东西，无论好坏。一个人的确可以希望，这里提出的理论的事业将承担解决实践问题的责任，而且是一劳永逸地解决。但是，这个成就是人类作为人的功劳，而不是他们凭借任何专门的职业能力所能获得的。

---

① 杜威在这里使用"re-form"和"re-construction"，而不是"reform"和"reconstruction"，以表达"再"(re-)的意义，即重新构造、构成一种新哲学的愿望。故而本文译为"再—构成""再—构造"。——译者注

评价与实验知识[①]

　　很久以前，柏拉图就提醒我们注意书面讨论相较于口头讨论的劣势。印制出来的文章不可能对由印在纸张上的讨论引发的问题作出回应。口头讨论则不同。有一个不利条件是对于作者和读者来说都存在的，那就是，无论是作者还是读者，他们都无法再彻底自由地讨论自己曾经讨论的那个话题。他们受到限制并因此相互连累。即使能避免固守前后观点一致性的虚荣，他们也不能轻易再在原先各自的基点上涉及所讨论的论题了。写出来的东西总会引起一些评论和批评，而作者需要对这些评论和批评作出回应，这样的转弯抹角就使他的注意力离开了讨论的论题，开始讨论他在这之前到底想了些什么和说了些什么。

　　以上这些是我们考虑价值和判断的关系，或是考虑认识价值的问题时首先需要想到的。面对

[①] 首次发表于《哲学评论》1922 年第 31 期。本书选用的是冯平的译本。此译本以冯平和鲍奕妍的译本（首次发表于《评价理论》，修订后发表于《现代西方价值哲学经典·经验主义路向》）为基础，参考赵协真翻译、莫伟民校对的《杜威全集·中期著作》第 13 卷的同名译文，重新做了校订。

以前写过的东西①，面对各种各样令人不快的评论和批评的尴尬，我将尽我所能地按照问题的实质紧扣论题。当然，为了关照对我的文章的一些主要的争论，在修正和扩展这一讨论时，我也会不可避免地重复一些我之前已经说过的东西。至于这里所说的东西和我在先前的讨论中说过的东西之间的一致性，我将在极大程度上留给读者去判断——万一有读者对这个并不很有趣的题目感兴趣的话。

I

为了防止含糊不清和产生误解，让我们先列出一些老生常谈。(1)"价值"这个术语意味着差别相当大的一些东西，如像内在的善和好、直接的善和好与对它物有用的贡献（contributory）价值、工具（instrumental）价值之间的区别。结果在没有任何限定条件的情况下，"价值"这一术语被用来指称内在价值或直接价值。(2)人们也许会找到没有判断的、不包含认识的价值，无论是直接价值还是贡献价值。假设对直接价值，我们珍视、珍爱、尊重、直接赞赏它。珍视、珍爱、尊重、直接赞赏等词语所表达的都是情感（affectional）或情感驱动的（affectomotor）态度，而不是理智的（intellctual）态度。这样看来，我们将对象用作了手段，把它们当作了有用的东西，而没有对它们进行判断。我在写前一句话时就是这样。我已经使用了打字机，也使用了一些词语，但是，我却并没有仔细考虑打字机和那些语词的效用。打字机等具有工具价值，但是这里并没有判断，也没有认识。然而，我们也可以使价值成为认识的对象和判断的对象。因为没有可表示未经认知的（non-cognized）价值和认知性价值之间区别的日常语言，所以在存在含糊不清、模棱两可之危险性的地方，我们就要用一些迂回说法来标示两者之间的区别。(3)关于判断，在价值中（包括内在价值也包括贡献价值）有一种更深层的区别。A. 在一种情况下，判断仅仅是对那些所予的价值和所予的效用的陈述或纪录。这些判断是关于价值和效用的判断。一种关于价值的理论就是一种具有高度普遍化形式的判断。B. 在另一种情况下，不存在所予的或确定的价值可供我们进行判断。对于一个缺席的、未确定的价值，我们求助于评估（estimation）和估价（appraisal）。这种情况下

---

① 参见《哲学、心理学与科学方法杂志》第 12 卷。文章稍作修改后被收录于《实验逻辑论文集》（关于标准的一个讨论在修改前的文章中是没有的）。

的判断不是为了陈述，而是将价值或效用置于陈述之中（en-state）。这个人真的算是朋友吗？他真的具有我们原先在他身上发现的那些价值吗？或者，关于效用，会有一种对工具的理智寻求。我们通过判断来决定什么语词在讨论中是恰当的、有效的，这和我们未加思索地使用一些直接跳进脑海的词语大不相同。对这两种判断的区别文章结尾会偶有提及，为了避免迂回累赘，我们就将其称为情形 A 和情形 B。①

　　虽然区分工具的善和好与终极的善和好是必要的和明智的，但我们必须避免将这种区分变成一种逻辑的分裂或存在的分离。就存在而言，最直接的善和好或最直接的喜好毕竟都是事件过程的一部分。同样，它与未来的直接的善和好、恶和坏②之间具有因果关系。没有必要呼唤热衷于每一个直接的善和好的贡献特性。正相反，这种神不守舍会干扰需要全神贯注的、完整的、在场的善和好，并因此减弱或毁掉这种善和好的内在价值。但是，我们必须做好准备，从善和好的发展，或是从善和好的工具性，或是从它在条件具备的情况下的性能这些角度对它作出判断。任何其他立场都不可能使我们将喜好带入理性生活之中，而是使我们将价值经验（value experi-

---

① 皮卡德（Picard）博士在刊于《哲学、心理学与科学方法杂志》第 17 卷的《价值的心理学基础》（"The Psychologic Basis of Values"）一文中指出："从杜威教授的文章中很难看出他是否愿意承认这一类直接价值，这一类价值与当下相联系，是作为独立于判断的好或坏而被给予的。"我不仅愿意承认，而且这种价值的存在是我的论辩中一个至关重要的部分。我的观点是：这一观点类似于我对于感知等诸如此类的论题所常常持有的观点，即在经验中种清晰的存在并不等于知识，不等于任何意义上的蕴含判断的知识。正因为存在着直接价值，所以我们对那些与认知判断相关联的价值案例的思考才显得非常重要。皮卡德博士的这篇文章中，另有一段我认为要么含糊不清，要么不正确。他说："于是很显然，贡献价值仅仅需要实现目的的手段存在，并不要求有一个判断使它们产生。"也许这句话仅仅表示并不是在所有的情况下都有这样的判断。如果是这个意思，我同意，正如我上面所说的，很多东西都是被直接使用的。另一方面，我们有时会考察适宜性、适当性，在这种情况下，我们就要求一种判断使手段得以存在（into existence）。

② 有一个前提可能使这一陈述被否定。也许有人宣称：喜好是一个自我封闭的精神活动或心灵活动，从其本质上来说，这种活动一旦过去就彻底结束了。这篇文章暗示喜好是一种主动的态度，或是行为主义的。这篇文章并没有直接讨论这个问题。但是，所谓喜好没有因果关系（无论我们是否思考那些因果关系）的断言，似乎与事实相反。与事实的这种不一致性也许可以用来批评关于喜好是一种纯精神的理论，这种理论将喜好仅仅视为一种意识状态。令人惊讶的是，认识论的实在论者在论证他们的案例时几乎丝毫未理解道德境遇的内涵。"在道德中存在领域与意识领域是一致的"——无论将后者视为认知的还是非认知的——这一论断对道德是有害的，除非道德的定义排除了对并不存在于意识中的标准、目的和因果关系的所有指涉。据我所知，到目前为止，尚未有人完成这项任务。

ence)降低为一系列杂乱无章的、支离破碎的、没有理性的、没有智慧的善和好。对支离破碎的、没有理性的、没有智慧的善和好，我们无话可说。判断一种已经无可置疑的价值在目前或在未来的价值，并不意味着否认或贬损它过去曾经是直接价值，我们现在也根据它的贡献性功效考虑它在目前或在未来的价值。这是道德的平常事，而且如果必要的话，也可以成为美学批评的平常事。

贡献价值或是效用，也可以作为最终的(final)或直接的价值而存在。这里我们所说的不是指守财奴和他的金子这样老掉牙的故事，在这种情况下，手段最后取代了目的并凌驾于目的之上。我所说的是另一种情况。在这种情况下，手段不仅仅是手段，而且是绝对必要的手段。手段和目的之间牢不可破的区分由此被消除了，手段和目的融合在一起了。手段成了这样的手段：它作为整个目的或内在善和好的一个主要部分，因其自身而被人们"喜欢"。很多批评关于判断的工具性理论的人，一直以来都忽略了这个事实。判断的工具性理论认为，从逻辑上讲，必须将认知分析为引起将直接情境置于陈述中（将……置于陈述中，而不是陈述）的中介。但事实上，在人力所及的范围内，就存在而言，认知就是这样一种被我们所喜好的手段。在存在的意义上，我们不能将它和它所发挥的作用分割开来。因此，它也是一种直接价值或直接的善和好。

接下来的结论就是：情形 A 和情形 B 之间不存在牢不可破的区分。对过去的善和好与过去的恶和坏进行判断的目的，是弄清楚它们现在是否"真的"善和好或"真的"恶和坏，而不是弄清它们过去是否"真的"善和好或"真的"恶和坏。它们过去是否"真的"善和好或"真的"恶和坏，这个问题是由描述来解决的；它们现在是否"真的"善和好或"真的"恶和坏，以及将来是否"真的"善和好或"真的"恶和坏，这一点是需要详细说明的。这当然就意味着，我们现在是根据它们可能发生的事情来审视它们的。换句话说，我们是就它们的贡献而审视它们的。而且，判断（或情形 B）的目的是恢复一些直接价值或情形 A。依赖于判断的新价值，当其出现时，和其他东西一样，是作为直接的善和好或直接的恶和坏的。但是，它也是一个附加类型的直接价值。先前的判断不仅作为其因果条件而影响新的善和好，而且还通过进入新的善和好的性质而对新的善和好产生影响。新的善和好有一个附加的价值维度(dimension of value)。在这种情况下，目的与手段如此结为一个整体，以至于目的的内涵都发生了变化。一个未开化的野蛮人和一个文明人都可以从一幅画中体验到一种直接价值。但是，他们所体验到的直接价值在实际性质上很难是相同的。如果意识到这个事实，我们就会承认：没有人，至少没有哪一个心智成熟的人会拥有完全不受先前价值判断结果影响的直接价值。对这样一个人来说，要恢复的是价值的纯洁无瑕和浑然天成。而这有赖于利用先前的那些世故的结果。简言之，对情形 A 和情形 B 做一种理智上的区分是必要的。但是，我们绝不能假定这就在事实上引入了一个完全存在意义上的区分。

以下的列举看起来可能像冗长乏味的繁文缛节。我们所使用的术语是如此模糊和不足，因此，如果我们想搞清楚究竟是什么意思以及这个意思对他人来讲是否明确，对含义的辨别就非常重要了。价值有六个含义。第一，具有直接性和孤立性的直接的善和好，这对成年人来说在很大程度上是一种理智的抽象物。第二，与效用或有用性相同的贡献性的善和好。第三，在判断结果中认可和发现的善和好。第四，与效用价值或贡献价值相同。第五，一种直接的善和好，它最初是由判断决定的，除此之外还将先前判断或反思性探究之成果作为其性质典型特征的一部分。第六，与直接的效用相同，这种直接的效用承载着其目的与直接的善和好的整合。第五个和第六个含义在存在意义上趋向于一致。①

指出忽略这些区分会导致的混乱，我们就很容易使这整篇论文都专注于按照规则选择和运用这些区别的重要性。就第一个和第二个含义而言，我们经常做这样的工作，我以前讨论的目的之一就是在第三个和第四个含义上完成这个任务。关于第五个和第六个含义的区别，我仅将自己的讨论局限在一个例子中。一般来说，对审美（包括文学）内容的批评依赖于先前的直接欣赏，而且对于将来的欣赏置于陈述之中是有帮助的（如果完成了自身功能的话）。这些后来的欣赏具有我们刚才提到的附加性质。欣赏或趣味必须提供批评

---

① 皮卡德博士耐心地读完这篇文章后又设想了另一种情形。在一些情形中，我们将某种东西判断为有价值的、值得欲求的，但实际上却并不喜欢这种东西。他认为"值得"（worth）这个词适用于这种情形。比如说（借用皮卡德博士的例子），判断告诉我佩特的风格值得欣赏，但我仍旧不喜欢这种风格。或者，判断告诉我一个朋友是不足取的（不值得的），但我仍旧喜欢他，他始终是一个直接价值。这种情形很重要，因为它显示出判断在理论层面，并不能决定一个新的内在价值（就是被定义为喜好这种情形中的那种价值）。由于皮卡德博士的批评，我在行文插入的那一段落的结尾讨论了这一问题。这里我只想补充一句：我现在明白了，我在处理这个问题时令人扼腕的疏忽，毫无疑问造成了人们对我先前的文章相当严重的误解。我知道了，为什么我关于价值是以判断为条件的这种观点会被看成（普劳尔就曾这么看）包含着对"内在价值由情感驱动的态度构成"的否定。我以前并没有意识到这一点。

的材料，而这一批评的价值就是通过它在新的欣赏中发挥的功能的力量得到检验的，这种功能表现在它使新的欣赏的意义在深度上和广度上都得到拓展。

普劳尔(Prall)先生曾就价值问题写过一篇有趣的论文，其中特别引用了批评理论。在这篇文章里，他在某些地方引用了我先前的文章，并批评了我关于一些价值由于判断而成其所是的观点。顺带说一下，他批评我要么忽略了第一种和第二种价值的重要性，要么就是将情形 A 归结为情形 B。我希望本文至少可以消除这种误解。普劳尔否认第三种和第四种价值的存在，用他自己的话说就是："倘若，我们所走的以我们现在所坚持的定义(价值是由兴趣或情感驱动的意向决定的)为基础的路线是正确的，那么，我们就应通过分析而将杜威所发现的由评价(实践判断的一种)构成的所有那些价值还原为我们所定义的价值。"同时，他对"批评对价值的意义问题"很感兴趣。从理论上讲，他对由判断构成的价值的否认，使他致力于将批评性的判断转向关于先前的直接价值或兴趣的纯粹判断，转向报道、罗列和分类等。他否认价值的第三个和第四个含义，更不容置疑地否定价值的第五个和第六个含义。然而，他对批评所发挥的实际功能和作用的感觉，却使他在事实上几近承认了他在理论上所否认的东西。他说："从根本上说，批评一定既有直接的情感驱动的反应……又有关于这种反应在理性探讨和在逻辑形式中的表达……判断是印象——情感驱动态度的理性的事后表达形式的名称。但是，无论定义得多么不精确或多么不合适，一个理性的人都是一个整体，他所接受的印象大部分是由其智力的发展状态决定的。智力的一种发展，至少在某一重要方面的发展，意味着作出一系列判断的逻辑过程。因此，虽然判断仅仅表达印象，但是印象不可避免地要受到先前判断的制约。"

我并不是说我引用的这段话在承认下面这种判断方面是明确的，这种判断是形成新的价值，并因此使一种新的直接欣赏成为可能的判断。相反，我认为我所引用的这段话在承认这种判断方面是含糊不清的。根据一致性要求，我们应该彻底在关于先前毫无疑问的价值的事后记录的意义上，理解普劳尔的批评性判断。在这个意义上，理性探讨和逻辑形式不过是一些构建的名称，这些构建对于论题是无关紧要的，而且除了对论题采取鸽笼式分门别类的排列和整理之外，不可能对论题进行任何修正。我相信任何人读了普劳尔先生的这篇文章，至少都会对其中一种模糊的理解有所认识。这种模糊的理解就是：“一个理性的人的整体”除了纯粹而静态地报道先前的印象之外，不知何故还会对后来的价值产生影响——我们所说的第五个和第六个含义。说判断不可避免是后来的印象，即价值的条件，起码承认了有这样一种判断，承认了这种判断的特殊的内容是对后来的价值产生影响的条件。任何注意到这一条件作用的人都会不可避免地对此产生兴趣。那么，在特殊案例和一般理论中，为什么不使这一条件作用成为我们的思考对象呢？既然确定无疑地认为一些判断具有这一功能，为什么仍然不能形成以它最有效的应用为明确目的的其他判断呢？如果 A 是 B 的条件，而我们对 B 感兴趣，作为理性的人，我们怎么可能不关注 A 如何影响 B，以及不同形式的条件 A 是如何影响各式各样的 B 的呢？绕了这么一大圈，也不过是在形成 A 的过程中往前跨了一步。A 的实际内容（主体、客体）是受到它限制的一种特殊的 B。除了这个有充分根据的过程之外，真正的充满智慧的批评还会是什么呢？只要一个人像普劳尔先生那样明确地承认，后来的价值是受先前判断影响或以先前判断为条件的，那么，他在逻辑上就很难否认这类价值判断的存在。这种判断完全不关心事后的（post facto）报道，相反，它以这样的判断对后来的直接价值产生影响的条件作为自己的论题。

II

无论如何，这些评论只是为了有助于这个问题的界定，而不是为了解决这个问题。为了把问题说清楚，我们需要一个词来专门指称后一种判断——倘若它们存在的话。目前我们所用的语言在关于判断和关于价值的用法上都存在缺陷。因此，我们应该使用“评价”这种形式来指称我们所假设的这种情况，同时保留“赋值”和“关于价值的判断”（judgments about values）这些术语，以便指称那些事后的报道和陈述。

于是问题就变成了以下形式：人们承认这类价值判断是存在的，认为这类价值判断仅仅报道情形 A 的价值，仅仅对此进行描述、列举和分类。难道这类价值判断穷尽了所有的价值判断吗？是否还有另外一种我们称其为“评价”的判断，这类判断专门评估那些尚未存在的价值，并使那些价值产生？这种判断除了将先前存在但现在缺失或不在场的价值带入存在之外，还意味着更多的东西。这就产生了一个问题：是否存在一些情况，在这些情况下我们不知道所予的价值是否会成为一种价值？在这里，价值是拿不准的，而且我们不知道判断的对象是否会获得一种确定无疑的价值。这是一个事实问题。我断言，的确存在这类判断和这类价值。我的一些批评者则断言，不存在这类判断和这类价值。他们断言，通过分析，这种判断在逻辑上总是可以被还原成关于已经存在的价值的事后判断。同样，他们也否定了判断的创造功能（creative function）①。我的假设是，在我们已经充分使用了关于所予的价值的判断，以及可以逻辑地从这类判断中推导出来的规则或观点之后，尽管还留下一些合乎逻辑的残余，但它们对于这种分析无能为力，因此我们需要一种不同的判断。当我们不知道自己喜好什么或什么是我们应该喜好的时，我们借助于列举我们过去的喜好和对其进行分类，并不总能解决问题。于是，我们诉诸粗暴的实验和采取错误的方法。按照我的批评者们的理论，这对我们来说是唯一可行的选择。但是，在我看来，我们也可以求助于判断、反思、理性的探究。如果这样做了，我们就可以获得下面这种形式的判断：如果采取某种特殊的行动，我们将会拥有一种更为确实可靠的价值判断所需要的数据，而且仅有依靠这种方法才会获得这样的数据。换句话说，要获得一种犹如事后价值判断的论题那样确定的价值，我们有必要去做这样那样的事情。用价值的术语来说就是："做这样那样的事情，对新的内在善和好而言是绝对必要的贡献性善和好。"如果没有这种判断，就不可能有这种行动。这三种形式以不同的方式陈述了同一种判断。

在日常语言中，虽然我们经常在没有对我们珍视和看重的价值进行判断的情况，就珍视和看重了某种东西，但是也存在其他情况。在那些情况下，我们评估、鉴定或评价。我们不再把过去的价值当作最终的、毋庸置疑的价值。我们在新的、独特的情境中对过去的价值的善和好或恶和坏进行评价。过去的价值对于这个新情境而言，其价值是未确定的，最多只能是假设的。它们指出采取某种特定的行动是有用的、绝对必要的，但不会对作为结果而发生的价值作出证明。在判断一个行动的效用时，我们利用了关于以前价值的判断，即事后判断。没有人否认这一点。有人否认的是：当下判断的目标可以在当下这一判断中得以构建，或者

---

① 如果用"创造的"（creational）这个形容词，而不是用"工具的"这个形容词来描述"判断"逻辑方面的特征的话，也许人们早就理解这个问题了。

被"还原"成这种判断。① 如果要作出选择的话，我们可以将关于所予价值的判断称为价值—判断，尽管仅能在我们可以将关于土豆的判断称为土豆—判断这个意义上使用这种说法。全部的哲学上的意义就在于价值自身的事实和性质。如果所有的价值—判断都是事后判断的话②，那么赋予价值判断任何特殊的重要性都只会带来困惑。

我们的争论现在到了一个分叉点。我们首先关注的是一个逻辑的或逻辑论证问题，如定义所说，是一种对评价判断的与众不同的特征的分析。这样一种分析，如同其他逻辑论证问题一样，是不依赖于存在的。最终的兴趣并不是逻辑的：它触及一个非逻辑的假定——未确定的价值通过判断并且只有通过判断才存在。这一假定并不能在逻辑上被证明或否证。我们必须诉诸事实。"马不饮水别强按头"，但对一个积极主动地寻找和想要弄明白到底能发现什么的人来说，我建议考虑以下事项。

（1）有时我们对目的和所期望的善和好以及手段的创造，进行仔细的考虑和权衡。这些情境的显著特征是怀疑、不确定和焦虑。我们不知道我们想要什么或应该要什么。因此，从表面上看，它们不能被归结为先前存在判断（pre-existent judgment）的概念。比如，发

---

① 佩里先生和罗宾逊（Robinson）先生在普劳尔先生之前就认为，"评价判断"（valuative judgment）是我创造出来的一个多余的术语。不幸的是，他们假定我以评价判断之名，否认或无视关于价值的判断的存在。

② 在先前的文章中，我对与价值有关的判断是否**真的**具有独特的意义和功能这一问题很感兴趣，但是，这些文章仅停留在现有的作为珍视、珍爱、看重之对象的价值。问题是，这样定义价值**仍然**遗漏了评价问题，而评价与关于价值的判断是完全不同的。在这篇文章中，当我接受价值是由兴趣、偏好、至关重要的喜好所构成的这一观点时，我还是担心批评者们会采取相反的策略，认为我的逻辑分析是以价值性质的这一特殊概念为基础的。无论如何，我愿意公开表明我支持布朗根（Brogar.）博士所提出的理论。布朗根博士在《价值共相的基本原则》（"The Fundamental Value Universal"）一文中提出了这个理论（《哲学、心理学与科学方法杂志》第16卷）。他的观点是：价值判断总是将"比什么更好或比什么更坏"这样一种关系作为它的论题。根据这一点，我接受了这种观点。我们应该将喜好理解为**优先选择**、理解为选择—拒绝，将兴趣理解为"要这个而不要那个"。"偏好"这个词从表面上看似乎就是这个意思。现在关于评价的**完整的**讨论必须将价值的性质这一元素思考在内，而到目前为止，这个题目尚未完成。我认为就目前而言，这场争辩**尚无变数**。的确，这个问题所包含的许多附加因素和复杂因素在这里都被忽略了。关于与喜好、兴趣、偏好相联系的价值的性质，读者可参阅我已引用的皮卡德的文章，以及刊于《哲学、心理学与科学方法杂志》第15卷的普劳尔和布什的文章。佩里将价值与欲望及欲望的实现或预期的实现联系在一起。参见《道德经济》（"Moral Economy"）一文，以及佩里刊于《哲学、心理学与科学方法杂志》第11卷的文章。后一篇文章包含许多关于价值概念的有用的历史性或批评性资料。另外可以参见我所引用的普劳尔的文章所列的参考文献。

明并不是只要诉诸足够的先前的知识，任何一个见多识广、经过训练的头脑都会有的机械的过程。显然，完全彻底地诉诸得到精确表达的、完全彻底的先前知识仍然遗漏了什么。这个"什么"是要害所在，即我们对所考虑的问题到底认识到了什么程度。在仔细考虑和权衡要形成的目的时，考虑过去的价值和从中得出的规则，往往似乎只会增加困惑、混乱，使人犹豫不决、顾虑重重。越是充分调动和罗列过去的案例，我们就越犹豫不决。过去的案例有些看上去指出了一条路，有些则指出了另一条路。这些案例数量再多、组合再多，也没有一个是不可置疑的。新的案例似乎如此独特，以至于不会融入旧案例之中。换句话说，注意：反对罗宾逊、佩里和普劳尔的理论蕴含着对怀疑、不确定性的真正的逻辑实在的否认。它主张这仅仅是一种表面现象，仅仅是因为当事人本人没有恰当地将现在的案例与旧的案例很好地结合起来。

（2）它包含一种出于理智的目的的对实在的否认，或者对时间意义的否定。在这个基础上，没有什么真正有新意的东西，而且目前这个急需慎重考虑的案例也没有什么真正的独特性。① 也就是说，它同样否认了可能性，因为，即使关于所予的存在的知识，也不是完全确定的。

（3）它否认了经过仔细考虑和权衡而采取行动所具有的理智、逻辑和认知的功能。从常识层面来看，行动是判断的直接目标，人们要求这一判断尽可能得出一个逻辑上无可置疑的判断②。也就是说，行动满足了对指令或开导的理智需要。我们试图通过判断构建一种行动，这种行动将把一些我们尚未得到的，或者只有当判断对行动产生影响后才能得到的数据展示出来。常识也许是错的——常常是错的。也许，并不是真的有必要为了揭示一个决定性价值的条件而采取行动。但是，从表面来看，有些人总是会陷入似是而非之中。他们认为引起慎重判断的不确定价值完全可以被分解为关于先前存

---

① 于是，这个至关重要的问题最终还是形而上学问题。

② 行动所处的中介位置是我们思考的关键问题。比如说，我"走"到图书馆寻找一些数据，以使我能就某件事情下决心。我"走"这个行动有一种理智的因果关系。但是，这个行动也许并没有被理解为构成一个判断或是我下定决心的一个主要部分。我们所思考的这种情形是：在形成最终判断的过程中，我们经过判断认为，采取这种行动是形成完整判断的一个不可或缺的条件。这就像一个科学家经过判断认为，进行某个特定的实验就是适于他解决问题的一种行动。这个实验就是一种行动，如果没有判断，这种行动（实验）就不可能发生，而且这一行动还作为一个不可或缺的逻辑条件进入对论题更进一步的判断之中。

在的东西的判断，并不能因为要作出一个完整的价值判断就要求采取进一步的行动。

趣味无可争论。简单地说，关于价值判断的传统理论就是这样。作为避免无意义和独断性争论的手段，这是相当有用和行之有效的准则。但在有些情况下，很明显，我们必须讨论趣味、喜好、偏好、兴趣和欲望的问题。家长或教育家几乎都不承认辩解在各种情况下都是恰当的。他们可能纯粹诉诸生理或心理手段，像用"鞭子"或"糖"来使孩子们改变他们所拥有的而家长或教育家所反对的趣味或价值观。如果这样的话，也就不存在什么评价判断了。在这种情况下所存在的，最多只是用更合家长心意或更合教育家心意的趣味或喜好来替换孩子们原有的趣味或喜好罢了。但是，即使是家长和教育家，有时也会采取理智的方法，即通过判断创造一个新的态度，以取代旧的情感驱动的态度。在生活中大多数有重大影响的紧要关头，唯一值得讨论的事情就是趣味。如果存在理性生活，而且理性生活盛行的话，我们就必须按照逻辑推理的方式进行判断。

具体来说，也许不仅是一种趣味，而且还是一种坏趣味使我喜好爵士乐而不喜好贝多芬。也许我应该喜好立体派或意象派，但事实并非如此。也许我对学院派绘画的兴趣正是我对绘画缺乏敏感和才华的表现。也许，尽管惠蒂埃（John Greenleaf Whittier）的作品一直呈现出我在诗歌欣赏中最重视的价值，但是，我还应该在其他诗歌形式中发现价值，比如说在自由诗体中。我可能喜欢自由诗体，也可能不喜欢，难道这不是一种要由文明人来喜欢或不喜欢的东西吗？让我们把话题从艺术转到道德上来，被喜好和应该被喜好之间类似的区别，也是道德学家所讨论的问题。在审美欣赏领域，这是所有理智批评的常事。

请注意"也许"这个词。在有些情况下，一种趣味或价值只不过是让位于另一种趣味或价值。正如我们所说，一个人在成长过程中可能会逐渐摆脱原来的喜好，代之以不同的喜好。我们所关注的不是这种情况。我们关注的是另外一些情况：一个人几乎不知道他喜好什么或者什么对他有益，或者他应该把什么当作好。作为一个非理性的人，他可能只是不断地试验，不断地犯错。而作为一个理性的人，他尝试用判断来控制他的试验，也就是说，将试验作为一种实验，这种实验可以获得一些新的数据，这些数据有可能使他作出更充分的判断，从而使情况变得更加明了。我们不否认原来的价值是价值，因为根据定义，既然这种原来的价值曾得到人们的喜好或珍视，它就是一种价值。但是，我们要问的是：它是否真的应该是一种价值？我们喜好这样一个东西是否只是证明了我们性格中存在着某些缺陷？简言之，我们要问，我们应该喜好什么？我们进行判断是为了获得一种确定的喜好。所谓一种理性的喜好，并不是说这种喜好是由作为实体的理性引起的；理性的喜好指由一种判断导致的喜好。这种判断是关于过去的各种各样的喜好及其各自的后果的。目前争论的要点就在于：这样一种理性的喜好根本不可能成为现实，除非它作为判断具有一种为了实现目标而要采取的行动。这种行动不是喜好的表现，而是对喜好的检测；这种行动是获取数据的一种手段，而这些数据会使喜好和判断在理性上成为可能。这样一种理性的喜好与非理性的喜好的差异就在于道德批评和审美批评，以及一种关于生活的谨慎的理论。在人们宣称某种喜好或这种喜好的价值是错的，而不是假的（因为根据定义，价值不可能为假）时，在人们试图通过反思探究而纠正或改善和好时，我们就找到了评价判断存在的经验依据。有人悲观地断言，通过还原为所予的事实、价值和规则，我们无法得出这些判断的性质；有人则乐观地说，只要借着以要采取的行动的性质为直接目标的判断，我们就能获知这些判断的性质。

III

现在，我们进入一种特殊的逻辑分析。我们所略述的情境的逻辑含义是什么？

1. 评价判断是复合的。当手头什么资料都没有的时候，当缺乏关于确定的对象和关系等的判断时，我们无法形成一种关于喜好什么的判断，我们也无法确定什么是确定的好或什么是确定的效用。关于确定性的判断是与确定无疑的数据和关系密切相关的。没有以确定无疑的数据和关系构成相关元素的判断，就不可能有评价判断，也不可能有真正的情形 B。有的只能是一些胡乱的猜测、盲目的试验和连续的错误。我们第一个任务就是列出这些作为评价判断组成成分的、次一级的判断。假设评价判断指向一种对好的行动方针（兴趣、慎思后的喜好、善和好）的评估，而这一行动是关于别国欠美国的战争债务一事的，那么，免去那些国家的债务是好的吗？是全部免去那些债务呢，还是部分免去那些债务呢？或者保持债权关系，坚持让欠债国偿还债务？或者采取别的什么办法？很显然，公众舆论中存在一种兴趣的冲突，我们需要通过努力而得到一种统一的或整合的公众舆论或判断。否则一个人就会犹豫不决，意见摇摆不定，而且需要自己拿定主意（自己拿定主意是评价判断的俗称）。

在这个问题上，判断由三个层面组成，尽管前两个可以被归入同一逻辑模式。（1）存在我们所定义意义上的那种价值判断，存在对毋庸置疑的好和坏的报道和分类，存在不在判断之中的价值。繁荣昌盛是好的，普遍就业是好的，热诚的国际关系是好的，履行义务、维护协议、履行契约是好的。许许多多直接的好和颇有价值的东西，许许多多内在的好和贡献的好，这些都是我们知道的或即将知道的，我们可以将它们合并在判断形式中。如果评价判断是理智的，或评价判断要成为一个判断，那么我们必须这样对它们作出陈述。（2）我们必须收集非价值事实，并对这些事实作出陈述。我们必须核实并陈述每笔债务的准确额度和关于它们的条款；还有所涉及的每个国家的经济状况、金融状况和签署的赔偿条约的条款，它们对外贸易和外汇储备的状况，以及这件事对国内贸易和工业规划的影响等。从逻辑上讲，这一类可以被归并为第一类。在这两种情况下，我们都要报道事实，以确保数据判断的正确性。（3）还有一些关于所予关系的一般性判断或陈述。例如，交易中的两国，若其中一国扩大黄金储备就会影响交易；出现贸易的不均衡，有的国家无法与另一些黄金储备充裕的国家进行自由贸易；工业复兴是社会和政治稳定的条件；国内工业的不景气是对外贸易受挫的必然结果；依靠对外贸易的国家，通过抛售黄金储备能够在中立的国外市场的竞争中占有优势；减免债务是高尚的，拒付债款是危险的，等等。

2. 将这些陈述归入以上三类，确切的事实究竟如何，这一点并不重要。如果其中一个被否定了，自有另一种类似形式的陈述取而代之。关键在于：如果没有公认的关于这些数据和关系①的判断，就不可能有评价判断。但是，就我们的目的而言，这一事实的重要性在于这些判断及它们之间的联系，并不足以确定具有决定意义的评价判断。也就是说，它们并不能确定我们正在追寻的好或效用。它们提供必要的素材（material）。评价判断的典型对象是素材或手段所表示的东西，即一种正在构建的"喜好"或兴趣。在这个特殊的情境中，作为善

① 我认为，人们之所以抱怨我前期作品中关于这个话题的说法含糊不清，主要应归咎于一个假定。他们假定我否认了以上所列的这些判断的存在，也否认了这些判断的重要性。因此，当发现我在论证中用到这样的判断时，他们就根据这种假定自然而然地指出我的论证是令人困惑的和自相矛盾的。

和好而被选择的这个东西到底有什么意义呢？它们对于一个在特殊情境下被选择为好的东西有什么意义呢？一些判断这样说，而一些判断又持相反意见。有些人赞同不取消债务，认为这是好的；另一些人赞同相反的方针，认为那才是好的。我们可以在任何伦理难题和需要慎重考虑的意见不统一的难题中发现诸如此类的情况。在任何一个理性的审美批评中，在存在趣味冲突的时候所进行的每一种尝试明智地对审美价值作出判断的地方，我们都可以发现这一事实。

在早期的著述中，我用过一个案例，即关于看医生的价值的判断。这个案例表明，我们可以轻而易举地将一个所谓的评价判断"还原"为关于所予事情的前提条件的陈述。这一还原采取了以下形式。大家都知道健康是好的，生病是不好的。这些是关于所予价值的判断。可以去看医生，我觉得不舒服，这些是关于所予事实的判断。有一种常规，即有病就应该去看医生，这是对一种所予关系或一般原则的判断。于是，我就去看医生了。这里所有的一切不过是普通判断的结合。在哲学中，甚至一点点想象也都是有用的。那么让我们想象这样一种情形：人们碰到了实实在在的困惑，而且没有一种常规可遵循，这种常规是按照惯例而得到承认的事实和明智的格言。我没钱了；医生的收费要交税，这是件坏事；我听到一些关于这个唯一可以给我看病的医生的能力的传闻；有很多案例表明了医生所造成的危害，即使技术精良的医生也会如此；很多严重的病会"自然"痊愈；邻居说他有一种药，而且他的朋友曾用这种药治好了病。有诸如此类各种各样的不确定性。而且，有一点是根本的，这就是柏拉图在将一个知道如何治病的医生所具有的知识和一个聪明人——如果存在这样的聪明人的话——的知识相比较时曾反复而透彻地强调过的：聪明人知道治好病和继续活下去是实实在在的好。

简言之，有一大堆的事实、一大堆的普遍规则和一大堆的过去的好与坏可以被引用，它们可以抽象地反对去看医生。真正造成混乱的原因是这两套考虑（它们的正反两方面）都在场但却互相矛盾。不需要多么了不起的聪明才智就可以指出：如果你能构想一个案例，其中没有困惑，没有任何相反的事实和规则之间的冲突，那么你已经把握了对这一案例作出判断的数据和原则。我们所面对的个人生活和集体生活中没完没了的真正有待进一步讨论的问题怎么办？为什么逻辑学家不提出一些关于规则、事实和已经确立的好和坏的判断，使这样的问题还原为一些已接受的判断的单纯的结合呢？

当我们考虑用判断来决定一个贡献价值的时候，讨论又要继续下去了。现在，有一个在经济和政治上都相当重要的法律问题。法院和各个委员会必须就公营企业应该缴纳的不动产税作出判断。在作出这一判断时，法院和各个委员会都要受到最重要的确定条件的限制，即必须将不动产税制定得合理，以保证纳税人得到合理的利润，否则就是非法征用财产。要界定合理利润，就必须对有资格要求利润的财产进行评估。在这里，难题就出现了。用于计算适当的利润的那种经济价值是什么？从法庭的一些判决中，我们很容易获得一些否定性陈述。这种价值不是交易价值。如果把它当作价值的话，那么任何不动产税的降低都是不可能的。因为很显然，交易价值将反映出由现行的不动产税决定的价值。它不是原始价格，即使没有经济情况或腐败，它或许也已经因为一些临时情况而上涨了。有时，对税基的评价被固定在高于原始价格的水平上。此外，它也并不总是替换物现在的价格。某些条件也许会被给予过高的评价。例如，在建筑初期铺设的人行道，会因为抄近路花费高，而被给予过高的评价。再则，它也不是，或不会总是相似交易可能获得的价值——如果它是在竞争中进行的，而不是因为公共特权而处于准垄断地位的话。我们似乎已经穷尽了关于所予价值的判断。如果让那些否认评价会带来新价值的人进行法律评估，并且解决法庭所未能成功解决的问题就好了。在这样做的时候，他一定会注意到，仅仅将上述关于已确定的价值的判断结合起来是不够的，因为那些判断存在于不同的维度中。因此，在构成新的评价中不同所予价值的相对权重问题，就成为争论的焦点。就这种争论而言，任何所予的事实和价值都不具有决定意义。显然，这种争论是预期性的，而不是回顾性的，而且判断是实验性的，而不是报道性的。①

　3. 那么评价判断到底是什么呢？正如我们已经描述的，评价判

---

① 我借鉴了罗伯特·L. 黑尔（Robert L. Hale）一篇论文中的材料，这篇论文刊于《哥伦比亚法律评论》（*Columbia Law Review*）第 22 卷，题为《税率制定和财产观念的修正》（"Rate Making and Revision of the Property Concept"）。黑尔先生自己的结论更为重要，因为他讨论的是具体的法律问题，而不是价值和评价。他说："在制定公共事业税率时，法律尝试进行一种实验，即在一个有限的领域内改变它的一些原则，**这些原则在其他领域是被遵循的**。实验如果成功，将拓展到其他领域。我们正就财产拥有者的法律权限进行实验。在应用这些权限的时候，我们必须设计出一些原则或工作细则——简言之，我们必须设计出**一种新的法典**。"这个讨论不仅蕴含新的经济价值，也蕴含价值的一种新的类型，价值的这一类型是通过评价判断产生的。黑尔还举例说明了关于评价判断的理论检验在实践中的重要性，很清楚地提出，法庭和委员会所遇到的难题，主要应归咎于他们试图保留这样一种假定，即他们的任务仅仅是"发现"并宣布已经给定的价值。

断是复合的，它包括以下方面。(1)关于事实和原则的一系列判断。(2)它采取这样的形式："考虑到我们所列举出的事实和规则，采取某种行动是有用的，即采取某种行动具有一种贡献价值。"关于应该采取一种行动的这个结论，是评价的直接目标，但仅仅是其直接目标。因为根据定义，行动只是作为手段而被判断为有用的。进一步的目标才是评价的目的：发现或揭示更深一层的数据和关系，这些数据和关系将使一种更充分的价值判断成为可能。通过受到判断限制的行动揭示事实仍然只是一种手段。这一手段的目的是一种建立在更充分的数据和理性基础上的喜好、兴趣和价值判断。(3)因此，有一个关于价值的最后的决定性的判断，这个判断是关于要创造的价值的判断。

例如，取消债务(取消债务本身当然是实现某个目的的手段)造成了某种情境，我们对这一情境的价值作出了一种判断。如果完全局限在作出判断这一范围内，那么这一判断的内容很可能是非理性的。因为一种理智的判断必须能被分解为一系列关于步骤措施的判断，而且其中每一个判断都是实验性的，都是局部的。我们采取某种行动，比如说，取消债务，召开或参加一个会议，然后看看这种行动导致了什么结果，看看它暴露出哪些可以作为下一步判断之根据的新的事实(这些事实先前并不存在)，等等。观察，是行动的座右铭，更是判断的座右铭，只要观察不是被当作借口或任意推卸责任的托词。我们还需要注意的是，一系列直接价值和赋值因此产生了。对于这些因行动而产生的特殊的结果，我们的反应是喜欢或不喜欢，而产生这些结果的每一种行动都是以判断为前提的，我们因为这些特殊的结果而获得了下一步行动的附加数据，从而使我们假设性采纳的一般程序更加可靠。①

无论这个分析能否被接受，它都应该可以排除对我的误解，而对我的批评正是以这种误解为基础的。有些评论者主张它是一种与逻辑判断无关的、个人的或心理的或实践的行动，它与我所依赖的论题毫不相干。前文应该表述得很清楚了，事实并非如此。被判断的这种行动可能被当作不切题的东西而被排除在外。我所坚持的这种行动是考虑中的行动，是作为手段而被判断的行动。这一行动是判断的目标或内容的一部分，而不是与判断无关的行动。判断断言：条件是这样的，如果采取指定的行动，就会发生一些新的事件，而

---

　① 　正如皮卡德博士所主张的，任何一个过程的十字路口都存在着直接的、内在的价值。

这些新的事件会进一步形成更确定的喜好和更确定的价值判断；如果不采取这种行动，形成这种喜好和价值判断的可能性要小。这一分析的内涵也是对普劳尔和佩里争论的回应，即我对评价判断的称谓就是众所周知的假设判断。关于第二个"关键时刻"，这是对的。但是，我所说的这种假设并非他们所宣称的那种假设，也就是说，并不是已经所予元素之间的联系。我所说的这种假设采取的是这样一种形式："由于所予事实和价值，如果我们采取一种行动，那么这种行动将揭示出必不可少的数据。"这个假设所关心的是一种行动，是作为一种实验而将采取的行动。那种联系或普遍原则所涉及的是行动及其结果。因此，这是证实的逻辑之必然。

让我们来看看另一种观点所提出的反对理由。这种反对理由也许比我们已经考虑过的那些反对理由更能拓展我们的分析，并使这一分析的含义更加清晰。这种观点与我的看法有更多的一致之处。科斯特洛（Costello）博士举过一个女厨师的例子：这位女厨师认为，如果以一种新的方式将各种原料混合在一起，她就可以做出特别美味的蛋糕。和其他批评者一样，科斯特洛博士也没有否认判断对于产生一种新价值的行动来说的确是工具性的。我的论点是：倘若那个厨师变成一个逻辑学家并对她的判断进行分析的话，她一定会说行动是她的判断的直接目标，而创造出一个先前并不存在的新的价值是比行动更进一步的目标。如果再进一步进行分析的话，关于基于因为现在的趣味而产生的喜好的那种价值的判断，是更进一步的判断，这种判断是整个判断最后的目标和内容。但是，科斯特洛博士说："这种判断所断言的东西是联系。'如果按照这些比例做蛋糕，蛋糕的口味一定很好。'厨师做的是蛋糕，而不是关于各种性质的假设性联系或暗示……只说判断促使厨师去做蛋糕是不够的。当不然的话就不会那样的时候，判断必须使她能按照这个比例做蛋糕，以使蛋糕吃起来美味。"如果这就是对我的立场的正确分析的话，那么我承认我的论点很荒谬，而且我发誓放弃我的理论。但是，这一解释是错误的。那个判断的确包含联系，这一点毫无疑问。但是，请注意条件从句。它所说的倒不是这种蛋糕就是好的，而是说，如果这样做，那么蛋糕会是好的。因此，这个判断不纯粹是一个实践的刺激物，一个做蛋糕的诱因。做蛋糕的行动是判断[①]逻辑内容的一

---

① 我并没有认为，厨师逻辑地分析了这个问题。这样认为显然是荒谬的。从厨师的立场来说，观念或预料只不过是促使她这么做的一个刺激物而已。我的意思是，如果对这个判断——实践判断——进行逻辑分析的话，我们就会得出我所说的那个结论。

个部分。判断的目标是行动与行动结果之间的联系。因此，这里并没有暗示行动产生了比例和口味之间的联系。这里最明确的含义就是，如果没有关于行动及其结果之间关系的判断，这种口味，这种好，就不会存在，因此也就不可能有关于这种好和这种口味的直言判断。我们不能断言按照某种比例做出来的蛋糕的口味一定是好的。"不然的话就不会存在的东西"，简言之，是好，是口味。我只能这么想：科斯特洛博士对我的误解是因为我的实际推论包含了太多对他来说理所当然的内容，以至于他难以设想我怎么会费那么大劲儿去说明这些东西。我很同情这种感觉。但是佩里、普劳尔和其他人的批评说明，对科斯特洛博士来说理所当然的东西并不是理所当然的，有一个流派的人都否认这些东西。这个流派将所有实践判断都归结为对所予事实和所予联系的判断的集合。

在最后一段，科斯特洛博士概括了他认为我所犯的根本错误。"我能判断，在一定条件下，硫酸和铜能产生硫酸铜。我可以做实验并对我的这个判断进行检验。毫无疑问，在我自以为确实知道之前，我必须这么做。但是如果有人因此而得出结论，说'你已经用硫酸和铜产生了硫酸铜（好像不然的话它们会形成其他东西），因此，你的判断已经使其为真了'，这样的说法对我而言纯粹是语词错误。"我同意这样的论据的确是语词的，并且很傻。但是，我从来没有用过这种论证方法。我们正在讨论的判断并不是这样的：因为一种行动是依据判断而进行的，如铜和硫酸将化合成某种东西，所以如果没有一种判断这种东西就不能产生；产生是一种只要判断发生它就会发生的事件。我们的判断是：通过采取行动，就会产生知识，产生一种关于事件的具有决定意义的判断。这一点科斯特洛博士也是承认的。实验行动是判断的直接目标，它产生了知识。我的目的不过是促使人们意识到这些事件的逻辑事态的含义。只有意识到它们，我们才会在用词时特别小心，尤其是关于真理的用词。我难以想象科斯特洛博士会把铜和硫酸到一起会产生硫酸铜这样一种纯粹的事件看作真理。如果有人想这样使用"真理"这个词，我当然没意见，只要这个定义是一以贯之的。不过，我们不得不使用一个不同于"真理"的词，来证实一个作为判断的判断所具有的所谓前件的性质。无论如何，证实是通过判断的直接目标——一种实验行动的效用——而存在的，而且由此产生了被认识了的真理。在我的字典里，一个被认识了的真理才能被称为真理，这样称呼比我们将预先判断称为对真理的要求，或假设，或意图要来得容易。正如刚才所说的，当人们认清了这一事实及其含义的时候，对词语的一般理解就很容易做到了。

科斯特洛博士所说的另外一点很值得我们注意。他声称我混淆了证实和真理。正如刚才所说的，只要人们认清了这一事实并坚信这一事实，我甘愿承认"证实"和"真理"这两个术语的区别。让我们来看一下他举的一个例子，通过这个例子，我们对评价问题会看得更加清楚。他说："我不是为了证实是否快下雨了而对'快下雨了'这句话进行判断的。我之所以要对'快下雨了'这句话进行判断，是为了避免这打击性的证实，这一证实是由我发现我在雨中，而且被雨淋湿了组成的。我进行判断是为了为进一步凭意志而作出的决定拿定主意，比如说我是应该出去散步呢，还是不应该出去散步。我希望我关于是否下雨的判断是正确的。但我一点都不希望亲自去证实这个判断是正确的。当然，这样对于鉴别证实和真理将会是最困难的。"对评价判断而言，我不敢奢望有比这更好的说明了，即使度身定做也没有这么合适。请注意"快下雨了"这个判断的逻辑目标的内涵并不是下雨本身。下雨只是接下来的判断中的一个逻辑元素而已，接下来的那个判断就是我们所说的关于一种行动的价值的判断。出去散步这个行动的价值是被质疑的或未确定的。通常，我们会设想这是一个所予的价值。但是，在这个独一无二的、先前未经验过的情境中，它是否仍是一个价值呢？于是有了关于下雨的判断、关于下雨和被淋湿的坏处之间联系的判断，以及万一没有下雨而出去散步的价值的判断。所有这些判断都是描述判断，而不是决定性判断，但是它们与我们应该做什么的判断有关。行动才是判断的真正论题，而散步这一行动发生还是不发生是取决于这一判断的。因此，一个不然的话就不会存在的价值受到了评价的制约，这才可能有一个更后面的关于价值的事后判断。设想一个人决定待在家里；设想无论如何他已经待在家里了。在这两种情况下，他都不会被淋湿。但是根据他待在家里是否是在这之前的一个判断的结果来看，"他待在家里"这一事实的直接价值是不同的。如果他并没有进行判断，如果他待在家里仅仅是因为他很忙，或者仅仅是出于习惯，那么，他待在家里的价值就仅仅与他的习惯相关，或与他要忙着处理的事情相关。如果，他待在家里出自他关于出去散步的价值的判断，那么这就有一个附加价值，这是一个使他避开了不然的话他会遇到的麻烦的价值，是一个证实或否定他的睿智的价值。正如我们所说的，如果没有下雨，他可能会捶胸顿足恨自己太愚蠢，没有冒这个险；如果下雨了，他可能会暗自欣喜恭贺自己审慎处事。无论在哪种情况下，用科斯特洛博士自己的话说，判断的真正目标是由结果来证实或否定"凭意志而作出的决定"。无论那个判断有无前件，无论它是真是假，无论它别无证实还是别无驳斥，它都会留下一个语词使用问题。看起来它的前件好像恰恰就是真理或谎言，但是我现在不急于讨论这个问题。

科斯特洛博士提出了另一个很尖锐的问题，他说我原先的说法很容易引起一些麻烦，这些麻烦不只是用词上的。这一点我承认。科斯特洛博士和其他批评家不同，他主张："实践判断是关于未来的判断，未来的特征追根寻因是由这个判断决定的。"这是我的主要观点。他指出了我本来应该注意到但事实上他认为我没有留意的一点：没有什么判断能涉及未来所有的可能性，我们在对一个同样好的选项进行判断之后所作出的选择，使我们不可能再实现其他的可能性，因此有一些好的可能性被丢弃了，并因此我们再也不可能对那些好的可能性的实际价值作出任何结论性的判断了。① 正如科斯特洛博士所说："杜威教授认为这些实践判断的论题到目前为止都是不完全的。我要更进一步地说，这个论题的一个本质部分永远都只是一种可能性。我们之所以要进行判断，是因为我们必须选择和拒绝，而我们所拒绝的东西永远在我们实际证实的经验范围之外。"但愿我能尽可能明确地说，科斯特洛博士的话正说在点子上，如果我曾经写过什么与此矛盾的话，我统统收回。即使我先前的著作未曾有什么在逻辑上与之不相容的东西，但是，我仍然早该看到这一点，并将此说出来。

关于价值的判断并不蕴含选择的必然性。它们仅仅报道了过去选择和拒绝的结果。它们必然报道了根据选择而获得的结果，而作出这些选择是因为受到拒绝的影响。关于价值的判断没有也不可能报道假如我们选择了那些被我们拒绝的东西会发生什么事。相反，只有当我们不得不谨慎选择的时候，才有评价判断。这正是我们所说的实践判断的意思。我们珍视或尊重而未加思考。在这样做的时候，我们就是在拒绝。② 随后，拒绝的结果越发明显。我们冒险不

---

① 这是与布朗根博士的一个观点相关的关键一点。布朗根博士认为，价值是表示关系的。这一观点对于一种完善的关于评价判断的理论来说十分重要。

② 正是在这一点上，布朗根博士的论文才变得如此重要，这正是一个完善的评价判断理论需要补充的。我想指出，我们必须避免一种含糊不清的东西。他将评价判断看作是表示关系的。我的观点是，作为一种行动的喜好或偏好包含优先选择，包含选择—拒绝。这并不是说行动**就是**判断，而是说**当判断陈述**行动的结果时，必然采取一种表示关系的形式。分不清动态意义上的"表示关系的"，还是逻辑或理智意义上的"表示关系的"，这一点颇为常见。

加思考而作出的选择，会使我们失去某种更好的东西。这就是为什么一种直接的喜好可以是错的，尽管它不可能是假的。它的目标是好的，但也许它本该更好；如果被拒绝的东西是更好的，那么相比之下它就是坏的。这是事后反思的结论。作为更好的好是相对于可能的坏而言的，作为更坏的坏也是相对而言的。如果"喜好"是绝对的，而不是一种顺序上的优先的话，我们就陷入自相矛盾中了。

但是，评价判断却不能逃脱这种困境。尽可能地慎思，辅以所有过去的价值、事实和联系，当最后作出选择的时候我们仍会拒绝，而被我们拒绝的东西，被我们当作更坏的东西，因此就无法得到足够的实验检验。从评价中得到的价值，与没有经过判断的直接价值没有两样，它们都是全然固定不动的。换句话说，没有什么事实判断可以被完全证实。任何实验在解决前一个疑问的过程中都隐藏着一种新的风险。但这并不意味着判断和实验性检验对我们毫无益处，或者我们应该靠投掷硬币这样的方法来决定取舍。正如科斯特洛博士所说："当然我们可以检验这些实践判断，我们通过进一步添加实验数据来进行这项工作。但这些数据本身需要解释。它们成为新的理智操作、新的比较判断中逐步被引发出来的新的素材"，并且无限延续，永无止境。① 这一事实为评价和实验的进行确定了相当重要的座右铭："留意你的可选项，以判断为条件的行动将在最大程度上保证在一定条件下的检验的可能性，以及最大限度的有充分准备的重新评估。"这一座右铭与偏执——对可选项的忽略和拒绝——正相反，也与乌托邦——含糊其词或泛泛而议——正相反，否则我们将在选择和计划的结果的意义问题上永无休止地争论下去。道德将我们的选择判断或即将采取的行动分解为尽可能具体的行动，这样我们可以最大限度地减少浪费，施行灵活的再评估。没有什么"理想"是无准备地或批发式地全部实现的。我们只有通过行动使之具体化，其意义才能更加清晰。只有这样，我们才可能进一步理智地行动。

---

① 这很好地解释了凯图因（Katuin）先生指出的事实（参见《哲学、心理学与科学方法》第17卷）。他认为，对评价来说，价值总是理想的。或者如他所说，一个好"从来没有这么好过，但它还可以更好"。我不能原谅自己竟然忽略了科斯特洛提出的这个观点，因为斯图亚特（Stuart）博士已经在一篇文章中指出过这一点，而且这篇文章使我受益匪浅。此文即《作为逻辑过程的评价》，刊于《逻辑理论研究》。此文写于1903年，早于我的文章的发表。在这篇文章里，作者说：评价并没有探知或认识价值，而是决定价值或使价值固定下来。之后，作者又补充说，这种固结"充当时间存在，并永远是重新评估的论题"。由此可以推出，所有用实验方法得到的存在判断总是有一种"理想的"性质，也就是说，总是有一个超越了存在和实验检验的意义维度。

到目前为止，我们还没有讨论"值得"（worth）的问题。正如先前所指出的（这要感谢皮卡德博士），一个判断可能得出这样一个结论：一个对象或一个人值得喜欢或欣赏，但却不一定得到人们的喜欢或欣赏。这种情况毫无疑问是否认判断能部分地或相当程度上决定价值的那些人的避难所。在这些人看来，判断也许能决定某物应该是一种价值，但并不能决定某物是一种价值。我们特别说明的这类情况成为人们常常抱怨理性和理性的毫无效力的根据。这种理性的好与喜好和直接的好的力量是相互对抗的。但是，这类情况可能变成我们一般性对规则进行检验时的特例。首先要注意的是，我们关于评价的论点所强调的不过是喜好或偏好是未确定的，判断的发生是为了确定喜好，并因此确定价值。那么，对于那些判断并不能确定喜好的情况我们应该怎么看呢？难道应该只是一个劲儿地抱怨人类本性的执拗与轻率？首先，存在一些根本没有真正的不可靠性或不确定性的情况。我们断然地喜好，而且我们知道我们喜好，我们对这一点非常清楚。我们遵从习惯和社会期望而作判断，但在内心深处意识到我们正在做一些冗余而毫无意义的事情。这种判断是穿着判断外衣的判断，并不是真正的判断。因此，我们也就不必为这种判断不能决定情感驱动的态度而感到吃惊。已经给出的说明可以解释其余的情况。分析的关键在于，评价判断的直接目标是采取某一个特定的行动是好或更好的，之所以采取这个行动是为了有可能作出一个后来发生的完整的判断。如果，我们现在跳过这个直接判断，而且跳过作为这个判断目标的行动，那么，我们就没有理由问为什么判断将确定喜好，并由此确定价值了。一个特定的对象或一个特定的人是值得尊敬的、值得钦佩的、值得赞赏的、值得想望的，这样的判断是假设判断或逻辑论证判断，而且早就有这样的说法：逻辑论证不能直达存在。行动是通往存在的唯一道路。"值得"是理性赐赐给"价值"的礼物。但当理性悬浮在假设的理智中时，它还只是有名无实的、无效的，直到转变为行动为止。建立在判断基础上的行动是这样一种判断的前提，这种判断能将一些数据展示出来，而这些数据能使一种确定的情感驱动态度成为可能。因此，表面看起来是拒绝的理由反而确认了我们的分析。

在结论部分，我想简要说一下依据实用主义方法考虑问题的意义。评论者们常说，实用主义所说的检验蕴含一种先验结论或先验判断，即蕴含某些结果是好的。因此，实用主义方法的操作蕴含一种非实用主义的先验判断：如果前提是可靠的，结论肯定没问题。

事实并非如此。未加批判的日常生活实用主义毫无疑问会常常陷入这样的结论：有些结果内在地就是好的，并且它会毫不犹豫地维护或默认这些结果。但是，这样做违背了实用主义的方法。实用主义方法主张：我们应该根据行动的结果反思这种行动，并根据这一反思采取行动。行动结果所暴露出来的问题有可能使我们作出更好的判断。因此，被预见的结果或已获得的结果的好，并不是最终的好，也不是武断地确定下来的好。它和相比之下更好的好一样好。如果判断没有介入其中的话，相比之下更好的好也许会存在。这种情况和另一个危险的称号很相似："工具主义的"。所谓工具主义的，并不意味着反思对于预想的并且是事先决定的结果是工具性的，更不意味着对那些肉体需要或经济成功甚或社会改良是工具性的。它意味着：从整体上看，或从用实验的方法来看，反思对于创造一些新的结果和新的好而言是工具性的。作为原来的好向新的好转变的唯一中介，它与目的是连续的，因此从审美和道德上讲，中介和目的一样，都是一种内在的好。但我们必须区分中介严格的理智结构和目标，因为中介严格的理智结构是由非个人工具性地决定的；而且我们必须区分中介严格的理智结构与中介的审美价值和道德价值，因为中介的审美价值和道德价值是个人的和直接的。说"知识就其认知性质而言是工具性的"，与主张"在其直接和个人方面，知识是一种美和一种令人愉快的东西"，这完全是两回事。

价值、喜好和思考①

如果根据字面意思理解，根本就没有题目中的第一个词"价值们"（values）这样的东西。有的只是东西（things），各种各样的、独特的、被经验的、具有不可定义的价值性质的东西。复数的价值或单数的价值，不过是具有这种性质的对象、事件、情境、物品（res）的一种便利的缩写词罢了。把一种东西称为"价值"，就像在棒球运动中把所击的一个球称为"命中"或"犯规"一样。这种口语中的用法可以省略一大段的解释。虽然我们在一种具体情境的意义上讨论棒球时，可以省略那个独立的实体②，而只说命中和犯规，但是，无论是在道德还是在审美中，那些讨论价值与善和好的理论都表现出一种倾向，即都忘记了价值性质所依附的那个具体的事物。因此，人们才会说"喜好构成（constitute）价值"。但是，既然喜好

---

① 首次发表在《哲学杂志》1923 年第 20 期。这篇文章回应了普劳尔的文章。本书选用的是冯平的译本。此译本以冯平和余泽娜的译本（首次发表于《评价理论》，修订后发表于《现代西方价值哲学经典·经验主义路向》）为基础，参考汪堂家、张奇峰、王巧贞、叶子翻译的《杜威全集·中期著作》第 15 卷的《价值、喜好与思想》一文，重新做了校订。

② 指"球"。——译者注

并不构成任何东西，它不构成诗、不构成声、不构成画，也不构成人、不构成花卉或其他任何东西，那么显然，"喜好构成价值"这个命题的真正含义要么是 A，要么是 B。A. 喜好是事物获得价值性质的一个条件。如果我可以借助造词来避免含糊不清的话，我就用 valuity 或 valueness（价值性）。B. 喜好是一种要素，或者说是组成具有价值性质的情境整体的一个部分。就我所知，除了这两种选择之外，别无其他选择。下文实际上是这一评论的展开。

I

普劳尔先生最近在《哲学杂志》上发表了一篇题为"为一种无价值的价值论作辩护"①的文章，部分地批评了我以前提出的一些观点，并举例证说明我在讨论中存在含糊不清的毛病。"为一种无价值的价值论作辩护"，这个标题中的"价值"是什么意思？它指的是价值性②呢，还是价值物③呢？我和普劳尔先生争论的焦点在于：一种被称为"评价的"（valuative）判断与价值④的关系。我理解普劳尔先生的这篇文章实际是说：评价判断并不构成价值性质。我同意这一点。但也没有任何其他东西构成价值性质，或者说，构成价值性质的并不是什么东西。确切地说，构成它是就"是其所是"的意义而言的。性质就是它本身，而不是其他任何东西。讨论中唯一可理解的论题就是：判断是否有助于构成价值，也就是说，判断是事物获得价值性的条件，还是整个具有价值性的复合情境的组成部分。本文的论题就是：在这两种含义上，判断或反思与具有价值的事物之间的关系，就像喜好与具有价值的事物之间的关系一样，是直接而完整的。

由于本文的主要部分是由对普劳尔先生这篇文章节选部分的系列评论组成的，简要地概括一下本文的主要观点，将会有助于我们的理解。

1. 由于那种已经指出的含糊不清，所以普劳尔先生关于"价值由某种情感驱动（motor-affective）的行为构成"这一断言，就有了双重含义。如果他是在严格的意义上谈论价值，即将价值看成一种性质，

---

① 普劳尔的文章题目是"In Defense of a Worthless Theory of Value"。杜威问的是其中"Value"一词到底是什么意思。——译者注
② 在此杜威造了"valuity"一词，我们根据上下文把它译为"价值性"。下同。——译者注
③ 此处杜威用的是短语"the thing having value"，为了行文简便，我们将它译为"价值物"。下同。——译者注
④ 这里杜威用的是复数形式。下面相同处不再注出。——译者注

那么他的表述就意味着：那种情感驱动的态度就是这种性质。但这种表述看起来明显是错误的，或者是毫无意义的。如果他是在谈论具有这种性质的某个东西或某种情境，那么自然而然的解释就是：这种态度是一个东西获得或者具有价值性质的条件。这是一个可理解的命题，如果在严格的意义上理解这个命题，它就意味着：喜好是某个具有价值性质的事物产生的必要条件，但不是其充分条件。这正合我意。但这是关于一个事物或一种性质得以产生的命题，因此，它同样也是一个因果关系命题。既然普劳尔先生承认判断也可以是那些具有价值的事物存在的因果性条件，那么就价值而言，在喜好和判断之间划分出严格而彻底的界限，就是缺乏根据的。

2. 承认这一点对于普劳尔先生的一部分理论来说是致命的。普劳尔先生有一部分理论认为，喜好和判断与价值的关系，在性质上始终是不同的。他认为判断有时是价值物产生的条件，可我将超出这种观点。我认为，思考和喜好（一种表达情感的思考，或一种经过思考的情感）一样，都是价值物产生的条件。我们没有任何理由假定：思考和情感驱动的行为两者实际上是水火不容的；相反，那种不包含判断要素的情感驱动的行为，纯粹是一种动物的行为。如果不与思考融为一个整体，那么我们可以想象，这些行为只是有快乐性质相伴随的增进食欲的消化事件；这些事件就像狼吞虎咽和性交等一样。只有当这种行为包含有识别力这一含义时，它才能构成一种可以被称作趣味、欣赏的行为，才能构成决定价值存在的那种情感驱动的行为。那种阻止将反思性意义结合在其中的情感驱动的行为，其本质中没有任何东西；只有当反思性意义和情感驱动的行为这两者结合为一个整体的时候，只有当情感驱动的行为承载的意义源于先前的评价的时候，才会产生一种欣赏和价值。这种观点并不意味着所有关于价值的判断都决定了价值的产生。关于审美对象的判断——对某个从根本上说是或通常是美感对象的判断，不一定是审美判断；这种判断也可以不是评价。关于帕提侬神庙，人们可以形成对它的历史起源、技术建构、尺寸等的判断，这些判断和关于火车头或马铃薯的判断没有丝毫不同。甚至像对火车头、马铃薯的判断也可以变成评价判断；它们也许是致使某种具有浓郁审美意味的对象产生的因素。它们成为构成更完美的欣赏整体所需要的要素。

Ⅱ

　　现在，我们来看普劳尔先生观点的细节。普劳尔用了我在先前一篇文章中所提出的那类例子，即"学习音乐对于提高一个人的音乐趣味是有价值的"这样的判断。普劳尔承认这样的判断可能会导致某些价值的存在，而这些价值可能对另一个人而言并不存在，因为这个人恰好喜欢不同的音乐风格的编曲。他接着说："存在如下判断。A. 仅仅是一个长长的原因序列上的一个步骤。而在这个原因序列的末尾，会产生一种价值情境，这个价值情境是由判断引起的，它不过是眼睛、耳朵和其他器官各种各样的活动对小提琴和乐弓的反应而已……B. 之后将出现某种情境，在这种情境中，我……愉快而满足地沉思默想……那乐声是在如此不受欢迎之前就飘进我耳朵里的。但当这种联系产生的时候，音乐的价值也产生了……C. 因此，在这个过程的最后一个阶段，即在只有沉思默想和喜好，而没有作判断的那个阶段，价值就以这样的方式构成了，这种方式完全不同于以'最近的'评价判断构成价值情境的方式……也完全不同于我最好听音乐或学音乐这种方式。"

我愿意顺便指出，我那篇被普劳尔先生批评的文章，并不是关于价值的本质的，也不是关于价值性质或具有价值性质的事物的，而是关于评价作为一种判断的本质的。而且，我的观点是：评价判断是"实践"判断，也就是说，评价判断是与某些情形相关的。在这些情形中，事物的价值或行为的价值是未确定的、模糊的，而且与某种行动联系在一起。人们之所以会采取这种行动，是为了创造一种条件，使某种具有确定价值的东西能够产生。普劳尔先生在他的文章中感兴趣的是价值，碰巧，我的兴趣是合逻辑的推理，或能以清晰、严谨的方式推理。也就是说，我的兴趣是某类特定的判断。我想，我和他这种兴趣上的不同，可以解释我们两个的一些文章为什么会话不投机。我也不确定普劳尔先生对我关于评价判断的观点，到底认同到什么程度。所以，下面我将忽略判断问题，而讨论普劳尔先生所关心的问题，即价值本质问题。

在 A 部分，普劳尔先生谈论的是具有价值的情境产生的条件，即一种价值产生的原因。在某些情形中，判断被认定至少是这样一种因果性条件。[①] 在 B 部分，普劳尔先生把价值（具有价值性的东西）看成和某种复合情境是一样的，即将价值看成人们带有愉悦和喜好而沉思默想的声音。在 C 部分，普劳尔先生告诉我们，在一种极

---

① 普劳尔先生关于判断和眼睛、耳朵、小提琴等一样，都是原因条件的表述，与我的观点全然不符。根据我的观点，眼睛、耳朵、小提琴的某种使用方式，是评价判断的论题；因此，它们作为判断的素材，根本不能和判断形成对照。

不同于通过作判断而构成价值的意义上，带有喜好的沉思默想"构成价值"。

如果不是存在着作为事物的某种性质的价值，和作为具有价值性质的某物的一个比喻词的价值之间的含糊不清，我相信，普劳尔先生不会得出这样的结论。有三种可能的情况。（1）普劳尔先生的意思可能是：不是在原因的意义上，而是在是其所是的意义上，喜好构成了作为性质的这一性质。我认为，这种意思是普劳尔先生进行论辩所需要的。但是，我不理解喜好怎么能是那种性质。除非普劳尔先生清楚地断言这就是他想说的，否则，我不相信他就是这个意思。（2）"构成"是一个含糊不清的术语。它既可以表示某个东西中的一个要素，也可以表示作为原因使得某物存在。说喜好是作为原因使某物获得价值的一个要素，是某种价值情境得以产生的一个原因，我不否认。这是我关于评价判断的文章的一部分观点。我提出，判断通过确定某种确定的喜好的存在（这种喜好不以其他方式存在），而决定某一价值的产生。但是，就喜好和判断而言，这里并不存在什么"极为不同的"构成方式；它们恰好是同一种方式，喜好是较近的因果性条件，而判断是较远的因果性条件。（3）普劳尔先生可能是想说，带有喜好的沉思默想是具有价值的情境的一个构成要素；那个情境是复合的，而乐声，其一是一种要素；其二是一种沉思默想式的喜好。根据这种看法，价值性，一种性质，可能是简单而不可定义的，就像所有终极的经验性质一样。这种不可定义性的东西是处于一种关系中的两个东西：一个是对象，另一个是人们的态度。

对第二个观点和第三个观点，我没有任何异议。但是，除非普劳尔先生混淆了第二个或第三个与第一个的关系，或者混淆了这两个与第一个的关系，否则，他的结论看起来是不可能成立的。因为事实上，在具有价值的复合情境中，沉思默想式的喜好是一种成分或一种构成要素，它绝不妨碍一种思考活动也是这个复合情境中的一种成分和一种构成要素；沉思默想式的喜好可以被包含在那种情感驱动的行为之内。普劳尔先生自己的说法表明它是被包含在内的。不仅是普劳尔先生所信赖的那种喜好，就是猪对泔水的喜好也是被包含在情感驱动的行为之内的；根据描述，情感驱动的态度包含沉思默想。我不明白的是，如果这里没有思考的话，怎么会有沉思默想。这个复合体①中的另一个因素是某种被认可的对象，即某种被

---

① 指前面提及的复合情境。——译者注

沉思默想和被喜好的东西，如声音。而一个对象要被认可、被识别、被区别开来，其中肯定包含着一种思考。

普劳尔先生引文中所用的一个措辞似乎使下面一点更加可能。我认为，普劳尔先生将一种作为复合整体中构成部分的东西与构成一种性质混为一谈了。我们必须牢记：价值性质不是复合整体的另一种要素；另一种要素是一个对象，如声音。普劳尔说："当这种联系产生的时候，音乐的价值也就产生了。"当然，这也许仅仅指我们刚刚思考过的那个观点，即具有价值的情境是复合的，是由彼此相关的东西组成的。但是，除非以一种完全未经证实的见解（和一个事实上难以想象的观点）为根据，否则，这并不意味着这种关系不包括思考。一种完全未经证实的见解（和一个事实上难以想象的观点）就是：沉思默想式的喜好将思考排除在外。不知何故，这一段明白地表示：既然这一性质在这一联系产生时就产生了，那么这一性质就是一种与喜好的关系。但是把性质和关系等同起来，似乎是毫无意义的；价值并不是那个复合情境的相关条件之一；如果一种价值传达某种意思的话，那么，价值要么是情境本身，要么是某种由相关事物构成的情境的一种性质。

我们接着看另一段引文。普劳尔先生接着说："我理论中的价值，就它们具有共同要素或共同特征，并由此而证明了以'价值'这个词而将它们归并在一起从根本说是正确的而言，人们发现它们是在那种构成直接价值的情感驱动的关系中被构成的。"毫无疑问，在这里，普劳尔先生把不同的东西混为一谈了。我们可以提出以下细节问题：（1）难道第一句中复数的"它们"和后面单数的"价值"说的是同一回事吗？或者，严格来说，"它们"指的根本不是价值，仅仅是一些具有价值性质的特定的对象（如声音），而单数的价值指的是价值性质？（2）后面那个"直接价值"指的是什么，是价值还是一种价值？（3）当说情感驱动的关系构成直接价值的时候，他是在哪个意义上使用"构成"这个词的：A. 在是其所是的意义上；B. 在某物获得价值性质的因果性条件这一意义上；C. 在某个复合体中的一个成分的意义上？如果普劳尔先生能很好地回答这些问题，那么我确信我和他之间的争论将得以澄清。

接下来的一段话是这样的："和成千上万的其他事情和其他行为一样，一个评价判断有助于将价值置于陈述之中，有助于我达到这一点，即能进行实际的赋值（valuing）。"这里含糊不清的是一个动词（valuing），而不再是一个名词。与评价截然不同的这个"赋值"是一个不适宜的词语。它暗示我们赋予价值以价值①，从而暗示评价与判断是根本不同的东西。如果用诸如"珍视""欣赏"或"沉思默想式的喜好"②来取代"实际的赋值"的话，我们就清楚了，我们所争论的问题仍悬而未决，甚至根本没有被触及。我们争论的问题是，无论用欣赏，用享受的沉思默想，还是用其他什么术语，评价判断究竟是包含反思性理解这一要素呢，还是不包含呢？真正的分歧并不在欣赏和思考之间，而在于两种喜好之间：一种喜好是将思考排除在外的纯粹的生理欲望的喜好，另一种喜好是包含思考因素在内的喜好；一种欣赏是包含最低限度的思考在内的欣赏，另一种欣赏是包含大量经过思考的兴趣之结果的欣赏。

这一事实清楚地表明了普劳尔先生对我的观点的一种评论。他说，他不能理解为什么我主张研究那些有助于提供一种关于价值情境的陈述的判断，并且认为这"对于理解价值或者学习正确地进行评价是特别重要的"。当然，对于理解作为一种性质的价值来说，研究评价判断的确不重要。但是，对于理解作为一种性质的价值来说，研究任何东西都不重要。这是因为，作为一种性质，价值是终极的、简单的和不可定义的。复数的"价值"指的是那些具有价值性质的东西，指的是各种各样的声音、颜色、朋友、鸟儿、花卉，等等。既然培养我们对这些东西的判断是一种手段，我们通过这种手段使我们从喜好它们中的这一部分，转到喜好它们中的那一部分，那么，承认这个事实对于任何批评理论来说——无论是伦理学批评还是审美批评，似乎都是第一位的要事。

普劳尔先生强调趣味培养的重要性。当他谈论学习"正确地赋予价值"的时候，此处的赋予价值显然指的并不是一种赋值，而是一种喜好或欣赏。当然，这等于承认了我们的喜好可能是错误的，承认了我们的某些喜好并不能完全决定具有价值的东西存在。他说："价值是令人满意的还是令人不满意的，这取决于主体的资质是否聪颖，取决于主体在某些特殊方面的训练是否到位。"不过，根据普劳尔先生的理论，一种价值怎么可能令人不满意呢，或者令人不满意的怎么会是一种价值呢？我实在不懂。但是，我们可以把普劳尔先生的

---

① 这里的原文是"It suggests that we value values"。其中第一个"value"是动词，第二个复数形式的"value"是第一个的对象。为了更好地表达杜威的意思，我们将此译为"赋予价值以价值"。——译者注

② 这里杜威用的都是与"赋值"（valuing）相同的动名词形式，如"prizing""appreciating""liking"。——译者注

所有这些说法都看作一种指征，它们表明普劳尔先生潜意识的东西其实比他的理论更加真实。因为，他的所有诸如此类的表述都证明了，应该承认，在确定什么东西具有价值的时候，有一种因素是不同于纯粹情感驱动的态度的。在培养我们的趣味，在使我们的资质更加聪颖，感觉更加敏锐，喜好更加正确，训练更加到位这一过程中，除了思考之外，难道还有什么其他因素吗？

经验与自然①（节选）

存在、价值和批评

　　晚近哲学见证了价值论的兴起。在这场讨论中，价值就像它经常扮演的角色那样，成为一种令人绝望的努力的标志。这是一种试图将对象所具有的好与坏这种显而易见的经验事实与一种哲学救赎相结合的努力。这种哲学的救赎所作的就是通过将人与自然相隔绝，将在质上有区别的个人趣味和喜好与世界相隔绝，使对象所具有的好与坏这一经验事实变得非同寻常。哲学家建造了一个"价值领域"（realm of values），将一切由于人为的隔绝而被逐出自然实在的宝贵之物都安置其中。痛苦、幽默、热忱、悲惨、美丽、兴旺和挫折等，虽然已从那个等同于机械构建的自然界中被逐出，但是，它们仍然具有经验上的真实性，而且要求得到承认。所以，它们就被收集在一起

---

① 本节选用的是《经验与自然》的第 10 章，采用的是冯平的译本，并在傅统先译本（江苏教育出版社 2005 年版）的基础上进行了重译。

而纳入与存在领域（realm of existence）相对照的"价值领域"。于是，哲学家又要纠缠于新的问题了：这两个"世界"（worlds）的关系是什么？存在世界是这个终极的超验的价值世界的派生物或坠落物吗？或者，价值世界是人类主观性的一种表现形式，是以某种神秘的方式附加在具有完备物理结构的秩序上的一个因素？或者，客观存在中有一些胡乱散落着的东西，它们各自分离地散落着，但和物理事件一样"真实"（real）；它们没有时间日期，也没有空间地点，然而却在某个时间、某个地点与实在神秘地联合在一起？

　　这种对诸如此类关于价值的见解的选择是任意武断的，因为这个问题本身就是任意武断的。当再回到希腊思想曾用过的那些概念，如可能和现实、偶然性和规律性、在质上有区别的个体等时，我们发觉，把价值论和自然论截然分开是毫无根据的。不过，如果我们再回到这些希腊概念，这样的返回一定不同于原来的概念。它必须放弃将自然目的与善和完善相等同的观念，承认一个与有所选择的努力无关的自然目的，承认这个自然目的并不具有任何高贵的性质，只是为一个运动着的能量体系写下的一页历史的"结束"。由消耗殆尽导致的失败与由于胜利而结束的战争，同样都是终结（end）；死亡、无知和生命一样，也是最终的定局（finalities）。

　　此外，如果要回到希腊的这些概念，我们就必须放弃那种把目的视为预定只有有限数目的，而且按照它们不断增长的广泛性和最后性内在地构成一个秩序的观念。我们将不得不承认，自然的终点（termini）和它们所限制的个别活动系统一样，是无穷无尽的和多种多样的；不得不承认，因为结构的不可渗透性和固定性只是相对的而不是绝对的，因此具有新的目的的新个体会在无规律的过程中涌现出来。我们必须承认：一切的界限、范围、目的，就像政治个体间的边界或国家间的分界线一样，是实验性地、动态地被确定的，它们呈现为不同能量系统在彼此合作与竞争的交互作用中的动态的调整；它们并不属于具有自身正当性的东西。因此，我们必须放弃在自然中将偶然性与规律性截然分开、将潜藏风险与确有保证的东西截然分开的观念；这将使我们避免像古典传统所特有的那样，把它们归于不同的存在（Being）秩序。要注意，它们随时随地都是相互作用的，也正是由于不安定和不确定，才产生了对秩序和安全的需要和感知；要注意，在存在和享有方面最完备和最自由的东西，恰是因为这个原因而最易发生变化的，因此也最需要看顾和保全它们的技艺。

在最近的思想中，"价值"的内涵包含这样一些暗示，即经验已经迫使人们改变了古典思想关于自然目的的观念。人们至少已经认识到价值是易变无常、不确定的；认识到价值有正有负，而且在性质上是无限多元的（indefinitely diversified）。即使主张价值是不朽的、是游移不定的暂时事情之永恒基础和源泉的超唯心主义的形而上学，也将价值在现实经验中的那种不可否认的无把握、无休无止的飘忽不定和时隐时现作为其论辩的基础。恰是因为曾被通常称为"目的"（ends）而现在被称为"价值"的东西这种瞬息万变和不确定性，我们需要考虑和关心的重要的事情，就不是一种价值论而是一种批评论；一种根据好的东西（goods）所由出现的条件和所导致的结果，而在它们之中进行鉴别的方法。

价值就是价值，是直接具有某种内在性质（intrinsic qualities）的东西。仅就它们作为价值而言，没有什么可说的，它们是其所是。关于它们可说的一切，都是致使它们产生的条件和它们所导致的结果。那种认为作为直接价值（direct value）的东西适合于思考和讨论的观点，是以因果范畴与直接性质的混淆为基础的。例如，可以将对象（object）区别为具有某种贡献的或具有满足作用的，但这是对象在因果关系方面的区别，而不是在价值方面的区别。我们可能会基于某种理由对某个东西感兴趣，关心它或喜欢它。欣赏它或津津有味地欣赏它，常常是因为有关的这个对象是获得某种东西的手段（means）；或者说因为它是先前过程的高潮。但是，如果考虑喜欢或享受的理由，就涉及这种价值实在①的原因，而与"价值性质"（value-quality）的内在本性、本质②无关——"价值性质"只是存在或者不存在而已。作为手段的东西和作为满足状态的东西具有不同的性质，同样，交响乐、歌剧和圣乐的性质也不同。这种彼此间的差别与"价值性质"的直接性或内在本性毫无关系，它只是一件事情与另一件事情、一种性质与另一种性质的差别而已。

如果假定一个满足的状态具有直接价值（immediate value），但却断言获得这一状态的手段是没有价值的，这样的假定是自相矛盾的。如果对一个人来说，他的牙痛停止了，这是有价值的；那么，这个人根据这个事实，会发现去看牙医或任何其他足以满足这一目的的手段也是有价值的。因为满足是与手段相关的，正如手段是和目的的实现有关的。"手段—结果"（means-consequences）构成了一个

---

① 原文为"the cause of the existence of value"。——译者注

② 原文为"the intrinsicalness and nature"。——译者注

统一的不可分割的情境。因此，当加入思考和讨论时，当开始理论化时，当在纯粹的直接享受和受罪以外还有了其他东西时，我们所考虑的就是"手段—结果"的关系。思考超越了直接存在而指向直接存在的关系，指向将直接存在与那些反过来又成为中介的事物连接起来的中介条件，这一过程就是批评。所有的价值论都普遍地将在因果关系或连续关系所确定的位置与价值本身（value proper）混为一谈，这就间接证明了一个事实：任何一种理智的欣赏，都是对具有直接价值的事物的批评和判断。任何关于价值的理论，都必定要进入批评领域。价值本身，甚至具有价值的事物，就其直接存在而言，是不能被思考和反思的；它们只是存在或者不存在，被享受或不被享受。对直接存在的超越，哪怕这种超越只是为了界定价值，就是辨别（discrimination）过程的开始。这一辨别过程隐含着一种反省准则。本来，价值也许仅仅是被指向的（pointed at），企图仅通过"所指"（pointing）就对价值作出界定，这无论如何都是徒劳无益的。如果要给一种价值命名（designation），说它是正的或负的，那么这种命名迟早不得不将所有东西都包含进来。

之所以做这些说明，是为了提出我们对于哲学的一个见解，即就其实质而言，哲学就是批评。就其普遍性而言，在各种各样的批评方式中，哲学的批评有与众不同的位置。可以说，哲学的批评是批评之批评。批评是一种有识别力的（discriminating）判断，一种审慎的评价（appraisal）；而且，只要辨别的论题（subject-matter）关乎好（goods）和价值（values），判断就可以被恰当地称为批评。对好的拥有和享受会不知不觉和不可避免地逐渐变成评价。起初，不成熟的经验只是满足于享受。但是实施反思的短暂的经验过程，很快就会需要这样的告诫：当下令人感到甜美之物，在回味中和在其所致的后果中却是令人感到苦涩的。原始的无知是不会持久的。享受不再是一个论据（datum）而成为一个需要解决的问题。作为一个需要解决的问题，享受就意味着我们需要对一个价值对象的条件、后果进行理智的探究，而这就是批评。如果价值就像越橘那样丰富多产，而越橘又是那么唾手可得，那么，从欣赏转向批评就是一个毫无意义的步骤。如果一件事情已经让我们感到厌烦和无聊，我们只用转向其他事情。但是，价值就像云的形状那样变幻不定。有价值的东西遭受存在的一切偶然性，而且对我们的喜好和趣味漠然无情。

好的东西不仅随着四周环境的变化而变化和消逝，而且还随着我们自己的变化而变化和消逝。持久的感觉，除非它曾通过之前的批评得到培育，否则就会变得迟钝；过不了多久，我们就会生腻、疲惫、厌倦。自然的人是极为轻率浮躁的，这已成为研究人性的敏锐的观察家经久不衰的论题。只有得到培育的趣味才能持久地欣赏同样的对象。它之所以能够如此，是因为它已经被训练为一种辨别程序，这种程序能够在对象中不断地发现被感觉和被享受的新的意义。除了感觉和享受的器官疲惫以外，所有一切能够使所享受的对象动荡易变的其他器官的原因，再加上它们所处环境的变化无常，于是，直接的好（immediate goods）瞬息万变也就没有什么可奇怪的了；对于一种关于愉悦和美德的所谓悖论，也就用不着大惊小怪了。根据这种"悖论"，人之所以获得愉悦和美德，并不是因为人瞄准了愉悦和美德，而是因为人注意了其他东西。在这个世界中，除非注意一个事物的因果性条件，否则我们一无所获。因此，那不是一个悖论，而是一个事实。

当将批评和批评的态度与欣赏和趣味作适当区分时，我们就可以看到一种"跌宕起伏"的固定节奏（借用詹姆斯之语），即在一切有意识的经验中，人们对直接方面与间接方面、完成性方面与工具性方面的强调是轮番交替的。如果我们由于被误导而忽视了所有的观察和观念中这种无所不在的节奏，那么大多是正规理论的影响所致，它使我们赋予"欣赏"和"批评"过于缜密复杂和过于孤高疏离的含义。这类价值或那类价值，并不是稀有的和喜庆节日所具有的特性；任何一个对象，只要它受到欢迎、使我们留恋，价值就出现了；任何一个对象，只要它引起我们厌恶、激起我们反对，价值就被唤醒了；即使这种欢迎、留恋是转瞬即逝的，即使这种厌恶只表现为向另一事物偶然一瞥。

同样，批评也不是一种有关注书论著、发表文章的事情，或者对某些重大事件进行严肃讨论的事情。只要我们看一下当前到底有哪一类价值时，只要我们不是全无二心地接受一个价值对象，而是对它的价值略有怀疑时，甚至当我们因草草一想它可能的未来而对它的感觉有所改变时，批评就产生了。我们带有几分崇敬之意，用"欣赏""批评"等术语来命名一些显而易见的实例，大体说来是恰当的。但是，如果我们没有注意到下面这一点，我们就根本不能理解它们。这一点就是：正式地看重的实例与略表同意的接受和光火的拒绝，与短暂的怀疑和构成我们清醒经验全部进程的各种估价（estimates），无论是在幻想中还是在有控制的探究中，或在慎思地安排的事情中的估价，尽管它们之间存在跌宕起伏的节奏变换，但是性质是相同的。

这两种感知方式富有节奏的演替，显示出它们的差别仅在于强调重点和程度上的不同。在每一个成熟的正常的经验中，都会发生批评性的欣赏和带有欣赏性的、具有热烈情绪的批评。我们第一次获得的关于一个好东西的经验是模糊的和不定型，但随后发生的我们关于好的东西的感知起码包含批评性反省的萌芽。因为这个原因，而且只是因为这个原因，后来缜密复杂和得以形式化陈述的批评才是可能的。如果这种批评是公正的和适当的，那只能是于欣赏本身所发现的那种反省含义的发展。如果我们对好的东西的着迷和享受不包含记忆和预见（foresight），那么批评就将成为最为任意的工作。批评的合理性和中肯性，取决于批评将在直接趣味和直接享受中发现的理智因素扩展和深化到何种程度。

道德中的良心、艺术中的欣赏和信仰中的信念，不知不觉转变成批评性判断；而这种批评性判断又转变成一种越来越普遍化的批评形式，即所谓哲学。有人断言欣赏和批评的"教规"（canons），有人宣告趣味不可讨论，这两种主张如何能兼容并蓄呢？区分"看上去的好"与"真正的好"的意义何在？对表面的和实际的所作的区分，如何才能用来弄清"什么是好"？如果没有一种衡量价值的标准，可能出现批评性欣赏吗？这种价值标准本身是一种价值吗？这种价值标准是从它所衡量的价值对象中派生出来的吗？如果是的话，它又如何能够具有高于和超越具体实例的权威？它有何种权利对自己的来源和创造者下判断？一种标准是独立于它所判断的具体实例而超验地存在着的吗？如果是的话，它源于什么？凭什么能将它应用于其他材料？趣味、直接的欣赏、感知和道德感，是终极的吗？在任何一种情形中，只要发生，它们就是自己最终的裁决吗？在这种情况下，什么才能使我们幸免于混乱无序的状态？人们之间有共同的价值标准吗？如果有的话，这个共同标准的基础外在于人而具有一种独立客观的存在形式吗？

诸如此类的问题，如果我们高兴的话，可以继续增加下去。这说明，只要我们下功夫，从价值问题与批评性判断中推演出所有囤积的哲学问题，并不会有多大困难。无论是关于信念和意见的好与坏的问题，或关于行为的好与坏的问题，或关于所欣赏的自然景色和艺术的好与坏的问题，在每一种情况下，都存在直接的价值对象与隐秘的（ulterior）价值对象的矛盾——所予的好与经过反省而达到的辨明的好的矛盾；当下呈现的好和结果的（eventual）好的矛盾。例如，在知识中，有实际信念和法定信念；在道德中，有直接的善、渴望的善和合理的善；在审美中，有未充分发育的或堕落的趣味所欣赏的美和有修养的趣味所欣赏的美。其中任何一种区别所包含的真实的、最终的、客观的好，作为一种直接的存在，都不会比与之相反的虚假的、华而不实的、炫耀的、庸俗的好更好。形容词上的这些区别所标示的是由批评性判断构建的（instituted）区别；所以，经过检验的好与当下觉得好而后被判断为坏的那种好，这种区别的有效性是以对价值的一般反省为根据的，尤其是以对价值特别详细的反省为根据的。即使反省对象的好，与未经反省对象的好是不同的，也不能由此推出反省对象的好更好；更不用说，这两种好的这种区别使未经反省对象的好变坏了——除非有一个附带条件，即在对价值或好的反省中有某种独一无二的东西。

于是，真实的好、有根据的好和假冒的徒有其表的好之间的区别，要么是虚构的（unreal），要么是反思和批评的结果。值得注意的一点在于：这种区别与对关系的发现所揭示的区别，与对条件和结果的发现所揭示的区别是等效的。还有两个命题是与这一结论相关的：关于直接价值，就其本身而论，价值的产生和被拥有、被享受，根本就没有什么理论可言；它们只是产生，只是被拥有，只是被享受，仅此而已。当我们开始讨论这些价值时，当我们开始界定它们、对它们进行概括和分类时，我们就超越了价值对象本身，开始进入（哪怕是摸索地进入）对一种前因后果的探究。这种探究旨在对所讨论的对象的"真实的"好和结果的好作出评价。我们在进行批评，但不是为了批评而批评，而是为了创立和保持更为持久和更为广泛的价值而批评。

另一个命题：哲学是而且只能是这种批评性操作和批评性功能，而这种批评性操作和批评性功能是意识到它本身及其含义的，是审慎周详地和系统地进行的。它的出发点是信念、行为的现实情境，是以好与坏的直接性质为特征的欣赏感知的现实情境，是在任何时间内、所有价值领域中流行的各种批评方式。它们就是哲学的资料，就是哲学的论题。哲学对这些价值、这些批评和这些批评方式进行更进一步的批评，尽可能地使其更广泛和更一致。这样的方式能调节人们对好与坏的进一步评价，能使人们更自由、更安全地去直接选择、去拥有、去识别、去拒绝、去淘汰和去摧毁，从而建立或排除信仰、行为和沉思之对象。

这样一个结论带有一种怪异的气氛。它似乎在通过一种辩证法的花招表明一种企图——使好坏范畴的权限至高无上，高于理智生活，高于一切对象。我认为，只要考虑一下上面观点的实际含义，这种印象就会烟消云散。无论是我们相信的还是拒不相信的那些对象，它们都是价值对象；每一个对象都是被默认、被接受、被采纳、被据为己有的。也就是说，人们在相信或不相信中都得到了满足，或者说，都发现了好；事实上，凡是被接受的东西，就其本身而论，就其在这个范围内而言都是好的。这个陈述并没有任何神秘的含义；我们并非以此为根据而提出一个论点，从而抹杀对象所具有的独立于它们作为信念对象或价值对象的那些特性。这个论点并没有湮灭信念之间的区别；也并没有将"一个被信仰的对象必然被认为是好的"这个事实，当成相信这个对象的理由。相反，这个陈述只是一个前奏。更为重要的是隐藏在人们接受或拒绝的背后的那个东西和促使人们接受或拒绝的原因；是是否有一种辨别和评定方法，使人们能够对其所赞成的和所拒绝的东西作出区别。使一个对象在信念中被认为好的特性和关系，是在对象所具有的直接的好的特性之外的；这些特性和关系是关于因果的，而且只能通过人们对其前因后果的研究被发现。以为有一些对象和对象的一些特性的脸上挂着自我证明的证书，这种看法是关于知识的整个历史传统的一个陷阱和一种错觉。这种见解还以同样的方式影响了感性论和理性论的各个流派，影响了客观实在论和内省观念论。

关于信念及其对象，就其直接性而言，是"无可争议的"（non-disputandum），就像欣赏及其对象一样。如果一个人相信鬼怪、神迹、算命，相信现有经济管理体制是不可改变的，相信他的政党及其领袖是无上优越的，那么他就是这样相信着；这一切对他而言，恰如某些颜色与色调的配合是优美的，或者他的心上人是迷人的一样，都是直接的好。当对信念对象"真正的"价值产生怀疑时，人们就开始诉诸批评和理智了。诉诸裁判的法庭就是根据条件和后果规律作出裁决。恰当而充分的探究会使我们得到一个为我们所直接接受的对象、一个在信念中被我们以为是好的对象，但是，此时这个对象是以依赖于反省活动为特征的，是反省活动的结论。这个对象跟教条的、不加批判的信仰对象一样，也标志着一种"结果"（end），一个静态的停顿；但它又跟教条的、不加批判的信仰对象不一样。这个"结果"是一个结论，因此，这个对象是携带有效证件的。

如果信念的对象不是直接的好，假的信仰就不会如现在这样危险了。因为相信、承认和断言这些对象是好的，所以人们才会这样坚定不移地和坚持不懈地珍爱它们。关于上帝、"自然"、社会和人的信念，恰恰就是人们最恋恋不舍、最热心捍卫的东西。使一个守财奴放弃他的财宝，都比使一个人放弃他所深信的见解容易。不幸的是，在许多情况下，使一个东西成为一种价值的原因，并不是使它成为一种好的理由。它是一种直接的好这一事实却阻止人们去寻求原因，妨碍人们进行冷静的判断，而这恰是使事实上的好转换为法理上的好之先决条件。这又一次而且显著地表明，既然反省是获得更大的自由和拥有更持久的好的工具，反省就是一种独特的、内在的好。反省的工具效能决定了它作为一种直接的好在直接的好中地位显赫，它因具有更新补充和丰产果实的能力而超过了其他的好。在反省中，表面上的好和真正的好，在极大程度上是吻合的。

信念的论题就是一个好，因为相信意味着同化和断定，这个事实在传统的讨论中被忽视了。信念所具有的直接的好，既是进行反省检验的障碍，也是使反省检验成为必要的原始资料（source），这一点也被忽视了。的确，"真"与善（good）和美被安置在一起当作超验的好，但它们作为经验的好，即作为价值这一角色，却在通常的信念范围内被忽略了。这一错误是将理智论题与价值和评价相隔绝，与此相应，是将审美沉思的论题和直接享受与判断相隔绝。一个领域内是没有价值的理智对象，另一个领域内是没有理智的价值对象，这两个领域之间存在模棱两可的中间领域，道德对象就被安置在这个模棱两可的中间领域。这个对象具有两个彼此竞争的对手，一个要将其吞入纯粹直接好的领域（在这种情况下，道德对象被称为"快乐"），另一个要将其并入纯粹理性对象之列。因此，目前哲学的基本功能就是要解释清楚：科学、道德和审美欣赏之间，并不存在这种分割所假定的那种区别。诸如此类的一切所显示的区别，都是偶然发生的直接的好与通过批评性探究而在反省中被确定的直接的好之间的区别。如果在一种情形中纯粹的喜爱是价值之充足的决定因素的话，那么在其他情形中也并无二致；如果在一种情形中需要理智、需要批评的话，那么在其他情形中也并无二致；如果在一种情形中要达到的目的是一种增强的、精炼的直接欣赏的经验对象的话，那么在其他情形中也并无二致。科学、道德和审美欣赏这三种情形都显示出相同的二元性（duality），都呈现出相同的问题：在行动中体现理智，这种行动将把原因和结果都是未知的、偶然的自然之好，转变为这样的好——就思想而言，是有根据的（valid）；就行为而言，是正当的（right）；就欣赏而言，是有修养的（cultivated）。

哲学语言兼有科学语言和文学语言的特点。像文学一样，哲学是对自然和生活的一种解释（comment），以期获得对呈现在经验中的意义更为强烈和更为合理的欣赏。它只是在如同戏剧和诗歌那般的意义上，承担如实报告和转录的任务。哲学主要关注的是阐明、发挥和扩展自然生成的各种经验功能所具有的好。它并没有重新创造一个"实在"（reality）世界的职责，也没有发掘常识和科学所看不见的存在（Being）之秘密的使命。它并无自己所特有的资料或知识的库藏。如果哲学将自己作为科学的竞争者并不总是那么荒谬可笑的话，这只是因为某个特别的哲学家，作为一个人，恰好也是一个科学的预言者。哲学的任务是为了某一个目的去接受和利用它当时当地可获得的最好的知识。而这个目的就是批评，即对各种信念、各种制度、各种习俗、各种政策的好进行批评。这种好并不是指哲学自身所获得的或自身所制定的那种好。因为，就像并无自己特有的知识库藏，也并无自己特有的达致真理之方法一样，哲学也并无自己特有的通达好的路径；就像从胜任探究和发现的人那里接受事实知识和原理一样，哲学也接受遍布人类经验的好。哲学并没有人们所信赖的那种摩西式或保罗式的启示权威。它所有的是理智的权威，是批评通常之好与自然之好的权威。

在这一点上，哲学与文学语言的技艺分道扬镳。文学语言的技艺要完成一项更为自由的工作，即在想象中增强自然的好（natural goods），使之生动活泼并成为永恒；对于成功者，所有事情都可得到宽恕。但是，哲学批评所担负的工作更为严格，它承担着对于哲学批评之外者更大的责任。哲学批评必须通过认识价值的原因和结果对这些价值作出鉴定；而且，只有通过这条狭直的路径，它才可能对价值的拓展和解放有所贡献。正是由于这个原因，科学关于自然之功效的以事实为根据的结论，才成为哲学批评必不可少的工具。如果哲学批评最终关心的是致使各种好在欣赏（appreciation）中更融贯、更可靠和更有意义，那么，它的工具（road）就是科学发现和科学描述的那个关于自然存在的论题。

仅就字面形式而言，这个哲学概念并无任何新奇之处。它不过是古语的一种解释而已。古语道：哲学就是爱智慧，就是对并非知识然而却不能没有知识的智慧的热爱。人们需要这样一种批评工具，它可以利用关于事件关系的知识，而对人们所获得的偶然的、直接的好作出鉴定。这种需要不是一种哲学的事实，而是一种自然的事实、生活的事实。我们可以设想一种比我们所夸耀的更幸福的自然和经验，在那里批评反省工作持续不断地细致进行着，以致无须再有一个特殊的批评工具。然而，现实的经验却如此混乱不堪，以至于保持一定的距离和一定程度的超然（detachment）成为观察的先决条件。虽然思想家们常常撤离得太远，但是撤离是必要的，否则直接的喧嚣将使他们耳聋，炫目的景象将使他们目盲。使一种普遍化的批评工具尤为必要的理由，是对象都具有一种寻求老死不相往来、彼此分隔的倾向。具有色彩斑斓性质的自然界，在获得关于自身的经验时，会显示出各种不同的趋向，因此存在各种重点的分布。人们以科学的、工业的、政治的、宗教的、艺术的、教育的、道德的等形容词命名那些重点，这很自然。

但是，从因果关系的立场来看，无论这些趋向的制度化多么自然，它们的分离所导致的隔绝都是不自然的。狭隘、肤浅和迟钝恰是缺乏滋养所致，而这种滋养只有通过宽宏大量的、广泛的交互作用才能得以补充。专业化、制度化使各种好彼此孤立而僵化；在一个变动不居的世界中，凝固而僵化总是危险的。沉淀造就了抵抗的力量，但是没有一个东西有足以抵抗一切东西的力量。兴趣、职业和好的过度专门化造就了一种需要，即需要一种相互沟通的普遍媒介，需要一种相互批评的普遍媒介，从而通过这一媒介将一个被分隔的经验领域全部转换成另一个被分隔的经验领域。因此，作为一种批评工具的哲学，实际上变成了一个通讯员、一个联络官。它使各种方言彼此可以相互理解，并因此不仅扩展而且精馏（rectifying）了这些方言具有的意义。

困难在于：即使宣称信奉普遍性（catholicity），哲学还是经常发假誓。它不是一个自由的沟通信使，而是一个代表某种特殊和片面利益的外交官。它虚情假意，以和平为名，培养引起争端的分裂；以忠诚之名，促进错误联盟，推销神秘理解。也许有人会说，哲学过分地证明自己对真理至高无上的忠诚奉献，所以才使人心生怀疑。它随时准备声称自己是接近最高真理和最终真理的独特工具。其实，它并不是；而且，除非人们拒绝接受这种宣称，否则哲学这种神神道道、装腔作势的样子就不会改变。真理（Truth）是诸多真理的集合；这些集合成真理的诸多真理就存在于那些探究事实和进行实验的最有效的方法之中；这些方法，如果用一个名称加以汇集，就是科学。因此，对于真理，哲学并不具有卓尔不群的地位；哲学是一个受惠者而不是一个赠予者。但是，意义领域要比真假意义领域更广阔；而且，意义领域更迫切更富饶。当宣称意义已经达到真理的境界时，真理的确是卓越的。但是，人们常常将这个事实与一种认为真理要求无所不在、真理具有垄断权的观念相混淆。诗的意义、道德的意义，生活中很大一部分好，都是关乎丰富和自由的，而不是关乎真理的；我们生活的很大一部分都是在无关真假的意义领域中进行的。哲学本身的任务是解放和澄清意义，包括那些被科学验证了的意义。但哲学却宣称自己是真理的承办商，要与科学一争高下或取代科学，这似乎是因未完成自身的任务而作出的一种近乎补偿性的姿态。确实，一位学者之所以珍视基于事实的各种系统，是因为这些系统揭示了意义和意义的各种细微的差别，而不是因为它们确定了一堆最终真理。如果哲学公开宣布自己的工作就是揭示意义和意义的各种细微的差别，而不是将揭示意义和意义的各种细微的差别视为哲学工作偶然的副产品，那么，哲学的定位将更加清晰、更加明智，也更加令人尊敬。

有时有人会说，对哲学的这种见解毁损了哲学的高贵，它使哲学堕落为一种社会改革的工具；而且认为，这种见解只会与对文化的积极成就感觉迟钝而对文化的罪恶过分敏感的人意气相投。这种设想忽略了一些显著的事实。如果不能将其理解为经验所能做到的意义的解放和拓展，那么就是以一种庸人之见来理解"社会改革"。毫无疑问，诸多社会改革的计划恰恰犯了这种狭隘之见的错。也正是因为这个原因，这些社会改革计划徒劳无功；即便在这些计划所指望达到的特殊改革方面，它们也未获成功，而徒增了其他缺陷带来的损失，甚至制造出一些新的缺陷。只有最好的、最丰富的、最详尽的经验可能性，才是对人而言最好的。不能将获得这样的经验当成专属"改革家"的难题，而要将其当成人们共同的目标。哲学对这个共同的目标所能作出的贡献就是批评。批评一定包含对计划中和各个阶段获得的价值的分配过程所存在的缺陷和腐败的高度意识。

对其否定方面公正和中肯的批评，必须以我们不断增强欣赏人类经验所获得和所提供的积极的好为基础。科学、艺术和社会交谊方面各种的积极的具体的好，就是作为批评之哲学的基本的论题；而且，就是因为这些积极的好业已存在，解放这些好和保证这些好的拓展才成为理智的明确目标。越是了悟经验所具有的丰富意义，一个胸襟开阔、宽宏大量的思想者就越会意识到阻碍经验分享的限制，就越会明了经验的偶然性及其分布的任意性。如果需要强调工具的效能，那并不是因为工具本身的缘故，而是因为要使价值的供应更充沛和更有保证。要实现这一目的，就不可能没有工具。

如果哲学就是批评，那么该如何理解哲学与形而上学的关系呢？形而上学是对所有种类的存在所表现出来的一般特性的陈述，它不关心这些物理存在和心理存在的分化，因此，它似乎与批评和选择没有任何关系，也跟一种有效的对智慧的爱没有任何关系。形而上学以分析和界定开始，也以分析和界定结束。当它揭示了那些一定会出现在每一讨论领域的特性和特点之后，它的工作就完成了。所以，前面的说法至少是行得通的。既然在每一个论题的讨论中所发现的特性的性质，就是存在不可避免的特性，那么就不允许有这样的结论。定性化个性和恒定的关系、偶然性和需要、运动和静止，是所有存在共同的特性。这个事实既是价值的根源，也是价值不稳定的根源；同时，它也既是偶然地直接拥有的根源，又是作为有把握的获得和占有之先决条件的反省的根源。因此，任何一种发现和界定这些特性的理论，都只是批评领域的一张地形图，只确定了一些可被用于更复杂精细的测量的基线。

如果自然的诸多一般特性的存在是各自密封彼此相隔的，那么只要在它们中间挑出一些经验对象和经验兴趣就足矣。但是，实际上，它们如此紧密地混杂在一起，以至于所有重要的问题都与它们相互依存的程度和比例有关。如果只是注意到和记录下偶然性是自然事件的一个特性，那么，它就与智慧毫无相干。然而，如果注意到偶然性与一个具体生活情境的联系，这至少是智慧的一个开端。探测和界定自然终结(end)本身是没有意义的。但是，如果根据这一发现去观察实际的进程，我们会接近一些至高无上的问题：生与死。

一个人越是确信环绕人类生活的世界具有如此这般的特性(无论他如何界定)，就越会尝试根据他所理解的世界的特性指导自己和他人在生活中的行为。如果他发觉自己不能成功，发觉这种尝试使他陷入困惑、矛盾和黑暗，也使他人陷入一种混乱，使他们无法参与合作，那么这种粗浅的教训就会使他认识到他所确定的东西其实是一种错觉，必须予以放弃，并且修改他对于自然性质的见解，以使他对自然的见解与体现自然的具体事实更加吻合。人需要地面以行走，需要海洋以游泳或航行，需要大气以飞行。人必须在这个世界之内活动。为了生存，人必须在某种程度上将自己作为自然界的一部分去适应其他部分。

在心底里，在思维中，人已意识到自己的这种境遇、这种窘况。人们以关注所要采取的行动、所要制订的计划和所要形成的政策之方式而寻求事物的意义；以关注打算采取的行动所要引发的对象和所要排除的对象而寻求行动的意义，而不再是通过被强制的失败和成功之结果，被迫地使一部分适应另一部分。能量和活动组成了自然，能量与活动之间存在着一种从未断裂的绳索。知识修饰了它们之间的"结"。以为知识拆解了这个"结"，以为知识在事物的交互作用中嵌入了某种绝缘物，这种观点是十分幼稚的。知识，即科学，修正了它所及范围之内的那些特殊的交互作用，因为知识本身就是交互作用的一种修正，要考虑交互作用的过去与未来。对于存在的一般洞察——这是我们从经验可以理解的意义上对形而上学的意义所给出的界说——本身就是一种新增的交互作用的事实，因此，它也像任何其他自然事件一样，服从于同样的理智的要求：探究它所发现的东西的关系、趋向和结果。宇宙不是一个无限的自我表现的系列，但愿因为在这个宇宙内加上一个表现而使它变成一个不同的宇宙。

通过一种间接的方式，我们被带进对所有批评的一种最广泛问题的考虑，这一问题就是存在与价值的关系。或者，按照对这个问题的惯常提法，就是现实（the real）与理想的关系。

许多哲学流派通常坚持一种笼而统之的关系。他们要么认为，我们最赞赏的因而被我们称为理想的那些好，与现实存在是完全彻底等同的；要么认为，存在领域与理想领域彼此是完全割裂的。前一种思想在正统的欧洲传统中盛行。"存在"（ens）、"真理"（verum）和"善"（bonum）是同一的。"存在"（Being）在完全的意义上，是存在力的完善；衡量完善程度的尺度和衡量现实（reality）程度的尺度，就是力量的范围。罪恶和错误就是软弱无力，就是反对存在（Being），即反对全能（omnipotence）的无效的姿态。斯宾诺莎曾经依照新的科学观，带着这个意思重述中古神学。现代公开自诩唯心主义者的人也讲授同样的学说。他们在夸大了思想和思想的对象之后，在夸大了人类希望的各种理想之后，设法证明：归根结底，这些东西都不是想象的而是现实的，其现实性并非一种如同意义和理想一般的现实，而是如同存在一般的现实。因此，他们在形成信仰理想这一断言的同时，又证明这一断言是虚假错误的。这些"唯心主义者"不能相信他们的理想，除非把理想转换成存在——转换成物理的或心理的存在。由于这种存在缺乏经验中物理存在和心理存在所具有的性质，因此就变成一种特殊的存在，一种所谓形而上学的存在。

也有一些哲学派别（比较少）断定，理想是如此神圣，以至于绝不能接触存在。他们认为，理想一旦接触存在，就必然被存在污染，而污染就是蔓延。乍看起来，这样的观点似乎是在炫耀某种信仰的高贵和克制的优雅。但是，一个在存在中无根的理想领域，既无效也与我们无关。它是一种黑色的光，投射在虚空中，未照亮任何他物，甚至连其自身也未能显现。它对我们毫无教益，不能揭示实际发生的事情之意义和重要性，因此是贫瘠不育的。它既不能减少存在之荒凉，也不能修饰存在之粗鄙。它发誓绝不根植于自然事件之中，放逐了自己。它不再是一种理想，而是沦为异想天开的白日梦和语言诡辩。

我们这样说并不是有意责难，而是想指出：关于存在和价值的关系的这些笼而统之的想法，内容贫乏，毫无助益。但就其蕴含的否定一面而言，它们显示出以下主张（doctrine）——这种主张可以被有效地批评，可以在解放、拓展和澄清的辨别中发挥作用。这样一种理论将使我们认识到：所谓理想的意义与所谓感觉的意义一样，都由存在孕育而生（generated by existences）；只要继续存在，它们就离不开事件的滋养；它们是存在之可能性的指南，所以既为我们所利用也为我们所享受；我们利用理想激励行动，以获得理想的因果条件并获得支持理想的因果条件。这样一种主张根据特殊事件产生的特殊意义而对特殊事件进行批评；它依据特殊的意义和特殊的好的各种条件而对它们进行批评，说它们的条件是稀少的、偶然的、不能保留的，或者说它们的条件是时常发生的、能适应的、协调一致的、持久的；它也依据特殊的意义和特殊的好的各种结果而对它们进行批评，说它们在行动中是提供启示的、指导行动的，或者说它们的建议晦暗不明、目光狭隘、判断模糊、图景失真。好总是好的，但是，无论给好贴上美的标签还是贴上真或正义的标签，它们都需要在反省中被证明是好的。如果能使创造新的好和保护旧的好的那些判断稳定、充满生机和得以发展，那么它们就是好的。就常识而言，这不过是老生常谈。但对哲学而言，这却是一块绊脚石，因为哲学传统认为，辨别（discriminations）就意味着多元论，所以哲学顽固地拒绝对存在领域进行辨别。它坚持全有或全无；它不能选择偏好某些存在而反对其他的存在，因为它先在地承诺了"完美统一"的教条。因此，它所作的区分总是分等级的——在一个同质的秩序中，比较更多或更少，更优或更劣。

我愿意借用我们最伟大的美国哲学家所说的光辉语句。这些语句富有诗意，可以成功地表达枯燥无味的单调之言所不能表达的东西。霍尔姆斯曾经写道："必然是通过努力而成其然的。有意或无意地，我们在努力创造一个我们喜欢的世界。尽管我们也像斯宾诺莎一样将对过往的批评视为徒劳无益，然而我们却有十足的理由，尽我们所能地将未来创造成我们所欲求（desire）的那样。"他接着说："我们也有十分的理由努力使我们的欲望成为理智的。困难在于我们大多数的理想都是含糊不清的，即使使它们清晰而确定，我们也极少有使它们得以实现的实验知识。"当我们致力于使我们的欲望、我们的努力和我们的理想（这些东西对我们来说，就跟我们的疼痛和衣服一样自然）明确，根据对条件和后果的探究去说明它们（而不是就它们本身去说明它们，因为这是不可能的）时，这种努力就是我所谓的批评；而且当我们把这一工作推广得更广泛时，它就是哲学。在另一篇文章里，霍尔姆斯触及了哲学（按我们所理解的）与我们对我们生活于其中的这种世界所作的科学的洞察和形而上学的洞察之间的关系。

当谈到我们对于宇宙的态度时，我们看不到有任何理性的根据，说明我们由于得不到满足而可以去要求有这样一个至高无上的东西，除非我们有把握说，我们的真理是宇宙的真理，如果有这么一回事的话……如果一个人觉得没有理由相信意义、意识和理想不仅仅是人类的标志，那也不足以证明法国怀疑论者所熟悉的那一套是正确的，即攀登在柱头上而假装以一种傲慢轻视的目光俯瞰一个正在毁灭的世界。真正的结论是，部分不能吞没整体……如果我们相信，我们来自宇宙，而并非宇宙来自我们，我们就不得不承认，当论及纯物质时我们简直是无知的。我们的确知道，某个能量复合体能够摇动它的尾巴，而另一个能够推演三段论。这些都是在这个未知者所具有的能力以内的，而且如果它还有我们不懂的更大的能力（这也许是可能的）……我们为什么还不满足呢？为什么我们还要运用宇宙所供给我们的能量去公然反抗它，为什么还要对苍天摩拳擦掌以示抗议呢？这在我看来似乎是愚蠢可笑的。

宇宙之所有远远超出我们之所知，士兵不知出征之计划，甚或还有一个……这对我们的行为毫无影响。我们仍然要进行战斗——我们全都要这样，因为我们要活下去，至少有些人要这样，因为我们要实现我们的自发性和证明我们的力量，以此为乐，至于这些在事情中对我们有价值的东西最后的评价到底如何，就留给未知者去决定吧。宇宙创造了我们，而且这里有我们所信仰和喜爱的一切，虽然还不止于此，但这对于我们已经足够了。如果不想把我们的生存视为外在的小神灵的存在，而是当作这个宇宙内的神经中枢的话，我们背后还有无垠的大地。它给予我们唯一但却恰当的重要意义。如果我们的想象力足够强大，也把自己视为与其他东西不可分离的一部分，并且把我们最后的兴趣拓展到身体以外，那么，我们为了我们自己以外的目的而牺牲生命也是应该的。要求有把握的动机是，我们在人类中所发现的共同愿望和理想。哲学虽并没有给人们以动机，但是它告诉人们：做他们想要去做的事情，这并不愚笨。哲学打开了通往浪费我们精力之绝望的希望之门，使我们展望着人类思想所能达到的最遥远的远方，使我们遥遥地听到那个未知者奏出的和谐的旋律。

人类在各个极端之间游移。人们或是把自己设想为神，或是杜撰出一个有威力的狡猾的神作为同盟，以驱使这个世界服从于他们的吩咐和满足他们的愿望。幻灭时，他们否认跟这个令他们失望的世界具有的一切关系，紧紧抱住理想的东西，将它们当作自己的占有物，以一种高傲的居高临下的姿态，超然于坚实的事物进程之外，而这一进程几近与我们的希望、抱负毫无关系。但是，一个已向经验敞开的人，一颗经过训练而成熟的心灵，知道自己有多么渺小和无能；他知道，他的愿望和确认，无论在知识方面还是在行为方面，都不是衡量这个宇宙的最后尺度，人的愿望和确认终究是变化无常的。他也知道，对于权力和成就的那种幼稚的假定并不是会被完全遗忘的梦境。这意味着有一个跟宇宙融为一体的境界，而人们要将此保持下来。这个信仰以及它所激起的思想上的努力和奋斗也是这个宇宙所为。无论多么微小，它们也在某种方式之下，推动着宇宙前进。关于我们的重要性，我们已经有了比较正确的感知，即理解到，我们并不是衡量整体的尺度，这跟我们相信我们以及我们的努力不仅对我们本身，而且对于整体具有重要意义这个信仰是一致的。

忠实于我们所属的自然界(无论我们作为这个自然的一部分多么微弱)，要求我们珍惜(cherish)我们的欲望和理想，直到将它们转换成智慧为止，甚至直至按照自然可能允许的方式和手段完成对它们的修订为止。当竭尽全力运用我们的思想，将我们的微薄之力投诸这种动荡失衡的事物的平衡时，我们知道，尽管宇宙残害我们，但我们仍然可以信赖它，因为我们的命运总是和存在中的好在一起的。我们知道，这样的思想和努力是使更好存在的条件。就我们而言，思想和努力是唯一的条件，因为它是唯一我们力所能及的。除此以外，要求更多是幼稚；要求更少则是懦怯；期望宇宙符合和满足我们的一切愿望，是一种自我中心；将我们自己与宇宙相分割，同样是一种自我中心。诚心诚意地提出恰到好处的要求，会激发我们的每一种想象力，激发我们在行动中要求一切技能和勇气。

所以，哲学并非源于某种特别的冲动，也并非源于存在的某个孤立独存的部分。哲学源于整个人类困境（predicament），而人类的这一情境完全与自然相适。人类困境反映自然的特性；它给予自然无可争辩的根据，证明自然本身的各种性质和各种关系、各种个别性和各种一致性、各种终结和各种效能、各种偶然性和各种必然性，都不可避免地紧密联结在一起。这种相互贯通的激烈冲突和巧妙吻合，构成我们意识到的经验；它们表现出的现象激发了我们的怀疑，迫使我们进行探究，要求我们作出选择，而且要求我们对自己的选择负责。只要在自然中是完全和谐的，生活就将自然而然地展开。假如不是人和自然皆不和谐，只是人和自然不和谐，人或会成为残酷无情的统治自然者，而不是暴躁易怒的受自然压迫者。正是这种人既为自然所支持而又为自然所挫败的特别的互相混杂的情况，构成了经验。哲学思想中那些主要的对立面——目的和机械、主观和客观、必然和自由、心灵和身体、个别和一般等，全企图陈述这样一个事实：自然诱导且部分地支持意义和好，同时又在一些紧要关头撤回它的帮助并愚弄自己的创造物。

人类为之而奋斗的想象对象是自然过程的延续（continuation）；这一想象对象是人从他所由发生的世界中学来的，而不是他任意注入（inject）这个世界的。当人在努力中加入洞察力和理想时，说到底这并不是附加上去的；这种附加还是自然之为，而且是自然领域本身的进一步复杂化。采取行动，享受和遭受行动的后果，从事反省，按照探究所揭示的前因后果辨别和区分已有但却粗糙、同质的善和恶，根据已经学到的东西行动，投身于新的欠考虑的境况，对已经学到的东西进行检验和修正，行那些新的善或做那些新的恶，这些都是人之所为，而它所显示的是自然的进程。它们是自然中偶然命运、满足、质上的个体化和类上的一致性的显现。因此，对于履行批评的职能而言，注意、记录、界定自然的成分结构，并不是中立无关的事情。它是批评领域的一个基本轮廓，主要意义在于帮助我们理解理智（intelligence）职能的必要性和本质。

如果我没有弄错的话，现代哲学中主观性（subjectivity）的真实的敌意（animus）并不在它的敌人曾指出之处。它的真实的敌意及其令人讨厌的负担，展现在它那些怀有敌意的批评者的主张中。因为他们赋予知识关于存在的唯一的合法性，而将欲望、信仰、"实践"活动、价值统统归于人类主体。正是这种撕裂使主体性成为一种陷阱和危险。在这里，信仰最为关键。因为人们公认，信仰包含默认和断言；信仰所呈现出来的性质不仅包含个人（personal）成分，而且包含价值（无论用哪种价值界定）。必须在信仰和知识之间划出严格的分界线，因为知识已被界定为纯粹的客观性。人们承认，需要控制（control）信仰；按照这些学说，知识就是实行这种控制的工具，尽管只是偶尔。于是，在实践中，知识、科学、真理其实就是批评信仰的方法。它是决定个人因素如何正当参与信仰的方法。那么，在知识和信仰之间，除了在方法的运用、有效的工具性和由于它们的产生方法而具有的特征、作为结论而为我们所接受的，而不是盲目地、偶然产生的信仰对象这些区别以外，为什么还要在知识与信仰之间保持其他区别呢？人们为什么会对"科学本质上是一种以取舍的方式批评地决定什么为好、什么为坏的工具"这种暗示感到不安呢？

我能看到的一个答案就是：欲望、信仰、追求、选择都被认为是"主观的"，而所谓主观的是说它跟自然存在绝缘，是无法解释的闯入者。这就是将信仰和知识截然分割的理由。如果个人是在自然以外的，那么我们讨厌将科学当作决定具有个人因素的活动是否正当的一种手段，就像我们讨厌一个画家用技术和物质设备来决定他的作品一样，是很有根据的。如果我们在这一意义上，将一种手段变成某种个人的东西，那么科学便丧失了它的客观性，而带上了私人的、任意的特征。

然而，这个结论包含一个未经验证和未经批评的假设。怀疑、努力、目的、各种各样的好和坏、取和舍等，被孤立隔绝的理由是，它们不属于世界中构成概括化知识之对象的这一领域，无论这一领域被理解为机械的还是理性的。于是，这种观点便在一种恶性循环中飘来飘去。这个问题自始就犯了"丐辞"的毛病。如果个人化性质、地位、限制性"目的"（ends），以及依条件而产生的变化，就是自然所具有的特征，那么，它们就将自己呈现在使用、享受与遭受、追求、努力和构成意识经验的探索与努力之中。它们是认识经验的对象，是实在的，是"客观"自然的。因此，我们没有理由否认或回避这一事实的全部意义：构成意识经验的探索和努力，就是调节评估价值、修订矫正价值、有控制地创造价值和保卫价值的手段，而且是其唯一的手段。

知识是信仰的一个事例（case）。在认识论中，通常是用避而不谈这一事实的办法，抹杀由于把信仰视为存在意义上是主观的、个体的和私人的而产生的恶果。在处理审美方面的好和道德方面的好时，不用这样的策略。在那里，这种可憎的片面概念大行其道。通常流行的做法是把价值和喜好当作纯粹个人之事联系起来，而无视这样一个麻烦的事实，即这个理论在逻辑上必然因此将一切信仰都当成任意的，当成不可讨论的任意之事。所以，人们在美学和道德理论上众说纷纭，莫衷一是，就不足为怪了。既然它们的论题与科学的论题是完全分隔的，既然它们被归入单独的、不能由多人共同参与的存在领域，那么，达成一致的唯一可能的方法便已预先被排斥了。

实际上，这个后果是不能容忍的，因而也很少遇见。价值"标准"突然出现，成为趣味和良心的准绳。区别突然出现在喜欢和值得喜欢之间、所向往和可以向往之间、是（is）和应该（ought）之间。似乎既有直接价值（immediate values），也有标准价值（standard values），而标准价值可以用来判断和衡量直接的好和坏。于是，真伪、虚实便在反省中呈现出区别。然而，按严格的逻辑而论，它的出现就是它的消逝。因为，如果这个标准本身就是一个价值，那么，按照定义来讲，这个标准价值不过是某个特殊的具有主观性的人物的一种特殊喜好之对象的别名。一旦它与某些其他喜好发生冲突，那么强者胜。这里的所谓真假、虚实，有的只是强弱。至于要问到底哪一方面应该（should）更强，就和问斗鸡中的哪一只应该更强一样毫无意义。

这样一种结论中止了一切追求一致和追求组织的尝试，并唤起了一种相反的理论。这个"标准"绝不是一个好，至少在我们看来不是一个好。毋宁说，它是在理性上所领会的一个原则。与其说它是好的，毋宁说它是"正当的"；而且，既然它是正当的，它就是判断一切的好的标准。如果正当的也就是好的，这种认同（identification）便存在于某种超验领域，存在于某种不朽的、非经验的存在（Being）领域，而这个领域也是一个价值领域。将好的标准如此理解为一个理性的原则和一种最高存在的形式，于是，它便被置于现实的欲望、努力、满足和挫折之上。它应该参与欲望、努力、满足和挫折的决定，但它绝大部分并未参与。是与应该的区别是独一无二的，而且是一种隔绝。这不足为怪。一个完整的循环就这样完成了，最后只是一个反驳：所谓标准，自身不过是某一个人任意喜好的另一种庄严的伪装而已——它不过是某一个偶然披上了权威外衣的人的独断。

把关于美和道德的善的经验归结为没有根据的心血来潮，与把关于真的经验归结为没有根据的心血来潮，同样令人愤怒。常识有一个牢不可破的坚定信念，认为享受和行为中有直接的好，并且认为享受和行为中还有可以鉴定、修订这些好的原则。常识保持着这个坚定的信念，因为它不知道有一种僵硬刻板的划分将知识置于一边，而将信仰、行为、审美欣赏置于另一边。它也不知道还有客观实在和主观事件之间的分割。它认为努力、目的、探究、渴望、"实践"生活，与科学讨论的主题一样都是自然事实，并认为前者是一种更为直接、更为迫切的现实（reality）。所以，常识并不认为"理性的、客观的批评和纠正直接的好"这个观念有什么问题。如果常识会说话，它会说，生成善恶的、生成争取这个避免那个之努力的，以及生成控制这种努力之判断的，就是同一个自然过程。常识的弱点在于，它没有认识到慎思和系统化的科学是恰当判断的先决条件，因而也是恰当努力和恰当选择的先决条件。常识的大部分批评工具是一些不完全的判断，是未经批评而形成的习俗，是偶然的机遇和既定的兴趣。所以，当常识开始对自己的信念进行反省时，它极易沦为传统学说的牺牲品。那个恶性循环又将周而复始。常识在认为有对价值进行客观批评的必要性和可能性这一点上是正确的，它的薄弱之处在于实现这一目标的方法。

现在有一个破解信仰问题的例子。曾有一个时期，关于外在事物的信仰大部分都是用直接拿来的好决定取舍的。至于信仰中直接的好，与真实的或真正的好之间的区别，事实上主要是为教会和政府当局所批准的好，就是真实的或真正的好。可现在谁都知道，每一种信仰价值（belief-value）都必须经受批评。在科学研究中，批评并不一定涉及一种超验的真理标准，对此人们已经司空见惯。一种直接的信仰价值是对探究提出的挑战，一种信仰的最终对象是批评性探究的结果，两者的区别是在理智实验（intelligent experiment）的过程中产生的。其结果就有了看上去的好和实际的好之间的区别。一个顽抗的世界逐渐相信了：这样决定的意义界定了什么是被接纳、被断言的好。同时，由激情、阶级利益、例行公事和权威决定的信仰仍旧普遍流行，它支持着这样一种看法，即信仰的对象是如何产生、如何达到的，这对于一种信仰的价值而言至关重要。因此，我们明白了：只有根据具有好之性质的对象的产生和它将导致的结果，才能对直接的好作出批评性评价。

就外表形式而言，实验科学各式各样且变化多端，但就其原则而言，实验科学却非常简单。如果我们知道一个对象是怎样被制造出来的，我们也就认识了这个对象，而我们越是亲自去制造这种对象，我们就越知道它是怎样被制造出来的。旧的传统强迫我们将思维(thinking)称为"精神的"，但是，"精神的"思考只是局限在有机体内进行的片面的实验，这种实验终止于一种初步适应阶段。只要思维停留在这个阶段，我们就不能将这种向内翻转的截断顶端当作一种证据，以为它证明了有一种非物质的理性是优越于身体并独立于身体的。只要思维如此这般地封闭在有机体以内，那么，在"外边"自然景象中的外现行动，就不可避免地会被剥夺它所具有的充分的意义，而这是任意武断的和例行公事的。当将"外边的"和"内部的"活动结合在同一个实验操作中，并将这种实验操作作为发现和证明唯一恰当的方法时，有效的批评和融贯有序的价值便将显露(emerge)出来。有些艺术通过赋予(informing)事物意义的方式形成(shape)对象，而思维就是和这些艺术结盟(align)的。

　　有人认为，知识是从无意义的感觉材料出发(fare forth)的，或是从纯逻辑原则出发的，或是由这两者的结合而起程的，把感觉材料和纯逻辑当作知识原始的出发点和材料。反映心物分隔的旧二元论心理学使这种见解更为流行。从心(mind)的自然历史来讲，这种见解完全是一种虚构。一切认识活动和从事于认识的努力都是从某种信仰、某种业已接受和已经肯定的意义出发的，而这种信仰或意义是过去经验(包括个人的和社会的)的积累。在每一个事例中，从偶尔的怀疑到复杂的科学工作，认识的艺术总是对被当作真实的货币而在当时流通的那种信仰的批评，期望修正这种信仰。一旦更为自由、更为丰富和更为可靠的信仰对象被建立起来，并被视为直接接受的好，认识活动就停止了。照字面意义来说，这种操作(operation)就是一种做(doing)和制造(making)。这种操作的起点是一个被视为表面的、值得怀疑的(questionable)好，而重点是一个经过检验、被证实了的(substantiated)好，认识的最后一幕(act)就是接受并理智地欣赏意义确定的东西。

　　有任何理由假定其他价值和评价的情境会有不同吗？科学探究与信仰价值的关系、美学批评和审美价值的关系、道德判断和道德的善的关系，有什么内在差别吗？在逻辑方法上有什么差别吗？如果我们接受一种流行的理论，主张直接价值就发生、出现、存在于任何一个有喜好、兴趣、偏见的地方，那么，再清楚不过，喜好就是一种行动（act），即使不是一种外显的行动，至少也是一种意向性倾向和趋势。但是，绝大多数喜好甚至所有喜好，在它乍露头角时都是盲目和粗野的。它们不知道自己是怎么一回事，也不知道它们自己为什么会喜欢这个对象或那个对象。此外，每一种诸如此类的行动都承担一种风险和责任，而且对此无知无觉。总有在存在中争夺喜爱的竞争者。偏爱这个，就得排除那个。任何喜好都是一种选择，一种无意识的选择。没有拒绝就没有选择。兴趣和偏见都是选择性的，都是倾斜的。把它当作好是在行动中宣称（尽管最初并不是在思想中宣称）：它比其他东西更好。这个决定是武断的、反复无常的、缺乏理智的，因为并未考虑其他对象，也未曾进行比较。说"一个对象好"，似乎是一种绝对的和内在的宣言，当这种断言是在直接行动中而不是在思想中做出时，尤为如此。但是，如果我们认识到（recognize）实际上这种断言是在说一个东西比另一个东西好，事情立刻就转向比较、关系、因果、理智与客观。在直接当下中，无所谓一个比另一个更好或更坏，每一个都仅仅是其所是。比较就是事物与事物的比较、事物效能的比较、事物发展和障碍的比较。与其他的喜爱和价值相比，更好就是更安全、更自由、更丰饶。

作一个评价，以品评的眼光进行判断，就是有意识地洞察生产力和抵抗力的关系，因而使价值成为有意义的、理智的和可以理解的。当我们有差别地意识到所喜好和所偏爱的对象的因果性条件时，我们就会意识到它可能的运作。如果发现在审美之好和道德之好的情形中，由反省所揭示出来的那些作为决定好的对象（object）的因果条件，比在信仰对象的情形中更大程度地受到有机体组织的影响，那么，这个发现对于批评判断的方法（technique）而言就意义非凡。但是，它并没有改变认识价值与评价的彼此关系所获得的逻辑。它表明一种特殊的论题（subject-matter），这一论题被约束、被用在重制（re-making）好的自觉艺术（conscious art）中。就如以知识为目的的探究要从先在的（pre-existent）信仰入手，审美和道德批评也要从先前沉思享受的和社会交往的自然的好入手。审美和道德批评的目的是希望以机警的、有意义的喜爱和选择，取代盲目的喜爱和选择。名副其实的批评所做的就是：揭示关于条件和结果的发现；这种结果就是使喜欢、偏好、兴趣能够以负责任的、见多识广的方式表达自己，而不是以无知的、宿命论的方式表达自己。

我们能够以伦理学为例，说明前面所提出的好和批评之关系的学说的意义。我想，几乎没有人会否认，尽管有很多有志于此且理智修养高水平的人曾对这个问题颇为关注，但是，从科学一致性的立场来看，其结果毋宁说是使人失望的。之所以如此，部分出于这个主题之重要。因为这个主题与人类最深切关心的东西密切相关，与人类根深蒂固的传统密切相关，还与当代社会生活中最尖锐复杂的问题密切相关。在这样的条件下，目标的解析和能够胜任的理智工具的发展，一定很困难。但是，在所有分歧中我们会发现一种常见的理智上的先入之见，它不可避免地推延了获得科学方法的可能性。这种先入之见就是或明或暗地假设：道德理论所关心的是目的和价值，而不是关于目的和价值的批评。关于目的和价值的批评，不仅在事实上是独立于道德理论的，而且本身甚至并不具有道德性质。一劳永逸地发现和界定"善"和"最高的善"，在某种程度上理性地有助于所有美德和义务，这就是传统道德（morals）的任务。否认道德学说具有这样的职能，对许多人来说似乎就等于否认了道德哲学的可能性。如果我们在其他事情上不断地遭受失败，就会认为这证明我们做事情的方式错了。但是，对于一个愿意放弃这一传统先入之见的人来说，他就会以方法上的不一致解释失败的原因，甚至用同样的方式解释道德作为哲学分支的这个一般性结论。

这并不是说，传统假定善和最高的善是道德理论的杜撰（create）。那个假定还不至于这么糟糕。它只是说，道德理论的权限是揭示道德善，是使人们认识到道德善，强化人们对道德善之特征的理解（perception）。然而，经验事实是：是艺术（arts），是那些相互沟通的艺术和拓展延续社会沟通的文学艺术，使人们理解了道德善。道德家们的作品在这方面的确产生过作用，但是，总的来说，这些作品的影响并不在于它们所声称的作为理论学说的意图，而在于它们曾天才地渗入诗歌、小说、寓言和戏剧等各种艺术。恰恰因为伟大的道德艺术家将赠予人类的富有想象力的生活关系转化成了僵化而严酷的教条教义，因此那种对生活关系和生活善的富有启发性的洞察被武断专制的训诫和规则的法典（code）所取代。一个艺术家全神贯注的、富有生命力的对经验的洞察，及其呈现在艺术作品中的直接的感染力，与所有艺术家揭示意义的工作一样，一直被视为忠实于科学理性和哲学理性的发现与解说。

此时，理论批评应该做的工作还没有做，这一工作就是：发现那些不是因为理论而是因为它们就是这样存在于经验中被当作好而接受的好之条件和结果，发现其实际存在的关系。毫无疑问，之所以如此，在很大程度上是因为人们手上还没有必备的物理学、生理学和经济学工具。现在这些可能的工具在很大程度上已经被准备妥当，但是，只有认识到道德理论的要事绝不是论及就其本身而言的圆满和善，而是发现圆满和善之所以出现的条件及其结果，以及道德理论的工作是实事求是、分析而不是思辨、劝告，也不是规定，人们才会使用这些工具。这一论证并没有忘记曾有一种自称"自然主义"和"经验主义"的伦理学。这种伦理学宣称：善是先在于道德行为的，也先在于道德理论，只有当善被当作反思选择和追求的对象而被用于行为时，它才是道德善。但是，有明显的例外反证了那个规则。这些形式的道德学说虽然不再认为道德学的义务是告诉人们什么是好的，而把这个义务留给了生活本身，但是它们还没有注意到：道德哲学的职能就是批评；履行这一职能的方式就是发现存在的条件和结果；这里包含一种质的转换，一种对后来行动的重制，而后来的行动又以实验方法对理论得出的结论做出检验。

因此，这些道德理论就像亚里士多德的伦理学一样是思辨的。它们对先前的好进行界定并按照等级序列进行分类，并以唯一的、最高的善的概念终结。或者像快乐主义伦理学一样，对具体善的一个特点——快乐——进行思辨抽象，并以此取代了提供一种分析具体情境的方法，只是提出了一些计算规则，规定了一些需要遵循的策略，而且把这些规则和策略看成固定不变的，而不是将其视为理智实验的结果或先前计算的结果。当这些伦理学家像边沁一样，对人们由于境遇改变所遭受的痛苦之恶有一种人道的敏感；或者像穆勒(John Stuart Mill)①一样，能够天才地洞察自由和高尚的快乐的构成因素时，他们也曾激发他们那代人的善行。但是，他们的学说与这种实际结果之间的联系是偶然的。当他们所说的一切和所做的一切呈现为一种文学，而不是呈现为一种科学时，他们的想法是有作用的，就像狄更斯(Charles Dickens)在社会改良方面就有不小的贡献。

我们所提出的这一主张，作为有效的可证实的批评，已经将"实用"因素输入哲学，在传统看来这是令人讨厌的。然而，如果人就是在自然之内而不是自然之外的小神，而且，人在自然之内是作为一种能量模式与其他能量模式不可分离地联系着的，那么，交互作用(interaction)就是每一种人类关系都无法逃脱的特性。思维，甚至哲学思维，也概莫例外。因为人类因素具有偏好和偏袒，所以这种交

　　① 亦译为密尔。——编者注

互作用的确受制于偏见（partiality）。但是，偏见之所以令人讨厌，并非仅仅因为它偏爱。一个以具有不同性质的历史——具有不同开端、不同趋势、不同终结——为特征的世界，必然是一个每一种交互作用都强烈变化的世界，因而必然是一个具有各种偏见和各种特殊性的世界。偏见中令人讨厌的是一种幻想，以为存在一些行动并无交互作用的情形。有些心智不成熟或未受过训练的人相信，行动有自己的寓所和来源——一个特殊的和单独的存在，行动居于此而且源于此。正是这种信仰破坏了理智批评的进展。恰是理智批评将这种孤立而片面的行动观念，转换成被普遍认可的交互作用。将知识、沉思、喜好、兴趣、价值等与行动割裂开来的观念，本身就是那种认为有一些事物可以脱离与其他事物的积极联系而存在并被认识之见解的残余。

当人发现在他的积极力量和成就中，他并不是一个小神时，他仍旧通过紧紧抱住这样一种观念而维持过往的狂妄自大。这种观念就是：尽管如此，在某些领域，如在知识领域或审美沉思领域，他仍然外在于那个被变化万端的事件之交互作用不断席卷的领域，而且与此相隔绝；他孤独地待在那儿，除了对自己之外对谁也不负责任，就像一个神。一旦清晰地、恰当地认识到，他就在自然之内，就是自然交互作用的一部分，他就会看到：所要画的这条线并不是在行动和思想之间，也不是在行动和欣赏之间，而是在盲目的、仆从的、无意义的行动和自由的、有意义的、有方向的、负责任的行动之间。知识，就像一棵树的生长，就像地球的运行一样，具有一种交互作用的模式；除此之外，知识的交互作用还使其他模式变得清晰、重要、有价值、可指导；原因被转换成手段，效用被转换成结果。

所有理性（reason）本身都是被推论（reasoned）出来的，因此理性只是方法而不是实质（substance）；理性是有效的（operative），但并不是"目的本身"。将理性想象成实质就将其运送到了自然以外，将其变成了一个神——无论是大神、原神还是小神、被派生的神；使其外在于存在的各种可能性（contingencies），不再受存在盛衰变迁之影响。这就是那种被断言可以洞察永存不朽之实在的"理性"的意义。的确，一切关系、一切共相和一切规律本身，都是无时间性的（timeless）。即使时间秩序，作为一种秩序，也是无时间性的，因为它是表示关系的（relational）。如果把无关时间之物颂扬为永恒，就等于宣称：凡是与存在无干的都是一种更高级的存在。秩序、关系、共相作为知识的对象，都是重要的和无价的。之所以如此，是因为它们适用于集中的、广泛的、个体化的存在，适用于具有空间性和时间性的事物。应用不是由于无关联之物，而是由于指定的效用。应用就是由于这些规律、原则和理想。如果不是为了应用之目的，它们超然物外就没有任何意义。将"意图""可能性"应用于事物的进程，会使那些规律、原则和理想呈现出重要意义。如果没有现实的应用，没有实现它们意图的努力，它们就只是一些意图。它们既不为真，也不为假，因为没有应用就没有效果，就没有检验。如果没有现实的应用，它们就不再是知识的对象，甚至不是反省的对象，而只是沉思的超然的对象。它们也许就具有了梦中对象的美感价值。但是，我们毕竟还没有将现世经验、人的欲望、喜好和激情抛之脑后、弃之不顾。我们只是用一种太局部的、太短暂的逃避生活痛苦的色彩涂抹了自然。从事物进程中抽象出来的这些永恒的对象，尽管贴着"实在"（Reality）的标签，与"现象"（Appearance）相反，但其实不过是源于个人的渴望、由私下白日梦塑造的最空泛的、瞬息即逝的现象。

理智是一种为了创建更自由、更可靠的好，而应用于信仰、欣赏和行为之好的批评方法。它将赞成和断言转换成可分享意义的自由交流，将情感转换成有序的、开明的观念，将被动的反应转换为主动的回答。因此，理智是我们最深切的信念和忠诚的合理的对象，是一切合理希望的基石和支柱。表达这样一种陈述并非要沉迷于一种浪漫的理想化，也并不是说理智将永远在事务的进程中处于支配地位，甚至不意味着理智会免于堕落、免于毁灭。问题在于一种选择，而选择总是多种可供选择中的抉择。至于理智方法和深思的评价将有什么成就，只要一试，剩下的便由这一试的结果去决定了。既然理智方法与冒险和规则、偶然和秩序相互交织的存在相关，那么信念要取得全盘的和最后的胜利，就是异想天开。但是我们必须尝试某些步骤，因为生活本身就是一系列的尝试。粗心大意、例行公事、高傲冷漠、隐居沉思，这些本身就是选择。如果我们说，理智与权威、模仿、任性、无知、偏见、激情相比，是一种更好的方法，这不能说是言过其实的断言。权威、模仿、任性、无知、偏见、激情等，统统都尝试过了，而且也已经努力实现了它们所要达到的目的。其结果并未表明理智方式不值得一试。所谓理智方法，就是运用科学进行批评，运用科学将自然中偶然之好再造为有意为之的、具有确定性的艺术之好，就是在创作中使知识与价值相结合。也许会有这样一些人，在他们看来，将哲学视为发展着的多种批评方法中的一种，实在是大逆不道。但是，关于哲学的这一设想也有待尝试；将为它提供证据或判它有过的尝试，也要盖棺才能论定。我们已经获得的知识和已为思想所推动的这种经验的重要意义就在于：唤起这样的尝试，证明进行这样的尝试是合理的。

价值含义 ①

　　也许现在继续讨论我和普劳尔先生先前所讨论的价值性质问题还不算太迟。在这里，我只想讨论两点：一是基本的逻辑性质问题；二是事实问题。毫无疑问，第二个问题更为重要。第一个问题非常棘手，这不仅因为它牵扯到我和普劳尔以前的讨论，而且因为关于它的一些陈述的讨论，看来对为思考事实问题铺平道路是必不可少的。逻辑性质问题与"价值"这一术语的含糊不清有关。"价值"既是一个具体名词，又是一个抽象名词。当作为具体名词时，"价值"一词指称（尽管是比喻性地）一种具有价值性质（value-quality）的东西；当作为抽象名词时，"价值"一词指称一种本质（essence）、一种实体（entity），学究们将这种实体称为理性存在者（ens rationalist）。事实问题关乎的是"思考"（thought）与发生（occurrences）价值的情形的实际关系。

---

① 首次发表于《哲学杂志》1925 年第 22 期。这篇文章所谈论的普劳尔的文章，参见《杜威全集·晚期著作》第 2 卷的附录。本书选用的是冯平的译本。此译本以冯平和刘冰的译本《价值的含义》（首次发表于《评价理论》，修订后发表于《现代西方价值哲学经典·经验主义路向》）为基础，参考张奇峰和王巧贞翻译的《杜威全集·晚期著作》第 2 卷的《价值的含义》重新做了校订。

I

我在文章中提出过一个关于"价值"术语的用法问题，尽管我谈到的不止这一个问题。我也曾对下面一点表示过怀疑，即在一些章节中，当普劳尔博士使用"价值"这个术语时，是否出现过这样的情况：有时他用"价值"一词指称一个具有价值的东西，有时却用它指称一种性质。这提醒人们注意"价值"一词可能是模棱两可的。这并没有任何新颖之处，在讨论价值问题时几乎是司空见惯的。然而，要避免这种模棱两可却实属不易。我不能抱怨普劳尔博士的回应含糊其词。在使用单数形式的"价值"（value）或复数形式的"价值"（values）术语时，普劳尔博士并没有用其指称任何一种具有价值性质的东西，而是用其指称一种作为实体或本质的性质。普劳尔博士说："价值仅具有抽象性含义，换句话说，价值只具有抽象名词的含义。当使用价值的复数形式时，我的意思仍然是作为抽象名词的价值的复数。就像人们说颜色（color）和各种颜色（colors），红和各种红，美和各种美一样；当然，这些抽象名词也都被频繁地用于指称'具有'这些性质的东西。但是这些复数形式同样重要，就像正确地被用于（1）指称性质的许多情形，或涵盖许多具有一种更普遍的共同性质的性质；（2）被用于指称不同种类（而不是不同数量）事件的性质。"而且，在前几页，普劳尔博士说："我确信，我是将'价值'当作抽象名词的，而且我一直小心翼翼地将'价值'一词当作抽象名词使用。"就在同一页，普劳尔博士又明明白白地写道：将"价值"当作抽象名词是逻辑之必需，就像论述应该被加以限定。"复数形式的价值是论述中最精确的术语；复数形式的价值没有存在物，但它们存在而且实在，可以说，它们是特性、特征或性质。用像柏拉图、莱布尼茨、斯宾诺莎和桑塔亚那那样的形而上学逻辑学家的话来说，价值就是本质。"而且，普劳尔博士认同桑塔亚那的立场："当下直接给与的任何东西都不属存在。"①所以，我接受了这一立场：一个具有价值的存在物是一种永恒存在和一种可能性的具体化或实现。

我无意吹毛求疵，故意刁难。但是，在感激普劳尔博士明确回答我的问题的同时，我也不得不说，普劳尔博士的回答不仅没有使

---

① 普劳尔博士也许不会想到，接受这一格言与他认可的"价值是由喜好构成的"这一定义是不相容的。下面我会直接论述这一点。

问题简化，反而使问题变得更加复杂。我希望我能理解普劳尔博士所谈到的形而上学学派所主张的关于本质和共相的理论。但是，这与我关于本质特性的观点无关。我尊重那种关于本质和共相的理论学说一致性的诉求。但是，我不理解的是，普劳尔博士在阐述喜好与价值之间特有的相互关系时，为什么会诉诸这一理论。我认为，"喜好"表明了人这种存在物的一种存在活动。倘若如此，把喜好同价值的产生、同永恒价值本质的具体化联系在一起就是顺理成章的。这样说完全采用了我在以前的文章中提出的立场，即在表述一种作为事物、事件等的所有物或获得物的性质是怎样的存在的这一意义上的解说，但是，这一立场恰是普劳尔博士在他现在这篇文章中特别反对的。我始终认为，桑塔亚那就是在这种意义上，也仅仅是在这种意义上，才将价值定义与喜好联系在一起的。因为，桑塔亚那明确区分了具有价值的事物的因果事件，和作为本质的价值。我还弄不懂，那些坚持柏拉图—莱布尼茨主义意义上的本质理论的人，怎么能赋予"作为本质的价值是由喜好构成的"这样的命题以意义。我一直认为，这类说法应该恰是柏拉图—莱布尼茨学派所讨厌的。当一个人宣称他把价值当作本质时，毫无疑问他所追随的是摩尔（Morre）和罗素（Russell）的立场。桑塔亚那通过弄清喜好和价值之间的联系而坚持了自己的独特立场。在这里，桑塔亚那把价值看作存在物，而不是看作本质。也就是说，他把价值看作一种具有因果关系的因素或一种物理因素。

若从字面上理解普劳尔博士的观点，应该说普劳尔博士的立场存在一种非常奇怪的逆转。在此之前，他曾指责我对价值的阐释过于理性化，现在他自己却认为价值完全是理性（reason）的想象。普劳尔博士是通过把抽象价值作为唯一有意义的论题，并将那些被看作不相关的至少次要的具有价值的存在的因果关系问题排除在外，而实现这一点的。当桑塔亚那把价值看作本质时，他强调论题和方法完全是辩证统一的。这是一种对意向（inten）的说明或澄清，它使一种意向与其他意向处于一种系统的内在关联之中。桑塔亚那关于这一事实所作的结论证实了我的看法。桑塔亚那没有用作为一种情感（feeling）的喜好来定义价值，而是清楚地意识到情感纯粹是一种存在。他说："究竟为什么人们会看重某种东西，或者会看重某种特殊的东西，这属于物理现象问题……伦理学要问的不是为什么一种东西会被称为善（good），而是它是否为善，珍爱它是否正当（right）。在这一观念的意义上，善不是一种意见，而是一种性质。"桑塔亚那还谴责了功利主义学派，理由是功利主义学派忽视了"没有把握的心理学"与"苏格拉底的辩证法"之间的差别。

Ⅱ

现在让我们转到事实问题上。我认为，就价值问题而言，唯一能够简单明了地进行讨论的问题，就是关于存在的问题，即关于各种价值是怎样产生的问题，也就是事物是怎样拥有价值性质的问题。我说过，把价值和喜好、偏好及兴趣联系起来的理论，实际上是关于价值事例如何在存在意义上发生的理论。我为这种理论做过这样的补充，即只有包含思考在内的喜好、偏好及兴趣，才是具有价值的事物之所以存在的充分条件。为了避免误解，我曾明确说明，我的这一立场并不蕴含桑塔亚那所描述的善或价值的辩证关系是不可能的或不合理的这样的意味。相反，正是因为被称为具有价值的东西包含思考，所以它才具有能够在思考、比较和综合方面发展的特征或普遍特性。正如桑塔亚那所指出的那样，如果喜好纯粹是情感，而情感又不包含意向或意图（meaning），那我们就无话可说了。

先前部分关于作为本质的价值的讨论确认了我的立场。这一点相当重要：普劳尔博士在重申其立场时声明，他是在"存在"（being）的意义上，而不是在"发生"（generatiuon）的意义上说情感动机构成价值的。并且，普劳尔博士补充道："因为我曾断言情感驱动的关系构成了价值，而在这之前，我曾很仔细地做了解释——杜威先生曾引用过这句话——'发生这一关系时，价值……发生'。我觉得，可以说，是关系构成了价值……这种关系代表着情境，当前的两个术语表达了这种构成关系。更进一步地说，没有主体的态度就不可能发生这种关系。"当普劳尔博士用包含"思考"还是不包含"思考"来说明我和他之间的分歧时，他说："至于价值是发生还是出现（arise），还是在发生本身出现，都必定存在一种态度。"他再次指出，问题就在于："价值性质的发生在于什么？若价值将在这发生中发生，那么所发生（happens）的事情的本质是什么呢？"他还说，此处的定义采用的是"指"（pointing）的经验形式。就像"指"一种颜色一样，我们为了定义价值，就"指"一种情境，在这种情境中，存在主体态度和客体之间的关系。"因而，价值就在各种取向之中。"

我真的不想老提这一点，即普劳尔博士正在转换先前的立场。在这之前，普劳尔博士所定义的是本质，是某种抽象的东西。现在他却声称"定义"价值的唯一方法是"指"存在情境，只有在存在情境中才能发现具体的性质。普劳尔博士现在的这种立场是作为经验主义者的我完全同意的立场。我也不会鼓励普劳尔博士现在所采取的以他的第三个含糊其词的概念为依据的这种立场。（我已经在普劳尔博士回应的那篇文章中指出过这个概念的模棱两可了。）也就是说，喜好并不就是价值，喜好也不构成价值。喜好不过是具有价值性质的那些情境的一种成分，或一个要素；或者说，在喜好和价值情境的存在之间，具有某种固定的相互关系。我曾认可这一立场，现在也会重申这一立场。我引用普劳尔博士的文章来详细说明我和他关于事实的争论。在我看来，关于事实的争论是我和他之间最大的分歧所在。普劳尔博士的那些话清楚地表明，我们可这样表述事实问题：在具有价值性质的情境中，主体方面仅仅只有喜好这一种因素呢，还是也包括思考因素在内呢？不管是以抽象的方式定义价值，还是所谓价值可定义与不可定义，这些问题都引起了明确的关于事实的争论。

普劳尔博士说，他从我的话中得到了一种不可抗拒的暗示："价值并不是非理性偏爱的产物；价值在某种程度上根本就是理性的。"我曾经尽可能明确地表述，我认为：喜好在那些具有价值性质的情境中是一种不可或缺的成分或要素，但并不是那些具有价值性质的情境的一种充分的成分或要素。我希望这是浅显易懂的，尽管不能用它来表达事实。这种说法只为具有价值的情境具有从根本上来说非理性的因素做了准备，但却没有对其他的因素作出说明，也没有把其他因素归结为理性的因素。（顺便说一句，我的所谓"反理性主义的"的立场已是众矢之的，我在教育中赋予兴趣以重要地位更是受人鄙视。在这种情况下，我觉得我被指责为过分的理性主义，至少是个有趣的转变。）

就事实问题进行的争论，不可能通过争论得到解决。这样的争论只能诉诸充分的观察。我没有理由假定我的观察一定比普劳尔博士的观察更加有效。但是我认为，也许可以提出一些需要思考的事项，这些事项对于我们需要进行的观察至关重要。首先，当我们说在价值作为一种性质而发生的情形中，主体的态度包含"思考"时，我们需要对"思考"一词作出定义（在以前的文章中，我未能对此进行论述）。我所理解的"思考"至少是对意图的认知（recognition of meaning），而意图所包含的内容不仅是直接当下的状态，还涉及将来的某种东西或作为结果的某种东西——既被包含在当下状态之中又超出当下状态的东西，也许我们可以称之为"客观的"①，至少在逻辑上可以这么说。

经过思考的喜好（thoughtful liking），同盲目的喜好，或仅仅是冲动的喜好之间的差别，是众所周知和显而易见的；这种区别并不是我为了区分价值情境而特别制造出来的。我可以肯定，普劳尔博士对我的话不那么以为然，但是对桑塔亚那的话还是尊敬有加的。所以我要引证一段桑塔亚那的话："如果与人的意愿无关，与实现无关，与意向无关，那么对人而言，任何存在都无足轻重，即使这些存在为他所拥有也无济于事。除非一种特殊的存在引起了他的关心，除非存在的形态引起了他的兴趣，否则他很可能对存在无动于衷。"因为我和普劳尔博士所争论的不是语词问题，所以我很乐意把问题集中在这一点上：普劳尔博士提出的作为定义价值情境的要素的"喜好"这一概念，是否包含对喜好之对象的"关心"这一因素？如果包含"关心"这一因素，那么我愿意放弃"思考"一词，尽管我很高兴我曾建议了像"思考"这样一个可以表明对意图的认知的语词。不管怎么说，对一个对象的关心，对一种特殊种类的对象的关心，是我在动物单纯的食欲和消化中找不到的。

普劳尔博士所谓的"喜好"，很明显指的并不是一种纯粹的感觉状态，而是一种主动的态度、一种动机和一种选择性活动。这种选择性活动不仅在观念上各有差异，而且也造成了对外部事物方面的不同。这种"喜好"具有取向的性质。如此一来，一种盲目的偏好或欲望所能造成的差别，就同具有意图和意向的偏好和欲望所造成的差别是一样的了。但是，在具有重要意义和经过思考的喜好中，意图所表达的是对客观差异的觉知，或对改变其他存在的选择性偏好的力量的觉知。它同对这一存在物而不是对其他存在物的关心联系在一起。将它命名为兴趣恰如其分，因为"盲目的喜好"这种用法并不更加省事。

正因如此，"好"是可以在"思考"中进行判断、发展、比较、联系和综合的。尽管在很多情形中进行的只是对有限的相近的差异的

---

① 普劳尔博士在没有评述我所持立场的情况下，有权从我这里引用我对反思性思考的定义，反思性思考包括未知的因素、怀疑和研究。当我主张这些因素对于评价判断是必不可少的，即评价判断在某种程度上是发生具有价值性质情境的一种因果条件时，作为结果而发生的确定的含义表现出价值情境自身的特征，而且我们对此可以识别或直观。说到态度是反思性的理解的一种，我所谓的"反思性的"这一形容词性的用法是不妥当的；在我看来，重要的是"理解"，"反思性的"这一形容词所表达的想法表现在这一句里："包含了许多极具慎思的兴趣的结果"。

思考，那些限定对兴趣对象的内在意图之范围的事例的性质无关紧要，但这种差异却事关重大。这是需要思考的第三项，即"纯粹的喜好就可以构成价值情境"这一观念并没有为趣味（无论是审美的、道德的、逻辑的，还是任意的、荒谬的）教育和趣味培养提供前提，而是导致了批判。与此相反，"经过思考的喜好"这一概念却对已经包含在价值情境中的一种因素的内在派生物进行了提炼和批评。

一个美其名曰支持普劳尔博士观点的作者曾这样说："具有经验意义重要性的论题之一，就是关于有鉴别的欣赏的教育，就是获得不断提高的鉴赏力。"从这段话中，我所能感受到的是：作者实质上在他关于偏好、喜好或兴趣的概念中，恰恰包含我特别想提出的"思考"这一因素。但是，作者没有清晰明白地表达出这段话的内涵。这是因为他的主要兴趣在于支持关于兴趣的一般理论，而反对否定兴趣的诸种关于好的理论。很遗憾，普劳尔博士在回应我的文章时并没有探讨这一观点，也没有解释他所谓的公正的和不公正的赋值指的究竟是什么，以及他所谓的令人满意的及令人不满意的价值指的到底是什么，还有一般而言他所谓的与排除了一切思考和意图因素的喜好联系在一起的批判、教育和培养到底是什么意思。普劳尔博士唯一提及我曾说过的话的地方是：他接受"令人不满意的价值"（这绝对与构成价值的纯粹的当下的喜好相矛盾），就意味着他承认否定性价值的存在，即承认令人厌恶的坏的价值的存在。这样的价值当然存在，但是，是否存在这样的价值并不是问题的关键。问题的关键在于他承认下面这种观点，即人们会碰巧喜好一些令人不满意的价值。"这要视主体能力敏锐与否，以及他接受的专业训练精到与否而定。"任何人都可能一时欠思考，就像任何人都可能发生口误一样。我并不是为反驳而提到这一点的。我谈到这一点，是因为显而易见，这一点是如此正确和如此重要。而且，在我看来，除了包含思考的喜好这种价值理论之外，没有任何一种价值理论具有如此这般的真理性和重要性。纯粹的喜好可以在强度上不同，也可以在性质上有所差别，但是根据定义，它们作为价值的要素却并无不同。根据这样的说法，更"敏锐的"喜好可以决定更强烈的价值，而粗枝大叶的训练也许会构成其他不同的价值。但是，这种"喜好"理论不可能包含价值之贵贱不同；这种理论使颂扬意义上的改进、培养、改善或教育这样的词成为不必要的；根据这种理论，无所谓什么值得欲求的改变，抑或是一种价值比另一种更令人满意。因为，这些只意味着一种喜好被另一种喜好取代，从而一种价值被另一种价值取代，就像一个人放弃茶而改用咖啡，或放弃咖啡而改用另一种饮品一样。这里除了纯粹且当下的喜好发生了改变之外，别无其他因由。

我所坚持的观点（在我看来，这也是普劳尔博士所坚持的观点）就是：从根本上说，有教养的兴趣或趣味是至高无上的，这种至高无上的兴趣与趣味，在道德上被称为良知，在理性上被称为洞见，在审美意义上更多地被称为品味。非经验主义理论的攻击和非人文主义理论的攻击，都无法贬损出于这种趣味的事实，也无法使人们对这一事实无动于衷。而正是在构成好的"喜好"中排除和否定了喜好所包含的意图和意向，所以才导致了孤高而先验的价值理论——像鲍桑葵（Bosanquet）那样的唯心主义或闵斯特伯格那样的唯心主义，或摩尔和罗素那样的实在论。排除和否定意图中的理性因素和客观因素的那些经验主义理论，成了"先验的"理性主义的主要壁垒。因为我完全同意我所认为的普劳尔博士隐秘不明的态度和目的，所以，我非常愿意弄清支撑这些态度和目的的充分根据。

价值、客观指称和批评①

在我关于价值判断，即关于评价的一些著述中，我并没有想得出或作出任何关于价值（value itself）②性质的结论。事实上，我所采取的立场是：无论价值是什么或者无论价值被当成什么，我们都可以明确地将评价判断作为判断的显著特点表述出来。毫无疑问，我们可以在并未探究雨的物理构建和气象构建的情况下，考虑"天下雨"这样不带个人情感色彩的（impersonal）判断的性质。所以，不考虑价值的性质就考虑价值判断（价值判断是作为评价，而不只是对已有价值作出的陈述）的性质，看起来是可能的。这就像一个人可以讨论什么是"慎思"，但却不必对慎思的对象作出分析一样。

结果很快就显现出了失误。在目前的讨论中，有一种策略上的错误，即人们对价值兴趣颇浓，

---

① 首次发表于《哲学评论》1925 年第 34 期。本书选用的是冯平的译本。此译本以冯平和窦新元的译本（首次发表于《评价理论》，修改后发表于《现代西方价值哲学经典·经验主义路向》）为基础，参考张奇峰和王巧贞翻译的《杜威全集·晚期著作》第 2 卷的同名译文，重新做了校订。

② 参见《实验逻辑论文集》中关于"实践判断"的论文，以及《评价与实验知识》一文。

但对判断理论兴趣索然。我的那些论文本来只想使人们不要再将二者纠缠在一起，但却给人这样的印象：我在转弯抹角地暗示一种关于价值的独特理论。要不然，人们就根据我没有讨论价值，而推断在我看来，与工具相比，价值根本不重要。当然这不只是一种表达方式的失误。也许从考虑评价判断和慎思之间的相似性时开始，我就已经错了。如果说慎思构成了一种与众不同的判断，那么这是因为这种判断有一种与众不同的论题。这倒不是说一定要详细探究慎思所关注的某一件特殊的事情，而是说我们需要探究慎思具有的一些显著的普遍性特点。正像很久以前亚里士多德所说的那样，我们并不对那些必然的东西进行慎思，也不对那些已经发生的事情进行慎思，我们需要做慎思探究的只是那些不断依情况而定的（still contingent）事情。因此，为了说明慎思代表一种特殊的逻辑类型，我们有必要对那些的确存在的、不断依情况而定的论题作出说明。我关于评价判断的理论就包含与亚里士多德所言极为相似的含义，即把价值看成评价判断的论题。因此，本文想通过说明价值的性质弥补我原先的不足。价值的性质是这样的：价值是一种不仅允许进行判断，而且要求进行判断的普遍样式。在以前的文章中，我曾经对这种普遍样式做过简要的阐述。

I

在研究这个问题时，我们可以避开价值是可定义的或不可定义的这一问题。显而易见，我们可以对有价值的东西作出界定，也可以对有价值的东西进行辨别。在这一意义上，价值作为区别这些东西的依据是可定义的。在所有的经验问题上，根据所指或外延进行定义，当然是最基本的定义方式，而且就我们的目的而言，这也是唯一必需的基本的定义方式。因此，奥格登和理查兹在他们关于定义理论的章节中说："符号化"是最简单、最基本的定义类型。他们还举例说明了符号化的性质："假如有人问我们'橙色'指什么，我们可以拿一个橙色的东西，然后说'橙色'是一个符号，它所指的就是这个……但是应该说，这仅仅告诉我们'橙色'在这一情形中是适用的；而我们想知道的是如何在普遍意义上使用'橙色'。这种普遍化……有可能通过相似关系实现。我们可以说'橙色'适用于这个或与这个在颜色上相似的一切东西。"

重新采用这样一种经验所指的方式，或许纯粹是矫揉造作。也许从人们普遍接受的信念出发，我们的讨论会变得更加简洁。人们普遍接受的这一观念就是：在有价值的地方，我们总能找到偏好、喜好和兴趣；反过来说，在出现这些行为、态度或情感的地方，我们也总能找到价值，而且只有在这样的地方才能找到价值。[①] 这样一对一的对应给我们留下了许多尚未解决的问题，这些问题很快就会显现出来，但它还是能够满足我们进行初步鉴别这一需要。

它所留下的那一大堆尚未解决的问题都是与"喜好""偏好""兴趣"等术语的重要性相关的。要不是这个学派有那么多人似乎都认定这些术语的含义是确定的、始终如一的、意见一致的，我会认为这些术语的含义含糊不清、模棱两可是众所周知的事实。这种认定是如此普遍，只有佩里和桑塔亚那例外。他们两人只是提及这些术语而已。毫无疑问，如果是为了论辩，为了反对那些否认价值与任何人或任何主观态度相关的诸种价值理论，这样做就够了。但是，为了理解价值，在承认一些相关性的前提下，这种认定就是具有致命缺陷的。

"喜好""偏好""兴趣"这些概念被用得如此宽泛，如此形形色色，以至于它们已经失去了确定的含义。这一指示词是如此宽泛，如此无所不包，以至于根本不能指任何一组可辨别的对象。皮卡德将"喜好、要求、赞美、赞成、期望、想望"等所有这一切都视为同义词，而且似乎以为，只要说明这些都是情感（feeling）的表达，就满足明确表达的要求了。然而，众所周知，在所有的心理学文献中，"情感"都是十分含糊不清的术语。情感有时被用于表达任何一种感情或任何一种爱；有时又适用于"意动"（conative）倾向、冲动和欲望；有时又被限定为一种快乐和痛苦的体验。显然，期望、需要、想望是

---

① 参见佩里的《论价值定义》（"The Definition of Value"，《哲学、心理学与科学方法杂志》第 11 卷）；普劳尔的《价值理论研究》["Study in the Theory of Value"，《加利福尼亚大学哲学出版物》（*University of California Publication in Philosophy*）第 3 卷，编号 2（附参考文献）]；《价值理论的现状》（"The Present Status of the Theory of Value"，同上书，第 4 卷）；《为一种**无价值的**价值论作辩护》（"In Defense of a Worthless Theory of Value"，《哲学杂志》第 20 卷）；《价值与思维过程》（"Value and Thought-Process"，《哲学杂志》第 21 卷）；桑塔亚那的《教义之风》（*Winds of Doctrine*）；皮卡德的《直接价值与贡献价值》（*Values，Immediate and Contributory*，1920）及《价值的心理学基础》（"The Psychological Basis of Value"，《哲学、心理学与科学方法杂志》第 17 卷）；布什的《价值与因果关系》（"Value and Causality"，《哲学、心理学与科学方法杂志》第 15 卷）；卡伦（Kallen）的《价值与存在》（"Value and Existence"，《哲学、心理学与科学方法杂志》第 11 卷）及发表于《创造性理智》（*Creative Intelligence*）的一篇同名论文。

通常被称作意动的东西，赞美、赞成却是蕴含着一种观念成分的情感态度。更为重要的是，需要、欲望、期望、想望都意味着一个对象的缺失或不在场，都意味着对某些未被给予的东西的渴望或热望。赞美或赞成则不然。虽然它们既可以与已经存在的东西联系在一起，也可以与不在场的东西联系在一起，但却并不包含一种使缺失和不在场的东西成为现实的渴望。如果我们加上另外一个在讨论中经常使用的术语"享受"（enjoyment），那么很明显，在享受的意义上，定义的价值就要求被享受的对象在现实中是存在的，或享受者已经获得了享受的对象。这与需要、欲望、期望、想望所表达的内容恰好相反。

当然，我们就此已讨论很多了，但还不能就此止步。"想望""欲望"这两个词的模糊性可谓众所周知。有时人们用它们表示一些态度，这些态度意味着一种观念的存在（presence），一种关于欲望对象之观念的存在；有时人们又用它们来表示一种完全朦胧模糊的事情。所谓朦胧模糊，是指关于一个对象的观念或描述是朦胧而模糊的。这一点在"偏好""兴趣"这些词的使用中表现得更加明显。我并不是说"偏好"和"兴趣"这些词是同形异音异义的。但"偏好"的确暗示着一种先于考虑、完全独立于观念的态度；而"兴趣"对大多数人来说，意味着对内心所赏识的某种东西的兴趣，是对某些东西的关注（如果不说实际上人们用此物来鉴别情感态度的话）。兴趣不像偏好，偏好是对某物的一种盲目的倾向。无论如何，除非知道观念要素是否被排除在外，否则我们几乎无法进行定义。

刚才所作的这种区别刚好针对另一个必须进行详细说明的方面。偏好（不管是否是盲目的）和兴趣都指向一种积极的（active）因素，一种关注和关心，一种照料的倾向，一种增进、促进在我们之外的好生活的倾向。它们当然是主体的态度，但是也包含（无论主体自觉与否）作为对象之客体，享受却不必如此。"情感"一词在其所具有的很多意思上也不必如此。"爱"和"爱情"这两个词的模糊性同样家喻户晓。有时人们用它们指代主体一种单纯的状态，有时又用它们指代一种态度，一种向往、培育、欲求对象所带来的好生活的态度。

可以用另外一种方式表述同一种区别。被描述为喜好、偏爱、兴趣、偏好的主体的态度是在行为主义的意义上来理解呢，还是在内省心理学所界定的意识的一种状态或过程的意义上来理解呢？引用桑塔亚那《教义之风》中的话，也许会使我们更清晰地看出这种区别："'欲望'和'意志'，这些词在严格的心理学意义上是意识的伴随性状态……同时，人们经常在神秘的或先验的意义上使用'欲望'和'意志'，用此来表达那些使生命的和道德的单元得以构建的肉体倾向和本能。"①我发现，绝大多数作者甚至都没有提出他们是在什么意义下优先选择使用这样一个词的问题；这个词究竟是指一种纯粹的满意的"情感"呢，还是指一种与某种不舒适、不愉快之感相对而言的状态呢？还是像常识所意味的那样，指一种向往追求、维持某个对象或抓住某个对象不放，并积极地消灭、排除或避开其他对象的能动的倾向呢？无论如何，不论其所蕴含的含义是否将观念因素包含在内，它都已经构成了一种巨大的差别；这一巨大的差别是相对于辨认价值而言的。因为前者从价值的"定义"中排除了"客观指称"的元素，另一个却包含"客观指称"的元素。

在那些至少尝试详述"喜好"这个概念的人中间，我也许还应该写上普劳尔的名字。普劳尔清晰明白地说，喜好是"情感动机"，并认为喜好不包含任何考虑和判断的要素。他在最近的一篇文章中写道："因而，如果你喜好，价值就在各种取向之中。"这样的措辞似乎明确地承认一种朝向对象的行动，明确地将对象置于行动中。然而，普劳尔紧接着又说："这样的价值是被感受到的，而且具有任何感觉的动物的情感，就是一个价值存在的环境所需要的一切。"普劳尔的意思也许只是说，取向是情感的原因，价值也是如此与情感相联系的。第 124 页的论述使我们产生了同样的印象。在这一页，普劳尔说到伍德沃斯（Woodworth）的暗示：情感是"身体接受或摆脱的瞬时冲动"。既然用以界定喜好，进而用以界定价值的是一种行动，是一种接受或者摆脱，那么客观指称（包含在任何行为主义理论中）就没什么可质疑的了。但更确切地说，普劳尔的意思似乎是：以这样的反应为基础，情感本身可以得到发生学的说明。同时，无论情感是如何产生的，它都是构成价值的东西。无论如何，这是一个两难困境。假如严格对待"情感动机"和"取向"这些术语，那么，喜好就不是一种情感，而是一种行动，这种行动和其他行动一样具有客观的因果关系和各种客观的关联。如果"情感"是一个关键词，那么通过"情感动机"和"取向"这些术语而作出表面说明就统统是虚假的。如果把"情感"当作价值的决定性因素，我们会陷入心理的暧昧与含糊的泥淖。

我认为，越是仔细地考虑众多用以给辨认价值情形的态度命名

---

① 我不知道"proper"（适当的）和"mythical"（神秘）这些术语的用法与桑塔亚那后来结论中的立场是如何协调一致的，但是其区别却很清晰，它们是不依赖于这些称号的。

的术语，越能注意到这些术语是如何被用以表示性质相反的各种不同的态度的，越能注意到回避这些矛盾的方法就是采用那些因其模糊和含混而显得中立的术语，就会越倾向于承认这种所指方式在我们所讨论的情况中是如此模糊不清，它所指的只是经验范围的一些领域，并在这些领域中涉及个体的态度，至少涉及动物的态度，而这种态度在其本质上根本不是认知的。然而，否认"喜好"具有认知性，并不必将对对象的理解排除在外，更不必将在一定意义上证明"喜好"是正当的并唤起"喜好"的对象排除在外。例如，普劳尔先生在最近的文章中，似乎觉得有必要将所有的智力因素都彻底排除在外，但是在早先的作品中，他却写道："重要的不仅是理解要素自身，而且要理解唤起喜好的对象的要素。这是欣赏和鉴定性评价（critical evaluation）的基础。"

　　这一领域的资料使我相信奥格登和理查兹的评论是恰当的。[①]奥格登和理查兹对以下两种语词作出了区分：一种语词被作为符号用于代表或指称一个对象；另一种语词被用来表达情感。奥格登和理查兹认为，语词的情感性用法实际上比人们所想到的更为常见。紧接着，奥格登和理查兹说："我们可以用'好'作为例子。也许看上去这个词本质上像是同音异义字的集合，粗略地说，它们与我们小时候听到的那些说法相联系，像好床、踢得好、好孩子、好上帝，但这些东西之间并没有共同的特征。人们常常用到'好'（good）这个词的另一个用法，它代表的是一个独一无二的不可分析的概念[②]。我们认为，这一与伦理相关的'好'的特殊用法是纯粹情感性的。在这样使用'好'这个词的时候，它什么也不指，也不具有符号的功能。因而，当在'这是好的'的这个句子里使用'好'这个词的时候，我们只不过是提到了'这'，而'是好的'并没有给我们指称的'这'添加任何东西。当我们说'这是红的'时，'是红的'作为'这个'的添加物，表达了我们指称的外延，也就是说，'是红的'就扩展到其他红的东西。'是好的'却不具有与之可比较的符号性功能；它仅仅被看作一个情感符号，它所表达的是我们对'这个'的态度。这种表达也许能使其他人产生与我们相类似的态度，或者能鼓动别人这样或那样行动。"（在脚注中，奥格登和理查兹做了这样的解释：关于纯粹情感性状态的断言，只针对所谓不能下定义的"好"，而不针对"这是好的"

①　参见《意义之意义》关于定义的讨论。
②　"good"在这里指的是"善"。——译者注

这样的用法。"这是好的"中的"好"是针对"这个"的，在某种程度上，"好"同样适用于在特定方面与"这个"类似的其他东西。）

假如可以给这些词加上我自己的注脚，我会说，可以用这样一个例子表明这种情形：一个孩子本能地为某件发生的事情鼓掌，也许除了鼓掌还会喊"好啊，好啊"。"好啊，好啊"，用作者的话来说，"仅是指这个而已"；它并没有给情感态度本身增添什么新的东西，也没有使这种情感态度产生任何不同。喊"好啊，好啊"和鼓掌一样都是感叹性的，是突然爆发的。它具有意义（作者说的"符号性指称"），但这仅是对那些熟悉"好"所具有的理智的而不仅仅是纯粹情感的用法的旁观者而言的，"好"的这种用法蕴含着对某种超出态度本身的东西的指称。想在这样的情形中寻求一种意义，并用这种意义定义"好"，无异于在"哇，哇"的喊叫声中寻求一种内在意义。一些旁观者也许会通过理解赋予一声叹息以意义，因为他们指称的是不同于叹息的对象，他们把这声叹息当作关于一种令人悲哀的状态的表达。但是叹息作为纯粹而直接的存在并不具有这样的意义，它仅仅是情感的。

这种考虑指向两个结论。存在一种对事物的直接情感的态度。它们不仅仅是情感，还是情感的动机和动力。无疑，它们有情感相伴，或导致情感。也就是说，它们有自己的性质、特色。如果我们考虑到生物学的考量和更直接的观察，那么，毋庸置疑，这些态度中最基本的东西，一方面是占有、同化，另一方面是排斥、淘汰。某些欢迎和回避的举动，也许可以恰当地被看作这些举动中程度较轻微的部分，或者被看作部分的同化和拒绝。因为在生物学上，非常清楚，后面的这些行为是转瞬即逝的但不是即刻完成的活动，它们具有更少的但更完全的阶段。因此，可以将"喜好"一般地界定为一种欣然接受或欢迎，而将"不喜好"界定为排除或摆脱。承认有机体对于其作出反应的每一件事情所采取的态度，都无非这两种态度中的一种，那么其实质上就已经包含对容许、认可、容忍这样一些比"欢迎"稍弱的行为举动的认可，而且也包含对忽略、一掠而过等这样一些比"驱逐"稍弱的行为举动的认可。

虽然这些行动、态度和意向并没有在当下的发生中对"好"作出界定，也没有赋予"好"任何意义（因为当下它们只是是其所是的行为，所以"喜好"只代表喜好，并不代表"好"或一种"好的东西"），然而，它们却是"好"的含义中不可缺少的因素。也就是说，如果不存在被立即同化和排斥的东西，就根本不存在"好"能够让人理解地指称的任何东西。在这种情况下，尽管这些行为并不是价值的充分条件，但却是价值的必要条件。换句话说，我们正在回到应更进一步进行详细说明的需要，回到应更细微地进行限定的需要，回到价值经验所涉及的态度的需要。

奥格登和理查兹顺带提出，可以以"我们满意（approve）我们所满意的东西"来界定"好"。如果我们用上面所说的"欢迎"来界定作为满意之对象的"满意"，那么"对某种东西的满意"显然就不可能是同一个满意的重复（因为这同样是情感性的），而是用一种限定条件，即反思性意义上的大概是反思性的满意来表明满意。此外，普劳尔先生从母牛的反刍中，发现了一个有关构成价值态度的例子。对于母牛的这一行为，普劳尔先生说："母牛在每一次咀嚼中，都有一种最基本的感官享受。或者更为严格地说，母牛在每一个想要咀嚼、反刍和冥想的冲动中，都获得了像婴儿咀嚼长牙时用的橡皮奶嘴时所获得那种享受，或者获得了当亚里士多德的神在冥想这个宇宙的时候所获得的那种享受。"我绝不敢这么武断地断言动物、婴儿或神的经验的精确性质。但是，具有重要意义的是普劳尔采用了"反刍"①，也就是冥想的、沉思的这种明显有所区别的、纯属于人类的和隐喻性的意义，并将这种意义赋予母牛和婴儿。他的观点或许是合理的，但我少见故多怪。如果这种行为属于这种类型，那么也在于它有限制的吸收，而不在于其单纯的发生。而且，既然这种限制是以预期的某些东西为根据的，或以一个客观指称为根据的，那么，无论这种享受是对反刍的食物的，还是对冲动和冲动的结果的，或者对亚里士多德的理性宇宙的，或者对与未充分发展的或已充分发展的感官享受联系在一起的某种东西的，都不是单纯的感受。不能仅用纯粹的感受来刻画这种行为的特征，这种行为及与之相似的感受都受到它们所指向的以及和它们相联系的对象的限制。因此，一种可以详细说明的性质上的客观差别，本质上就存在于这些感受之中。

我们根本不能说这只是一种突然迸发的欢迎和翠脱。就我所知，在这个浩瀚的宇宙中，根本不存在不在特定的时间内，不由特定的人，不因特殊的原因，不在特定环境下而被接受或拒绝的东西。这使我们以另一种方式得出这一结论：这些行为未能界定"好"和"坏"。只有用一些尚未提及的细微的条件对这些行为作出限定，这些行动

---

① "ruminating"具有反刍和冥想两种意义。——译者注

才具有力量。这是一种对"这"（而不是重新全然作为"这"）作出鉴定的力量，这是一种添加的力量，它用另外一些"在特定的方面与'这'相类似"的东西对所选出来的"这"进行排序。

II

佩里先生在文章中提出了一个明确而且重要的限定。他把价值定义为兴趣的满足、实现和圆满成功，并且用这种细致入微的复合意义将价值与另一个简单术语"喜好"区别开来。他关于客观指称的含义也很清楚。"一定有某个东西是兴趣或偏好所指向的。如果不存在被喜好或被厌恶的东西，就无所谓喜好或厌恶。"为了强调这一点，我们或许可以加上一句，除非存在一些对象，在这些对象中喜好得以实现或受到阻碍，否则就不存在价值。① 佩里先生明确地认识到了享受的态度和想望的态度之间的区别，认为享受包含拥有和存在，而想望是试图获得或摆脱，包含不在场和行动。他问道："价值实际上在于拥有你所喜好或所厌恶的，或者得到你所喜好的或所厌恶的吗？"他回答道，无论是静态的享受，还是力求发展的努力，只取这两个概念中的任何一个都不能使人满意，因此也许应该将这两个方面统一起来。"如果我们认识到感受中的动机因素和愿望中对拥有的预期，那么将这两者统一在一起，看来就是可能的。喜好眼前的对象就会想方设法保留它；因此喜好并不是一种静态现象。为了使愿望圆满成功，就要付出努力去获得对象，这也不仅是一个非拥有的问题。"

我认为，佩里所提出的这一限制条件的方向是完全正确的。我不打算对它提出批评。需要指出的是，佩里所提出的这个客观指称的含义对我而言意味着什么。对我而言，它意味着价值中的理想因素或者观念因素。在进一步的讨论中，我就超出了佩里先生所说的或所提出的观点。当然，我们不能要求他认可由他的概念出发的所有观点。

兴趣的实现既包含积极的行动（即使行动只是为保留和永存），又包含对所有物的享受（只要在当下的预期内），也有显而易见的无可置疑的变化、行动，以及以主客体之间的一种关系趋向于另一种关系为标志的变化或行动。当然，这两种主客体关系的差别包含着

---

① 顺便提及一下，这一概念虑及这样一个事实，另一个理论则没有虑及：不喜好可能与一个积极的价值或好联系在一起——当其充分实现时。

实现和圆满成功概念；它蕴含着一个与主体态度相关的对象从相对不满足的状态到相对满足的状态的变化。由此，定义"价值"或"好"的喜好包含着起中介作用的因素。它把用纯粹表示瞬间态度的术语来界定价值的一切可能排除在外。

"实现"这一概念蕴含着一个转瞬即逝的过程，这个过程以一种特定种类的变化为特征。也就是说，"实现"蕴含着一种趋向，这种趋向表现了开始和结束在性质上的差别。也许有人会对这样一个"实现"概念的普遍性和必要性提出质疑。"实现"就是指一个先在的状态进一步发展或增长为其他东西的过程，别无其他。对此我们可以进行适当的争论，没有必要把它当成一种普遍性考虑。我们现在所讨论的这种实现是一种同时包含行动和拥有的实现。

因此，对所发生的这种变化的性质作出详细的说明不仅是中肯的，而且在逻辑上也是必需的。首先，尽管这一点是同义反复，但最好能使之清晰。这种变化不仅仅是主体的变化或对主体而言的变化，它也是主体与对象之间关系的变化。主体的任何变化（比如，从不安到心安，从静态的舒适到动态的享受）都是建立在它与对象之间关系的变化这一条件之上的。同样，不能将主体状态的变化，如纯粹情感的变化看作价值的例证。其次，更为明确的是，主体和对象之间关系的变化可以被描述为从相对疏远或缺乏到拥有和存在，从不安到安全，从没有准备好到准备就绪，从事实上的占有或同化到被认定是作为主体选择和偏好行为结果或目标的同化。

这个概念把客观指称引入了价值构建，并因此将可以进行探究的观念因素引入价值构建。这就等于说，一种非直接的价值同时也不是最终的价值。所谓最终的，指它是如此确定，以致不可能对它作出任何批评和修正。也许一个被认为是好的东西并不好，就像一个被看成红的东西其实并不是红的。我认为，许多关于"直接"价值的讨论都将大量不同的东西混为一谈了。性质的直接性，从理论上说，仅意味着价值就是价值，它是其所是。除此之外，没有任何其他意义。换句话说，断言一个已经被认为具有一种价值的特别的东西是一种价值，这是一种具有增添性和启发性的陈述，属于康德哲学意义上的"综合"判断。这个陈述表示：经过适当的检验和验证，我们发现这个东西拥有属于它的性质。如其所指，这个性质当然是"直接的"。任何性质就其存在而言，都是直接的。但是，我们完全不能仅仅因为一个当下直接给予的"情感"的瞬间呈现，就说我们正在讨论的这个东西是以一种直接的、无条件的、自明的和毫无疑问的方式拥有这种性质的。

就所有的东西而言，作为食物的这一属性是和有机体的营养功能相关的，作出这一推断是有道理的。因为动物是由于饥饿才寻找食物的。如果没有营养的消化和饥饿，也就无所谓作为食物的东西。植物和动物之所以作为食物而存在，正是因为存在消化和饥饿，否则植物和动物就不会成为食物。尽管饥饿使饥饿者把某种东西当作食物，但是并不是饥饿将某种东西构建成食物的。一种物质最终成为食物，依赖于这个东西被当作食物之后的结果，即依赖于这个东西是否有营养。这是一个可以在客观基础上进行调查和确认的事实。如果把价值定义为兴趣的实现，那么，我认为将"喜好"比作饥饿、将食物比作价值，就使问题很清楚了，并且具有启发性。价值可以被归因或归咎，就像某种特殊的物质可以被归入食物系统一样。无论归因还是归咎，这两种情况都存在于一种行为方式中或一种处理方式中，而不存在于任何推理过程中。但是，既然价值的存在依赖于结果，依赖于关系的某种变化的实现或确定，那么这东西也许终竟还不是价值。把它当作价值和发现它是一种价值，作为一种直接事件是随意的；这是一种假定，它所假定的那个被当作事实的后继过程，实际上有可能根本不会发生。甚至那些燃烧至极的欲望和热情洋溢的追求，通常都以失望和幡然醒悟而告终。在追求时感到甜蜜，在实际得到后却感到苦涩，我想这种事情司空见惯。"得不到的才是美好的"，这差不多成为一句谚语了。这一事实正是将价值与一个以特定方式、为客观所限制的"喜好"模式联系在一起的理论应该想到的。难以理解的是，这一理论怎么能与主张被当作纯粹直接情感的"喜好"足以决定价值的理论相调和。

我真不愿意让佩里先生为我的说明负责，因为他只是在文章里偶尔指出：当说实现兴趣和使兴趣满足时，他并不是说这是在一个转瞬即逝的过程中完成的，而是说这是在一个受到客观限制的过程中完成的。他或许是说作为兴趣的对象或"兴趣"的接纳者的一个东西的瞬间在场就是兴趣的实现。这个问题的重要性证明，关于这个立场的假设性讨论是有理由的。他谈到"所谓价值的第三性质"。它们似乎"要么是态度模式或冲动模式，因而是动力模式；要么是可以在身体内部的感官的可感性质中确定其起源的……同样地，我断定兴趣并不是对客观事物的价值性质的一种直接认识，而是有机体的一种特定的形式、种类或方式。它是有机体被作用、被感到或者可能被触及的形式、种类或方式。它通过对对象的反应而对对象作出限定"。这一段更为明显的意义在于：在即刻的、立即发生的这一意义上，兴趣可以被看成有机体的直接状况，而它对对象的直接的作用或者指向对象的倾向，就使对象成为一种价值。早晨起来，我感到疲倦和烦躁，于是将这种情绪发泄到周围的人身上或发泄到周围的东西上。至此，这些人和这些东西被披上了负价值的外衣。然而，这一观点与佩里先生在另一段话中的观点刚好相反。那段话蕴含着一种明显的含义，即"不断努力"的含义，是伴随当下享受的。除了"不断努力"同当下享受的结合的问题以外，我们还有一个事实：当下享受包含着"不断努力"，这一点导致了一个符合我心意的结论，这个结论与常识经验的发现相吻合。当处于易激怒状态的时候，我觉得好像所有的东西都具有负价值，我把它们都当成了负价值。但是，与之形成对照的是这样一种情况，即有一种渐进运动显露出我曾以一种敌对的方式而觉得的那些人或事，由于这个原因，也许使兴趣得以实现，并因此实实在在地具有了价值。当然，这与下面这种说法是一样的，即纯粹的情感和瞬间的看法并不足以决定价值，或者，情感并不是价值充分的标志和证据。①

如果在自然的意义上看待兴趣的满足这一观念，那么在出现价值的每种经验中都有一种观念或一种考虑，这种观念和考虑是关于某些对象与兴趣的助长和挫败之间的关系的。使人感到无聊的情形一概是：一个对象已经索然无趣、平淡无奇和无利可图，也许事实如此，也许是我们认为如此。使人感到充满希望的情形一概是：人们认为在现实中，自己一定能够获得自己所渴望的东西。贪婪的情形则一概是：如果可能的话，一定要获得某种东西。经验表明：事实上，客观指称先于主观指称。指称对主体而言，而不是对客体而言，是外在的和反思的。主观指称确实只是客观指称的另一种方式；对象的沉闷是由一种表达主体非同寻常之状态的术语来说明的。换句话说，我说"我很无聊"和我说"那很沉闷"这两个不同的短语，实际上所表达的完全是同一个事实。

有种学说认为，作为兴趣满足的欣赏或珍视、珍爱、深爱的喜好的种种表达，都包含一种考虑的因素，包含一种信念，这种信念至少是一个暗含的判断。因此，这种学说意味着有一个关于对象的

---

① 正如"兴趣并不是对对象的价值性质的直接认识"这句话所表达的，佩里先生在这里讨论的是另一个问题，即构成价值的评价、喜好、兴趣等也是关于价值的知识或判断。因此，这一段落就文本所提出的问题而言，并不能作为结论。就价值经验不是对价值的判断或知识这一事实而言，我当然赞同佩里先生的观点。

信念，以及有一个关于对象与自我关系的信念，或是自我与对象关系的信念。以至于为了证明其合理性，或者为了使之有效，或者为了表示不确定或虚假，这个信念可能要求将价值归因于对象。显然，这完全既非断言也非暗示我们所说的这种判断就是价值判断。我们所说的这个判断是关于对象的判断。但是这个关于对象的信念只是非认知的欣赏中的一种成分或一个要素。我理解，批评者之所以说我认为"价值经验自身就是理性的、判断性的而不是一种基本的情感动机"，原因就在于我没有将关于客体的判断和关于价值的判断区分开来。

Ⅲ

现在我们来直接讨论观念（ideational）因素或理想（ideal）因素。一个关于被称为预设的或有根据的价值的指称，将有助于这种转换。有这么一类价值：有个人看上了一幅画，以为这是达·芬奇的作品；如果他发现了一个支持这幅画是赝品的理由，那么，他对这幅画的喜爱就会发生逆转。或者，有个人赞美一幢建筑物，认为那幢建筑物是用石头砌成的。可是，一旦发现那幢建筑物是由着了色的木板条建成的，他的直接的情感态度就会立即发生变化。现在，我们可以将前面那个假设性讨论做如下陈述：每一种价值都是一种预设性价值。它们的普遍预设是：人们"喜欢"上或看上了一个东西，是因为（以此为由）他们认为这个东西能促进或妨碍人们对这个对象（而不是其他对象）的优先选择（偏爱）。

对我们当下所讨论的这个题目而言，这一立场的重要意义显而易见。一个预设也许与事实相符，也许与事实相反。因此，"喜好"也许是有根据的，也许是没有根据的；在可理解的意义上，价值也许是真的，也许是假的；更为恰当地说，价值也许只是看上去是真的，也许真真切切和"实在"是真的。因此，经济的、伦理的、美学的或逻辑的外表的"好"和实在的"好"之间的区别，都有一种有根据的和一种有效的意味。佩里先生在《哲学杂志》上提到预设性价值时说：这样的价值"可以通过确定作为引起它们的媒介的假设的真假，而对它们作出检验……一个没受到干扰的或通过不断增强理解而得以加强的评价（欣赏），在特殊意义上，是一种正确的评价或一种真正的价值"。如果所发生的所有价值都是有根据的价值，那么它们的根据要么是坚实的，要么是薄弱的，并且由于它们所包含的因素，所以要全部对它们进行检验和反思性探究。

桑塔亚那在《理性生活》第5卷中对这一问题的分析可以作为我们讨论价值判断性质的基础。就存在科学而言，物理学只是科学的一半。情感，作为与存在相关的东西，是物理学的论题。科学的另一半是辩证法。与前一半相比，这一半更为有趣，更为基本。这一半并非建立在存在的基础上，而是建立在意向的基础上。"除非存在触及人的意志，使人的意向得以实现或受到阻碍，否则，对人而言没有片刻的存在，甚至自身也不存在……转瞬即逝的瞬间必定承载着耻辱或卓越，否则它所到之处留下的不过是毫无生命力的事实。"伦理学和数学是辩证法的两种应用。"与本质一样，意向也需要辩证地表达与阐释。如果意向没有表达清楚，不坚定，而且没有一种观念，那么行动就将分崩离析为纯粹的动作或意识到的变化之碎片。""所以，一个因为某个东西好而追求这个东西的人，就必须认识和（如果理性有效的话）追求所有东西中好的东西。奇异的习俗和新奇的思想由此可以找到它们适当的理由。"桑塔亚那说，因为没有将物理问题和辩证法问题区别开来，所以关于"好"的问题就多少存在一些习惯性的混淆。"为什么一个人会给予一个东西或一个特别的东西高度评价？这个问题完全属于一个物理学问题。它所寻找的是兴趣、判断、欲望的原因。把一个东西看作'好'，所表达的是这个东西与说话者之间的某种密切的关系。如果把一个东西看作'好'所依据的是自己的知识和对这个东西的认识的话，那么所感受到的密切关系就是实在的，所作出的判断就是无懈可击的，就是不能要求它自我废除的。"他继续说，伦理科学与原因无关："伦理学所问的不是为什么人们会将一个东西称作'好的'，而是这个东西好还是不好，人们这样看对还是不对。'好'，在这个概念的意义上，不是一个看法问题，而是一个性质问题。因为意向在起作用，所以问题是这个东西或这种情境是否对意向产生回应……判断事物是否真的好，必须依意向而定；如果后来对这个意向自身作出了判断，那么那个判断是根据其他一些意向通过将第一个意向与它们自己的方向进行比较而作出来的。"

意向在所有构成价值的事件中的必要性，与我们前面所强调的对客观中介的认知是相当的。然而，引用桑塔亚那的话的目的，并不就是通过诉诸权威而确认这种说法。我之所以引用桑塔亚那的话，实际上是为了说明"好"的知识（knowledge）性质。这一段简述了"理性道德"一章阐述得更为清楚的内容：（1）这类知识本质上是对意向的澄清；（2）这种澄清通过对意向所蕴含的内容的分析，使一个人意识到他在想望这个特殊对象时，所想望的其他东西是什么；（3）因此，这种分析必然导致他将不同的意向进行比较并使之形成一个整体，即将各种意向组织成一个和谐的、综合的、融贯一致的和富有远见的生活计划；（4）在这个过程中，当人们发现原先意向中好的东西未必好（因为这个意向的实现意味着其他意向或其中所包含的更多的意向要受到阻碍）时，新的"好"和由此产生的新的意向就会呈现出来。

对苏格拉底的道德学说的阐述，我没有什么要补充的。它设定了一些意向，而这些意向表达和传递着有活力的偏好，而不仅仅是从这些有活力的偏好中生发出来的。对一个特殊意向为什么会出现的说明，是存在论的（exitential）、心理学的发现，是对一个人的气质、教养及其脑细胞和脑纤维组织所发生的事情的发现。但是，桑塔亚那又说，伦理学开始之处就是因果探究终止之处。我提出的问题是：因果探究和辩证探究之间，是否存在一种比桑塔亚那所承认的关系更为密切的联系？

之所以提出这个问题，并非因为我对混淆与这两种探究相关的命题而引起的混乱和危害有所怀疑，而是因为：（1）只有借助因果探究和存在论探究，才能完成辩证探究；（2）只有借助存在论探究，辩证探究才能在生活中奏效。在这种情况下，遵循桑塔亚那定义的物理学，是道德理论与道德实践的一个绝对必要的因素，而不仅仅是其不可避免的一个预备性因素。在说这些话的时候，我认为我说的与桑塔亚那所说的在精神上和意向上并不矛盾，尽管我的陈述与他的陈述有一种直观的或物理的冲突。因为按照桑塔亚那说的第二点和更为简单的第一点来看，他肯定第一个赞成在处理价值问题时采取这种方式："科学中的观察原则就如生活中的正直原则。"除非辩证法在一些直接意向的变化中被具体化，否则它的成果就是无用的。因为价值的辩证法是为意向和价值而存在的，在存在中具体化是价值辩证法自身的目的和成就，而不是外在的"应用"。如何进行有效的具体化的问题，显然是一个存在论问题，这个问题的解决可能成功也可能失败，而成败全在于我们建立在事实知识、人类学知识、历史学知识和生理学知识基础上的技术。

在我看来，这一原则同样适用于我所提到的第一点。辩证法在道德方面越重要，实施所要求的辩证法就越重要。辩证法不会自动实施，辩证法的实施属于发生或出现的事情，更确切地说，属于存在论问题；辩证法的实施只有借助因果关系的研究才可靠。要改善一种意向或澄清一种意向，就必须有一种超越这一意向的意向。根据描述，这个新增的意向依赖于一种相关的和类似的喜好。桑塔亚那先生关于道德的那一章提出了一个颇有说服力的建议，即在我们已经提到的那些喜好之外增加一种新的更为重要的喜好，这就是基于理性的喜好（liking for reason）。桑塔亚那先生非常清楚地知道，要使这类区别于无用的说教的努力获得成功，就必须精通有效的因果技巧。[①] 我认为，所有这一切都只不过是桑塔亚那先生下述原则的引申。这一原则就是：物理学与辩证法从头到尾、自始至终都是汇合在一起的，两者都认识到这些开始与结束是不断循环往复的，而不是老死不相往来的。也就是说，辩证发展的任何阶段所表达的都是一种对发生的依赖，而不是自己的无限延续。

从这一前提推出的结论具有普遍性，可将其运用于审美批评、逻辑批评，同样可以运用于道德批评。首先，有一个意向的发展，这个意向成为所谓内在批评的一部分。内在批评至少包括对意义的揭示。例如，在文学批评中澄清作者的意向，将包含一种与文本本身呈现的相比更为清晰的表现形式，至少会使作品更容易接近，更容易被理解。这是文学批评一个基本的要求。如果没有这一点，人们就只能评论一本书，赞扬它或谴责它，而不是对它进行批评。然后，文学批评也许会审视作者的各种含义，会有一种以批评者自己的观点为出发点的综合。这种综合是为了确定作品的连贯性、结构安排，以及作品所包含和蕴含的各种价值间的一致性。这样做可以修订所阐述的意义，还可以揭示新的和原先未曾预料到的价值。这样，文艺批评本身就成为一种具有"创造性的"活动。

从存在论的观点看，批评要承担一项任务，即探究表现在作者的观点及意向的性质和取向中的"喜好"的来源。这种接近和抨击（在文字意义上）当然依赖于评论者自己的偏好和兴趣，并依其诚挚程度暴露出评论者的偏好和兴趣。俗话说，"趣味无可争论"。这句话要么是一句优雅的格言，要么是一句愚蠢的谚语：如果它是对那种喜欢相互攻击的、偏执的辩论的警告，或者是对"你是""你不是"这种孩子式吵架的警告，那么，它是一条礼貌规则；如果它说的是我们不能对喜好进行探究，或者意味着我们不能将喜好作为探究的论题，而研究喜好的多种原因和多种结果，那么，它就是一条愚蠢的戒律。太多时候，这个谚语使我们形成对价值内在特性的无知，或使我们

[①] 在我看来，《理性生活》这几页的内容是对斯宾诺莎自然主义的深入探究，并且承认了苏格拉底的辩证法必须由构建一个公正社会的因果律来补充。只有这样，这一辩证法才能发生或才会是有效的。

无法深入价值的内在特性之中。必须承认，一种心理的、传记的、社会的和历史的知识的缺乏，实在是太显著了，而这种知识有可能使我们对喜好的因果关系进行有效的讨论。但是，如果把这种实践的局限性，当作趣味性质本身的固有的东西，或趣味对象固有的东西，那就太愚蠢了。这就像聪明而正直的法官经常能够向人揭示（倘若这个人自己原先不知道的话）表现在这个人的意向和价值观中的那种喜好，是来自何处和如何运作的一样。这种揭示就构成了批评的任务。

Ⅳ

让我们回到原来的话题和问题上来。批评作为判断与慎思判断具有类似的特点。这种判断蕴含着论题、价值或好，总是包含着对当下直接给予的东西的超越。在有欣赏、评估、珍视、珍爱的地方，就总有超越瞬间享受的东西。而超越瞬间享受的这部分东西，就是对被享受之物的客观关系的领悟①。这种领悟使先前的倾向得以实现，并对此后的行动产生作用。② 因此，评价判断不是关于人们喜好某个东西的陈述，而是对一种要求的研究，这种要求关乎的是人们应该看重、赏识、珍视和珍爱某种东西。这涉及表面的"好"和实际的"好"之间的区别，这种区别早为人知，无人不晓。这与我们在先前讨论基础上给予这些术语的含义是一致的。所有批评的任务都是为了确定一种表面的好、一些被人们认为是好的东西，是否能满足那些或多或少隐秘的或未公开承认、未公开宣布的限定条件和"预设"。由于篇幅有限，我们无法再对这种批评性判断具有实践判断的性质，或应然判断的性质作出说明了。但是，如果本文已经成功地完成了其既定任务，那么，它就为进一步的辨识扫清了道路。

---

① 杜威在此使用的是"sense"一词。该词的意义非常丰富，如感觉、知觉、感知、理解力、鉴赏力、判断力、辨识力、观念、意识、意念、见识、见地，以及意思、意义。我们不太确切地将其译为"领悟"。——译者注

② 这样看来，我们已经思考过的那种定义，和布朗（Brown）、谢尔登（Sheldon）那种看起来更为客观的定义之间的差距，似乎没有最初看起来那么大（布朗的定义关乎潜能的充分性，谢尔登的定义关乎有助于完善或促进已有倾向）。而他们的定义与根据纯粹的直接喜好的定义之间的差别，却是绝对的。参见布朗的《价值和潜能》（"Value and Potentiality"，《哲学、心理学与科学方法杂志》第 11 卷）；谢尔登的《一种经验主义的价值定义》（"An Empirical Definition of Value"，《哲学、心理学与科学方法杂志》第 11 卷）。

确定性的寻求：
关于知行关系的研究[①]（节选）

逃避危险[②]

人生活在危险的世界之中，便不得不寻求安全。人寻求安全有两种途径。一种途径是在开始时试图同四周决定着他的命运的各种力量进行和解，这种和解的方式有祈祷、献祭、礼仪和巫祀等。不久，这些拙劣的方法大部分被废替了。人们开始认为，奉献一颗忏悔的心灵较之奉献牛羊更能取悦于神祇；虔诚与忠实的内心态度较之外表礼仪更为适合于神意。人若不能征服命运，他就只能心甘情愿地和命运联合起来；即使是在极端悲苦中，若能顺从于这些支配命运的力量，人就能避免失败，并可在毁灭中获得胜利。

另一种途径是发明许多艺术，通过它们来利用自然的力量；人从威胁着他的那些条件和力量

确定性的寻求：关于知行关系的研究（节选）

[①] 本书选用的是傅统先翻译、童世骏译校的译本。此译本被收录在《杜威全集·晚期著作》第 4 卷。
[②] 《确定性的寻求》第一章。——编者注

本身中构成了一座堡垒。人建筑房屋，缝织衣裳，利用火烧，不使为害，并产生共同生活的复杂艺术。这就是通过行动改变世界的方法，前一种则是在感情和观念上改变自我的方法。人们感觉到这种行动的方法使人桀骜不驯，甚至蔑视神力，认为这是危险的。这就说明了为什么人类很少利用控制自然的方法来控制自己。古人思考过艺术是上帝的恩赐，还是对上帝特权的侵犯。这两种见解都证明了艺术含有某种非常的东西，这种东西或者是超人的或者是非自然的。很少有人预示，人类可以借助艺术来控制自然的力量与法则，以建立一个秩序井然、正义和美丽的领域，而且很少有人注意到这样的人。

人们一直很乐意享受艺术，而且近几世纪以来不断致力于增加这些艺术。人们虽然在这方面努力，但同时又拒绝承认艺术是应对人生风险的一种方法。如果我们考虑到实践这个观念被人轻视的情况，那么我们就不会怀疑这句话是真实的了。哲学家们推崇过改变个人观念的方法，宗教导师们则推崇改变内心感情的方法。这些改变的方法都由于本身的价值而被人们赞扬过，偶然地也由于在行动上产生的变化而受到过赞扬。后者之所以受到尊崇，是因为它证明了思想和情操上的变化，而不是因为它是转变人生景况的方法。利用艺术产生实际客观变化的地位是低下的，与艺术相联系的活动也是卑贱的。人们由于轻视物质这个观念，连带地轻视艺术。人们认为"精神"这个观念具有光荣的性质，因而认为改变内心的态度是光荣的。

这种轻视动作、行为和制作的态度，曾为哲学家们所培养。但是，哲学家们并不是诋毁行动的始创者，他们只是把这种态度加以公式化和合理化，从而把它持续了下来。他们夸耀自己的职能，无疑远远把理论置于实践之上。但是在哲学家们的这种态度以外，还有许多方面凑合起来，产生了同一结果。劳动从来就是繁重的、辛苦的，自古以来都受到诅咒。劳动是人在需要的压迫之下被迫去做的，理智活动则是和闲暇联系在一起的。由于实践活动是不愉快的，人们便尽量把劳动推给奴隶和农奴。社会鄙视这个阶级，因而也鄙视这个阶级所做的工作。而且，认识与思维许久以来都是和非物质的、精神的原理联系着的，艺术、在行动和造作中的一切实践活动则是和物质联系着的。因为劳动是凭借身体，使用器械工具进行的，而且是导向物质的事物的，所以在对物质事物的思想和非物质的思想的比较之下，人们鄙视物质事物的这种思想转化为对一切与实践相联系的事物的鄙视。

我们还可能这样继续不断地争论下去。如果通过一系列民族和文化现象来追溯关于劳动和艺术的概念的自然历史，这会是有益的。但是，以当前研究的目的而论，我们只需要提出这样一个问题：为什么会有这种惹人讨厌的区分呢？只要略加思考，我们便能指出，用来解释此一问题的许多意见本身也需要有所解释。凡由社会阶级和情绪反感产生的观念，都难以成为理由来说明一种信仰，虽然这些观念对于产生这一信仰不无关系。轻视物质和身体，夸耀非物质的东西，这是尚需加以解释的事情。特别是我们在自然科学中全心全意采用了实验方法以后，这种把思维与认知和与物理事物完全分隔的某种原理或力量联系起来的思想是经不起检验的。这一点我们会在本书后文尽力加以说明。

以上所提出的问题是有着深远后果的。截然划分理论与实践，是什么原因？有何意义？为什么实践和物质与身体一道受到人们的鄙视？对于行为所表现的各种方式，如工业、政治、美术有什么影响；对于理解具有实际后果的外表活动而不仅是内在个人态度的道德有什么影响？把理智和行为分开，对于认识论已经产生了什么影响？特别是对于哲学的概念和发展已经产生了什么影响？有什么力量正在发挥作用，以消灭这种划分？如果取消了这种分隔而把认知和行动彼此内在地联系起来，会有怎样的结果？对于传统的有关心灵、思维和认识的理论将会有怎样的修正，并使关于哲学职能的观念产生怎样的变化？对于涉及人类活动的各个方面的各种学科来说又将发生怎样的变化？

这些问题构成了本书的论题，并指出了所要讨论的问题的性质。在开头的这一章里，我们将特别探讨一些把知识提升到作为与行动之上的历史背景。这一方面的探讨将会揭示：人们把纯理智和理智活动提升到实际事务之上，是跟人们寻求绝对不变的确定性根本联系着的。实践活动有一个内在而不能排除的显著特征，那就是不确定性。因而我们不得不说：行动，但须冒着危险行动。关于所作行动的判断和信仰都不能超过不确定的概率。然而，通过思维，人们似乎可以避开不确定性的危险。

实践活动所涉及的是一些个别的和独特的情境，而这些情境永不确切地重复着，因而人们对它们不可能完全加以确定。而且，活动常是变化不定的。然而，依照传统的主张，理智可以抓住普遍的实有，这种普遍的实有却是固定不变的。只要有实践活动，就势必有人类参与其间。我们对于我们关于自己的思想有所疑惧、轻蔑并缺乏信心，对于我们参与其间的各种活动的思想也是如此。人之不能自信，使他欲求解脱和超脱自我；他以为在纯粹的知识中，能达到超越自我的境界。

有外表的行动，就有危险，这是毋庸详述的。谚语和格言说得好，"万事不由人安排"。事之成败决定于命运，而不决定于我们的意旨和动作。希望未能得到满足的悲哀、目标和理想未能实现的悲剧，以及意外变故的灾害，都是人世间常见之事。我们考察各种情况、尽量作出最明智的抉择；我们采取行动，除此而已，其余便只有信赖于运气或天意。道德家们教导我们去看行为的结果，然后告诉我们结果总是不确定的。不管我们怎样透彻地进行判断、计划和选择，也不管我们怎样谨慎地采取行动，这些都不是决定结果的唯一因素。外来无声无嗅的自然力量、不能预见的种种条件，都参与其间，起着决定性作用。结局越重要，这种自然力量和不可预见的条件对于随后发生的事情就越有重大的作用。

所以人们希望有这样一个境界，这个境界里有一种不表现出来而且没有外在后果的活动。人们之所以喜爱认知甚于喜爱动作，"安全第一"起了巨大的作用。有些人喜好纯粹的思维过程，有闲暇，有寻求他们喜好的倾向。当这些人在认知中获得幸福时，这种幸福是完全的，不致陷入外表动作所不能逃避的危险。人们认为，思想是一种纯内心的活动，是心灵所内具的；而且照传统古典的说法，"心灵"是完满自足的。外表动作可以外在地跟随着心灵的活动而进行，但对心灵的完满而言，这种跟随的方式并不是心灵所固有的。既然理性活动本身就是完满的，它就不需要有外在的表现。失败和挫折是属于外在的、顽强的和低下的生存境界的偶然事故。思想的外部后果产生于思想以外的世界，但这一点无损于思想与知识在它们的本性方面仍然是至上的和完满的。

因此，人类所借以可能达到实际安全的艺术便被轻视了。艺术所提供的安全是相对的、永不完全的、冒着陷入逆境的危险的。艺术的增加也许会被悲叹为新危险的根源。每一种艺术都需要有自己的保护措施。每一种艺术的操作过程都产生了意外的新后果，有着使我们猝不及防的危险。确定性的寻求是寻求可靠的和平，是寻求一个没有危险、没有由动作产生的恐惧阴影的对象。因为人们所不喜好的不是不确定性本身，而是不确定性有使我们陷入恶果的危险。如果它只影响着经验中的后果的细节，而这些后果又确能保证使人感到愉快，这种不确定性便不会刺痛人们。它会使人乐愿冒险，增添新奇。然而完全确定性的寻求只能在纯认知活动中实现。这就是我们最悠久的哲学传统的意见。

我们以后会看到，这种传统思想散布在一切论文和科目之中，支配着当前各种关于心灵与知识的问题和结论的形式。然而，如果突然从传统思想中摆脱出来，我们会不会根据现有的经验采取这种传统的轻视实践、崇尚脱离行动的知识的观点，这是值得怀疑的。因为尽管新的生产和运输的艺术使人陷入新的危险，但人们已经学会了怎样对付危险的根源。有些人甚至主动寻找这些危险的根源，厌倦那种过于安全的生活常规。例如，目前妇女地位正在发生变化的这种情况，就说明人们对于以保护本身为目的的这种价值的态度已经改变了。我们已经获得了一定的确信感，至少无意间如此，感觉我们正在可观的程度上有把握地控制着命运的主要条件。在生活的四周，有成千上万种艺术保护着我们，而且我们已经设计了许多保险的办法，来减轻和分散有增无已的恶果。除了战争还会引起许多恐惧以外，我想，如果当代的西方人完全废弃一切关于知识与行动的旧信仰，他就会相当地确信自己已经具有了在合理的程度内保障生命安全的权力。这个设想也许是稳妥的。

这种想法是臆度的。接受这种猜测并不是本论证之必需。它的价值在于指出了过去对安全感的需要为什么成为主要情绪的早期条件。上古之人并没有我们今天所享有的精密的保护的艺术和运用的艺术；而且，当艺术的应用加强了他的力量时，他对自己的力量还没有自信心。他们生活在非常危险的环境中，同时又没有在我们今天看来理所当然的防御工具。我们今天最简单的工具和器物也是古时大多没有的；当时人们没有精确的预见，在赤裸裸的状况之下面临着自然界的力量，而这种赤裸裸的状况又不只是物理的；除了在非常温和的条件下以外，人总是为危险所困扰，无可幸免。结果，人把吉凶的经验当作是神秘的，不能把吉凶追溯到它们的自然原因；它们似乎是各种不能控制的力量分派的恩赐和谴罚。生、老、病、死、战争、饥馑、瘟疫等旦夕祸患，以及猎狩无定、气候变易、季节变迁等，都使人想象到不确定的情况。显著的悲剧或胜利所涉及的景象或对象，不管是怎样偶然得到的，都获得了一种独特的意义。人们把它当作一种吉兆或一种凶兆。人们珍爱某些事物，把它们当作保持安全的手段，好像今天的良匠珍爱他的工具一样；人们也畏避一些事物，因为它们具有危害的能力。

　　当人们还没有后来才发明的工具和技艺时，他就像一个落水的人抓住一把稻草那样，在困难中抓住他在想象中认为是救命根源的任何东西。现在的人，关怀和注意着怎样获得运用器具和发明极富成效的工具的技巧；过去的人，却关怀和注意于预兆，做一些不相干的预言，举行许多典礼仪式，使用他们认为具有魔力的对象来控制自然事物。原始宗教便是在这样的气氛之中产生和滋长起来的。毋宁说，这种气氛在过去就是宗教的意向。

　　人们求助于那些会增进福利、防御暴力的手段，这是常有的事情。这种态度在生活遇到重重危难之时最为显著，但是这些非常危险的危机事态和日常行动之间的界线却是十分模糊的。在有关通常事物和日常事务的活动中，人们常常为了安全起见，举行一些礼仪活动。举凡制造兵器、陶铸器皿、编织草席、撒播种子、刈取收获等，还需要一些不同于专门技术的动作。这些动作具有一种特别的庄严性，而且人们认为这是保证实际操作成功所必需的。

　　虽然我们难免采取"超自然的"这个字眼，但是必须避免我们赋予这个词的原有的意义。只要自然的没有明确的范围，那么所谓超越自然的东西也就没有任何意义了。正如人类学者所提出的，"自然的"与"超自然的"之间的区别就是通常与非常之间的区别，是平常进行着的事物与决定着事物正常进行的偶然事变之间的区别。这两个境界没有彼此严格划分的分界线。在这两个境界相互交叉之处，有一个无人之境。非常的事物随时可以侵入通常的事物，不是破坏通常的事物，就是把它缀饰出惊人的光环。当我们在危急的条件下运用通常的事物时，其中便充满许多不可解释的有关吉凶的可能性。

　　在这样的情况下，"神圣"和"幸运"这两个主要的概念形成和发展起来，或称两个文化范畴。它们的反面是"世俗"和"厄运"。和我们对待"超自然的"这个观念一样，我们不要根据目前的用法来解释它们。凡具有非常的能力，可以为利或可以为害者，便是神圣的；神圣意味着必然以一种仪式上的疑惧对待它。凡神圣的东西，如地方、人物或礼仪用品等，都具有一种凶恶的面孔，挂着"谨慎对待"的牌子。它发出了不得触摸的命令。它的四周有许多禁忌，有一整套的禁令和训诫。它可以把潜力转移到其他事物上。如能获得神圣的恩宠，你便走上了成功之路，而任何显著的成功都表明获得了某种庇护力量的恩宠。这一事实是历代政治家们都明白如何加以利用的。由于它充满权力、好恶无常，人们不仅要以疑惧之心对待神圣的东西，而且要屈意顺服。于是便产生了斋戒、屈服、禁食和祈祷等仪式，这都是博取神圣恩宠的条件。

神圣是福佑或幸运的负荷者。早就有了"神圣"和"幸运"这两个观念的差别，因为人们对待它们的意向不同。幸运的对象是为人们所利用的。人们运用它，而不是敬畏它。它所要求的是咒文、符咒、占卜，而不是祈祷和屈服。而且幸运的东西每每是具体而可触摸的东西，神圣的东西则通常没有明确的方位；神圣的住所和形式越模糊不清，它的能力就越大。幸运的对象则处于压力之下，处于强迫之下，面对着呵责和惩罚。如果它不为人带来幸运，人就会丢弃它。人们在利用这种幸运对象时，发展了一种主人感的因素，它不同于对待神圣的那种驯服和屈从的固有态度。因此，人们在统治与屈从、诅咒与祈祷、利用与感通之间经历着一种有节奏的起伏。

当然，以上的陈述是片面的。人们总是实事求是地对待许多事物，而且每天都在享受着。即使在我们说过的那些礼仪中，一经建立常规，人们就像想望（desire）重复动作一样，表现出一种对于新奇的喜爱。原始的人类早就发明了一些工具和技巧。人们还具有一些关于通常事物特性的平常的知识。除了这一类知识以外，还有一些属于想象和情绪类型的信仰，而且前者在一定程度上是陷没于后者之中的。后者具有一定的威势。正因为有些信仰是实事求是的，所以它们并没有那些非常的和奇怪的信仰所具有的势力和权威。今天，在宗教信仰仍然活跃着的地方，我们可以看到相同的现象。

对于可证实的事实所具有的那种平凡的信仰，即以感觉为凭证和以实用效果为根据的信仰，没有礼仪崇拜的对象所具有的魅力和威势。所以，构成这类信仰内容的事物便被视为低级的。在熟悉了某一事物之后，我们会把它和其他事物一视同仁，乃至对它有轻视之感。我们是以对待我们日常所处理的事物的态度来对待自己的。的确，我们所敬畏尊重的对象势必具有优越的地位。人们所注意的东西和他们所尊重的东西之所以截然分开，其根源就在此。人们一方面控制日常事物，另一方面又依赖于某种优越的力量，这两种态度之间的区别最终在理智上被概括化了。这就产生了两个不同领域的概念。在低下的领域里，人能够预见并利用工具和艺术，期望在一定程度上控制它。在优越的领域里，却有一些不可控制的事变，从而证实了尚有超越于日常世俗事物的力量在活动着。

关于认识与实践、精神与物质的哲学传统，并不是首创的和原始的。它的背景就是上面我所概述的这种文化状态。社会上有一种气氛，把通常的和非常的东西划分开来，而这种哲学传统就是在这种社会气氛中发展起来的。哲学正是反映了这种区别，并对它加以理性的表述和解释。随着日常艺术而来的，便有了许多资料，有了一堆事实的知识；因为这是由于人们亲手造作而产生的，所以它们是人们所知道的。它们是实用的结果，也是实用的期望。这一类知识和非常的与神圣的东西比较起来，和实用的事物一样，也是不受尊重的。哲学继承了宗教所涉及的境界。哲学的认知方式之所以不同于在经验艺术中所达成的认知方式，正因为它所涉及的是一个高级实有（Being）的领域。从事礼仪的活动较之那些苦工所从事的活动要高贵些，更接近神圣。同样，涉及一个高级实有领域的哲学认知方式较之与我们的生活有关的造作行动要纯洁些。

从宗教到哲学，其形式上的变化很大，以至于人们容易忽视这两者在内容上的共同之处。哲学的形式已不再是用想象和情绪的体裁讲故事的形式，而变成了遵守逻辑规律的理性论辩的形式。大家都熟悉，被后世称为形而上学部分的亚里士多德的体系，他自己称之为"第一哲学"。我们可以引用他描述"第一哲学"的一些语句来说明哲学事业是一桩冷静理性的、客观的和分析的事业。亚里士多德说哲学包含着各部门的一切知识，因为哲学的论题是去界说一切不同形式的实有的特征而不论其在细节方面如何不同。

但是，如果我们把这几句话和亚里士多德自己心里的整个体系联系起来看，就十分清楚，第一哲学的包容性和普遍性并不属于一种严格的分析型。这种包容性和普遍性还标志有一种在价值等级上和被尊重的权利上的差别。亚里士多德公然说自己的第一哲学（或形而上学）就是神学，说它比其他科学有较高的地位。因为这些科学研究事物的生成和生产，而哲学的论题只容许有论证式的（必然的）真理；哲学的对象是神圣的，适合于神之所为。他又说，哲学是要研究神圣显现于我们人类的许多现象的原因，而且如果神圣是无所不在的，它就会出现于哲学所研究的这类事物之中。哲学所研究的实有是原始的、永恒的和自足的，因为它的本性就是善，而善是哲学论题的根本原理之一。这些话也使我们明白了哲学对象的价值高贵。不过，要知道，这里所谓善，是指完满自足的内在永恒的善，而不是指在人生中具有意义和地位的那种善。

亚里士多德告诉我们，从远古以来就以一种故事的方式遗留下这样一个见解，认为天上的星球是许多的神，而神圣包容着全部自然界。他又继续说，为了群众的利益，为了权宜之计，即为了保持社会制度，这个真理的核心是和神话交织在一起的。于是，哲学便有一件消极的工作，即清除这些想象的添加物。从通俗信仰的观点来看，这是哲学的主要工作，而且是一件破坏性的工作。群众只会感觉到，他们的宗教受到了攻击。但是长久看来，哲学的贡献是积极的。把神圣当作包容世界的这个信仰便和它的神话联系分隔开了，成为哲学的基础，也成为物理科学的基础——如"天体是神灵"这句话所暗示的。用理性论辩的形式而不用情绪化的想象来叙述宇宙的故事，这就意味着发现了作为理性科学的逻辑学。由于最高的实在是符合逻辑的要求的，逻辑的构成对象便具有了必然的和永恒的特性。对于这种形式的纯粹观点是人类最高的和最神圣的乐境，是与不变真理的会通。

欧几里得（Euclid）几何学无疑是导致逻辑的线索，成为把正确意见变成合理论辩的工具。几何学似乎揭示出有建立这样一种科学的可能性，这种科学除了单纯用图形或图解举例以外不求助于感觉和观察。它似乎揭露出一个理想的（或非感觉的）形式的世界，而这些理想的（或非感觉的）形式只能用唯有理性才可能寻源的永恒必然关系联系起来。这个发明曾被哲学概括成一种研究固定实在领域的理论；当这个固定实在的领域为思想所把握时，它便构成了一个完善的必然常住真理的体系。

如果我们用人类学家看待材料的眼光来看待柏拉图和亚里士多德哲学的基础，即把它当作一种文化论题，事情就十分清楚了：这些哲学以一种理性的形式，把希腊人的宗教与艺术信仰加以系统化了。所谓系统化，就包括澄清。逻辑学提供了真实对象必须最后符合的型式，物理学则只有当自然界甚至在变化无常之中仍然表现出最后常住的理性对象时，才可能成立。因此，在淘汰了神话与粗野迷信的同时，科学的理想和理性生活的理想产生了。以凡能证明它们本身是合乎理性的目的，代替了习惯来指导行为。这两种理想对西方文化作出了不可磨灭的贡献。

我们对于这些不可磨灭的贡献虽然表示感谢，但是又不能忘了它们产生的条件。因为这些贡献带来了一个关于高级的固定实在领域的观念，而一切科学由此才得以成立；以及一个关于低级的变化事物世界的观念，而这些变化的事物只是经验和实践所涉及的东西。它们推崇不变而摒弃变化，显然，一切实践活动都是属于变化领域的。这种观念遗留给后代一种见解，这种见解自从希腊时代以来就一直支配着哲学，即认为知识的职能在于发现先在的实体，而不像我们的实际判断一样，在于了解当问题产生时应付问题所必需的条件。

这种关于知识的概念一经确立，在古典哲学中便为哲学研究规定了特殊的任务。哲学也是一种知识形式，旨在揭示"实在"本身、"有"本身及其属性。与自然科学所研究的对象比较起来，哲学所研究的是更高级的、更深远的存在形式，这是它不同于其他认知方式的地方。当它研究到人类的行为时，便为行动强加上据说来自理性界的目的。它限制我们的思想去探求为我们的实际经验所提示的目的，以及实现这些目的的具体手段。曾有一种主张，希望通过不要求采取积极行动应付环境的措施来逃避事物的变幻无常。哲学把这种主张理性化了。它不再借助于礼仪和祭祀求得解脱，而是通过理性求得解脱。这种解脱是一种理智上的、理论上的事情，构成它的那种知识是离开实践活动而获得的。

知识领域和行动领域又各自划分成两个区域。不能推断说，希腊哲学把活动和认知区分开了。它把这两者联系起来了。但是，它把活动（activing）和行动（action，制作、做）区别开了。理性的与必然的知识是亚里士多德所推崇的，他认为这种知识是自创自行的活动一种最后的、自足的、自包的形式。它是理想的和永恒的，独立于变迁之外，因而也独立于人们生活的世界，独立于我们感知经验和实际经验的世界之外。纯粹的活动（pure activity）和实践的动作（practical action）是截然不同的。后者，无论在工艺或美术中，还是在道德或政治中，都涉及低级的实有区域；而在这个区域里，变化支配着一切，因而我们只是在礼貌上把它称为实有，因为变化这一事实在实有方面缺乏坚实的基础。它是浸润于非有之中的。

在知识方面，则有完全意义的知识与信仰的区别。知识是解证的（demonstractive）、必然的——确切的。反之，信仰只是一种意见；就意见之不确定性和盖然性而言，意见是与变化世界联系着的，而知识是和真实实在领域相适应的。因为这一事实影响到关于哲学的职能与性质的概念，我们对于我们的特殊论题不得不再作进一步的讨论。人类有两种信仰的方式、两种维度（dimensions），这是无可怀疑的。人既有关于现实存在和事物进程的信仰，也有所追求的目的、所采取的政策、所要获得的善和所欲避免的恶等方面的信仰。在一切实际问题中，最紧迫的一个问题就是如何找到这两种信仰的论题之间的联系。我们将怎样利用我们最确实可靠的认识信仰来节制我们的实际信仰呢？我们又将怎样利用实际信仰来组织和统一理智信仰？

真正的哲学问题确实可能和这一类的问题存在联系。人类具有为科学研究所提供的信仰，即关于事物的实际结构与过程的信仰；也具有关于调节行为的价值的信仰。怎样使这两种方式的信仰有实效地互相作用，这也许是人生对我们提出的一切问题中最一般和最重要的问题了。显然除了科学以外，还应该有某种以理性为根据的学问来专门研究这个问题。因此，这就为我们理解哲学的功能提供了一条途径。但是，主要的哲学传统却禁止我们用这种方式来界说哲学。照传统的哲学思想，知识的领域和实践动作的领域彼此没有任何内在联系。这就是我们的讨论中各种因素集中的焦点。扼要重述一下也许是有益的。实践的领域是一个变化的领域，而变化总是偶然的，其中不可避免地具有一种机遇的因素。如果一个东西已经发生了变化，它的变动就令人悦服地证明了它缺乏真实的或完全的实有。就这个字眼的全部意义而言，有就是永远实有。说它有，又说它变得没有了，这是自相矛盾的。如果它没有缺陷或不完善之处，它又怎能变化呢？凡变化着的东西都只是偶然发生的事情，而绝非真有。它是浸润在非有之中的，从实有的完满的意义上来讲，它是没有的。生成着的世界是一个溃崩破坏着的世界。凡一事物变为有时，另一些事物就变成无了。

　　因此，轻视实践便具有了一种哲学上的、本体论上的理由。实践动作，不同于自我旋转的理性的自我活动，是属于有生有灭的境界的，在价值上低于"实有"。从形式上来讲，绝对确定性的寻求已经达到了它的目标。因为最后的实有或实在是固定的、持续的、不容许变异的，所以它是可以用理性的直觉去把握的，是可以用理性的（普遍的和必然的）证明显示出来的。我并不怀疑，在哲学发生之前人们就有过一种感觉，认为固定不变的东西和绝对确定的东西就是一回事，而变化是产生我们的一切不确定性和灾难的根源。不过，这个不成熟的感觉在哲学中形成了一个明确的公式。人们是根据像几何和逻辑的结论那样被证明为必然的东西来肯定这种感觉的。因此，哲学对普遍的、不变的和永恒的东西的既有倾向便被固定下来了。它成为全部古典哲学传统的共有财富。

　　这个体系的各个部分都是互相联系着的。实有或实在是完备的；因为它是完备的，所以它是完善的、神圣的"不动的推动者"。然后便有变化着的事物，来来往往，生生死死，因为它们缺乏稳定性，而只有参与在最后实有中的事物才具有稳定性的特征。不过，有变化，就要具有形式和特性。当这些变化趋向于一个目的而处于圆满结束的时候，这些变化便是可以为人们所认知的。变化的不稳定性并不是绝对的，它具有热望达到一个目标的特征。

理性的思想，一切自然运动的最后"终结"（目的①）或末端是最完善和最完备的。凡是变化着的东西就是物质的；物理的东西是用变化来界说的。最多最好，它只算是一种达到一个稳定不变的目的的潜能。在这两个领域内，有两种不同的知识。其中只有一种才是真正的知识，即科学。这种知识具有一种理性的、必然的和不变的形式。它是确定的。另一种知识是关于变化的知识，就是信仰或意见；它是经验的和特殊的，是偶然的、盖然的而不是确定的。平常至多它只能判定说：事物"大致如此"。与实有中和知识中的这种区分相适应的便有活动中的这种区分。纯粹的活动是理性的；它是属于理论性质的，意即脱离实践动作的理论。然后便有制作行动中的动作，去满足变化领域中的需要缺陷。人类的物理本性方面便是和这个变化的领域联系着的。

这种希腊的表述虽然早已提出，而且其中很多专门名词现已变得稀奇，但它有些要点仍适合于现代的思想，不减于其在表述中的重要意义。因为不管科学论题和方法已经有了多大的变化，不管实践活动借助于艺术和技术已经有了多大的扩充，西方文化的主要传统仍保持着这种观念构架，始终未变。人所需要的是完善的确定性。实践动作找不到这种完善的确定性；它们只有在一个不确定的未来中才始见效果，它们包含着有灾难、挫折和失败的危险。另一方面，人们认为，知识是和一个本身固定的实有的领域联系着的。由于它是永恒不变的，因此人类的认知在这个领域内是不作任何区别的。人们能够通过思维的领悟和验证的媒介或某种其他思维器官来接近这个领域。这种思维器官除了只去认知它以外，是和实在不发生任何关系的。

这些主张包括一整个体系的哲学结论。首先，而且最主要的结论是：真的知识和实在是完全相符的。被认知为真的东西，在存在中便是实有的。知识的对象构成了一切其他经验对象的真实性的标准和度量。而我们所喜好、所想望、所争取、所选择的对象，即我们所赋予价值的一切东西也都是实在的吗？如果它们能够为知识所证实，它就是实在的；如果我们能够认知具有这些价值特性的对象，就有理由把它们当作是实在的。但是作为想望和意图的对象，它们

---

① 　此处"目的"二字为编者所加。——编者注

在实有中是没有地位的，除非我们通过知识接近和证实了它们。我们十分熟悉这种见解，因而忽视了它所根据的一个不曾表达出来的前提，即只有完全固定不变的东西才能是实在的。确定性的寻求已经支配着我们的根本的形而上学。

其次，认识的理论具有为同一主张所确定的根本前提，因为确定的知识必定是与先在的存在物或本质的实有关联着的。只有确定的事物，才内在地属于知识与科学所固有的对象。如果产生一种事物时，我们也参与在内，那么就不能真正认知这种事物，因为它是跟随在我们的动作之后而不是存在于我们的动作之前的。凡涉及行动的东西乃属于一种单纯猜测与盖然的范围，不同于具有理性保证的实证，只有后者才是真正知识的理想。我们已经十分习惯于把知识和动作分隔开来，乃至认识不到这种分隔的情况如何支配着我们对于心灵、意识和反省探究的想法。既然心灵、意识和反省探究都是和真正的知识关联着的，那么根据这个前提，对它们的界说就不容许有任何外表的行动，因为后者改变了独立先在的存在的条件。

关于认识的理论派别繁多，到处都是它们之间的争闹。由此产生的喧嚷，竟使我们看不到他们所说的东西其实是一回事情。这些争论之点是大家所熟悉的。有些理论认为：我们被动接受的、无论我们愿意与否都加于我们身上的印象，是测验知识的最后标准。另一些理论认为，理智的综合活动是知识的保证。唯心论者的理论主张心灵与被知的对象最后是同一件事情；实在论者的理论则把知识归结为对独立存在物的觉知，如是等等。但是，它们都有一个共同的假设。他们都主张：在探究的操作中，并没有任何实践活动的因素进入被知对象的结构。十分奇怪，不仅唯心论这样说，实在论也这样说；不仅主张综合活动的理论这样说，主张被动接受的理论也这样说。按照他们的看法，"心灵"不存在一种可以被观察到的方式，不是借助于具有时间性的实践外表动作，而是通过某种神秘的内在活动构成所知的对象的。

总之，所有这一切理论的共同实质就是说，被知的东西是先在于观察与探究的心理动作而存在的，而且完全不受这些动作的影响，否则，它们就不是固定而不可变易的了。据上所述，包含在认知中的寻求、研究、反省的过程总是与某些先在的实有关联着而不包括实践活动，这个消极的条件便永久把属于心灵和认知器官的主要特征固定下来了。这些过程必然是在被知的东西以外的，因而不与被知的对象发生任何交互作用。即便采用"交互作用"一词，也不能如它平常实际的用法那样，表示在外表上产生了什么变化。

认识论是仿照假设中的视觉动作的模式而构成的。对象把光线反射到眼上，于是这个对象便被看见了。这使得眼睛和使用光学仪器的人发生了变化，但并未使被看见的事物发生任何变化。实在的对象固定不变，高高在上，好像是任何观光的心灵都可以瞻仰的帝王一样。结果就不可避免地产生了一种旁观者式的认识论。过去曾经有过一些理论，主张心理活动是参与其间的，但是仍然保持着旧有的前提。所以，它们得出结论说：不可能认知实在。按照它们的见解，既然有了心灵的干预，人们就只能认知实在对象的一些变了样子的外貌，只能认知实在对象的"现象"。这个结论最彻底地证实了它具有下述信仰的全部威势：把知识的对象当作一种固定完备的实在，孤立于产生变化因素的探索动作以外。

所有这一切关于确定性和固定体、关于实在世界、关于心灵和认知器官的性质的见解，完全彼此联系着；而它们的结果几乎扩散在所有关于哲学问题的重要见解之中。所有这一切见解的根源，都是（为了寻求绝对的确定性）人们把理论与实践、知识与行动分隔开来。这就是我的基本的论题思想。因此，我们不能把这个问题孤立起来加以研究。它是和各个领域的根本信仰和见解完全纠缠在一起的。

本书以后各章尚需从上述各点逐一论述这个主题。首先，我们将研究这种传统的区分办法对于哲学性质的概念，特别是对于价值在存在中的确实地位问题的影响。其次，我们将说明在自然科学结论与我们所赖以生存和调节行为的价值之间进行协调的问题如何支配着现代的各派哲学，而这个问题，如果不是事先不加批判地接受了知识是唯一能接近实在的途径，将不会存在。再次，我们将以科学程序为例，讨论认知活动发展的各方面，把实验探究分析成为各个方面，从而表明上述那种传统的假设在具体的科学程序中是怎样被完全废弃的。因为科学在变为具有实验性质的过程中，本身就变成了一种有目的的实践行动的方式。复次，我们将简要地陈述破除分隔理论与实践的种种障碍，对改造关于心灵与思维的根本观念以及认识论中长期存在的许多问题所产生影响。最后，我们将考虑用通过实践的手段追求安全的方法代替通过理性的手段寻求绝对的确定性的方法，会对我们控制行为，特别是影响行为的社会方面的价值判断问题产生什么影响。

哲学对于常住性的寻求[①]

前一章我们曾经附带地注意到古典传统在知识与信仰，或如洛克所说的，在知识与判断之间所作的区别。按照这种区别，确定的东西和知识的范围是同样广大的。争论是存在的，人们所争论的是：提供确定性基础的是感觉还是理性；或者说，它的对象是存在物还是本质。与上述这种把确定性与知识等同起来的情形相反，"信仰"这个字眼本身，在确定性的问题上就是引人争辩的。由于我们缺乏知识，或不能完全得到保证，我们才有信仰。确定性的寻求总是要努力超越信仰。我们前面已经说过，既然一切实践的行动都有不确定性的因素在内，那么，只有把知识同实践行动分隔开来，才能超越信仰，上升到知识。

在本章，我们特别想讨论：如果把确定性的理想当作优越于信仰的东西，那么这会对哲学的性质与功能产生什么样的影响。希腊的思想家们清晰地——而且合乎逻辑地——看到：经验，就其认知存在而言，只能给我们提供一些偶然的盖然因素。经验不能为我们提供必然的真理，即完全通过理性加以证明的真理。经验的结论是特殊的，而不是普遍的。由于它们不是"精确的"，所以它们还不足以成为"科学"，于是便产生了理性的真理（根据近代的术语，即关于观念之间关系的真理）和由经验所肯定的关于存在的"真理"之间的区别。因此，不仅实践的艺术（工业的和社会的艺术）不是知识而是明显有关信仰的事情，就是根据观察从归纳推理中产生的那些科学也不能算是知识而只是信仰。

人们也可以这样设想：这些科学也并不坏，特别是自然科学已经发展了一种技术，可以达到很高的概率并能在一定限度内测量概率，从而在特殊情形之下帮助我们下结论。但是，从历史上看，这样扭转过来的想法是不容易的。因为人们已经把经验的或观察的科学置于与理性的科学可厌的相反的地位，而理性的科学是研究永恒的和必然的对象的，具有必然的真理。结果，由于观察的科学材料不能统摄于理性科学所提供的形式与原理之内，这种观察性的科学便和实际事务一样为人们所轻视。它们和理性科学的完善实体比起

---

① 《确定性的寻求》第二章。——编者注

来，是较为低下的、世俗的和平凡的。

我们在这里就有了一个把这件事情远溯至希腊哲学的理由。整个古典传统直到今天都继续抱有一种轻视经验的观点，并把实在当作真正知识所追求的正确目标和理想，认为即使实在是寓于经验事物之中的，却也不能为实验的方法所认知。这在哲学本身上产生的逻辑结果是明显的。在方法方面，它势必宣称，它本身就具有一种产生于理性本身而且能够离开经验取得理性证明的方法。只要这种看法承认同一理性的方法也真正认知自然本身，后果——至少那些明显的后果——并不严重。哲学与真正科学之间没有什么裂痕。事实上，甚至并不存在这样的区分，而只有形而上学、逻辑学、自然科学、道德科学等哲学部门的分别，在其间证明确定性的程度是依次递减的。按照这个理论看来，既然低级科学的论题和真正知识的论题内在地属于一种不同的特性，那么，我们就没有根据对所谓信仰的这种程度低下的知识表示任何理性上的不满。较为低下的知识或信仰是与较为低下的论题相适应的。

17世纪的科学革命引起了一次巨大的变化。科学本身，借助于数学，把证明性的知识体系带到了自然对象的领域中。自然界的"法则"也具有了在旧体系中仅仅属于理性形式与理想形式的固定特性。这种被一些机械论的术语进行表达的关于自然界的数理科学，便自称是唯一正确的自然哲学。古旧的哲学丧失了与自然知识的联系，自然世界的这些"法则"也不再支持哲学了。哲学为了保持高级形式的知识的地位，便不得不对自然科学的结论采取一种痛恶的和所谓敌意的态度。这时候，旧传统的架构又浸沉入基督教的神学之中，并由于宗教的教育又变成了那些不懂得专门哲学的人所继承下来的文化。于是，哲学与新科学在认知实在方面的对抗变成了为旧哲学传统所保证的精神价值和自然知识的结论之间的对抗。科学越进步，似乎就越侵占哲学宣称所应占有的特殊领土范围。因此，古典的哲学变成了一种专门为相信最后实在的这种信仰进行辩护的学问，而这个最后的实在领域中有着调节生活、控制行为的各种价值。

运用这种历史研究的方式来探讨上面所论及的这个问题，无疑会有不少缺点。人们或许毫不犹豫地认为，上面我们所强调的希腊思想和近代思想，特别是当代哲学无关；或许会认为，在不搞哲学的群众看来，这些哲学的陈述是没有什么重大意义的。对哲学有兴趣的人会反对说：这些批评如果不是无的放矢，至少那些被批评的主张早已失去了现实意义。对任何形式的哲学都不喜好的人，又会追问这些批评对于非以哲学为专业的人到底有什么意义。

关于对哲学有兴趣的人提出的反对，我们将在下一章详加论述。在下一章，我们将说明，近代哲学虽有各种学派，但都想研究如何使现代科学的结论适应于西方世界主要的宗教和道德传统问题，并且说明这些问题是与保留希腊思想中所陈述的那种关于知识与实在关系的见解有关的。目前，我们只要指出：关于知识与行动、理论与实践分隔的见解在具体细节上不管有过多大的变化，仍然被继续保存下来了；而和行动相联系的信仰，与那些和知识的对象内在联系在一起的信仰比较起来，是不确定的，在价值上是低贱的，因而只有在前一种信仰从后一种信仰中派生出来时，它才是安全确立的。我们不是说，希腊思想的某些特殊内容是和当前的问题相关联的；与当前问题相关的是它坚持知识的确定性是衡量安全的尺度，而是否符合独立于人类实践活动以外、固定不变的对象是衡量知识的确定性的尺度。

那些不喜好哲学的人的反对却属于另一种类型。他们感觉到不仅是希腊哲学，而是一切形式的哲学，对人类来说都没有任何意义。他们承认或者断言，把哲学说成比自然科学所提供的知识较高一级的知识，这是放肆的，但是也主张这个问题除了对那些专业哲学家有意义以外，是没有什么重大意义的。

不喜好哲学的人所提出的这种反对意见并没有什么力量，因为他们所主张的大部分和哲学家所主张的一样，是同一种关于确定性及其固有对象的哲学；不过，他们的主张还只是一种不成熟的形式。他们并不认为哲学思想是一种达到这种对象以及它们所提供的确定性的特殊的方法，但他们明显地或含蓄地绝不主张在理智指导下行动艺术是获得价值安全的手段。当涉及某些目的和好处时，他们只是接受这个观念。当把这些目的和价值当作了低等的后果而从物质上（如从健康、财富上）去控制条件的时候，他们就仍然保持古典哲学所陈述的那种高一级的实在和低一级的实在之间的区别。尽管说话时没有运用理性、必然的真理、普遍性、物自身以及现象等词汇，但他们却倾向于相信在知识指导的行动以外另有道路，最后可以实现高级的理想和目的。他们认为，实践行动是实用所必需的，但却把实用和精神的、理想的价值分隔开了。这个根本的区别并非创始于哲学。这些观念久已一般地活动在人心之中，哲学不过是把这些观念在理智上加以公式化和合理化罢了。这些观念中的因素不仅活跃在过去的文化之中，而且也活跃在当前的文化之中。的确，由于宗教教义的散播，这种把最后价值当作一种特殊的启示而它们在生活中体现的特殊方法又截然不同于仅涉及低级目的的动作艺术的这种见解，一直存在于通俗的人心之中，为人们所重视着。

这一点就有了一般的人类重要意义，而不仅是专业哲学家所关心的事情了。怎样才能获得价值？怎样才能获得为人们所钦佩、所赞同、所追求或使人们感到光荣的事物呢？大概是由于轻视实践，很少有人把价值在人类经验中的安全地位的问题和关于知识与实践关系的问题联系在一起提出来。但是，不管我们对于行动的地位采取什么观点，行动的范围不能仅仅限于专图私利的动作，也不能局限于专从利害得失打算的动作，尤其不能一般地局限于贪图便宜的事物或有时所谓功利的事情。保持和散播理智上的价值、道德上的良善、美术上的美妙，以及在人类关系中维持秩序和礼节等，都是依赖于人们的行为的。

无论因为传统宗教强调个人灵魂得救的缘故或其他理由，人们总有一种倾向，把道德的最后范围仅限于一个人的行为反过来对本人所产生的结果。甚至于功利主义，虽然它表面上独立于传统神学之外，强调以公共福利作为判断行为的准绳，但是仍然在它快乐论的心理学中坚持个人的快乐是行动的动机。有人认为，一切理智行为的真实对象在于把一切人类关系中有价值的事物建立成一个稳定而又继续发展的制度。但是，当前流行着一种见解，认为道德是一种特别的动作，主要涉及个人在其才能中的美德或享受。这种见解把上一种看法压制下去了。我们仍然保持着这种把活动划分成为两类具有不同价值的活动的见解，只不过改变了形式。结果，这使"实用的"和"有用的"东西的意义本身具有一种被轻视的意义。"实用的"一语的意义并没有扩大到包括足以推广和保障人生价值的一切行动方式，包括美术的散播、趣味的培养、教育的过程和一切足以使人类关系更加有意义、更加有价值的活动。反之，人们把"实用的"一语的意义仅限于安逸、慰藉、财富、身体安全和警察秩序，可能还有保持健康等；这些事物一经与其他诸善的分隔孤立，就只能算是一些有局限性的和狭隘的价值。结果，这些事物便成为技术科学和艺术所研究的课题；"高尚的"兴趣是不关心它们的，不管"低级的"善在自然存在的盛衰中发生了什么变化，高尚的价值仍然是最后实在的常住不变的特性。

如果我们在习惯上采取实践最公平的意义而且放弃把价值划分为内在高尚的和内在低下的两类价值的二元论，对于"实践"所采取的这种轻视的态度就会有所改变。我们应该把实践当作我们用以在具体可经验到的存在中保持住我们的判断为光荣、美妙和可赞赏的一切事物的唯一手段。这样一来，"道德"的全部意义就都改变了。人们在自然与社会关系所造成的差别之中忽视它们永恒的客观后果的倾向，以及人们不问客观后果，强调个人动机和内在性向的这种态度，在什么程度上是人们在习惯上鄙视动作价值、重视对事物不产生任何客观差别的心理过程、思维和情操等形式的后果呢？

人们可以辩论说（这种辩论是有一定的道理的），未曾把动作置于追求这种安全的中心地位（人们是可能这样做的），是早期文化阶段人类的无能状态所遗留的结果；当时，人们只有很少的方法来调节和利用后果所由产生的条件。当还不能利用实践艺术来指导事物发展的进程时，人类就去寻求一种情绪上的代替物，这是很自然的事情；在这个动荡不安的世界中，由于缺乏实际的确定性，人们就只能去培植那些给予自己确定感的东西。这种确定感的培植，只要不流于幻想，就有可能给人以勇气和信心，使人比较成功地挑起人生的担子。事实虽然如此，但总不能辩论说，我们可以根据这个事实建立一种合理的哲学。

现在回过头来谈哲学的概念。我们曾经坚持，任何方式的动作都不能达到绝对的确定；行动只能保险，不能保证。做（doing）总是要遇到危险、遭受挫折的。当人们开始从事哲学思考的时候，他们会觉得若使价值受着行动的制约，其结果便不能确定，这太冒险了。只要有经验存在，只要有可感知的和现象世界的存在，就会继续有这种动荡不定的状态。这种不确定性似乎促使人们更加需要通过最确实的知识，来显示出理想的善在最后实在的领域内占有不可废除和难以推翻的地位。至少，我们可以想象人们是这样进行推理的。今天仍有许多人，在面临着价值在实际经验中所呈现出来的这种不稳定和可疑的状态时，认为在一个实质境界之中（即使不是在人世以外的天堂之中）有一种完善形式的善；而在这个实质境界内，这种善的权威（即使不是它们的存在）是完全不可动摇的。人们由此求得了一种特别的安慰。

我们暂时不问，这个过程在什么程度上是近代心理学为我们所熟悉的那种补偿性质的过程。我们只研究它对于哲学有什么影响。那些我所谓古典哲学的主要目标在于表明：作为最高超和最必要的知识对象的那些实在也都具有那些符合我们最好的愿望、崇拜和赞许心理的价值。我想，关于这一点是没有人会否认的。有人也许说，这是一切传统的唯心主义哲学的核心思想。有些哲学派别认为，他们的正当职务就是从理智上或认识上证实这些最高价值在本体论上的实在性。这些哲学派别具有一种感人的力量，具有一种高贵性。当人们热烈地想望和选择善事而遇到挫折时，很难不去想象一个境界，在此境界中，善完全具有它自己的本来面目，并且和寓有一切最后权力的"实在"相同起。于是，现实生活之所以遭遇失败和挫折，完全是由于这个世界是有限的、现象的、可感觉的而不是实在的；或者我们的悟解力太弱、太有限，以致不能看到存在和价值只有表面上的不同，而只有完满的见地才能看到局部的恶是完全的善中的一个因素。因此，哲学的职能是利用据说以自明之前提为根据的论辩的方法来设想出一个境界，在此境界中，在认识上最确定的对象就是人心最好期望的对象。因此，如何把善与真和实有的统一性与丰富性融合起来，就变成了古典哲学的目标。

要不是我们十分熟悉这种情境，这种情境会使我们感到奇怪。实践活动已被黜逐到一个低级实在的世界。只有在缺少什么的时候，人才有欲望，所以欲望的存在就标志着实有尚不完善。若欲寻求完善的实在和完全的确定，就必须求助于冷静无情的理性。虽然如此，哲学的主要兴趣却在于证明：作为纯知识对象的实在所具有的本质特性，显然就是那些要与情感、欲望、选择发生关联才有意义的特征。在人们为了推崇知识而贬低实践之后，知识的主要任务一变而成为证明价值的绝对可靠和持续永存的实在性，而后者又是实践活动所涉及的事务！一方面把欲望和情绪贬黜到在各方面都低于知识的地位，另一方面却说关于所谓最高级和最完善的知识所存在的问题就是由于罪恶（由于错误而受挫的欲望）的存在，这样一种情境能不使人感觉到可笑吗？

然而，这个矛盾不仅是一种纯理智上的矛盾。如果是纯理论的，它就不会有实际上的恶果。我们人类所关心的，显然就是在具体存在中可能达到的最大的安全价值。有人认为：在我们所生存的这个世界中，动荡不稳的价值在一个高级的境界中（这个境界是只可以用理性证明而不能够为经验所达到的）是安稳永存的；一切的善在此地遭到失败，在那里却可以获得胜利。这种想法对于那些受挫的人来说，是有一定的安慰作用的。但是，它丝毫没有改变这个存在的情境。本来是把理论和实践加以分隔，后来又用在认识上寻求绝对可靠性的办法代替了通过实践活动，使善的存在在经验中更加安全可靠，其结果便是转移了人们的注意，分散了人们的精力，未能从事那些可以产生确切结果的工作。

要想使价值得到具体的安定，主要的就是讲求改善行动的方法。单纯的活动、盲目的奋斗是不能促进事物的进展的。只有通过行动，才可能控制结果所依赖的条件；而这种行动是有理智指导的，是掌握条件、观察顺序关联的，是根据这种知识来计划执行的。认为脱离行动的思想能确切保证具有最高善的地位，这种想法对于发展一种理智的控制方法是无补于事的。相反，它阻碍了和窒碍了人们朝着这个方向的努力。这是我们对古典哲学传统的主要指责。它的重要性使我们追问：事实上，行动和知识到底有怎样的关系？除了理智的行动以外，用其他方法寻求确定性，是否会有害地变换思想的正当职能？它也使我们追问：人类控制认识和控制实践行动艺术的方法目前是否已经达到了这样一种程度，即足以使我们有可能和有必要彻底改革我们对知识与实践的见解？

从科学研究的实际程序判断起来，认知过程事实上已经完全废弃了这种划清知行界限的传统，实验的程序已经把动作置于认知的核心地位。这是以后各章我们将注意讨论的一个论题。如果哲学同样真心诚意地屈从于这种见解，将会发生一些什么变化呢？如果哲学已不再研讨一般的关于实在与知识的问题，它的职能将是什么？实际上，哲学的功能就是促使我们认识上的信仰（根据最可靠的探究方法所产生的信仰）与我们关于价值、目的和意向的信仰（这些信仰在具有伟大而自由的人生重要性的事务中控制着人类行动）发生有益的相互作用。

传统的想法认为，行动内在地低下于知识并偏爱固定的东西，不爱变迁的东西。上述观点反对这种传统的想法。它深信，通过实际控制获得的安全远较理论上的确定性更为珍贵。但是，这并不意味着，动作好于知识和高于知识，而实践内在地优越于思维。知识与实践之间经常地和有效地相互作用，跟推崇活动本身是完全不同的。当行动受知识的指导时，它是一种方法和手段而不是一个目的。目标和目的就是利用主动控制对象的手段在经验中所体现出来的更为可靠、更为自由、更为大家所广泛共享的价值，而对于对象的主动控制只有借助于知识才是可能的。①

从这个观点看来，哲学问题就是涉及关于所追求的目的的判断

---

① 在反对为了推崇冥思的知识而轻视实践这种存在已久的思想的过程中，有一种倾向把事情简单地颠倒了一下。但是，实用主义的工具主义的实质是把知识与实践两者都视为在经验存在中获得善果（各种优越的结果）的手段。

和达到这些目的的手段的知识如何互相作用的问题。在科学中增进知识的问题，就是去做什么的问题，就是进行什么实验、发明和利用什么仪器、从事于何种运算、利用和精通数学哪些部门的内容等的问题。同样，实践的唯一问题就是我们需要认知什么，我们如何获得和运用这种知识。

人们容易而且通常习惯于把个人的分工误混为功能和意义的孤立分隔。就个人而言，人类中有的致力于认知的实践，有的从事于一种职业的实践，如商业的、社会的或美感的艺术。每人虽各专一事，但同时也承认其他方面，视其为理所当然。然而理论家和实干家常作无谓的争论，各人亦强调本身的重要性。于是，个人职业上的差别被实质化，成为知识与实践之间的差别。

如果看一看知识的发展史，人们就会明白，最初之所以试图有所认知，是因为人们为了生活不得不如此。其他动物的机体天赋有一种本领，能给它们的动作以有机的指导。但人类缺乏这种本领，不得不询问他将怎么办，而且他只有对构成自己行为的手段、障碍和结果的环境进行研究，才能发现自己应当怎么办。欲求获得理智上或认识上的了解，这只是被当作一种手段，在行动的纠纷中可以用来获得较大的安全，除此以外别无意义。而且，即使有了闲暇，有些人仍然选择认知作为他们的专门职业，此时单纯理论上的不确定性仍然没有什么意义。

这句话会引起一些抗议。一经考察，我们便会明白：人们反对这句话，是因为难以找到一个单纯理智上不确定性的事例，即一种不与任何事物发生关系的事例。我们有一个熟悉的关于东方国王的故事，也许类似这种纯理智上不确定性的情况。这个国王不想参加赛马，理由是他已经完全知道一匹马可以比另一些马跑得快。然而他不能确定，在几匹马中，到底哪一匹马比另一些马跑得快。人们可以说，这种不确定性是纯理智方面的。但这个故事是悬而未决的，它既没有引起人们的好奇心，也没有使人努力补救这种不确定性。换言之，人们毫不介意，认为无关紧要。对于任何完全理论上的不确定性或确定性，人们都是不关心的。这是一个十分明确的道理。因为从定义上说，如果一个东西完全属于理论方面，它就是在任何地方都无关紧要的。

人们反对这一命题，这就有助于说明：理智的东西和实际的东西其实紧密结合在一起。所以，当我们想象着自己正在思考一个完全理论上的疑问时，我们便在无意之中把和这个疑问有关的后果私运进来了。我们思考着探究过程所产生的不确定性；这种不确定性在它未曾得到解决以前，总是阻碍着探究的前进——这显然是实际的事务，因为它包括结论和产生这些结论的手段。如果我们没有欲望和意向，那么事物的此一状态和彼一状态是同样好的，此理至明。有些人珍视这样一种指证，即绝对实有已经永久可靠地包含一切价值。这些人之所以珍视这个指证，是因为他们注意到这样一个事实：虽然这一指证对于具体存在着的这些价值并不产生什么影响（除非减弱了产生与保持这些价值的努力），但它会改变他们个人的态度，使他们感觉到有所慰藉或卸脱了责任，使他们意识到有一个"道德的假日"。这时，有些哲学家便发觉了道德与宗教的区别。

以上许多讨论，无非断言寻求认识上的确定性的最后理由是需要在行动结果中求得安全。人们容易自认为为了寻求理智上的确定性而致力于寻求理智上的确定性。但实际上，人们之所以需要理智上的确定性，是因为它对于我们所欲望和珍视的东西起着保障作用。由于在行动上需要保护和成功，所以便需要证实理智信仰的实效性。

知识分子阶级是一个有闲阶级，在很大的程度上免于一般群众所遭受的严重苦难。自从这个阶级兴起以后，这些知识分子便开始夸耀自己所特有的职能。既然行动上的痛苦和烦恼不能保证具有完全的确定性，于是人们改为崇尚知识上的确定性。在一些次要的事务方面，如比较专门的、专业的、"功利的"事务方面，人们继续经常改进他们的操作方法，以更有把握地获得结果。但是，在具有重大价值的事务方面，我们很难一下子取得其所需要的知识，而且改进又是一个缓慢的过程，依赖于许多人的同心协作。人们所要形成和所要发展的艺术，是具有社会性的艺术；单独一个人，对于控制那些有助于更好地获得重要价值的条件，是无能为力的，虽然他可以利用个人的机智和专门的知识达到独特的目标（如果他足够幸运的话）。由于没有耐心，而且如亚里士多德所指出的，在从事于脱离动作的那种思维活动中，一个人是自足的，于是便发展出一种认识上确定性的理想和脱离实践的真理。也因为这种真理是脱离实践的，所以它才为人所珍视。实际上，这样建立起来的理论足以助长人们在具有最高价值的事务中依赖于权威和武断，而在日常的事务中，特别是经济方面的事务中，依赖于日益增长的专门知识。过去有人相信，魔术的仪式会促进种子的生长，保证获得丰收。这种信仰阻塞了人们研究自然因果及其作用的倾向。同样，接受武断的条规，把它们作为教育、道德和社会事务中行为的基础，也削弱了人们寻求构成合理计划的条件的动力。

通常，人们多少要谈到近几百年来自然科学的进步所引起的危机。他们说，这种危机源于自然科学对于我们生存的世界的结论和从自然科学那里得不到什么支持的高级价值领域、理想和精神性质的领域之互不相融。据说，是这种新科学剥夺了世界上使人看来美丽适宜的那些性质；废弃了一切追求目的、喜爱为善的本性，而把自然界描述成按照数理和机械法则活动的许多无知无觉的物理粒子构成的景象。

大家都知道，现代科学的这种结果为哲学提出了许多主要的问题。我们如何可以一方面接受科学另一方面又维护价值领域？这个问题构成了通俗对科学与宗教冲突的意见在哲学上的论述。哲学家们现在已不是操心解决天文学、宗教方面对于天堂与升天的信仰之间的矛盾，或地质学上的记录和《创世记》中创造世界的记载之间的差别，而是操心沟通存在于关于自然世界的根本原理和调节人生的价值实在之间的那条鸿沟。

所以，哲学家们想设法把这个显明的冲突协调起来，连通起来。大家都知道，近代哲学有这样一种倾向，即根据对于知识性质的理解去建立一个关于宇宙性质的理论；这个程序一反古代一种显然比较合适的方法，即根据关于知识所由发生的宇宙的本性来获得关于知识的结论。现代哲学家们之所以一反古代这个方法，原因就是我们在上面所论及的这种"危机"。

既然困难是由科学产生的，那么补救的方法就应当在对知识本性的检查中去寻找，在可能产生科学的条件中去寻找。如果能够指出可能产生知识的条件是一种理想性和理性性质的东西，我们在物理学中失去唯心主义宇宙论便是容易忍受的。因为既然物质和机械论的基础是一个非物质的心灵，那么，物理的世界就能够屈从于物质和机械论。这就是从康德的时代以来，现代唯心主义哲学的特殊进程；我们还可以说，自从笛卡尔以来就是如此，因为他首先感觉到了调和科学结论和传统宗教道德信仰之间的矛盾的过程所产生的这个深刻的问题。

如果有人问：为什么人们要如此热心地调解自然科学的发现和价值的实效性之间的矛盾呢？为什么增进知识会被人视为一种对我们所珍视、钦佩和赞扬的东西的威胁呢？为什么我们不能进而利用我们在科学方面的收获来改进我们对价值的判断，调节我们的行动，使得价值在存在中更为可靠和更为广泛地为人们所共享呢？如果有人提出这样一些问题，人们大概会认为，这是一种麻木不仁的表现，至少是头脑极端简单的表现。

为了把上述分歧弄得更明白一些，我宁愿冒着被指责头脑简单的危险。如果人们把他们关于价值的观念和实践活动联系起来，而不是和对事先存在的实在的认知联系着，那么，他们就没有科学发现所产生的那种麻烦了。他们会欢迎这种科学发现。因为如果我们明确了关于实际存在的条件的结构，这确实会帮助我们更加恰当地对我们所珍视和所追求的东西下判断，这会教导我们应该采取什么手段去实现这些目的。但是，按照欧洲宗教和哲学传统的看法，一切最高的价值，即善、真、美的有效地位，都源于它们是最后和最高实有（上帝）的特性。只要自然科学的发现不冒渎这个思想，它就可以通行无阻。当科学不再揭示在知识的对象中具有这样的特性时，麻烦便产生了。于是，为了证实这些特性，便不能不另外设计一些迂回曲折的方法。

因此，如果我们把价值问题和理智行动的问题结合起来的话，这个看似笨拙的问题便会产生一种完全不同的结果。如果我们认为关于价值的信仰与判断的实效性是依赖于为它采取的行动的后果的，如果我们否认了在价值和脱离活动能以获得证明的知识之间所假定的那种联系，那么对科学与价值的内在关系仍然产生疑问，则纯粹是人为的了。代替这种疑问而产生的，是一些实际的问题：我们将如何利用我们的知识指导我们形成关于价值的信仰？如何指导我们的实际行为去检验这些信仰，并尽量形成更好的信仰？这正是我们从经验方面追求的一个问题：为了使价值在存在中变成更可靠的对象，我们应该做些什么？而且，由于我们对采取行动时必须服从的条件和关系有了日益增加的知识，便更具有有利条件来研究这个问题。

但是，两千多年以来，思想最有影响的和权威正统的传统却是朝着相反的方向发展的。他们所专心致力的问题就是如何纯粹从认识上（也许通过天启，也许通过直觉，也许通过理性）证明真、美和善的先在的、常住的实在性。与这种主张相反，自然科学的结论提供了一些产生严重问题的材料。控诉是向"知识法庭"提出的，判决却是相反的。现有两个敌对的体系，我们必须准确核对它们双方所提出的要求。当代文化中的危机，当代文化中的冲突和混乱，产生于权威的分裂。科学研究告诉我们的是一回事，而对我们的行为产生权威影响的，关于理想与目的的传统信仰所告诉我们的，是完全不同的另一回事。在这两者之间进行调和的问题之所以产生和持续，理由只有一个。只要人们坚持知识为实体的揭露，而实体是先于认知和独立于认知之外而存在的；只要人们坚持认知并不是为了控制所经验的对象的性质，那么，自然科学之未能揭示其所研究之对象的重大价值，便使人们感到惊奇。而那些严肃对待价值之权威与实效性的人，也有自己的问题。只要人们坚持主张只有当价值是脱离人类行动的、实有所具有的特性时，价值才是有权威的和有实效的；只要有人假定他们控制行动的权利源于这些价值是独立于行动之外的，人们就需要有一套办法去证明：不管科学有什么发现，价值总是实在本身真正的和已知的性质。因为人们是不会轻易弃绝一切调节行为的指导的。如果禁止人们在经验的历程中发明标准，人们就会去别的地方寻找；如果不在神的启示中寻找，便会在超经验的理性的解脱中寻找。

那么，当前哲学的根本争论之点是什么呢？有人主张，知识越揭示出先在存在或"实有"，便越有实效。这种主张有道理吗？有人认为，有调节作用的目的和意向，只有当人们指出它们脱离人的行动，属于存在或本质这类事物的特性时，才是有实效的。这种主张有道理吗？也有人建议从另一方面出发。至少，欲望、感情、喜好、需要和兴趣等存在于人类经验之中；它们是经验所特有的特点。关于自然界的知识也是存在的。在指导我们的情绪生活和意志生活方面，这种知识意味着什么？我们的情绪生活和意志生活又是怎样抓住知识，使它为生活服务的？

在许多思想家看来，后一类问题并不如传统的哲学问题那样庄严。它们只是一些眼前的问题，而不是最后的问题。它们并不涉及全部实有和知识"本身"，只是涉及特定时间和特定地点的存在状态，以及在具体环境下的感情、计划和意向的状态。它们不关心于一劳永逸地构成一个完整的关于实在、知识和价值的一般理论，而只关心于发现：当关于存在的这种信仰的存在有结果和有效用地帮助解决人生紧迫的实际问题时，它到底具有怎样的权威？

在有限制的和专门的领域内，人们无疑是沿着这样的路线工作的。在技术和工程与医学艺术方面，人们并不会想到其他方面的操作活动。对自然界及其条件日益增长的认识，并没有引起健康和交通的价值一般是否有效的问题，虽然人们可能会对过去有关健康、交通以及事实上如何获得这些善果的最好途径等方面的概念是否有效产生怀疑。

在这些事务方面，科学已经给予我们一些方法，能够帮助我们较好地判断我们的需要，并帮助我们构建满足这些需要的工具和操作程序。在道德的和显然人文的艺术方面，类似的事情尚未发生，这一点是很明白的。这也许就是使哲学家们感到十分麻烦的问题。

在工艺方面，人类的价值已经得到了解放和扩展，然而涉及比较广泛、比较强烈和更加显然属于人文的价值方面的艺术何以还没有得到这样的解放和扩展？我们能否严肃地辩论说：这是由于自然科学向我们揭示了它所揭示给我们的这个世界？不难看出：这样的一些揭露不利于某些关于价值的信仰，而这些有关价值的信仰是为人们所广泛接受的，具有一定的声势，人们对它们含有深刻感情，所以有权威的制度和人们的情绪与惰性都不能使它们被轻易放弃。但是，即使我们承认这一点（实际上，我们也势必接受这一点），仍然有可能形成新的信仰，形成关于人们在至高无上地忠实于行动的情况之下所崇尚和珍视的事物的信仰。在这条道路上所遭遇的困难，是一种实际的困难，一种有社会性的困难；这种困难是与社会制度、教育的方法和目的联系着的，而不是与科学或价值联系着。在这样的情况之下，哲学首要的问题似乎就不是再对那种认为最后的争论点在于价值是否有先在实有的主张负责，它进一步的职能在于澄清对传统的价值判断所作的种种修正和改造。之后，哲学便可以开始从事一种比较积极的工作，建立一种关于价值的见解，成为人类行为获得新的统一的基础。

我们再转回到这一事实上来，即真正的争论之点不是那些与传统和制度联系着的价值有无"实有"（存在的或本质的实有），而是在调节实际行为时在目的和手段方面构成怎样具体的判断。由于有人强调价值有无"实有"的问题，由于武断价值是独立于行动之外的实有而这种武断又为哲学所支持，又由于出现了被科学改变的特征，混乱、迟疑和意志的麻痹便产生了。人们现在已经学会怎样在工艺范围内思考问题。如果人们也学会如何同样地思考更广泛的人文价值，当前的整个情境就会大不相同。原来人们注意怎样获得价值在理论上的确定性，现在转而注意改善判断价值与追求价值的艺术。

暂时让我们作一番假想。假定人们受到了系统的教育，相信价值仅仅由于人类的活动受到尽可能好的知识的指导而不再偶然狭隘地和动荡不定地存在着了。又假定人们已经受到系统的教育，相信重要的事情不是使自己在与先在的价值的创造者和保证者发生关系时做得"正当"，而是要根据公众的、客观的和共同的后果来构成自己对价值的判断和继续进行活动。试作这样一些假想，然后设想目前的情境将会是什么样子。

这些假定是臆想的。但是它们可以指出本章所述论点的重要性。科学的方法和结论无疑已经侵犯了关于最为人们所宝贵的事物的许多倾心的信仰。这样所产生的冲突便构成了真正的文化危机。但是，这是文化中的一个危机、一个具有历史性和时间性的社会危机。这并不是一个在实体的各种特性之间彼此如何适应的问题。近代哲学却大部分把它当作这样一个问题：被假定为科学对象的实在怎样具有自然科学所赋予实在的数理的和机械的特性，而在最后实有的领域中又具有理想的和精神的性质？这个文化问题既是一个如何构成确切的批评的问题，又是一个如何重新调整的问题。如果哲学放弃了它过去所假定的认知终极实在的任务，而竭尽其切近人性的职能，这种哲学对于这一工作将有很大的帮助。至于这种哲学能否无限地试图说明科学的结论表面所说的那些话在正确的解释之下与其本意并不符合，或者说，这种哲学能否无限地利用对知识的可能性和局限性的检验来证明这些科学结论终究只是以一些符合传统的价值信仰的东西作基础的，人们对这一点是可以怀疑的。

既然传统哲学概念的根源在于分隔了知识与行动、理论与实践，我们所应注意的便是关于这种分隔的问题。我们主要的企图是指出：知识的实际程序，按照实验研究所形成的模式进行解释的知识的实际程序，已经废弃了把知识与显明行动分隔开来的做法。在实现这一企图之前，在下一章，我们将指出近代哲学在怎样的范围内努力使两个信仰体系——关于知识对象的信仰体系和关于理想价值对象的信仰体系——两相适应。

方法至上[①]

不确定性本来是一件实事。它意味着，当前经验的结果是不确定的；这些经验本来就障碍重重，未来亦充满危险。克服这些障碍的行动又没有成功的把握，因而这些行动本身也是有危险的。情境内在地具有烦难的和不确定的性质，因为这种情境的后果悬而未决；它们走向厄运，也走向好运。人类的自然倾向就是立即采取行动；

---

① 《确定性的寻求》第九章节选。——编者注

悬而不决是不能忍耐的，他们渴望立即行动起来。当行动而没有控制外在条件的手段时，人们所采取的行动方式是原型的仪式和祭祀。智慧表明，直接行动已经变成了间接行动。这种行动仍是外表的，不过已着手于考察条件，从事一些实验性和准备性的行动。这种行动已不是冒昧"从事"，而是集中力量查找困难与原委，预计随后所要采取的一些尚未成熟的明确反应。思维曾被人们适当地称为延宕的行动，但并非一切行动都是延宕的；只有事临终局的行动，乃至即将产生不可挽回的后果的行动，才须延宕。所谓延宕的行动，就是现在正在进行着探索的行动。

行动这样改变了性质之后所产生的最初和最明显的结果，就是这个怀疑的或问题的情境变成了一个问题。原来整个的情境都弥漫着那种危险的特征，现在它则变成了一个探究的对象；困难的所在明确了，就便于人们设计应付这个情境的方法和手段了。只有人们在专门的探究领域中成了熟手之后，心灵才会立即从问题出发着手活动；即使如此，在一些新的事例中，也总是对情境先有一个摸索时期，而这种情境充满混乱，也没有提出清晰的问题以备研究。

人们曾对心灵和思维下过很多的定义。我只知道一个定义，触及问题的核心——对有怀疑的事物本身进行反应。无生物并不把事物当作有问题的东西来反应。我们能根据确定存在的状态来描述无生物对其他事物的行为。在一定的条件之下，它或者有反应或者没有反应。它的反应只是产生了一堆新的条件，在新的条件之下，它继续反应着，而不顾这些反应的结果的性质。例如，对一块石头而言，它并不关心与其他事物交互作用的结果。其便利之处在于，它对它的反应漠然无关，即使石头本身因此粉碎，也不相干。有生命的有机体的情况则截然不同，这一点是毋庸置疑的。有生命，即指有一连串继续不断的动作，其中前面的动作为后面的动作的产生准备了条件。当然，在无生物中，也有一连串的因果关系。但是就有生物而言，这一串连锁具有一种特别累积的延续性，否则它会死亡。

当结构更加复杂因而联系到更加复杂的环境时，有机物便需要一种特殊的动作来创造各种条件，以利于以后采取持续生命过程的动作。这一点既更加困难，又更加必要。有时，在一个关键性的地方，一个行动的正误就意味着生死。环境条件越来越矛盾紊乱；为了生命的利益，它们对要采取何种行动也越来越不确定。因此，行为势必要更加犹豫审慎，更加需要瞻望和准备。当反应把疑难当作疑难反应的时候，这些反应便具有了心理的性质。如果这些反应具有一种有指导性的倾向，把动荡而有问题的东西转变为安全而获得解答的东西，这些反应非但是心理的，而且是理智的。相对来讲，行动就更加具有工具性而更少具有完满性或终结性了；即使对于这些具有终结性的行动，我们也要问一问此后它会产生什么结果。

这种对于"心理"的看法，把各种不同方式的反应（情绪的、意志的和理智的反应）统一起来了。通常我们说，这些活动没有什么根本上的差别——它们只是一种共同的心灵活动所具有的不同的方面。但是，我只知道一种办法可以使这种说法有效，即把它们当作对不确定的东西所作的各种不同方式的反应。反应行为的情绪方面，是它的直接性质。当我们遇到一种动荡不定的情况时，便有一种情绪上的动荡，扰乱着生存的常道。我们对现状将产生什么结果还不确定，而这种不确定性制约着情绪。恐惧与希望、喜悦与忧愁、厌恶与欲望等扰乱的情况，都是一种分裂了的反应所具有的性质，其中包括一种对现况会变成什么样子的关心。所谓关心，有两种完全不同的意义：一种是指焦急、担心和忧虑；另一种是指对我们所关心的潜能表示的珍惜和关怀。这两种意义表明，对于未来不定的现状所作的反应行为具有两个不同的极端。只有在有些事物自始至终不是完全确定不移的情况之下，才有得意和沮丧的情绪。这种情绪可以在胜败的最后一刹那发生，但这一刹那是以前事物的进程经过久悬未决而最后胜利或失败的一刹那。如果我们所爱的"实有"是圆满自足的，我们对它的关切对它是毫无影响的，那么，这种对"实有"的爱与我们关心自己灵魂命运的爱（如经院学派所看到的）相比较，就不可同日而语了。如果恨只是一种单纯敌对状态而不含任何不确定的因素，那么，这种恨就不是一种情绪而只是一种从事于无情毁灭的精力。厌恶之所以是一种感情的状态，是因为有一种讨厌的对象或人物阻碍着我们去达到某一目的而产生的一种不确定的情况。

大家都知道，心理生活的意志方面是与情绪方面联系着的。唯一的差别在于：情绪方面是对于动荡不定的事物的反应的横切面和直接方面，意志方面则是把不定的、模糊的条件向着合意的和有利的后果转变的反应倾向；在许多可能性之中，只实现其一而不顾其余。情绪有时以压倒的优势处于直接状态之下，有时又意味着集中精力对付结果未定的情境；所以，情绪有时对于果决的意志是一种障碍，有时则是一种助益。只有在事物存亡攸关的条件之下，或在行动的方向将产生新的情境以满足需要的情况之下，想望、意向、计划、选择才有意义。

心理活动的理智方面就是间接方式的反应，其目的在于确定困难的性质和形成对付困难的观念——因而操作可以向着有意寻求的结果的方向进行。选择一点偶然的经验为例，如看颜色、读书、听人谈话、使用仪器、学习功课等，我们要按照人们是否有意地努力对付不确定的情况以求得解决，来决定这些经验是否具有理智的、认识的性质。任何事物之所以被称为知识或被认知的对象，都是因为它标志着有一个要解答的问题、要处理的困难、要澄清的混乱、要融贯化的矛盾、要控制的烦难。如果不涉及这样一种居间的因素，知识就只是一种直接而坚定的行动，或者只是一种占有性的享受。同样，思维就是在有意的指导下，从问题情境向安全可靠的情境实际过渡的过程。并没有一种分隔的、独自具有思维功能的"心灵"；对思维的这种看法的结果，势必要假定有一种超自然的神秘力量干预着自然以内的事情。思维是在促使问题情境过渡到安全清晰情境时所采取的一系列反应行为中的一种，这种行为方式是可以在客观上被观察到的。

信仰之所以有各种具体的病态，信仰之所以遭到破坏和歪曲，信仰之所以不及或过分，这是由于我们没有注意和坚持这样一个原则：知识使内在不定的或怀疑的情境得到完全的解决。最普通的谬误认为：既然疑难状态是随着不安定的感觉而来的，那么当安全感代替了这种不安感的时候，便产生了知识。于是，思维不再是改变客观情境的一种努力，而成为改变感觉或"意识"的各种设计。人们倾向于作过早的判断、急于下结论、喜好简单化、利用证据去迁就欲望、把熟悉的东西当作清晰的东西等，而这些都意味着人们把确定感和确定的情境混为一谈了。思维急于求得安定，不免会勉强加快步伐。通常的人不喜好伴随疑难而来的不安，于是不惜采取任何手段来终止这种不安的状态。人们总是利用正当的或不正当的手段设法避免不确定的状态。人们由于长期处于遭受危险的情况之下，便滋长了一种强烈的对安全的喜好。如果把喜好安全转变成为一种不受骚扰和不动摇的欲望，一方面会导致武断、根据权威来承受信仰、偏执与狂热，另一方面会导致不负责任的依赖心和怠惰。

这就是平常的思维和严谨的思维的不同之处。通常的人对于疑难不决的情况是不耐烦的，急于要排除这种情况。一个受过训练的人则喜好有问题的东西，珍赏它，一直到发觉经过考验证明的解决办法为止。有问题的东西便变成了一种主动的疑问、一种寻求；这时已不再是确定感的一种向往，代之而起的是寻求一种对象。人们可以利用这种对象，使晦暗不定的东西发展成为稳定清晰的东西。科学的态度几乎可以说是一种欣赏可疑情境的态度；从某方面来讲，科学方法就是把怀疑转变成为明确探究的操作，以有效地利用这种怀疑的技术。不注意问题本身而喜好思考的人，是没有的；不"喜好思考"而在理智上有所施展的人，也是没有的。当一个人注意到问题的时候，这就意味着，单纯机体上的好奇心（那种多管闲事的不稳定的性向）转变为一种真正理智上的好奇心，使人不至于急于下结论，诱导他主动寻求新的事实和新的观念。只采取怀疑的态度而没有这种探求活动的怀疑论，和独断论一样，只是一种个人情绪上的放纵。只有当人们关心特定的问题情境时，他们才能获得比较安定可靠的东西；说确定性的寻求是具有普遍性的，是可以适应于一切事物的，这只是一种别有用心的歪曲。一个问题处理好了，另一个问题又产生了，思维是一直活跃着的。

我们已经分析了从动荡不定的情境转变为陈述问题与解决问题的情况，从而建立了一种关于心灵及其器官的学说。当我们把这种学说和其他学说作一比较时，便知这种学说突出的特点在于只运用那些公开的、可观察的和可证实的因素。一般来讲，当论及心理的器官和认知的过程时，人们总是谈论着感觉、意象、意识及其各种不同的状态等，似乎这些东西是可以就它们本身，在它们本身范围以内加以说明的。人们把这些心理的器官同解决问题情境的操作孤立开来，使这些器官具有独立的意义，然后再利用这些心理的器官说明认知活动的实际操作。因此，我们是用晦暗不明的东西来"解释"那些比较明白而可以被观察到的东西的，只是由于旧的传统习惯，我们看不到它们的晦暗性。

毋庸赘述上面讨论的结果了。我们认为，探究是一套处理或解决问题情境的操作。上面所讨论的一切结果，都是和该学说联系着的。凡受我们批评过的学说，都以一种与我们的看法不同的假设为根据；它们认为：在认知中，心理状态和心理动作的特性是可以孤立地确定的——可以脱离解决模糊不定的情境的外表动作而单独描述。我们以实验探究为模式建立的关于认知器官和认知过程的学说，有一个根本的优点：我们只运用那些客观的、可以检验的和可以报道的东西。如果有人反对说，这种检验本身也包括心灵及其器官，我们的答复是：我们所提倡的这个学说是自足的。我们唯一的假设是：必有所作为而这种作为有一定的后果。我们是用星辰、酸素①和消化组织的行为来界说或构成关于星辰、酸素和消化组织的观念的；同样，我们是用这种作为及其后果来界说心灵及其器官的。如果有人辩论说，人们不知道这种有指导的操作的结果是不是真正的知识，我们的答复是：这种反对的意见事先假定了人们对于知识应该是怎么一回事已经有了一种先入之见，所以能利用这种先入之见作为判断特殊结论的准绳。我们的学说却没有这样一种假设。我们只是断言：某些操作产生了某种结果，在这种结果中，原来模糊不定的对象现在变得清晰稳定了。改变名称，那随你的便；无论是拒绝把一组结论称为知识而把另一组结论称为错误，或是颠倒过来，这些结果仍然照样在那儿。这些结果表现出已经解决和澄清的情境和混杂晦暗的情境并不相同。即便你用另外一个名称去叫玫瑰，玫瑰嗅起来仍然是香的；我们所提倡的这个学说的主旨，在于指出所实行的操作以及这些操作产生的后果。

还有一点差别，即传统的关于心灵和心的认识器官的理论断绝了心灵及其器官和自然界的连续性。从字面的本意来讲，心灵及其器官是超自然的或在自然以外的。于是就不可避免地产生了心身问题，在观察与思维中为什么要涉及身体结构的问题。当对机体结构知道得还不多的时候，我们之所以轻视知觉，就是因为我们不可避免地要注意到知觉和眼、耳、手等机体器官是联系着的，而思维可以被视为纯精神的动作。但是，现在我们明白了，正和知觉与感觉器官互相关联一样，思维活动和脑也是关联着的，而且无论从结构上讲或从功能上讲，眼、耳和中枢器官都是分隔不开的。结果，我们不可能把感觉当作半物理性质的而把思维当作是纯心理的。所谓纯心理的，就是非物质的。我们至今仍然保留着我们获得上述知识以前所构成的关于心理的学说。既然这种学说把知和行分隔开来了，于是认知还要依赖于机体器官，就变成一个神秘之谜——变成一个"问题"了。

但是，如果认知就是一种动作的方式，那么正像其他方式的动作一样，它也正当地需要有机体上的工具。心身关系这个形而上学的问题，变成了如何把动作分化为严格属于生理上的动作和由于具有受指导的性质和独特后果而被称为心理的动作的问题，而这个问题是可以通过观察事实得到解决的。

传统的学说或许把心灵当作是从外面闯入机体结构的自然发展

之中的，否则，为了保持自然的连续性，势必要否认心理行为具有任何独特的特点；至于主张机体反应由于它们对付不确定的情境而具有心理性质的学说，则既承认心灵与自然的连续性，也承认其差别性。在原则上——虽然不能在细目上，这种学说可以对心理与理智过程的发展作出发生学上的说明。它既不是突然从单纯有机的东西跳跃到理智的东西的，也不是完全把理智的东西同化为有机的原始方式的。

从客观方面来讲，我们所提出的见解和传统的学说也有很大的差别，这个差别在于我们的见解承认不确定的情况具有客观性：不确定的情况是某些自然存在的真实特性。至少希腊思想承认自然存在中有偶然事变的情况，不过它以此贬低自然存在的地位，说自然存在的地位低于必然的"实有"。大部分在牛顿的自然哲学影响之下的近代思想，倾向于把一切存在物都当作完全确定的东西。近代思想既把性质和目的从自然界中排除出去了，也不承认自然界本身是不完备的。结果，心理的东西和物理自然的东西被严格划分开来，因为心理的东西显然具有怀疑和不定的特征。心灵已被置于自然之外，当心灵认知自然时，心灵和自然有什么关系便成为不能解决之谜；据说，不确定的东西完全是主观的。怀疑与确定的对比，便成为主观与客观互相区分、互相反对的主要标志之一。

按照这种学说，是我们在怀疑、困惑、模糊、不定，对象则是完全、确切、固定的。事实上，我们为了解决疑难，"下定决心"，就势必在某种方式之下（在想象中或在外表的实验中）来改变经验到不确定性的情境。这样，上述那种想法就难以和这个事实融洽一致了。而且，科学的程序是不容争论的。如果疑难不定的情况完全是在心灵之内的事情（不管心指的是什么），那么，纯粹的心理过程就可以排除这种疑难不定的情况。但是，实验的程序表明，要排除疑难不定的情况，就必须实际上改变外在的情境。是情境，通过思想指导之下的操作，从有问题的状态转变到确定的状态，从内部不连续的情况转变到首尾一贯的和有组织的情况。

如果我们用排除改变环境的动作的办法来界说"心理"一词，单纯心理的东西实际上就不能解决疑难，澄清混乱现象。至多，只能产生一种安定感——这是逃避现实世界、培养幻想所获得的最好结果。物理学方面的研究，因为发明和利用了物理的工具而有进步。如果我们说怀疑与确定都是主观的，那么这种观念就和上述的事实是矛盾的。当情境实际上出现不满足时，我们所做的事情和在理智上产生怀疑时所发生的事情是完全吻合的。如果一个人发现自己已处于一种烦难的情境，他只有两条道路可走，或者是避免烦难而坚持斯多亚学派的忍耐，以改变自己；或者是着手采取行动，以改变不满意的条件。只有当后一条道路行不通的时候，人们才走前一条道路。

在一定程度下改变个人的态度，无论如何，也是智慧的一部分；因为烦难的产生，没有或少有不是以欲望或厌恶等个人因素为其一部分原因的。但是，认为这种原因只能用纯粹直接的手段，运用"意志"或"思维"来加以改变的这种观念是荒谬的。只有间接地改变一个人和他的环境的实际关系，才能改变一个人的欲望和意向本身。这种改变，意味着采取明确的动作。人们在有效地采取这种动作时要构成许多工艺上的装置和机构的情况，与科学研究时要发展各种工具以如意地改变外在条件的情况是两相符合的。

人们之所以把有问题的东西贬黜为"主观的"东西，是因为习惯于把人类、经验和自然界孤立开来。十分奇怪，近代科学竟会和传统的神学联合起来继续保持这种孤立的情况。如果我们把自然科学对付世界时所用的物理学上的名词当作构成这个世界的东西，那么，我们所经验到的性质以及人生中所特有的东西就当然属于自然界以外的东西了。既然在这些性质中，有些性质是使人生具有目的和价值的特性，那么就无怪乎有许多思想家不满意于把这些性质当作纯粹是主观的了；也无怪乎他们在传统的宗教信仰中，以及在古典哲学传统的某些因素中找到了一些方法，能够利用这些特性来证明这个高于自然界的实在，而这种实在具有自然存在所没有的目的和价值。撇开了产生近代唯心主义的条件，我们就不能理解近代唯心主义。从根本上讲，这些条件就是旧形而上学的积极结果和近代科学的消极结论二者的融合——所谓消极的，是因为它保留了早年旧有的关于心灵和认识功能的见解而把科学当作揭示先在的自然界的事情。

有机体是自然界的一部分；有机体和自然界的交互作用确是一种加成的现象。符号也是在自然中发生的事情。随着符号的发展，这种交互作用便倾向于预计的后果；这时候，这种交互作用便具有智慧的性质，从而产生了知识。当问题情境获得解决的时候，它便具有了由思维操作所说明的一切关系所具有的意义。原来，事物偶然地产生一定的经验结果，现在却变成了求得一定后果的手段；这些后果包含着由有意产生这些后果的原因中发现的一切意义。反对人类经验具有自然实在性的假想的理由，已经不存在了。由于有机体和环境实际交互作用，情境便具有有问题的特性，也具有解答了问题的特性。人们之所以不把这些性质当作自然界所特有的，是因为人们武断地否认某种交互作用的方式是具有存在性的，而又把另一些交互作用的方式具有存在性视为理所当然之事。

我们知道，情境是动荡而危险的。如果要维持生命的活动，就要有当前动作对于未来动作所发生的那种影响。只有当我们所执行的动作使环境有利于后来的有机动作，生命过程才得以延续下去。把这一事实从形式上概括起来，就得到如下的陈述：有问题的和不安定的情境之所以发生，是由于分散的或个别的和连续的或关联的东西所特有的一种结合。一切所知觉的对象都是个别的。它们本身是一些完备自足的整体。任何直接所经验的东西，都是具有独特性质的，各自有它安排论题的中心点，而这个中心点是永不确切再现的。虽然这样的情境彼此相差很小或彼此难以严格划分，但是其内容安排的格局是不会完全相同的。

如果这种个别的经验情境所包含的交互作用完全是最后的和圆满的，那么就不会有所谓问题情境了。这种情境既然是个体的和完全自足的，别无其他，那么，这种情境就会是分散的，意即完全孤立分隔的。例如，晦暗是一种最后的性质，它和一切其他的性质一样——如我们欣赏晨昏的微光一样，但是当我们想要看点什么而这种微光使我们看不见的时候，它便成为一种麻烦的东西了。一切情境都具有一种模糊不清的状态，由比较明显的中心点逐渐变成隐约不清的状态；模糊不清是一种附加的性质而不是什么讨厌的东西，除非它妨碍我们达到一个后来的对象。

在有些情境中，闭关自守的、分散的、个别的特征是占主导地位的。这些情境构成了美感经验的论题；而当经验是最后的而不再寻求其他经验的时候，这种经验就总是具有美感性质的。当这种完全的性质突出的时候，这种经验便被称为美感的。艺术的目的就在于构成这种经验的对象，而且在某种条件之下，我们所欣赏的这种对象十分完备，以至于使这种经验具有一种强烈的性质，竟可公平地被称为宗教经验。和平与和谐充满着全宇宙，集中于一个具有特殊中心和模式的情境之中。只要经验是在这种最后的特征支配之下的，便具有这种宗教性质；因而，神秘的经验只是在经验的节奏中重复着的那种经验性质特别强烈化罢了。

然而，交互作用总不是孤立分隔的。没有一种经验情境能够永远使它的这种最后特征保持不变，因为构成这个情境的互相关系就是一些交互作用的状态，而它们本身是变化不定的。交互作用使得我们所经验的东西发生变化。我们想直接维持所经验的这种圆满状态，或者想确切地重复这种圆满状态，是产生不真实的情操和虚伪的根源。在生命连续进行的过程中，对象离开了它们的最后特征而成为后来经验的条件。当我们越使因果特征成为具有工具性和准备性的时候，便越能控制这种变化。

换言之，一切经验对象都有双重的身份。它们是个别的、圆满的，无论是为人们所享有或为人们所忍受。它们也被包括在交互作用和变化的连续过程之中，因而是后来经验的原因和潜在的手段。因为经验对象具有两重的功能，所以它们才变成了有问题的东西。直接从眼前来讲，这些经验对象就只是它们本身而已；但是，当它们过渡到后来的经验而成为后来经验的可能性时，就是不确定的了。这两方面都分别有所反应：一部分有机活动指向这些经验对象本身，一部分有机活动把这些经验对象当作过渡到其他经验对象的手段。当我们反应它们时，既把它们当作最后的东西，又把它们当作一种准备的手段，而这两种反应并不调和。

由于经验对象具有这种双重特征，它们才具有有问题的特征。事物直接呈现给我们的情况和我们把它们当作一种记号和手段所具有的潜在价值，有时是不相符合的。这时候，我们就会感到困惑不解。有时，我们一方面在欣赏某一当前的事物，另一方面又要改变当前的现状为未来的事情作好准备。这时候，我们就会有一种分裂之感。像这样的一些时刻，我们每一个人都是不难回忆到的。如果我们抽象地加以陈述，就意味着，一个对象在它直接个别而独特的情况之下所具有的特性，以及当它和其他对象关联着或连续着的时候所具有的特性，这两者之间是不可调和的。只有当我们采取行动暂时改造当前的情况，构成一个新的对象，而这个新对象既具有个别性又在一个系列中具有连续的内在融贯性时，才能免除这种不可调和性。

以上的讨论陈述了在我们进行这个改造（解决一个问题情境）时活动着的主要因素：采取动作，带分析性地把整个粗糙的情境归结成为确定的资料——归结成为确定问题性质的定性；构成观念或假设，以指导进一步揭示新材料的操作；演绎和运算，把新旧论题组织起来；进行操作，决定最后产生一个新的、完整的、具有附加意义的情境，从而检验或证明以前已经运用过的观念。

任何哲学，如果当它寻求确定性时忽视了自然进行过程中这种不确定状态的实在性，就否定了确定性之所由产生的条件。如果有人企图把一切疑难的东西都包括在理论上牢固掌握的确定事物范围之内，这种企图便犯了虚伪和脱漏的毛病，并将因此带上内在矛盾的烙印。凡这一类的哲学，都将在某种程度上把它的论题分裂成真实的和表面的、主体和客体、物理的和心理的、理想的和现实的两个方面，而这两个方面是各不相干的；除非在一种神秘的方式之下，它们才发生关系，而这种神秘的方式会产生一种不可解答的问题。

行动是解决问题情境的手段，这完全是科学方法的结果。这个结论并没有任何怪诞之处。交互作用是自然存在的普遍特性。"行动"一词是说明一种交互作用的方式的，这是从有机体的立场出发的命名。当能够使生命过程所遵循的未来条件确定下来时，这种交互作用便是一个"动作"。如果我们承认认知是发生于自然界以内的事情，那么，认知是一种具有存在性质的外表动作，这便成为不争自明之理了。只有当从事于认知的人在自然界以外并从某一外在的中心点察看自然的时候，他才能不承认，认知是一种改变先在事物的行动；才能不承认，认知的价值在于这样改变先在事物所产生的后果。就人类来说，如果我们把思维当作身体以外的一种"理性"所发生的作用，而这种"理性"借助于纯逻辑的操作求得了真理，那么，我们对于认知就会不可避免地采取旁观者的学说。现在我们已经具有了实验程序的模型，而且已经明白有机体的行动（organic acts）[1]在一切心理过程中的作用；这时候，上述那种旁观者式的认识论便成为一种具有时代性错误的东西。

我们前面的讨论大部分集中在分析知识上。然而，我们的论题却是知识和行动的关系；关于知识的结论，其最后的重要性在于怎样促进我们改变了我们对于行动的看法。过去我们在理论和实践之间所作的区别，实际上是两种行动之间的区别：一种是盲目的行动，另一种是明智的行动。智慧是有所指向的（directed）[2]行动所具有的一种性质，而有所指向的行动是一种成就而不是一种本来的禀赋。人类进步的历史就是从无知无识的动作（如无生物的交互作用）转变成为知其所为的行动的过程，即从在外在条件控制之下的行动转变成为在有意指导之下的行动——这种行动已经洞察到它们所将引发

---

① "有机体的行动"为编者所译。——编者注

② 此处括号内的原文为编者所加。——编者注

的后果。原来盲目的行动之所以能够具有智慧的性质，唯一途径就是教导、见闻、知识。

这个结论对于我们明确目的和机械作用在自然界中的重要意义，是具有决定性的。在理想上或在执行中把知识当作揭示先在实在的主张，在自然科学结果的影响之下，势必把目的贬斥为纯主观的东西，贬斥为一些意识状态。于是，这便产生了一个不能解决的问题：为什么目的能在世界中发生效验？现在我们知道，智慧的行动就是有目的的行动；如果这种有目的的行动是在自然界中发生的，是在有机的和社会的交互作用的复杂但可详述的条件之下发生的，那么目的和智慧一样，也是属于自然以内的事情；它是一个具有客观地位和客观有效性的"范畴"。目的之所以具有这样的地位，直接的原因是人类艺术在自然景象中所处的地位和所进行的操作；因为人类特有的行为只能用目的来加以解释和理解。目的是真正所谓历史的主要范畴，无论是在历史的演进中还是在书面的记载中都是如此，因为人类所特有的行为总是具有意向的。

⋯⋯⋯⋯⋯⋯

科学是一种强化了的认知形式，用来突出认知所具有的本质特征。而且，它是我们所占有的发展其他形式的知识最有力的工具。我们越能够有意地把疑难的情境转变为解决了问题的情境，对于论题就越有认识。物理知识的优点在于它具有专门的特征，全心全意地努力达到单一的目的。物理知识中的态度和物理方法，到现在都还没有超出它自己的范围。流行于道德、政治和宗教方面的信仰所具有的特点就是害怕变化，觉得只能接受固定的标准，因为它们涉及一些先在的固定实在而认为这些标准是最后的，并且由此才能够建立秩序和具有节制作用的权威。在物理探究范围以外，我们便逃避问题；我们不喜好暴露严重的疑难，把它搞深搞透。我们喜好接受现有的东西，糊里糊涂地混过去。所以，我们的社会和道德"科学"大多数是把原样的事实置于大体构成的概念体系之中。我们在社会和人生的问题方面的逻辑大部分仍然是定义和分类，正像 17 世纪以前的自然科学所遵循的逻辑一样。我们在主要关心的事物方面，仍然得向实验探究学习。

从社会来讲，我们生活在一种分裂混乱的情况之下，因为我们最可靠的知识是从有指导的实践中得来的，而这种方法仍然只限于远离人类的事物，或者只是在工业方面才与人类发生关系。在其他方面足以深刻影响我们而为我们极熟悉的实践，则不是受智慧的操

265

作控制的，而是受传统、私欲和偶然的条件控制的。物理科学最重要的方面，即有关于它的方法方面，还没有被应用到社会实践中，它的专门结果则被具有特权地位者用来为私人的目的或阶级的目的服务。在此种情形所产生的后果中，教育的情况或许最为明显。因为教育是使人们普遍从事智慧行动的重要手段，所以是有条理地改造社会的关键。但是，教育过程所采取的主要方法仍然是传授既定的结论而不是发展智慧。教育一方面专心训练专门的和机械的技巧，另一方面又设法储备大量的抽象知识，在有能力看到这种景象的人看来，这最完善地说明了历史上知识与行动分离、理论与实践分离的重要意义。只要知识与实践继续这样分隔着，这种目标分裂和精力分散的情况（教育是其典型）就会持续下去。如果我们要把一切分裂的目的和信仰的冲突统一起来，其有效的条件就是首先承认智慧行动是人类在一切领域内唯一的终极资源。

所以，我们不是宣称物理科学与日常经验事物之间的关系方面并没有哲学问题；而是说，在近代哲学上占主要地位的问题是一个人为的问题，因为这种问题还继续假定着早期历史所形成的而现在已不再适合于物理探究情况的前提。在我们分析清了这个不真实的问题的基础之后，哲学就被迫考虑一个产生于当代生活条件之中的迫切的实际问题。自然科学的方法和结论要求我们对于当前有权威性的目的和价值的信仰作怎样的修正和删除？自然科学对于自然力的控制指出，我们可能怎样改变当前人类习俗和结社中的信仰和实践的内容？传统的问题是人为的和徒劳的，这些问题却是真正的和必要的。

善的构成[①]

我们在讨论开始时就知道了，确定性的寻求是由不安全引起的。每一经验都会产生后果，而这些后果是使我们对当前事物产生兴趣的根源。由于人类缺乏调节的艺术，于是安全的寻求流为一些不相干的实践方式；思维被用来发现预兆，而不是预示将来会发生什么事情的记号。于是逐渐出现两个境界。一个较高的境界是由一些具有在一切重要事务上决定人类命运的力量构成的。宗教所关心的就

　① 《确定性的寻求》第十章。——编者注

是这个境界。另一个境界是由一些平常的事物构成的；在这个境界中，人类依赖着自己的技术和实事求是的洞察。哲学继承了这个分裂的见解。在这时候，希腊的许多艺术已经发展到一种超乎刻板工作的状态；这暗示出所处理的材料具有量度、条理和齐整性，又暗示出有一种根本的合理性。由于数学的兴起，一种追求纯理性知识的理想产生了，即认为这种知识本身是确实可靠而有价值的，而且产生了一种能在科学范围内领悟变化现象中的合理性的手段。在知识界看来，过去宗教所给予的那种支持力和安慰，那种确定性的保证，今后只有在理智方面证明了理想境界中的对象是真实的这种情况之下才能找到。

随着基督教的扩张，伦理宗教的特点逐渐支配着纯理性的特点。调节人类意志的性向和意向的权威标准竟和为满足追求必然而普遍真理的要求而规定的标准混为一谈了。最后，实在的权威在地面上有了教会做它的代表；原来从本性上来讲超理智的东西现在却可以通过启示来加以认识，教会则是启示的解释者和保卫者。这个体系继续了几百年之久。当这个体系延续着的时候，它在西方世界保持了信仰和行为的统一。一切管理生活的细节都表现出思想与实践的统一性。这样执行的效力并不是依靠思想，它是用一切社会制度中最强有力和最有权威的社会制度来加以保证的。

然而，宗教体系的这个貌似坚实的基础却为近代科学的结论所破坏。在自身之中，尤其在它们引起的新兴趣和新活动中，这些科学结论使人在此时此地所关心的事情和他对于最后实在的信仰之间发现了裂痕，而这种对于最后实在的信仰决定着人最后的和永久的命运，这种信仰在以前也控制着人的现世生活。如何在人类对目前生活世界的信仰和对支配着他的行为的价值与目的的信仰之间恢复统一和合作，是近代生活最深刻的一个问题。凡不是和人生隔绝开来的哲学，都要研究这个问题。

我们注意到科学在其实验程序中已经废弃了知行分隔的做法，原来在理论方面属于一个狭隘、专门和技术的部门的事情，现在使我们有这种可能和预见，在较为广大的人类集体经验的领域中寻求所需要的统一性。人们要求哲学成为关于实践的理论，它所运用的观念十分明确，能够在实验活动中发挥作用，从而使实际经验统一起来。哲学的中心问题是：由自然科学产生的关于事物本性的信仰和我们关于价值的信仰之间存在着什么关系（在这里，"价值"一词指一切被认为在指导行为中具有正当权威的东西）。应该研究这个问题的哲学首先就注意到：关于价值的信仰今天所处的地位和关于自然的信仰在科学革命以前所处的地位十分相似。人们或者不相信经验能够发展它自己的具有调节作用的标准而诉之于哲学家们的所谓永恒的价值以保证人们的信仰和行动得到调节；或者只是欣赏所实际经验到的东西而不管产生这些东西时所利用的方法或所采用的操作。理性主义的方法和经验主义的方法截然分开对人类具有最后和最深远的意义，因为人类关于善恶的思想和行动都是与此联系着的。

从专门哲学反映这种情境的情况看来，关于价值的理论也分为两类。在一切生活领域内，凡具体被经验的善恶都被认为是一种低级实有的特征——在本质上就是低下的。正因为善恶乃人类经验之事，所以我们一定要参照由最后实在所产生的标准和理想来衡量其价值。这些人类经验之事之所以有缺点和偏差，也是由这个标准与理想的衡量得来的；我们必须采取由于忠实于最高实在而产生的行为方法来纠正和控制它们。这种哲学上的陈述之所以具有现实性和力量，是因为它表达受宗教制度影响而产生的一般人类所具有的信仰。理性的概念一度强行从外面被附加于所观察到的和暂时性的现象之上，同样，永恒的价值也被强加于所经验到的诸善之上。人们在这两种情况之下都是一样的，认为不如此就会产生混乱而没有条理。哲学家们认为，这些永恒的价值是通过理性而被认知的；一般大众则认为，它们是神明启示的。

虽然如此，随着世俗兴趣的不断扩张，暂时性的价值大量增加了；它们越来越多地引人注意，也越来越多地耗费人们的精力。对于超验价值的感觉逐渐衰退了；这种感觉已不再渗透在人生一切事物之中了，而越来越局限于特殊的时间和特殊的动作之内。教会所宣称的它代表神圣意旨和感召人类的权威已经缩小了。不管人们在口头上公开说些什么，当遇到实际的罪恶时，他们总是倾向于利用自然的和经验的方法进行补救。但就形式上的信仰而言，他们仍然坚持着旧的学说，认为日常经验的诸善和标准本来就是错乱而无价值可言的。人们在口头上所公开承认的和他们的行动是两回事，这一点和近代思想的混乱冲突状态是密切联系着的。

这并不是说，人们从来未曾企图用比较符合日常生活实践的概念去代替具有永久而超验的价值的权威的旧说。反之，譬如，功利主义的理论就曾有过很大的力量。在当代哲学派别中，除了新实在论这一派以外，就只有唯心主义学派重视"实在"这一概念，并把它当作最后的道德价值和宗教价值。这个学派也是最关心保存"精神生活"的一个学派。经验主义学派的理论仍然认为：思想和判断所涉及的价值是独立于思想和判断之外而为我们所经验到的。在这种理论看来，情绪上的满足占有感觉在传统的经验主义中所占有的地位。价值是为喜爱和享受所构成的；被人享用，就等于说具有价值。既然科学不把价值当作它研究的对象，这种经验主义的理论便竭尽一切可能地强调价值是具有纯主观特征的。一个关于欲望与喜好的心理学的理论就被认为包括全部价值论的基础；在这个心理学的理论中，直接的情感和直接的感觉是两相对应的。

当这个经验主义的理论把价值论跟欲望与满足的具体经验联系起来时，我并不反对它。据我所知，只有主张有这种联系的见解，才是唯一使我们避免理性主义遥远无际和教会超验价值论炫耀夺目的情况的途径。我们所反对的是：这个理论把价值降为事先享受的对象，而不顾及这些对象之所由产生的方法；有些享受因为没有受到智慧操作的调节而是偶然的，经验主义的理论则把这种偶然的享受当作价值本身。操作性的思维需要被用来说明价值判断，正像最后用它来理解物理对象一样。要适应当前情境的状况，就要求在善恶观念的领域内有一种实验的经验主义。

当人们把直接未加控制的经验材料当作有问题的东西时，便产生了科学革命；它提供了材料以备反省操作，把它转变成被认知的对象。被经验的对象和被认知的对象之间的差别，是时间上的差别：前者是在采取实验变异与重新安排的动作(acts)[1]以前所占有或所给予的经验材料，后者则是继续这种动作之后，由这种动作产生的经验论题。过去认为感觉的动作或思想的动作在直接知识中为思想提供了有效标准的说法，现在已经没有人相信了。操作所产生的后果成为重要的东西。这几乎不可避免地提示我们，不能把任何享受的东西都当作价值，以避免超验绝对主义的缺点，而必须用作为智慧行动后果的享受来界说价值。如果没有思想夹入其间，享受就不是价值而只是有问题的善；只有当这种享受以一种改变了的形式从智慧行为中重新产生的时候，它们才变成了价值。当代经验主义价值论的根本缺点在于：它只是把社会上所流行的、实际所经验到的享受当作价值本身的这种习惯加以陈述和合理化而已。它完全规避了如何调节这种享受的问题。这个结果也同样涉及如何有指导地改造

确定性的寻求：关于知行关系的研究（节选）

① 此处括号内的原文为编者所加。——编者注

经济、政治和宗教制度的问题。

如果说我们不顾及我们所直接感知的事物性质，就能形成关于对象的有效概念，而这些概念又能产生关于这些对象的更可靠和更重要的经验，这似乎有点自相矛盾。但是，这种方法的结果却揭示了被当作事变看待的知觉对象所依赖的联系和其间的交互作用。形式上的类比告诉我们：我们对于我们所喜好和所享受的事物的直接和原来的经验，只是所要达到的价值的可能性；当我们发现了这种享受的出现所依赖的关系时，这种享受就变成了一种价值。这种从因果关系上和从操作上所下的定义，只是给人们一个关于价值的概念而不是给人们一种价值本身。但是，如果我们在行动中利用这种概念的话，就能得到具有可靠性和重要价值的对象。

我们可以指出：所享受的东西和可享受的东西、所想望的东西和可想望的东西、使人满意的东西和可以令人满意的东西之间，是有差别的。指出这一点，可以为上面从形式上进行的陈述充实具体的内容。当我们说某些东西为人们所享受时，这是在陈述一个事实，陈述某种已经存在的东西；这不是在判断那件事实的价值。这样一个命题和陈述某种东西是甜的或酸的、红的或黑的这样一个命题，是没有什么差别的。它是对的或是不对的，事情亦到此为止。但是，当我们把一个对象称为一种价值，那就是说，它满足了或实现了一定的条件。在满足一定条件时所具有的功能和地位，是不同于单纯的存在物的。某一东西是为人们所想望的，这一事实只产生了这个东西使人们可以去想望它这个问题，而并不能解决这个问题。只有不成熟的儿童，才以为他可以用"我要哇，我要哇，我要哇"这样重复的叫嚷来解决所想望的问题。

在当前经验主义价值论中，我们所反对的并不是它把价值与想望、享受联系起来了，而是它没有把完全不同种类的享受区别开来。有许多常用的词句清楚地承认有两类享受的差别。例如，"满足的"（satisfying）和"可满足的"（satisfactory）是不同的。当我们说某种东西可以满足某种要求时，是把它作为孤立的最后的事实报道的。当我们说某种东西可以满足某种要求时，我们是在它和其他事物的联系和交互作用中说明它的。一个东西讨人喜欢或使人适意，这一事实对判断提出了一个问题。我们应怎样衡量满足的程度？满足是一种价值或者不是一种价值？它是我们赞赏、珍视并享受的东西吗？不仅严厉的道德家，而且日常的经验也告诉我们：在一件事物中寻求满足可以算是一种警告，招呼我们去注意它的后果。当我们宣称某一事物是可以满足要求的时候，就是说它符合了某些特别的条件。事实上，这就是一个判断，说这个事物"将起作用"（will do）。其中包含一种预测。它设想到一个未来，在这个未来中，这个事物将继续有用；它将起作用。它也断言这个事物将主动产生某种后果；它将起作用。说它已满足了要求，这是一个关于事实的命题的内容；说它可以满足要求，这是一个判断、一种估价、一种鉴定。它指明所采取的一种态度，力争持续下来，保持安全的态度。

除了上述例子之外，日常言语中还有许多其他承认这种差别的例子，这是值得我们注意的。有的字尾表示"可以的"（able）、"值得的"（worthy）、"充足的"（ful），这些都是与此有关的事例。所注意的与可注意的、值得注意的，所留意的与可留意的，考虑过的与可考虑的，所惊奇的与足以令人惊奇的，讨人喜欢的与可喜的，所爱的与可爱的，受责备的与可责备的、应该责备的，所反对的与可反对的，受尊重的与可尊重的，所耻的与可耻的，受尊敬的与可尊敬的，受赞许的与可赞许的、值得嘉奖的，等等，多举一些这类字眼并不足以增加这种差别的力量。但是这能帮助我们表达这种差别的根本特点的意义；帮助我们说明对既存事实的报道和下一个判断，指明产生一个事实的重要性和需要这两者之间的差别；或者，如果这个差别是既存事实，那么就帮助我们保持这一差别。指明产生一个事实的重要性和必要性的判断，是一种真正的实践判断；只有这种判断，才是与指导行动有关的。我们是否只把这一类判断称为"价值"（这在我看来是正当的），这是小事；但是我们必须承认这种差别，因为这是理解价值与指导行动之间有何关系的关键，是一件重要的事情。

以价值观念为指导的因素既适用于一切其他的地方，也适用于科学方面。因为科学事业中常有一连串的判断：值得把这些事实当作证据或资料，最好试一下这个实验，最好进行一下那种观察，最好接受这样一个假设，最好进行这种演算，等等。

"嗜好"（taste）一词也许和任意的爱恶联系得太密切了，以至于不能表达价值判断的性质。如果我们用这个字眼来说明一种既有修养又主动的欣赏状态，那么就可以说：无论是在理智方面、美感方面还是在道德方面，只要是在有价值的地方，主要的问题就是如何形成嗜好。比较直接的判断（我们称为"机悟"或"直觉"）并不是在反省探究之先就有的，而是富于思想的经验所积累的产物。专精于某一种嗜好，这既是经常运用思考的结果，也是经常运用思考的报酬。

如果"争论"意味着包含反省探究的讨论，那么我们对于我们的嗜好不但不是没有争论的，而且正是值得争论的。就"嗜好"一词最好的意义而言，嗜好乃累积的经验结果，使我们可以明智地欣赏喜好和享有的真实价值。一个人只有在被判断为可享有和可想望的事物中，才能完全把自己揭示出来。运用这种判断是在用冲动、机会、盲目的习惯和自我的利益去统治一个人的信仰以外唯一的出路。到底什么是我们在美感上可以赞赏的？什么是在理智上可以接受的？什么是在道德上可以赞许的？我们应该构成一种有修养的和在运用上效果好的判断或嗜好。这是经验琐事对人类提出的最崇高的任务。

如果思考到人们所喜好或曾经喜好过的东西所由产生的条件和所产生的后果，那么我们关于这些被喜好的事物所提出的命题，在我们进行价值判断的时候就是具有工具价值的。这些命题本身是不作任何主张的；它们并不要求人们后来采取什么态度和动作，并不自称具有任何指导性的权威。如果一个人喜好某一事物，他就喜好它，这一点是没有任何争论的，虽然说出我们所喜好的到底是什么并不像通常所设想的那样容易。另一方面，对于我们所要想望的或所要享受的东西所下的判断却要求未来采取行动；它不仅具有事实上的(de facto)性质，而且具有法理上的(de jure)性质①。经常的经验指明：喜好和享受有各种不同的类型，而且有许多喜好和享受是为反省判断所申斥的。通过自我解说和"合理化"的途径，享受使我们倾向于肯定所享受的事物就是一种价值。对于这种有效性的肯定，增添了该事实的权威性。因而我们就断定这个对象有存在的权利，而且有权要求我们采取行动来促进它的存在。

我们还可以把关于价值的理论和实验探究兴起以前人类关于自然对象的观念的理论作在地位上进一步的类比。感觉主义关于思维的根源与标准的理论在一种反动的方式之下，激起了超验主义关于先验观念的理论。感觉主义完全不能说明所观察的对象中客观的联系、条理和整齐；同样，任何把被喜好这一单纯的事实和被喜好的对象所具有的价值等同起来的学说都不能在需要指导的时候对行为进行指导，从而使人们自动地断言：实有中永远存在着价值，而这种价值是一切判断的标准和一切行动所应达到的目的。如果我们不接受关于思维的操作性的理论，就要在两种理论之间摇摆不定：一种理论，为了保持价值判断的客观性而把这种价值判断和经验与自

　　① 此处括号内的原文为编者所加。——编者注

然分隔开；另一种理论，为了保留价值判断的具体的和人生的意义，把这种价值判断归结成单纯是对我们自己的感情的陈述。

甚至最坚决拥护那种把享受和价值等同起来的看法的人也不会贸然断言：因为我们一度喜好过某一种东西，所以就会继续喜好它。他们不得不承认：有些嗜好是要经过培养的。从逻辑上来讲，并没有理由引入"培养"这个观念；喜好就是喜好，而一切都一样地好。如果享受就是价值，价值判断就不能调节喜好所采取的形式；它不能调节自己的条件。想望、意向以及行动便得不到指导，而调节它们形成的问题却成为现实生活中最主要的问题。总而言之，价值固然是内在地与喜好联系着的，但是它不是与一切喜好联系着的；它所联系的喜好，是在检验过喜好的对象所依赖的关系之后曾经为判断所许可的喜好。凡偶然的喜好都是一种自然发生的喜好，人们既不知它是怎样产生的，也不知它将产生什么结果。这种偶然的喜好和因为人们判断它值得占有而被加以追求的喜好之间的差别，正是偶然的享受和有价值因而要求人们采取一定的态度与行为的享受之间的差别。

采取另一种出路的理性主义学派的理论为了提供指导而诉之于永恒不变的模式，但是无论如何，这派理论都未曾提供这种指导。科学家无法把某种建议的理论中的盖然（probable）真理和绝对（absolute）真理与常住实有（immutable being）①的标准加以比较，从而决定这种建议理论中的盖然真理。他必须依赖于在一定的条件下进行的一定的操作——必须依赖于方法。虽然我们能够懂得一位建筑师是根据他对于实际条件和需要的知识来构成一个理想的，但是我们不能想象在建筑一座房屋时，一位建筑师能从一个笼统的理想中得到什么助益。有人认为，先在的实有中就有一种十全十美的理想，但是这种理想并不能指导一位画家去创作特殊的艺术作品。我们认为，实际上有我们所要寻求的善和所要尽的义务——二者都是具体的事情，而道德中所谓绝对的完善只是把这种看法加以概括地具体化罢了。这一方面的缺点并不只是消极的。我深信，只要我们考察一下历史，便会知道：这些一般性的和远离实际的价值体系，只要能为社会已有的制度和教条服务，便会实际上具有足够的和接近具体情境的内容，以指导我们的行动。具体性是具有了，但是那些腐朽的和需要批评的流行的标准却仍被维护着，从而限制人们去加以

确定性的寻求：关于知行关系的研究（节选）

---

① 此处括号内的原文为编者所加。——编者注

探究。

当价值理论不能在理智上帮助人们构成足以指导行为的有关价值的观念与信仰时，人们一定会另谋别法来弥补这个缺陷。如果人们缺乏智慧的方法，偏好、直接环境的压力、人的利益与阶级的利益、传统风俗、具有偶然历史根源的制度却并不缺乏，而且它们将取智慧之地位而代之。这便导致一个主要命题：价值判断就是关于经验对象的条件与结果的判断，就是对于我们的想望、情感和享受的形成应该起着调节作用的判断。因为凡决定我们的想望、情感和享受的形成的东西，就决定着我们的个人行为和社会行为的主要进程。

至于到底什么是有价值的，我们应该考虑存在于我们所喜爱和所享有的东西中的联系，从而形成我们的判断。对于这一论述，如果有人觉得有点奇怪，那么答案是不难求得的。当我们还未曾进行这样的探究时，享受（如果我们愿意用这个名词的话，也可以把它称为"价值"）是偶然发生的；这种享受是"自然"所赋予的，而不是由艺术成功构建的。和在定性存在状态之下的自然对象一样，这种享受至多只能为了在理性领域内求得精进提供材料而已。我们所感觉到的理智对象距离这些对象的实际情况很远，同样，一种良善的感觉或优美的感觉距离事实上的善也很远。如果我们一方面承认，只有当我们极其审慎地选择和安排有指导的操作时，才能获得关于自然对象的真理；另一方面认为，价值是真正能够为单纯喜好这一事实决定的，这似乎会使我们处于一种不足为信的状况中。生活中一切令人困惑的境况，归根结底都源于我们真正难以形成关于情境的价值的判断，归根结底都是诸善之间的冲突。只有独断主义者才把严重的道德冲突当作某种显然是坏的东西和公认是好的东西之间的冲突，而且认为只有在这两者之间进行选择的人的意志中才有一种不确定的状态。大多数重要的冲突都是现在使人满意或已经使人满意的事物之间的冲突，而不是善与恶之间的冲突。而且，有人认为，我们能够一劳永逸地一般地制造一张价值等级表、一种目录表，按照价值的上升或下降来排列各种价值。这无非是在掩饰我们无法具体构成智慧判断的无能罢了。否则，就是想利用一种好听的名词来认可习惯的好尚和成见。

除了对偶然发生的满足状态进行界说、归类和系统化以外，还有一条出路就是借助于这些满足状态所由发生的关系来对它们进行判断。如果我们知道喜好、想望和享受等动作之所由产生的条件，就能知道这种动作的后果。所想望的和可想望的、所赞赏的和可赞赏的，这两者之间的差别正在这一点上发生效验。试看"那个东西已经被吃了"这个命题和"那个东西是可吃的"这个判断之间的差别。前一句话除了所陈述的内容以外，并不包括有关于任何关系的知识；然而，只有当我们认识到此物与别物的交互作用，足以使我们预见有机体吸收此物后将产生什么效果时，才能判断说此物是可吃的。

　　如果有人假定事物能够在不与其他事物联系的情况下被认知，这就把认知和单纯占有知觉中或感觉中的对象等同起来了，因此，也就失去了分辨所知对象的特点的关键。把某种直接呈现的性质看作呈现此一性质的全部事物，是无用的，甚至是愚蠢的。当性质是热的、流动的或沉重的等状态时，它不足以构成事物的整体；当性质是令人喜爱的或为人所享有的等状态时，它也不是事物的整体。这些性质也是某些条件所产生的效果，是具有因果联系的过程的结尾。它们是人们所要研究的东西，引起人们对它们的探究和判断。我们越能确定更多的联系和交互作用，我们对于研究对象便越有所认知。思维即对于这些联系的寻求。我们采取有指导的操作后所经验到的热和我们偶然经验到而不知其怎样产生的热，有着十分不同的意义。关于享受，也是如此。我们在洞察关系从而指导行为时产生的这种享受，便由于经验它们的方法而具有意义和效用。这种享受是不会令人后悔的：它们没有引起苦的回味。即使是直接的享受，其中也有一种效用之感、权威之感，从而加强了这种享受。期望去保存有价值的对象和单纯地想望去保存这种享受的感觉，二者是截然不同的。

　　所以，以上所述并不意味着，价值是脱离我们实际所享受为好的东西而独立存在的。发现一个事物是可享受的，这是一种所谓增添的享受（plus enjoyment）。我们知道，以科学对象为知觉对象的敌对物或代替者是愚蠢的，因为前者是介乎不定的情境和已定的情境、在较大控制条件之下所经验的情境之间的东西。同样，对于一个经验对象的价值所下的判断，可以帮助我们欣赏现实的对象。但是，认为一切偶然使人满意的对象，与一切其他对象一样，同样是价值的说法，和认为一切知觉对象与其他对象一样，都具有同样的认识力量的说法，是十分类似的。没有知觉，就没有知识，但是只有当所知觉的对象是联系着的操作所产生的后果时，它们才为人所认知。没有满足，就没有价值，但是把一种满足转变成为一种价值，还需要满足一定的条件。

这样一个时候将会来临，那时我们会觉得奇怪：我们在这个时代会这样努力，用尽一切可用的方法来形成关于物理事物的观念，形成关于那些与人生远不相关的事物的观念，而对于涉及我们最深刻利害关系的对象所具有的性质，却满足于一些偶然的信仰；我们在考虑到构成自然对象的观念时是小心谨慎的，但是在考虑到构成价值的观念时却是武断的，否则就是受直接的条件所驱使。有一种流行的看法（如果不是被明显提出的，也是可以被推论出来的）认为：对于价值，我们已经知道得很清楚了，所缺少的是按照价值的次序来培养这些价值的意志。事实上，我们最欠缺的并不是对已知的善采取行动的意志，而是去认知什么是善的这种意志。

我们有可能在某种限度之中调节有价值的享受的发生，这并不是一个梦想。例如，工业中的工艺和艺术（在一定的限度内）可以说明实现这种可能性。人们想望超过自然界本身所提供的热度、光亮以及运输的速度。人们不是靠喧嚷着享受这些东西和鼓吹着它们的可想望性，而是靠研究体现它们的条件来获得这些东西的。人们起初获得了关于关系的知识，继而有能力去产生这种关系，最后得到享受便是理所当然的事情。不过，还有一句老话：享受这些事物，认为它们是善，并不保证这些事物只会带来善的后果。据说，柏拉图曾经指出：尽管医生知道医道，演说家知道劝说，但对这个人是否应该被医治或是否应该按照演说家的意见被说服，还没有最后的答案。这里便产生了传统所谓比较低级艺术的价值和真正人本艺术的比较高级的价值之间的区别。

关于比较低级艺术的价值，人们并不假定说，没有明确的操作性的知识，就能占有和享受它们。这种比较低级艺术的价值程度，是可以根据努力控制它们发生的条件的程度来加以衡量的。关于比较高级的人本艺术，人们却假定说，它们的存在是任何诚实的人都不能怀疑的；在启示或良心中，在别人的教诲或直接的感觉中，它们都是清晰无疑的。人们并不是以我们为这些价值而采取的行动作为衡量事物对我们的价值程度的标准的；反之，困难在于劝说人们根据已知为善的标准采取行动。人们认为，关于条件和后果的知识与关于重大价值的判断丝毫无关，虽然在试想谨慎地实现这种价值时它们不无用处。结果，公认为次要的和带技术性的价值是在适当的控制之下存在着的，而那些所谓至高无上的价值却是服从于冲动、习俗和武断权威的摆布的。

276　　　这种较高级类型的价值和较低级类型的价值之间的区别，本身仍尚待查究。为什么要把物理的与物质的善和理想的与精神的善严格地区分开来？这个问题从根本上涉及物质和精神整个的二元论。把一个东西说成是"物质"或"物质的"，实际上并没有贬斥它的意思。如果我们正确地应用这种说法，它只是指明：有关的事物是某些其他事物存在的条件或手段。而且，贬斥有效验的手段实际上就是轻视被誉为理想的和精神的那些东西。如果我们能够把"理想的"和"精神的"这些名词真正应用到具体方面的话，这些名词指合意地符合了一些条件，珍惜地具备了一些手段的东西。如果我们把物质的善和理想的善严格地加以区分，那么就会使理想的善丧失对人类行为有效的支持，而把应该被视为手段的东西视为目的本身。既然人类没有相当的健康和财产就根本不能生活下去，那么除非把健康和财产这一类的东西也当作所谓至高无上的善的组成部分，否则我们会把它们当作一些孤立的价值和目的。

决定人类经验发生的那些关系，尤其当我们把社会联系也考虑在内时，较之决定所谓物理事件的那些关系要广泛得多和复杂得多；决定物理事件的关系是我们经过选择采取一定操作所产生的结果。因为这个理由，我们知道如星辰之类遥远的对象，比知道自己的身心这一类事物更为清楚些。我们忘了，关于星辰，我们有无数事物是不知道的；可以说，所谓星辰，本身就是有意地和被迫地从许多实际存在所具有的特点中加以删减的结果。如果把我们关于星辰的知识应用于人事方面，而且把我们全部关于星辰的知识都拿出来，我们所具有的知识并不算很多，也不算很重要。因此，关于人类和社会的真正知识，不免要远远落后于物理的知识。

我们不能根据这种差别来把这两种知识截然划分开来，也不能用它说明为什么我们很少利用实验方法来构成关于人类在其特有的社会关系中的利害观念。对于这种划分，宗教和哲学要负一定的责任。它们把范围较狭的关系和范围较广、较为丰满的关系的区别转变为两类性质不同的区别了：把一类称为物质的而把另一类称为心理的和道德的。它们毫无理由地担负起这样一个使命，广泛宣传这种区分是必要的，而且在潜移默化中使人轻视物质的东西，认为它在本性上和在价值上都是低劣的。那种专门的和固定的内容在形式哲学中逐渐消失了，但这种哲学却以一种浅薄而具有生命力的形式深入不知其底细的人们的心目之中。当这种广泛散播的和可以说是气体式的发散物在普通人的内心中重新凝结起来的时候，它们就形成了一堆坚实的和难以改变的成见。

如果我们采纳了实验的理论，不仅把它当作一种单纯的理论，而且把它当作我们每一个人所具有的一种习惯态度，那么我们在个人的和社会的行为艺术方面实际上会受到什么影响呢？即使给我们足够的时间，我们也不可能十分详细地答复这个问题，犹如人们不能预告他们采用实验法会在知识方面产生什么后果一样。实验法的本义就是一切都要通过实验。但是关于这种影响的一般线索，我们可以在时间允许的限度内加以概述。

原来，人们根据是否符合于先在对象的情况来构成他们关于价值的观念和判断，而我们现在要在对事物产生的后果的认识的指导之下构成可享受的对象；这个变化是从回顾过去变为瞻望未来。我从来不认为，个人的和社会的过去的经验是不重要的。因为如果没有过去的经验，我们既不能构成关于享受对象的条件的观念，也不能预估我们尊重它们和喜好它们时所产生的后果。过去的经验的重要意义就在于使我们有理智的工具去判断这些事情。过去的经验是一种工具，而不是最后的事物。对我们所喜好和所享受的东西加以反省，是必要的。但是，只有当这种享受能够回过头来对它们自己加以控制的时候；只有当我们在回忆它们的过程中尽可能地对我们喜好这类事物的原因和我们喜好它所产生的后果构成最好的判断时，我们才能从反省中得知这些事物的价值。

我们并不是要抛弃过去所经验到的享受以及对它们的回忆，只是要抛弃这样一种想法，即认为过去所经验到的享受是进一步应该享受什么的裁决者。现在，人们的确找到了过去的这个裁决者；不过，对于过去到底什么是有权威的东西这一点，有各种不同的解释。从名义上来讲，最有影响的一种见解无疑就是那种认为我们一度有过神灵启示，或者认为我们一度有过一种完美生活的想法。依靠先例；依靠过去，特别是在法律上创造的制度；依靠由未经检验的习俗所传递给我们的道德规范；依靠未经批判的传统等，都是某种形式的依赖权威。这丝毫并未暗示，我们能够脱离习俗和既有的制度。脱离无疑会产生混乱的结果。但是，这样的脱离也并没有什么危险。人类在政体和教育方面过于保守，所以这种危险的想法不会成为现实。真正的危险在于：新产生的条件的力量会外在地和机械地产生分裂的现象——这才是永远存在的危险。坚持旧标准使足以应付新条件的保守主义，增加了而不是减轻了这种危险。现在所需要的是用智慧检验历代继承下来的制度和习俗实际所产生的后果，从而考虑：为了产生不同后果，人们应该采取怎样的方法来有意地改变过去由制度与习俗产生的后果。

这就是把实验法从专门的物理经验领域转移到比较广泛的人生领域的重要意义。当我们形成关于不与人生直接相关的事物的信仰时，我们信赖实验法。结果，在道德的、政治的和经济的事务中，我们却不信赖这种方法。在美术方面，已经有了许多变化的痕迹。这种变化常是人类其他的态度方面将有变化的征兆。但是一般来讲，在社会事务中，在所谓具有永久的和最后的价值的事业中，主动地采用实验法的观念，在大多数人看来就是废弃一切标准和具有调节作用的权威。从原则上讲，实验法并不意味着杂乱无章的盲动；它意味着用观念和知识去指导行动。这个备受争论的问题是一个实际的问题。是不是已经存在这种观念和知识，容许我们在社会利益和社会事务方面有效地利用实验法呢？

如果我们废弃了熟悉的和传统所珍视的价值，不把它们当作具有指导作用的标准，调节作用又将从何而来呢？绝大部分来自自然科学的发现。因为分隔知行的结果之一，就是不让科学知识去指导行为——只有被贬斥为低级领域的工艺领域例外。当然，人类自由价值的对象所依赖的条件十分复杂，这是一个巨大的障碍。如果我们说已经具有了充分的科学知识，足以十分广泛地调节我们的价值判断，这种想法也过于乐观了。但是，我们确有许多知识还未曾被利用，而且如果我们不试图比较系统地利用这些知识，就不会知道从道德和人事利用的观点来看，我们的科学还有哪些大的漏洞。

道德家们通常在自然科学领域和道德行为之间划出了一道鸿沟。但是，有一种道德，它是依赖后果构成其价值判断的；这种道德必须最紧密地依靠科学结论，因为科学就是使我们联系前因与后果的那种关于变化关系的知识。人们在习惯上认为，自然科学的论题没有形成道德标准与理想的作用，因而道德家们时常把道德局限于一个狭隘的范围以内，把善恶的行为同有关的健康与力量、事业与教育以及一切与情欲相联系的事务等比较广泛的行为范围分隔开来。同一态度把科学局限于一个专门范围以内，不过是在一个相反的方向上。例如，在战争和商业方面，这种态度便无意识地鼓励人们只在有利于个人利益和阶级利益的范围内利用科学知识。

把实验的习惯应用于一切实践的事务中，还产生了另一个巨大的差别，即铲除了通常被称为主观主义但最好被称为自我主义的这种哲学的根源。主观的态度比从标明为主观主义的哲学那里所推论到的，流传得还要广泛一些。这种主观的态度也蔓延到实在论的哲学之中，而且有时比在其他哲学派别中更显著。不过，尊崇和享受最后价值的哲学家们看不出这一点。因为在主张事先的存在是衡量思想与知识的标准的学说看来，对于实在的东西，我们的思想不能有丝毫的变动。于是，我们的思想便只能影响我们对于实在的态度。

这样经常地强调改变我们自己而不注意改变我们在其中生活的这个世界，在我看来，就是主观主义中值得我们反对的东西的实质。即使是柏拉图的实在论，也犯了这个毛病；它宣道式地坚持教人观照本质境界在内心所产生的变化而轻视行动，把它当作是短暂的和低下的——只是由于有机存在的必要而作出的让步。凡以改变心灵的办法来代替改变自然和社会对象从而改变实际所经验到的善的办法的理论，更是逃避存在——这种缩入自我的情况就是主观唯我论的核心。典型的例子也许就是宗教中的来世，而宗教所关心的主要是如何拯救个人的灵魂。可是在审美主义中，以及在蛰居于象牙之塔的情况中，我们也可以找到来世。

这丝毫不意味着，改变个人的态度，改变"主体"的性向，并不重要。反之，任何改变环境条件的企图都包括这一类的改变。但是，把改变自我当作一个目的来加以培养和珍视，和把改变自我当作一个手段，通过行动来改变客观条件，这两者是截然不同的。中世纪亚里士多德学派认为，在观照中享有最后实有，就能得到一种最高的快乐；这个信念对有些人很有吸引力，为他们树立了一个理想；它显示出一种细致的享受。当有些人在努力创造一个较好的日常经验世界的过程中失败并感到失望的时候，这一种主张是投合他们的心意的。撇开神学的意义不谈，当社会条件十分困难，实际努力似乎无望时，这种主张肯定会复生。但是，近代思想所显然具有的主观主义，如果和古代的思想比较一下，或是旧主张在新条件之下的发展，或只是在专门方面具有一点重要意义而已。中世纪对于这个主张的翻版至少还得到了一个伟大的社会制度的积极支持，人们可以借助这种社会制度达到一种心境，为他们最后享受永恒的实有作好准备。那时，这种主张还具有一定的坚度和深度，而这是近代理论所没有的。近代思想仅从情绪的或玄想的程序上，或以任何不需要改变客观存在，不需要在经验上更可靠地获得价值对象的办法来达到这个结果。

关于把现在在科学实践中所体现出来的原理，移用于价值领域会造成的革命，我们还不能详细陈述；企图这样做，便是与我们行而后知和行有后果而后得知的根本观念相违背的。但是，这个革命确会把我们的注意和精力从主观方面转移到客观方面。人们会把自己当作活动者而不是目的；只有当我们在经验中享受到转变着的活动的果实时，才能见到目的。近代思想的主观性表现在：人们已经发现了在产生对象的性质与价值时，个人的有机的和习得的反应所起的造因作用；就这一点而论，这表示我们已经有可能具有决定性地前进一步。它使我们掌握了某些控制经验对象发生的条件，从而为我们提供了一种起调节作用的工具。但是，如果有人彻底否认我们所经验到的、所知觉到的和所享受到的事物，在任何方式之下都是有赖于它与人类自我的交互作用的，这种否认就容易引起抱怨。在决定我们所知觉和所享受的事物时，个人的和主观的反应具有一定的作用；否认这一点的那些理论的错误，或者在于过分夸大了这一组织因素的作用，把它说成唯一的条件了（如主观唯心主义），或者在于把它当作最后的东西，而不是把它和知识一起当作指导进一步行动的工具。

把实验法从物理学移用于人事方面所产生的第三个重要的变化是关于标准、原则、规范的重要性的问题。随着这种转移，我们会把标准、原则、规范以及关于善的一切信条、信念等当作假设。它们不再是固定不变的东西；我们会把它们当作理智的工具，有待施行后的后果加以验证和肯定（甚至改变）。它们再不被装作是一些最后的东西了——那是独断主义的终极根源。使人惊奇而疑惑的是，人类徒然花费了如许的精力（以血肉和精神为武器），为宗教、道德和政治信条的真理而战斗；而不肯花费一些精力，努力实行这些信条从而验证它们。过去有人认为，信仰和判断可以是内在的真理和权威（所谓内在，指独立于它被用作指导原则时所产生的结果），随着这种想法而来的便是不容异端和狂热盲信。把标准、原则、规范等当作假设的这种变化，会破除这种不容异端和狂热盲信的情况。这种转变不仅意味着，人们应该负责实行公认的他所信仰的东西（这是一种旧的说法），它还要求更进一步。任何信仰本身都是实验性质的，都是假设性质的；我们不仅要实行信仰，而且要参照它所具有的指导行动的作用来构成信仰。因此，信仰不是我们偶然从世界上拾起来，然后严格遵守的最后的东西。当我们认识到信仰是一种工具，且仅仅是一种工具，一种具有指导作用的工具时，我们将来构成信仰时的精心谨慎，当不亚于今日工艺领域制造精密工具时的精心谨慎。人们已不再以由于忠诚而接受和肯定某种信仰与"原理"而自豪，反将以之为耻，正如不讲证据，徒因尊重牛顿或赫尔姆霍茨等人而赞同某一种理论一样可耻。

不妨停下来，考虑一下这件事情。人们竟会以忠于法则、原则、标准、理想为一种固有的美德来说明正义，这不是有些奇怪吗？这些法则、原则、标准、理想似乎在依靠人们对它们的固执坚持的依附性来补救其中所隐藏的某种软弱之感。一个道德的法则，也像一个物理学上的法则一样，并不是无论如何都必须贸然加以信誓和固守的；它是一个在特殊条件呈现出来时应该采取何种反应的公式。它的正确性和恰当性是靠实行它以后的结果来加以验证的。它是否有权威，最后要看我们必须对付的情境是不是不可避免的，而不是依赖于它自己的内在本性（正如一个工具为人们所重视的程度，是以它所提供的需要的程度为转移的）。科学曾一度认为：为了避免杂乱无章，唯一的出路就是执着于一些经验对象以外的标准。但是当人们抛弃了这种看法的时候，知识就开始渐次增进，并且人们运用着在具体动作与对象中发现的线索和验证。以后果为验证，较之以固定的一般规则为验证，更严正些。而且以后果为验证，使我们获得了经常的发展，因为当我们试行新的动作时，便经验到了新的结果，至于把理想和模式当作常住不变的东西，本身就否认了发展和改进的可能性。

在社会和人文科目方面采用实验的思维方法的结果，会引起各种不同的变化；把这些变化概括起来，也许就是把方法和手段提高到前人单独给予目的的那个重要地位上去了。人们曾经把手段当作是卑下的，而把有用的东西当作是下贱的。人们把手段当作一些不好的关系而保留下来，而不是内在地欢迎它们。"理想"一词的真意，当在手段和目的的分离中得之。"理想"是遥远的和高不可攀的，它们太高贵、太华美了；如果实现它们，就会使它们受到玷污。它们的作用就是模模糊糊地引起"愿望"，而非激励和指导人们努力在实际存在中加以实现。"理想"是在一种不明确的方式之下翱翔于实际景象之外的；它们一度具有意义，统治过人生一切细节，是神圣实在界中正在消逝着的幽灵。

因为漠视手段而使斗志麻痹的程度，是不可能正确估计的。从逻辑上讲，不考虑手段就表示不严肃地对待目的，这是自明之理。这就似乎是说，一个人公开声称他要专心致志于绘画，但是却轻视画布、刷子和颜料；一个人公开声称他喜爱音乐，但是有一个条件，就是不允许有发音器或其他乐器发出声音来。一个技艺好的工人，是以爱惜工具、热心于改善技术而闻名的。赞扬艺术的目的而牺牲其手段，可以被认为是完全不诚实甚至病态的表现。脱离了手段的目的是一种在感情上的放纵，或者如果真有这种情况，也是偶然之事。"理想"之所以不能在行动中发生实效，显然就是因为目的和手段应并重而未并重。

公开提出理想而不同等地关心实现理想的工具和技术，这在形式上是自相矛盾的；这一点比较容易指出，但是这种把目的和手段分开的信仰如何渗入人生，产生腐蚀毒害的结果的具体方式，则很不容易被体会。目的与手段的分开，是传统上理论与实践的分离在现实生活中表达自己的一种形式。这也说明了为什么在维护人类的幸福方面，艺术是比较无能的。情感上的留恋和主观的赞颂代替了行动。没有工具和具有工具作用的动作，就没有艺术。这也解释了为什么在实际行为中那种在名义上被视为低下的、物质的和卑贱的事情，却使我们感兴趣，并花费了我们如许的精力。人们在表示忠诚地尊敬过"理想"之后，便觉得轻松了，于是便专心致力于比较直接而迫切的事务。

人们对物质上的舒适、安逸、财富，以及由于竞争而得来的成功的关注，通常会受到谴责，因为他们应该注意目的却去注意手段了，或者说，因为他们把实际上只应被当作手段的东西当作目的了。许多人批评经济利益和行动在目前生活中所占的地位，抱怨说，人们让低下的目的篡夺了高尚的理想价值的地位。然而，麻烦的根源却在于：一些道德和精神的"领袖们"传播说，人们可以离开"物质的"手段（把物质和手段当作同义语）来培养理想的目的。他们谴责人们不该把思想和精力用于手段而应该用于目的，但是我们却应该谴责他们，因为他们并没有教导追随者们把物质的和经济的活动实在地当作手段。他们不愿意根据唯一能使价值实现的实际条件和操作去构成关于价值的概念。

实际的需要是迫切的。在大众看来，实际需要带有强制性。而且，一般来讲，人们是来行动的而不是来讲理论的。理想的目的既然十分遥远而又与需要注意的直接迫切的条件很少有联系，那么，人们为理想的目的作了一些口头上的宣传之后，便会自然而然地去从事那些直接迫切的事情。如果手头上的一只鸟的价值抵得过邻树上的两只鸟，那么手头上的一桩现实的事情的价值便抵得过许多遥远而看不见和不可接近的理想。人们举起了理想的旗帜，然后却向着具体条件所提示和所嘉奖的方向前进。

有意的虚伪和欺骗是很少的。但是如果认为行动和情操在人性的构建中就内在地结合在一起，这种说法也没有事实证明。统一是努力达成的结果。态度和反应的分裂、兴趣的分化，是很容易习得的。这种习得的分裂深入人心，因为这正是在无意之间习得的，是从习惯上适应于条件的。脱离了具体行动的、造作的理论是空洞无用的；脱离了理论的实践也只是直接抓住了当时条件所允许的机会和享受而没有理论（知识和观念）的指导。理论与实践的关系不只是一个理论问题，它也是人生中最实际的问题。因为这个问题要考察智慧怎样指导行动，而行动又怎样可以由于不断洞察意义而获得后果。所谓洞察意义，就是清晰地了解有价值的价值和在经验对象中保证获得价值的手段。一般地构成理想，在情操上去赞扬它们，是容易的；但是，人们却没有负起专心思考和审慎行动的责任。有闲阶级以及那些喜好抽象谈理的人（在这些人看来，这是一种愉快的沉溺），大多数都喜好培育散播许多理想和目标，而这些理想和目标都是和实现它们的条件脱离的。然后，另有一些在社会上有权有势的人以体现者和保卫者自居，保护着教会和国家中的理想目的。由于他们是这些最高目的的保卫者，便获得了一种特权和威势，掩饰着他们为了最粗鲁和最狭隘的物质目的所采取的行动。

工业生活的现况似乎是手段与目的两相脱离的很好的例子。亚里士多德曾经主张把经济学和理想的目的（不论是道德的还是有组织的社会生活的理想目的）分隔开来。他说，某些事物是个人或社会的有价值的生活所应有的条件，但不是它的构成部分。人类的经济生活是要满足需要的；它是属于这种性质的。人们有需要，而需要是必须被满足的。但是，需要只是幸福生活的先决条件而不是内在因素。大多数哲学家没有像他这样坦白，或许也没有像他这样合乎逻辑。总而言之，他们都认为经济学是比道德学或政治学低一等的。然而，人类的男女老少实际所过的生活、他们所遭遇的机会、他们所能享受到的价值、他们的教育、他们在一切艺术和科学事物中所分享到的东西等，主要是由经济条件决定的。所以，一个忽视经济条件的道德体系只能是一个遥远空洞的道德体系。

由于人们没有把工业生活当作实现社会和文化价值的手段，工业生活也就相应地野蛮化了。无怪乎在经济生活被排斥于高级价值的境界以外之后，便有人采取报复的手段，宣称经济生活是社会上唯一的实在而且主张一切制度与行为均由物质决定，从而否认了道德和政治具有任何因果调节的作用。

有人对经济学家们说，他们的论题纯属于物质方面。这时候，经济学家们自然想到：他们只有完全不涉及人类特有的价值，才能是"科学的"。于是，他们把物质的需要、满足需要的努力，甚至在工业活动中高度发展了的、受科学调节的技术凑合起来，形成了一个完备而封闭的领域。如果有人在这个领域内论及社会目的和价值，那是通过外在附加的办法引入的，主要是带劝告性质的。有人说，经济生活决定着人类获得具体价值的条件；这种说法我们可以承认，也可以不承认。我们承认也好，不承认也好，那种把经济生活当作获得人类所共有和共享的重要价值的手段的说法都令人感到陌生和无用。在许多人看来，不把道德上的目的和经济生活的工作机器联系起来就不能使道德上的目的产生力量这种说法，好像玷辱了道德上的价值和义务的清白。

我们以上仅仅略示了分隔理论和实践在社会和道德方面所产生的影响。这种影响很大，也很广泛，因此，如果要对它们作一番适当的研究，就要涉及道德学、经济学和政治学的全部领域。如果说这些影响事实上都是人们离开行动，专门从思想上和知识上寻求确定性的直接后果，那么这种说法是不公允的。因为我们知道，这种确定性的寻求本身就是对现实情况的反映。但是，我们可以正确地断言：在宗教与哲学中，这样寻求确定性的结果强化了原来产生这种寻求的条件。而且，在生命危险之中运用智慧行动以外的其他方法，只靠感情和思想的方法去寻求安全和慰藉，这是当人们缺乏现实的控制手段、艺术还没变得发达的时候才开始的。这在历史上是有相当的理由的，但是在今天就不存在这种理由了。现在第一个值得我们思考的问题（从其广度和深度而言，都配被称为一个哲学问题），就是如何有助于改造以知行分隔为基础的信仰，如何发展一个符合现有知识和现有控制自然事物的各种设施的操作论的体系。

我们不止一次看到，近代哲学曾经致力于解决一个问题，即如何使在指导人生方面具有权威的信仰与价值和自然科学中的结论相适应。真正而显著的争论之点，并不在于大多数哲学家究竟注意这两方面的哪一方面。这个争论之点既不在于如何调和物理的和理想的或精神的境界，也不在于如何调和理论理性和实践理性的"范畴"，而在于它们把执行的手段和理想的兴趣分离开了，这种分离的情况又是在把理论和实践分开的影响之下产生的。因此，从性质上讲，这就使得物质的和精神的东西分开了。所以，这个问题的答案只能在行动中寻找，因为在行动中，物质的与经济的生活现象与支配情意之忠诚的目的是并行不悖的；而且在行动中，目的和理想是根据现实经验情境的可能性来构成的。虽然我们不能单独在"思想"中寻找答案，但具有操作性质的思维却可以促进我们去解答这个问题，因为这种具有操作性质的思维是按照我们所可能采取的行动构成和界说观念的，而且是把科学的结论当作工具来利用的。詹姆斯说过：向前看而不向后看，看这个世界和人生将会变成一个什么样子而不看它已经变成了一个什么样子，这是"权威宝座"的更迭。当詹姆斯这样说的时候，他是适度的。

在早些时候的讨论中，我们偶然地谈到，当代经验主义学派的价值哲学把价值和实际所享受的事物等同起来而不顾及这些价值所依赖的条件，其严重的缺点在于它对我们当前社会经验的情况进行陈述并加以推崇。在以上各章之中，我们也许把主要的注意力放在各派哲学理论的方法和陈述上了。但是，这些陈述只是在形式上是专门性的。从它们的根源、内容和重要性方面而言，这些陈述是对具体人类经验的某些情况或某些方面的反映。把理论与实践分隔的这种理论有其实际的根源和重大的实际后果，同样，把价值和人们实际所享受的东西等同起来而不问其如何享受和享受什么的经验主义的理论，也是从形式上对目前社会情境的一个方面而且是一个不恰意的方面所进行的陈述。

我们虽然在讨论中较多地注意了另一个派别的哲学理论，这派哲学理论主张具有调节性和权威性的标准是在超验的价值中寻得的，但是我们却并未忽视这一事实：大多数人大部分的活动都是用来争取实际情况所允许的这种享受的。事实上，他们的精力和享受都是在控制之下的；不过，他们是受外在条件控制的而不是受智慧的判断和行动控制的。如果哲学对于人们的思想和动作真有什么影响的话，那么，流行最广的经验主义的理论把价值和兴趣对象等同起来，从而为上述那种状况进行辩护，这不能不说是一件严重的事情。放在我们面前、有待于我们理智择定的价值理论从来就只有两种：一种把我们送入一个永恒不变的价值领域；另一种使我们获得实际的享受。在这种情况下，实验的经验主义将价值视为由智慧指导的活动之结果的诸善这一表达（formulation），尽管只是一种理论，但却具有实践的重要性。[①]

---

　① 本章最后一句为编者所译。——编者注

哥白尼式的革命①

　　哥白尼式的变革的意义就在于：我们并不需要把知识当作唯一能够把握实在的东西。我们所经验到的这个世界，就是一个实在的世界。但是，我们所经验到的这个世界在它的原始状态上，并不是我们所认知的世界，并不是我们所理解的世界；而且从理智上讲，并不是融贯而可靠的。认知活动包含许多操作手续，而这些操作手续使所经验的对象具有了形式，从而使我们有把握地经验到事物前进时所依赖的各种关系。认知标志着实在已经有了一番过渡性的改变和重新安排。认知是具有媒介性和工具性的，它处于对存在的一种比较偶然的经验和一种比较确定的经验之间。认知者是在存在世界以内的；他的有实验性质的认知活动标志着一种存在和另一种存在正交互作用着。不过，这种交互作用和其他存在的交互作用有一个重要的差别。这种差别不是在自然以内、作为自然之一部分的东西和另一些发生于自然以外的东西之间的差别，而是一种受控制的变化进程和不受控制的变化进程之间的差别。在知识中，原因变成了手段而效果变成了后果，因而事物有了意义。所认知的对象是经过有意的重新安排和被重新处理过的事前的对象，也是以它所产生的改造的效果来验证其价值的事后的对象。认知的对象是经过实验思维之火锻炼出来的，正如精炼的金属是从矿物原料中提炼出来的一样。它是同一个对象，不过是起了变化的同一个对象，正如一个人在脾气经过一番磨炼之后，既是同一个人，也是不同的一个人。

　　于是，知识并没有包括世界的全部。知识的范围和所经验到的存在的范围并不是等同的，而这一事实既不能说是知识的缺陷，也不能说是知识的失败。这只是表明知识严格地从事于自己的职务——把紊乱不定的情境转变成更加受控制的和更加有意义的情境。并不是所有一切的存在都要求被人类认知，当然也不是要得到思维的允许才能存在。但是，当有些存在被经验到的时候，便要求思维在它们的进程中指导它们，使它们成为有条理的和美好的东西，从而引起赞许、欣赏和崇拜。知识为达到这样新的安排而提供了唯一的手段。经验世界的各个部分一经重新安排，便具有了更明朗和更

① 《确定性的寻求》第十一章节选。——编者注

确定性的寻求：关于知行关系的研究（节选）

整饬的意义，它们的意义可以久经时间的蚀啮而变得更加可靠。认识的问题就是发明如何从事这种重新安排的方法的问题。这个问题是永无止境、永远向前的；一个问题情境解决了，另一个问题情境又起而代之。经常的收获并不是接近于一个具有普遍性的解决，而是渐次改进了方法和丰富了所经验的对象。

人作为自然的生物，像质量和分子一样是运动着的；人和动物一样生活着，有饮食、斗争、恐惧和繁殖。当人生活着的时候，在他的行动中，有些行动产生了理解，有些事物产生了意义，因为这些东西成为互相间的记号，成为期望和回想的手段、对于未来的准备和对于已经过去的东西的赞美。活动于是具有了理想的性质。引力和斥力变成对于优美东西的喜好和对于丑恶东西的憎恶。这种活动寻求着和创造着一个人们可以在里面安全生活的世界。希望与恐惧、欲望与厌恶和认知与思维一样，都是对事物的真正反应。我们的感情，经过理解加以启发后，便和认知一样，成为我们真正深入了解自然意义的器官，而且还会更加充实和亲切。这种和事物深刻而丰富的沟通，只能是思想以及思想获得的知识所产生的结果；实现自然的潜在意义的艺术还要求有超然和抽象这样一种中间的和过渡的状态。认知所具有的这样一种比较冷酷而不亲切的交互作用，把我们的感情和享受所迷恋的性质和价值暂时搁置不论。但是，如果我们想把欲望和好尚都变成稳妥的、有条理的、可靠的、具有意义的事情，知识便是我们的希望与恐惧、爱与憎不可缺少的中介。

赞颂知识，认为知识是通往实在唯一的途径，这种想法既未立即受到摧折，也未一劳永逸地受到排除。但是，它难以无限制地被保留下去。智慧思想的习惯传播越广，依靠避免智慧的检查而享有权力的那种既定利益和社会制度越不足以为敌；简言之，智慧思想的习惯越成为理所当然之事，就似乎越没有必要给予知识那种唯一垄断的地位。知识将因其成果而受人重视——不因知识当它还是一种新兴事业时为人们所赋予的那种特性。"物以稀为贵"这个平常的道理，与我们唯独尊重知识这件事情有着密切的联系。不明智的欲望和冲动太多了，墨守成规的行动太多了，为别人武断的权力所专横独断的事情太多了，总之，未经知识启示的事情太多了。因而，无怪乎人们在思想中把行动和知识彼此分隔开来；无怪乎人们把知识当作唯一能够对付实在的存在的东西。知识在社会生活中什么时候才会自然化？我不知道。但是，当知识已经为人们所习惯的时候，

我们就会把知识在研究自然与社会事物中的工具作用而不是垄断地

位视为理所当然之事——不需要我上面所提出的那些论证。不过在目前，实验方法的发展还只是预示着这样一个哥白尼式的革命有成功的可能性。

无论什么时候，任何人只要一谈到知识（尤其是科学）跟我们的道德的、艺术的和宗教的兴趣的关系，便会遭遇两个危险。一方面，是努力利用科学知识去证明道德与宗教的信仰；或者在它们流行的某些特别形式中这样做，或者在人们觉得具有启发性与安慰性的某种模模糊糊的方式中这样做。另一方面，哲学家们降低知识的重要性和必要性，使道德和宗教的教义有不可争辩的权势。先入为主的思想，会使人们根据以上两种意义中的一种来解释我们的主张。倘若如此，我们便可以声明，我们从未有一句话是轻视科学的；我们所批评的是一种关于心灵的哲学与习惯，人们曾经根据这样的哲学和习惯，用一些错误的理由珍视知识。这样消极的陈述，还没有说明我们全部的立场。知识是具有工具性的。但是，我们全书讨论的主旨却在于颂扬器具、工具、手段，使这些东西和目的、后果具有同等的价值，因为没有工具和手段，目的与后果就是偶然性的、杂乱的和不稳定的。因为所知的对象是知识的对象，所以我们把它称为一种手段，不是轻视这些对象而是欣赏它们。

只要人继续是一个人，情感、欲望、意向和选择就总会存在；所以只要人继续是一个人，就总是有关于价值的观念、判断和信仰。如果有人企图一般地去证明价值的存在，这是最笨不过的事了；价值总是继续存在着的。凡是不可避免的东西，就无需去证明其存在。但是，我们本性的这些表现却需要指导；只有通过知识，人们才有可能得到指导。当我们本性的这些表现受到了知识的影响时，这些表现本身（在它们有指导的活动中）便构成了作用着的智慧。因此，就某些特殊的价值信仰、某些特殊的道德与宗教的观念和信念而言，我们的要点就在于指明：这些信仰、观念与信念都需要用我们手头最好的知识去加以验证和修正。本书讨论的精神绝不是为了替它们保留一个孤立的地位，使它们不受新知识的影响，不管这种影响多么分散。

被认知的对象和具有价值的对象之间的关系，是现实与可能之间的关系。所谓现实，包括既有的条件；所谓可能，指一种现在尚不存在但可因现实条件的应用而使其存在的目的或后果。因此，"可能"就其对任何既有的情境而言，是寻求这个情境的一种理想；从操作论的定义（用行动去说明思维）的立场出发，理想和可能是意义相同的两个观念。观念(idea)与理想(ideal)不仅某些字母相同，而且还有共同的内容。一个观念，就其理智的内容而言，就是设想某些存在的东西会变成什么样子。当站在火前，我会说，这火多么烫；这是用一个命题来报道一个已经为我所感觉到的性质。当我在远处看见某一事物而没有感知的接触时，我判断它一定是烫的；"烫"在这里表达一个后果，即我在推论：如果走近它，我就会经验到烫这样一个后果；它表明一种实际在经验中存在的东西所具有的可能性。这个事例是一件小事，但是却表明了一个宾词(不管是性质或关系)表达一个观念而不是表达一个所感知的特征时的情况。这并不是一种所谓感觉和另一种所谓影像的心理状态之间的差别。这是一种已经为我们所经验到的东西和可能为我们所经验到的东西之间的差别。如果我们都同意撇开"理想"一词中的赞美意味，而把它当作现实的反面，那么观念所指的可能性即存在的理想方面。

现实和理想之间有无联系的问题是哲学上形而上学方面的中心问题，正像存在和观念之间的关系是哲学上认识论方面的中心问题一样。这两方面问题的汇合处，就是现实和可能的关系问题。这两方面问题之所以产生，是因为我们要用智慧去调节行为而有采取行动之必要。陈述一个真正的观念或理想，就是主张我们可以改变现有的状况，使它获得一种具有特殊性质的形式。这一句话，就其涉及一个观念、涉及认识方面而言，使我们回想到我们把观念当作指示操作及其后果的东西的那种说法。在这里，我们所关心的是它对理想所产生的影响。

在现实与理想的关系这一根本问题上，古典哲学总是企图证明：理想已是而且永远是实在所具有的性质。寻求认识上的绝对确定性进而成为寻求与最后实有合而为一的理想。人们既未能信赖世界，又未能信赖自己来实现作为自然之可能性的价值和性质。拙劣无能的感觉和规避责任的欲念两相结合，使人们渴望有一种理想的或理性的东西，把它当作我们事前就占有了现实，并在我们遇到困难时可以在情绪上依赖的东西。

有人认为，现实和理想事先本来是等同的。这个假定产生了许多至今尚未解决的问题，是产生罪恶问题的根源。这种罪恶不仅是就道德的意义而言的，而且也指缺陷与错乱、不定与错误，以及一切背离完善的情况。如果这个宇宙本身就是一个理想的宇宙，那么，我们所经验到的这个宇宙为什么会有这么多完全不理想的东西呢？

为了解答这个问题，人们总是迫不得已地谈到背离完善实有的情况——谈到有某种堕落的情况，而本体界与现象界的区别、实在与表现的区别就是由于这种堕落。这种主张有许多解释。最简单而不一定最为哲学家所赞赏的说法就是"人类的堕落"。按纽曼主教的说法，这种堕落意味着万物是在天地开辟之初的灾难中创成的。我并不想讨论这些说法，评论其长短是非。我只想指明：唯心主义名义下的各派哲学，都想运用各种方法从宇宙论、本体论或认识论等方面证明实在与理想是同一的，同时引入一些有限制性的说明，解释为什么两者最后又不是一回事。

把世界理想化有三种方法。第一种方法是通过纯理智的和逻辑的过程进行的。在这个过程中，人们企图单用推论来证明这个世界具有满足我们最高愿望的特性。人们还有一种情绪上强烈欣赏的刹那，这时候，由于自我与周围世界互相愉快地结合在一起，人们便对存在产生一种美感与和谐的经验。这直接满足了我们想望的一切。第二种方法是通过思想指导下的行动进行的，譬如美术作品，以及一切贯穿着爱的关怀的人类关系所表现出来的。第一种方法是各派哲学所采用的。第二种方法，当那一刹那延续的时候，是最为引人注意的。它树立了一种标准，帮助我们衡量关于可能性的那些观念，而这种可能性是通过智慧的努力实现的。但是，它的对象却依赖于未来的运气，因而是靠不住的。第三种方法就是审慎寻求价值安全的方法，这种价值是我们在怡然自得时自然享受到的。

在幸运的时候，人们会完全地和确切地享受到对象。这一事实证明自然是可以产生那种被我们当作理想的对象的。自然为体现理想提供了可能的材料。如果用一句老话来说，那么，自然是可以理想化的。自然是可以通过操作来加以改善的。这个过程并不是被动的。自然为人们提供了手段和材料，使被我们判断为具有最高性质的价值在存在中具体体现出来，不过，这并非总是自然如此的，而是人们探索自然所引起的反应。人类是否运用自然所供应的材料，以及为了什么目的运用它，这些都依靠人类自己的选择。

我们的理想主义并不满足于运用辩证的方法来证明：实有是完善的和常住不变的；是某种高尚力量所具有的特性，或者是一种本质。人类这样在情绪上得到的满足和鼓励，并不足以代替为了指导我们的行动而设计出来的理想。在愉快的一刹那，虽然我们得到了我们赞许、尊重和崇拜的对象；但是，真、美、善形容这个世界的可靠性和范围要看我们自己由于喜好和想望那样一个世界而从事活动的方式如何而定。我们所喜爱、所赞赏、所尊重的事物，被唯心主义哲学家视为最高实有特征的事物，都是真正的自然因素。如果没有基于了解条件的审慎行动进行支持和帮助，这些事物便都是暂时的和不稳定的，而且享受这些事物的人数少而有限。

············

和宗教一样，哲学曾经和自然科学发生过冲突。至少从 17 世纪以后，哲学就逐渐和自然科学分道扬镳了。它们分裂的主要原因，是哲学担负起了认知实在的功能。这便使得哲学成为科学的竞争者，而不是补充者了，继而迫使哲学要求获得一种比自然科学更为根本的知识。因此，哲学（至少在比较有系统的形式之下）感觉有责任修改科学结论，证明科学所言非其真意，甚或证明这些科学结论只能应用于现象世界而不能应用于哲学所指向的最后实在。唯心主义哲学企图从考察知识的条件方面来证明，只有心灵才是唯一的实体。唯心主义哲学实际上是说，既然物质本身就是心理的，那么，如果物理知识只承认物质，那又有什么关系呢？一经证明理想总是真实的，唯心主义便推卸了企图解释现实的任务（这个任务如果低贱些，反倒有用些），而借助于这种解释是可以使价值的范围变得更为广泛和可靠的。

在科学本身，一般的观念、假设是必要的。它们有着必不可少的用处。观念、假设启发新的观点；习惯使我们闭塞，看不清现实状况和未来的变化，观念、假设却使我们从习惯的束缚中解放出来。观念、假设指导着我们的操作，揭示新的真理和新的可能性，使我们不受直接环境和狭隘范围的限制。当不发挥想象力或在想象中不敢利用观念、假设的时候，我们的知识也就发生动摇了。科学每一巨大的进步无不源于新的大胆的想象。有些概念经过了实验的考验并已经获得成功，因而被我们视为当然之理加以运用。这些有效的概念从前却是一种思辨的假设。

假设的广度和深度是没有限制的。有些假设的范围是狭隘而专门的，有些假设却和经验一样广泛。哲学总是认为，它本身是具有普遍性的。如果哲学把这种普遍性和构成指导作用的假设联系在一起，而不是笼统地装作认识普遍的实有，它对于普遍性的这个要求是可以完满做到的。当假设由实际的需要所提出，由既得的知识所防护，并由这些假设引起的操作所产生的后果加以验证时，这种假设就是有结果的。这不在话下。否则，想象便会化为幻想，成为空中楼阁。

292 现代生活的特征就是语言、信仰和意向方面的混乱，因而最迫切需要的是比较广泛而概括的观念，以此来指导人生。现在，人类关于存在的实际结构和过程的知识已经发达到一个阶段，使想利用知识的哲学获得了指导和支持。哲学解除了保护实在、价值和理想的责任之后，会找到一个新的生命。就科学去说明科学的意义，亦即就现实的知识去说明科学的意义，这可以留给科学去做了。就科学广泛地为人类所利用的这一点来说明科学的意义，就科学在为可靠价值的可能性服务的这一点来说明科学的意义，这还是一片荒地，亟待开发。废弃对绝对而永恒的实在与价值的寻求，看来似乎是一种牺牲。但是，废弃这一寻求是从事于更富于生命力的事业的先决条件。当哲学寻求以社会生活为基础、为大家所共享的价值时，它只会有好心善意者的帮助而不会有对手。

在这种情况之下，哲学和科学便不是对立的了。哲学是科学结论和社会以及个人行动方式之间的联络官，筹划和努力实现一切可以达到的可能性。哲学也与宗教一样，既然要在实现中去鼓舞培植理想可能性的感觉，那么，它就要不断地为科学可能的发现所校正。每一新的发现，总是会为人类提供一个新的机会。这样一种哲学，面前有着广阔的批评天地。但是，哲学这种批评的心灵却须排除偏好、私利、习俗以及来自反乎人类目的的制度的权威对人类所施行的统治。人类的想象力是具有创造性的，因为它能指出现实知识所揭露出来的新的可能性和设计在人类日常经验中实现这些可能性的方法。上述哲学的消极功能，只是人类想象力的这种创造性工作的反面而已。

哲学时常抱有这样一个理想，即把知识完全统一起来。但是知识，就其本性而言，是分析性的和鉴别性的。不过，知识已经获得了广大的综合性，达到了笼统的概括。这种综合、概括启发了新的研究问题，开辟了新的探究领域，过渡到比较详尽的和各种各样的知识。知识的进步中包含多方面的发现，启发了新的观点和方法。这个事实就驳斥了那种认为可以在理智的基础上完全把知识综合起来的想法。专门知识单纯的增进，永远不会创造出一个构成理智整体的奇迹。不过，把科学的专门结果统一起来的需要仍然存在，而哲学在满足这个需要方面应该作出自己的贡献。

这种需要不是科学内在所固有的，而是实践上的和人本的；科学只要能够层出不穷地发现新的问题，得到新的知识，就心满意足了。在广泛的社会领域中，人类的行动需要指导，这就真正要求把科学的结论统一起来。当其对于指导人生的意义被揭示出来时，这些科学结论便被组织起来了。科学探究丰富多彩的结果之所以是无组织的、散漫的和杂乱的，原因也就在这一点上。天文学家、生物学家、化学家在自己的领域以内，至少在一段时间内，可以得到一些系统的整体。但是，当涉及这些专门的结论对于指导社会生活的意义时，人们便跳出了专门的圈子，感觉有些困惑了。显然是由于人们有这样一个缺陷，而不是由于别的什么原因，传统和武断的权威才拥有力量。人类过去从来没有过这样一堆五花八门的知识，而且对于知识的意义、知识所引起的行动和后果，在过去也从来没有像在今天这样困惑不定过。

如果我们对于知识对理想以及一般价值的信仰的意义有任何同意的看法的话，那么，我们的生活便会有着统一的特征而不会有着各种冲突着的目标和标准之间矛盾和精神涣散的特征。在广大和自由的社会领域内，实践行动的需要会使我们的专门知识统一起来；而专门知识又会使控制行为的价值判断变得可靠。如果我们已经取得了这种同意，这就表示近代生活业已成熟，可以了解它本身在理智运动中的重要意义了。于是，近代生活便会在自己的兴趣和活动中，发现一些指导自己事务的有权威的方法；而这种有权威的指导，人们在彷徨于腐朽的传统和偶然冲动的支配时是找不到的。

这种情境说明了当代哲学的重要职责：寻找和揭露障碍的所在；批判阻塞通道的心理习惯；专心思考合乎现代生活的各种需要；就科学结论对于人生各方面的目的和价值的信仰所发生的后果来解释科学的这些结论。要想发展一个思想体系，以担当起这个职责，不是容易的事情；只能慢慢地，依靠大家同心协力来做到这一点。我在本书内，试图概略地指出我们所要完成的这个任务的性质，并且列出手头某些完成这个任务所需要的资源。

实践判断：评价①

       前一章主要强化了居间性（mediation）②在作为凭借正当理由之断言的③知识中的必要性。这种必要性并非孤立存在的，因为它是我们一直在展开的有关探究和判断的理论中的一个必然阶段。它之所以得到单独发展，是因为传统的且当前仍然存在的那种有关自明真理和自我奠基的命题的学说。在我们的基本理论中，还有一个方面同样（有可能在更大程度上）对立于既有逻辑理论，因而也需要阐明。与通行学说相反，我们这里所采取的立场是：探究导致所要处理的质料（material）④的存在性转换⑤与重构⑥；此种转换若是有根据的，其结果将是一个不确定的问题情境转化为

---

① 原译为《实践的判断：评估》，编者将其改为现在的标题。本书选用的是张留华的译本。该译本被收录在《杜威全集·晚期著作》第 12 卷。

② 括号内的原文为编者所加。——编者注

③ 原文为"warranted assertion"；编者将原译"有担保断定的"改译为"凭借正当理由之断言的"。——编者注

④ 括号内的原文为编者所加。——编者注

⑤ 原文为"existential transformation"；编者将原译"实存性转变"改译为"存在性转换"；相应地将"existential"或"existence"改译为"存在"；将"transformation"改译为"转换"。下同。——编者注

⑥ 原文为"reconstruction"；编者将原译"框定"改译为"重构"。下同。——编者注

一个经过化解的确定情境。

如此强调对于先行存在质料（existential material）①的重新限定，并强调判断乃由此产生的转换，这与传统理论完全对立。后者认为，此种变形，即便是在得到最优控制的那种探究中发生的，也受限于认知者——开展探究的那个人——的状态和过程。因此，它们可以被正确地称为"主观性的"、心灵的或心理上的，抑或其他类似的称法。它们不具有客观地位，因此缺乏逻辑上的效力和意义。本书所采取的立场正好相反，即探究者的信念和心态不可能得到合理的改变，除非有根植于机体活动的存在操作②对客观材料进行修改和重新限定。否则，"心灵的"（mental）③改变不仅（像传统理论所认为的那样）是纯粹心灵上的，而且是随意为之的，将导致幻象和错觉。

传统理论，不论经验主义的形式还是理性主义的形式，都一致认为：所有命题都是对先行存在或潜存之物的纯粹陈述或宣言，而且此种陈述职能是自身完满和终结的。相反，我们在这里所采取的立场是：陈述式命题④，不论是涉及事实还是涉及概念（原则与法则），都是一些居间手段或工具（means and instrumental⑤，分别为质料性的和程序性的），用以实现那种作为所有肯定断言⑥和否定断言之所期望的结果⑦（及最后目标）的受控性论题⑧转换。需要指出的是，我们否定的并非纯陈述式命题的出现。相反，后文将详细表明，此类命题呈现了一方面存在于事实资料⑨之间，另一方面存在于概念论题之间的关系，它们的存在是被明确予以肯定的。关键点并非它们的存在，而是它们的功能⑩与解释。

我们的立场可通过下列语言来陈述：所有的受控探究以及所有对于有根据断定的设立都必然包含一种实践因素，即一种做（doing）与制（making）⑪的活动，它可以重构设定探究问题的那种先行存在

---

① 括号内的原文为编者所加。——编者注
② 原文为"operations"；编者将原译"运作"改译为"操作"。下同。——编者注
③ 括号内的原文为编者所加。——编者注
④ 原文为"declarative proposition"；编者将原译"宣告式命题"改译为"陈述式命题"，相应地也将此文中的"宣告"改译为"陈述"。——编者注
⑤ 括号内的原文为编者所加。——编者注
⑥ 原文为"affirmation"；编者将原译"宣告"改译为"断言"。——编者注
⑦ 原文为"end-in-view"；编者将原译"目的"改译为**"所期望的结果"**。——编者注
⑧ 原文为"subject-matter"；编者改译为"论题"。下同。——编者注
⑨ 原文为"data"；编者将原译"与料"改为"资料"。下同。——编者注
⑩ 原文为"function"；编者将原译"机能"改为"功能"。下同。——编者注
⑪ 这两处括号内的原文为编者所加。——编者注

质料。此种观点并非特设，而是代表了至少在有些情形下显然发生（或者作为真实原因）的事情。对此，我们将通过考察某些形式的、旨在确定在某些实际困境中要做什么的常识探究来予以表明。

此种类型的探究既非异常，也不罕见。因为常识探究和判断大体①上都是这样的类型。日常生活中的慎思②，大多关注有关"制"什么或"做"什么的问题。各个艺术领域和每一行业都面临着不断出现的此类问题。怀疑它们的存在，等于否定任何形式的实践都没有理智成分，等于肯定所有实践事务上的决定都是冲动、任性、盲目习惯或习俗的随意产物。农夫、机械工、画家、音乐家、作家、医生、律师、商人、企业主、行政人员或管理者都经常探究下一步最好做什么。除非结论都是盲目而随意获得的，否则，要获得结论须通过搜集和检查证据，以及鉴定证据的重要性和相关性；通过按照其作为假说（作为观念）的能力设计并检验行动方案。

根据描述，那些唤起那种能导致决定的慎思的情境，本身对于可能做什么以及应该做什么，是不确定的。它们要求做某种什么。但是，需要采取什么行动，这正是思考的难题。关于如何处理不定情境，这个问题是迫切的。但是，因为它只显得迫切，其中的情绪化便会阻碍且经常破坏明智的③决定。理智上的疑问是，该情境为了能获得令人满意的客观重构需要哪一类行动？要答复此种疑问，我重申：只能通过观念所指引的观察操作、资料搜集以及推断，而那些观念中的质料本身也要通过构思上的比较与整理加以检查。

在为了在实践事务上作出判断而必须进行探究的人群列表上，我并未将科学家包括进来。但是，略加思考便能发现，科学家必须决定采取什么样的研究以及如何开展研究——这个问题涉及要做什么样的观测、开展什么样的实验，以及采取什么样的推理路线和数学计算。此外，他不可能一劳永逸地解决这些难题。他们必须不停地判断下一步最好做什么，以便获得的结论是有根据的，不论结论多么抽象或具有理论性。换言之，科学探究的活动，不管物理上的还是数学上的，都是实践的一种式样；从事实际工作的科学家主要是实践者，不停地作出实践判断：决定做些什么以及采取什么手段来做。

关于最好做什么的慎思结果，显然不能等同于为之开展慎思性

---

① 编者将原译"主体"改为"大体"。——编者注
② 原文为"deliberations"；编者将原译"思考"改为"慎思"。下同。——编者注
③ 原文为"wise"；编者将原译"聪明的"改译为"明智的"。——编者注

探究的那种最终结果（final issue）。因为，最终结果是某种新情境，其中曾引发慎思的那些困难和麻烦已得到处理，现在不再存在。要达到这种客观目的，不可能通过心态上的变戏法。它是一种唯有借助于存在变化才能实现的目的。慎思要解决的疑问是：为了实现这些变化，要做些什么？它们是达到所要求的那种存在重构的手段；更确切地说，造成这些行为之开展的探究和决定是工具性的和居间性的。应该做什么，这取决于既定情境中存在的条件，因此要求一种陈述式命题："现实条件是如此这般的。"这些条件是推论根据，可通向一种陈述式命题：如此这般的行为是慎思之后，发现能够在所探明的事实条件下最有效地产生欲求结果的。关于其中所包含的事态的陈述式命题，提出了在达到所欲求目标时必须克服的障碍，以及能够加以利用的资源。它们规定了有利以及不利的潜在性，发挥着工具性的功能。那些提出现存条件应该如何得以处理的命题，与那些规定现存条件的宣言式命题在功能上相互补充。涉及程序的那些命题，并不承载存在性或事实性质料。它们的一般形式为："如果如此这般的路线在现存场合下得以采纳，结果可能就如此这般。"从逻辑上看，有关行动方法的这些假说的形成，涉及推理，或者由一系列陈述式命题规定概念质料之间的关系。因为很少有首次想到的某个程序可以被直接拿来使用，它必须得以发展：这种发展构成了理性论说，其在科学实践中通常采取数学计算的形式。

在对刚刚所讲的提出阐释之前，我将正式归纳一下：对实践事务进行慎思和有根据决定的每一种情境，都涉及逻辑上的什么东西。有一种存在情境是这样的：（a）其构件（constituents）①变动不居，以至于无论如何都可能有某种不同的东西在未来发生；（b）未来将会存在什么样的东西，部分取决于引入了哪些其他存在条件，以与那些已有条件互动；（c）什么样的新条件得以产生，取决于采取哪些活动；（d）后来的事情②受到观察、推断和推理过程中所介入的探究的影响。

我阐释这四个条件的例子是一个生病的人考虑如何采取正确的方法获得康复。（1）身体变化在发生着，这无论如何都将产生某种存在结果。（2）可以引入新的条件，用以决定其结果——要考虑的难题是：它们是否应该被引入，以及如果引入的话，该引入哪些，又该如何引入。（3）慎思之后，生病的这个人相信他应该去看医生。带有

---

① 括号内的原文为编者所加。——编者注

② 原文为"matter"；编者将原译"素材"改译为"事情"。——编者注

这种意思的命题相当于一个结论，即探访医生的后果有可能引入将会产生所欲求的结果①的交互性因素。（4）因此，这个命题在现实中被实施之后便引入了能与先前存在条件交互并修改原有路线的干预条件，从而对结果造成影响。倘若探究和判断未曾介入，后面的结果将会有所不同——即便没有康复。

只要是真正的慎思，几乎每一步都有多种选择。每一步都可以从所出现难题的两个侧面说些什么，或尝试性地肯定些什么。对于过去经验的反思表明，"顺其自然"经常都是不错的。但是，当下的情况属于这一类吗？例如，可能出现资金上的困难；不确定能否找到有能力的医生，或者要咨询什么样的医生；不确定病人在接下来几天或几周所要做的事情以及医生的建议能否被病人采纳并据以行动，等等。

类似的事实难题是通过命题来考察与表述的。呈现在命题中的每一事态都能暗示自己不同的行动路线，而如果是真实的探究，此种暗示就必须被表述出来。此种表述或命题于是就必须根据采纳它之后可能出现的后果得以发展。此种发展是以一系列"如果—那么"命题出现的。如果那个人最后决定去看如此这般的一位医生，由此导致的那个命题实际上就代表了一种推断，即此种式样的程序更有机会引入一些因素，以通过与现存条件的交互产生一种所欲求的未来存在情境。可以推断，它将为已在操作的因素指明方向，而倘若放任那些因素，是不会有此一方向的。

被设计出的那些关于事实难题以及可选行动路线的命题，其内容既非自主的，也非自足的。它们是根据所欲求的未来结果而定的，因此是工具性的和居间性的。它们就本身而言并非有效，因为其有效性依赖于作用于它们所导致的后果——只要这些后果实际上源于这些命题所规定的那些操作，而非偶然增附上去的。假设事实命题被表示②为"我病得很重"。在所指的语境中，该命题若被认为是终结而完满的，便要义不明。它的逻辑效力在于它与未来情境的潜在关联。陈述式命题"我应该去看医生"（I should or shall see a doctor），同样也是功能性的③。它表述的是一种可能有的操作，一旦得以实

---

① 原文为"a desired issue"；编者将原译"所欲求的成果"改译为"所欲求的结果"，同时将下文中的"成果"改译为"结果"。——编者注
② 原文为"be represented"；编者将原译"被表征为"改译为"被表示为"。——编者注
③ 原文"functional"；编者将原译"机能性的"改译为"功能性的"，同时将原译文中的"机能"改译为"功能"。——编者注

施，将有助于在存在性上产生一种未来情境；假若没有采取那种行动，所存在的情境将具有不同的性状和含义。可以发现，同样的说法也适用于主治医生一方面就那些定位和刻画疾病的事实，另一方面就他为治疗疾病所采取的行动路线所作的陈述式命题。

此种分析一旦被接受，可以带来一种辨识，即陈述式命题（它们本身就是临时鉴定性判断的结果）作为因素，可以积极影响那个最终判断的存在论题的构成。最后那种论题可能并非原先所希望与意想的。但不论怎样，假若那些依赖于干预性工具命题（instrumental proposition）①的操作没有发生，其结果与现在相比会稍微不同。根据通常所采纳的对于陈述式命题的解释，说它们会进入它们所"关于"（about）②的那个情境的结构之中，这是纯粹的矛盾。但是，这种矛盾源自所采纳的那套理论，而非那些命题本身；它是忽视所形成的那些命题的居间性和操作性③效力带来的后果。

根据传统理论，对于我们所讨论的这个例子，有一种标准说法大致如下："我病了"和"一个人生病时就应该看医生"这两个命题分别被看作三段论的小前提和大前提，由此必然推出结论"我应该去看医生"。这种解释利用了一种含糊性。它可以被看作不过对于已经作出的一个真实判断的语言呈现。在这种情况下，我们对于文本的分析就得以证实了。因为那样，大小前提都是对从探究中获得的决定的一种陈述，涉及事态应该如何才能得到指定方向上的变动。然而，从字面上看，那种解释的意思是：并不存在什么探究以及判断。它仅仅指问题中的那个人，每当他以为生病时，都习惯于不由自主地去看医生。这里没有任何怀疑或不确定性的成分，没有探究，也没有命题的形成。那是一种直接刺激，是根据先前所形成的一种习惯而作出回应的。所谓三段论，不过是对行为上所发生之事从外部强加的一种说法，其中不涉及任何逻辑形式。

这样的情境是重要的，因为经过对照，它可以引出的确出现判断的那些情境。一个人可能具有一种看医生的习惯，因为他是虚弱的人，因此并没有运用判断。或者，他可能每当症状严重时都倾向于去看医生，然而在这次特殊场合下，他疑惑病情是否严重到了需要看医生的地步。于是，他进行了反思。此外，就具体某个人而言，他不会决定去看任意一位医生；他决定去看某一指定的医生；而且，

---

① 括号内的原文为编者所加。——编者注

② 括号内的原文为编者所加；编者将原译"关指"统一改为"关于"。——编者注

③ 原文为"operational"；编者将原译"运作性"改译为"操作性"。下同。——编者注

他可能需要查查看什么医生。他可能有理由认为，自己的资金状况使自己最好靠运气康复，等等。如此说来，把有关实践的命题还原为单称命题与一般命题的形式组合，这样的解释仅适用于对那种未经中间判断直接按照习惯而完成的行为的事后语言分析，或者说对那种已经得以完成的判断的事后语言分析。假若涉及有命题的慎思与鉴定实际介入了"我要去看医生"的决定，那么，实践判断就成为一种因素，用于对起初鉴定性判断（judgments of appraisal）①所关于的存在质料作最后确定。

我们所选的特殊例子很难用于解决更大的难题。当下的这个问题非常重要，我要继续通过一系列例子来讨论。

1. 在有些情况下，实践判断要"立刻"确定下一步做什么，以便由该判断规定的那种活动产生具体的存在情境。譬如，一个人注意到一辆机动车向他驶来。他可能不假思索地躲开。此时，不存在判断，也不存在命题。但是，有的情境可能要引起慎思。这时，人们会对现存条件进行观察（定位其中的问题），并形成行动方案，以应对紧急情况（解决问题）。裁判在比赛过程所作的决定，可以提供更充分的说明。他必须形成有关观察到的事实以及有关可用以解释的规则的命题。他对于事实以及对于可适用规则的评判都可能受到质疑，但至少，他关于"安全"或"出局"的最终判断成为后来存在的事件进程的一个决定性因素。这一事实表明，比如一名跑垒员在棒球比赛中的动作和位置，并非需要判断的东西。判断的对象是动作发生于其中的那个总体情境。一名击球员或跑垒员都做过哪些事情，以及适用什么规则（概念），有关这些的命题都是居间性和工具性的，而非终结和完满的。

以上两个例子阐释了适用于判断谓词的"程序手段"（procedural means）②一语是什么意思。谓词的论题代表了一种所期望的结果，它是对于存在后果即"即将达到的终结和完结"（fulfilling close and termination）意义上的结果③的一种预见。一个人看到汽车驶向他，他所期望的结果是：躲到一个安全之地，而非安全本身。后者（或其相反情形）乃终结意义上的结果。除非此种预见或所期望的结果是无用的幻想，否则，它的呈现形式就是一种需要采取④的操作。

---

① 括号内的原文为编者所加。——编者注
② 括号内的原文为编者所加。——编者注
③ 编者将"end"的原译"目的"，改译为"结果"。下同。——编者注
④ 编者将原译"执行"改译为"采取"。下同。——编者注

类似地，比赛中跑垒员的"出局"或"安全"，也是操作性的，因为它决定着跑垒员之后要去做什么以及比赛如何继续。倘若最后结局或终结意义上的存在结果是命题的一个条件项，它会被视为已经完成了的。只有结果充当一种指示性手段，用以采取借以产生现实完结的那种行动，它才不至于自我拆台。

谓词并非对于已经存在的某种东西的"如实"（realistic）①领悟与宣称；它是基于对作为可能结果之条件的那些事实的如实观察，而对所要做的某种事情的估量。同样，比赛中跑垒员的球门或弓箭手的靶子，有关这些的观念除非能把作为存在的终点记号翻译为所凭借的手段——程序手段，否则就是妨碍而无益的。跑垒员把有关球门的思考当作在不同阶段调节自己速度等的手段；弓箭手则结合对于方向和风力的观察，把有关靶子的思考当作射靶的一种导引或指示。"end"②的两种意义，即作为所期望的结果与作为客观的终结（termination）③和完结点（completion），二者之间的不同显著地证明了一个事实：在探究中，终结并非只是如实得以领悟和宣称，而是被陈述为一种程序方式④。正是由于混同"end"的这两种意义，有人才会认为：实践判断要么是纯陈述式的，要么是毫无逻辑地位的纯粹实践。

2. 道德评价也是关键的一点。常见的或许仍盛行的一种预设是：存在以其自身为目的⑤的一些对象；从较不重要的到较为重要的，这些目的以层级排列，并在行动上具有相应的权威。它出自这样一种观点，即道德"判断"不过是对目的本身的直接领悟，即找到它在固定价值体系中的正确位置。这种预设假定除了此种分层级的固定目的，道德主体剩下的唯一选择就是顺从自己欲望的变化。按照本书所采取的立场，作为客观终结或作为实现物的目的，在判断中的作用是表示一些操作模式，用以化解那种引发判断的可疑情境。而作为所期望的结果，目的代表的是行动方案或意图。探究的任务就是：根据那些能决定困境中事实到底都有哪些的观察所得，确定那些能化解主体自己所纠缠于其中的困境的操作模式。

---

① 括号内的原文为编者所加。——编者注
② 编者用原文"end"代替了原译"目的"。下同。——编者注
③ 编者将原译"界标"改译为"终结"。——编者注
④ 原文为"a way of procedure"；编者将原译"程序之路"改译为"程序方式"。——编者注
⑤ 原文为"end-in-themselves"；编者将原译"本身为目的"改译为"以其自身为目的"。下同。——编者注

道德判断仅仅领悟与宣称某种先定的目的本身（end-in-itself）①，这种观点事实上不过是以一种方式否定了真实道德判断的需要与存在。因为根据此种观点，根本不存在问题情境，存在的只是处在主观道德不确定或无知状态的个人。在那种情况下，一个人的任务并非判断客观情境以确定需要采取什么样的行动路线，才能将其转换为道德上令人满意的正确情境，而是从理智上获得一个先定的目的本身。在先前经验中所确信的那些善是质料手段，用以获得一种有关要做什么的判断。要注意它们是手段，而非固定的目的。它们是有待根据现存情境所需要的那种行动加以勘定与评价的质料。

认为道德判断关注一个客观的未决情境，而且所期望的结果在判断之中并通过判断被重构为一些起化解作用的操作方法，这样的立场符合一种事实，即因为类似情境的再次出现，那些作为行动方式的一般性所期望的结果得以建立，从而初看起来似乎可以说在新情境中得到了辨识。但是，这些标准化的"备好了的"命题并非终结性的；虽然是具有极高价值的②手段，但它们仍然是一些用以考察现存情境以及鉴定情境所要求的行动样式的手段。③ 它们能否适用于新情境以及在新情境中的相关性和重要性这个问题，可能会而且的确经常使它们重新得以鉴定与构建。

3. 疑问式命题（Interrogative Propositions）④。疑问（questions）⑤是否为某种逻辑意义上的命题，这一点并不经常被讨论。真正提出这种问题的逻辑学家常常都认为，它们并非真实的命题。根据本书所采取的立场，所有不同于判断的命题都具有疑问（interrogative）⑥的一面。因为是暂时性⑦的，所以它们不仅易于受到质疑，而且本身就有贴切性、重要性和适用性问题。当事实或概念被认为完全得到确信（不论是因为早前的成功使用，还是别的什么理由）时，所产生的是直接行动而非判断。许多事实和观念可以被如此采纳并直接使用，这在实践中是极其便利的事。而把这种实践上的价值转换为确信的逻辑地位，由此走向那种作为自由而连续的探究之大敌

---

① 括号内的原文为编者所加。——编者注
② 原文为"highly valuable"；编者将原译"高度可贵"改译为"具有极高价值的"。——编者注
③ 编者对译文进行了细微修改。——编者注
④ 括号内的原文为编者所加。——编者注
⑤ 括号内的原文为编者所加。——编者注
⑥ 括号内的原文为编者所加。——编者注
⑦ 原文为"provisional"；编者将原译"临时性的"改译为"暂时性的"。下同。——编者注

的教条主义，这是最为常见的方式之一。

鲍桑葵是公开论及疑问之逻辑地位的较少几位著作家之一。他在《逻辑》(*Logic*)中说，它们只是试探性的。"试探的判断缺少判断的种差。它没有断定；没有主张为真；像这样的疑问不可能成为思想本身的对象……它不是理智可以抱有的一种态度……它是对于信息的需求，本质是被引向一个能够产生行动的道德主体。"

这段话涉及此前讨论过的一点，即判断具有双重特征，既作为暂时性的鉴定或估量，又作为结论或终结。鲍桑葵的话显然适用于判断的后一方面。由于从判断之意义中排除了所有关于事实和观念的效力与相关性的初步鉴定和评价，他的观点走向了他所达到的那个结论，即探究并非一种判断形式，因此本身并不具有逻辑上的地位。这种立场对于其许多深远的推论来说，至关重要。

把现实科学工作视为探究的一种，这肯定算不上不科学。同样可以肯定，把科学从逻辑学的领域和范围中排除出去，只将其作为一组命题接受下来，而不管它们是根据什么探究方法获得的，这样的一种立场不是能被轻易接受的。日常语言使用"所问之事"(the matter in question)这一表达作为探究所关注之论题的同义语。不论是从科学观点还是从常识观点来看，比起鲍桑葵先生所说的"疑问不可能是思想对象"，更加正确的说法似乎是：疑问(在"可质疑与受质疑的论题"意义上)是唯一的"思考"对象。

疑问要求某人采取行动。这样的说法孤立来看，与本书的立场完全一致。作为鉴定之判断，甚至可能会形成向另外一个人提出的疑问，因为单讲那个被提出的疑问，远不具有自明性。然而，疑问本身就是讲给另外一个人听的这种说法，忽略了一个基本事实，即疑问是呈现给存在论的。科学探究可被视为"对于信息"的请求。但是，所需要的那些信息并非天然现成的。它要求有判断来决定对自然提些什么疑问，因为它所涉及的事情是设计出最好的方法来观察、实验及解释概念。

上一种说法，使得我们的讨论直接面对那个关于探究与实践判断关系的问题。因为，要确定提出些什么疑问以及如何提出，这种事就是要判断应该做些什么，才能获取化解不确定情境的必要且充分的事实质料与概念质料。我们只需想一想律师或医生在所予①情形下的程序，便可以明白他们的问题何以从根本上说，就是重构正

---

① 原文为"given"；编者将原译"给定"改译为"所予"。——编者注

确的疑问——"正确性"的标准就是：能否引出可有效化解那种激起探究的情境的相关质料。

4. 慎思包含于我们所考虑到的全部例子中。需要强调，慎思中有一个方面是非常重要的，最好单独拿出来讨论。真实慎思的开展是对于可选的活动路线进行设立与检查，并考虑它们各自的后果。这一事实阐明了析取命题与假言命题的功能性。诸如植物学和动物学中的那些分类学体系，包含了大量的析取命题实例。它们曾经被认为代表着科学的终极目标——这一观点可以从那种关于固定种（fixed species）的经典观点中一致性地推论出来。现在，它们被用作探究活动的有效手段，而且仅仅在此种功能上具有价值；因为，任何已知的分类学体系都被认为是弹性的，会不断得以修正。不幸的是，逻辑教材习惯于把析取命题作为单独的论题。因此，它们把先前探究所确立的析取命题当作说明性材料，而不管这些析取命题借以确立的那些探究，也不管这些析取命题进一步在其中操作的那些探究；然而，在现实科学工作中，分类学上的析取命题一律被视作纯粹的工具性设置，从而失去了所有的独立性。几乎可以不夸张地说，如果某一位科学工作者着重关注分类法，这在来自高级领域的科学工作者看来，几乎是需要蔑视的。

析取命题与实践判断相关，因为对于策略之事的慎思，要求：(a)有多选的可能性被设立与探查，(b)它们彼此很容易比较。譬如，一个人突然拥有一大笔钱，他在思考该用它做些什么。他的思考实则毫无意义，除非采取一种形式把手头资金可能有的多选用途建立起来。是把它放到银行里生利息，投资股票、债券或不动产，还是用于旅游，购买图书、仪器等？这些多选项每一个都以析取命题表示为体系中的一员，通过对它们进行分析，问题情境会变得具有相对的确定性。

在所给出的例子中，很显然，每个命题都形成了一种手段，用以确定要做什么事；而且由此得到的确定性作为一种手段，可以产生某种最终情境。具体领域内的专家很快可以设立一组选项。对于新情况来说，这些选项是备好了的质料，就像工匠手头上会有与自己的活动路线相关的一套工具。在此类情况下，判断所要回答的疑问是采取这组中哪一选项，而不是析取命题的形成。尽管如此，后者仍然具有工具性。把工具实体化为某种终结而完满的东西，这限制了未来探究，因为它使所要达到的结果受制于一种被认为无法质疑和检查的先见之明。

在此，假言命题与析取命题的关系只需被简要提示一下。每一个可选行为式样的意义，都是根据作用其上所产生的后果而得以建构①的。此种意义的展开是通过推理进行的，其形式为："如果此种可选项被采用，那么，这般那般的后果有望随之发生。"由此衍生的后果，与其他假言命题的后果相比，提供了一种根据以作试探性接受或拒斥。在现实做法中，此类"如果—那么"命题的展开通常不会很长。但是，从关于要做什么的有担保的最终判断的角度来看，选项应该穷尽，而且体系中每一个作为假说的析取命题的展开应该是彻底的。

5. 评价（evaluation）②。"评价"（value）一词既作为动词又作为名词，这种长期以来的③含糊性经常被指出。在其中一个意义上，"评价"（to value）指享受④，而作为结果的享受在比喻意义上被称作一种价值（a value）⑤。在这些情况下，享受都是自发地产生的，其中既无反思又无探究。然而，有关享受的事实，可以从语言上记录与交流。由此得来的语言表达式外化为命题的形式。但是，除非出现疑问，否则，它就只是社会交流；除非所作的交流能够提供用以化解新情境的资料，否则，它就不是命题。不过，如果所提出的疑问是"论题是否值得直接享受"，即如果所提出的疑问关系到是否存在充分根据进行享受，那么，就有一种涉及探究与判断的问题情境。在这样的场合，"to value"的意思为权衡（weigh）、鉴定（appraise）、估量（estimate），即评价（to evaluate）——一种突出的理智操作。每一种方式的理由和根据，都必须得到寻求并被表述出来。

不容置疑，关于曾经爱过、仰慕过的某些人，关于曾经过于尊崇（有别于估量）的某些对象，会出现此类情境。这一点对于我们的讨论很重要。因为，它们的发生表明，我们仅在一种作为享受的质料的价值成为问题时，才进行评价。这种情况下的命题在逻辑上，非常不同于那些字面上类似的句子：它们仅仅是记录与交流了一个事实，即某种享受、爱慕或尊崇，在现实中发生了。后面那些"命题"的确记录了事件的发生，但只有在成为所开展研究的质料，以便

---

① 原文为"constructed"；编者将原译"构造"改译为"建构"。——编者注
② 括号内的原文为编者所加。——编者注
③ 原文为"standing"；编者将原译"永恒的"改译为"长期以来的"。——编者注
④ 原文为"enjoyment"；编者将原译中的享受、享乐两种译法，统一译为"享受"。——编者注
⑤ 括号内的原文为编者所加。——编者注

决定它们是否在享受时具有辩护理由，或者说是否在当前情境下有辩护理由，才可以说它们具有逻辑地位。我们现在要让自己有这样一种态度吗？如果答案是肯定的，我们后面会不会遗憾？

从吃一种根据过去经验知道可以直接享用的食物，到严肃的道德困境，类似的疑问在各种情况下都会出现。要答复这些疑问，化解相关疑惑，唯一的方法就是，检查那些存在后果；它们是假若有尊崇、仰慕、享受等的参与，便可能出现的后果。作为态度来说，尊崇等都是能动的态度；它们是能够产生后果的行为方式，而后果要得到有根据的预期，就只能是那些操作性条件所带来的后果。有关享受的事实，只是那些操作性条件之一。它要产生后果——正如在吃那种直接享用的食物时的行为——只能通过与其他存在条件的交互。因此，后者必须得到独立勘察。要估量它们的可能后果，只能根据在过去——或者是某人自己的过去，或者是有记载的他人经验——类似情况下所发生的事情。单从外表来看，现存条件并未告诉我们后果会怎样。我们必须查验关联性——通常都是因果关联。关联性随后通过抽象而概括化的概念命题，通过规则、原则、法则得到表述。但是，手头那些规则、原则和法则(不论它们如何被测试过)能否适用于所谓的具体情境，这样的疑问总是出现。必须在它们之间作出选择。因此，为了获得有根据的最终判断，必须对原则进行评价或鉴定。

评价性命题对于事实或概念论题来说，并非只是陈述式的。事实可能是不受怀疑的：我肯定在过去享用过这种对象；我现在将直接享用它。某些一般原则可能被认可为标准。但是，无论是出现的事实还是标准化规则，它们都并不必然在进行评价时具有决定性作用。它们分别为质料性的和程序性的手段。它们在现有情境中的相干性及重要性，是必须通过探究来确定的事，之后才会获得有根据的评价性鉴定。

这样的评价性判断显然是实践判断中的一例；或者，严格来说，所有的实践判断都是评价，专门根据条件(这些条件因为是存在性的，所以总是会操作的)所产生的那些被鉴定过的结果去判断要做些什么。越是强调直接的享用、喜欢、爱慕等本身是天然的情绪冲动，就越能清晰看到：它们是(交互)行为的式样。所以，决定是否在某个所予情境中沾染(engage)或沉溺于①它们，就是一种实践判断——

---

① 原文为"indulge"；编者将原译"放任"改译为"沉溺于"。——编者注

一种关于应该做什么的判断。[①]

对于逻辑理论来讲，更为重要的一点是：这些评价性判断（正如在前文对于判断的讨论中所显示的那样）促进了所有最终判断的形成[②]。没有任何探究是不包括实践判断的。科学工作者一直都在鉴定从自己的观察中以及他人的发现中收集到的信息；他必须鉴定它与所要开始之问题以及所要开展之观察、实验和计算活动的关系。当在理解的意义上"知道"包括法则在内的概念质料体系时，他必须估量它们作为所要开始之特殊探究的条件的相干性及效力。许多逻辑教材谈到科学方法时，显得相对无效（或至少不够有效），最大的根源或许就是没能把所要阐明的质料，与借以获得它们的那些操作，以及它们所暗示、指出和有助于指引的未来操作联系起来。

6. 欣赏（Appreciation）[③]。一个已被强调的事实，是价值判断不能等同于说一个人如此这般唤起了爱慕，或者，如此这般的事件或对象过去或现在得以享受。这些"命题"仅仅具有与"故意撒谎"相对而言的道德意义上的真之属性[④]。然而，这些命题可以成为[⑤]价值判断或评价的构件。在呈现这样的状态时，它们被用作质料手段以确定某一指定人或行为是否应该受到爱慕，或者某一指定对象是否应该被享受。当把陈述句"我喜好这幅图"变换成命题"这幅图很美"时，议题转向了作为对象的图画。为了有效，后面这个命题必须建基于看得见而且可证实的图画对象的性状上。它一方面依赖于对可观察特性进行甄别，另一方面又依赖于当被阐明后构成美之定义的那些概念意义。这些陈述句与直接的非判断性美学经验的存在绝不冲突，甚至可以说，真正的美学判断必须产生自后者。但是，直接经验并非表达在陈述句"我喜好它"之中。对于它的自然表达，不如说是观察者的态度或者感叹。

以上所讲关系到一个话题：欣赏。它并非纯粹的享受，而是把享受作为那些构成欣赏之先前过程与反应的完成（consummation）。这些先前的状态或操作包含反思性观察，伴有分析性与综合性的东西，伴有对关系的甄别与整合。真正的欣赏朝向一种表征性论题。

---

① 编者将原译"判断应该去做些什么"改译为"一种关于应该做什么的判断"。——编者注

② 原文为"valuation judgments enter into the formation of all final judgment"。——编者注

③ 括号内的原文为编者所加。——编者注

④ 编者对原译做了细微改动。——编者注

⑤ 原文为"become"；编者将原译"变成"改译为"成为"。——编者注

它不表征所欣赏对象外部的某种东西。所谓这个对象，表征着导致它作为实现物或完成性终结而产生的那种东西。因此，欣赏与偶然发现或失去的不经意享受具有根本上的不同。

"高潮"（climax）、"顶点"（peak）、"极致"（culmination）这些词指的是完成性对象。任何能以此类名字称谓的对象或事件，都从本身涉及此前所发生之事。这些词所表明的并非仅仅是先前的东西出现在顶点到来之前，而是说先前的东西在自身结果上有了转折性结局。不论在哪里，只要有欣赏，就有一种性状被提升，它是由于所欣赏对象与其偶然条件之间的内在关联而产生的。它的对立面不是不喜好（dis-like）或不享受（dis-enjoyment），而是藐视（de-precia-tion）——对于一种结果或产物与其作为果实而产生于之中的那些条件和努力之间的关联的贬损。一个人几乎自动地喝水来解渴。如果他正在一片贫瘠的土地上旅行，估量一下哪里可以发现水，然后去现场止渴，他就对于经验有了一种被提升的性状。水得到了欣赏。而当所有需要做的不过是打开水龙头、用一只杯子接水时，水是不会得到欣赏的。他的经验具有一种表征性品质，代表着一种结束，一种完成。

因此，欣赏包含评价性成分。这些对象并非单纯终结意义上的结果①，而是"实现"意义上的目的："满足"一词的字面意义，即指使某种有缺陷的（deficient）东西足够用。所以，每当论题经历一种发展和重构，从而导致一个令人满意的整体时，我们就能发现欣赏性判断。我们引用狄拉克（Dirac）在《量子力学》（*Quantum Mechanics*）中的一段话来说明这里所讲的意思："经典热动力学形成了一套有条理而且非常精致的理论，于是有人可能会想，对于它的任何修改都是不可能的，因为那会引入随意性的东西，从而完全破坏其中的美。实际情况却不是这样的，因为量子力学现在已经达到了一种形式，使得它能建立于一般法则之上。它虽然还不够完整，但要比处理同样问题的那种经典理论更加精致和迷人。"

"美"（beauty）、"精致"（elegance）这些词清楚地显示，这里的情况属于欣赏。只需对上述段落略加分析便能明白，那种理论的精致和美是因为其论题把多样性的事实和概念呈现为一种极致和谐的秩序。科学这样的理智活动具有与美术完全一样的欣赏向度（phases）②。每当探

---

① 编者将原译"目的"改译为"结果"。——编者注

② 括号内的原文为编者所加。——编者注

究达到一种终结点，导致其产生的那些活动和条件予以实现，就会出现那样的欣赏向度。没有那样的向度（有时它们会很强），任何探究者都无法找到那种表示其探究以达到终结点的经验性标记。

然而，欣赏性判断不能混同于最后的终结点。每一种复杂的探究都有一系列可谓相对完整的阶段作为标志。因为，复杂探究包含一大堆子问题，而每一个子问题的解答都是对于某种张力的化解。每一种这样的解答都是对于论题的一种提升，与得以统一化的那些不一致和相互冲突的条件的数量与多样性成正比。所发生的这些完成性判断在种类上，与那些通常所谓的美学判断并无二致，它们构成了事业推进过程中的一系列路标。它们是对于所达到的事实质料上的融贯性以及概念质料上的一致性的标记。实际上，它们在作为线索与给出指示方面，具有非常重要的功能，以至于它们带有的那种和谐感很容易被认为证明了其中论题的真实性。这种错误的产生，源于把对于和谐与相融的感觉孤立于借以把差异性素材结合为融贯统一体的那些操作。那种在探究活动中发挥重要指引作用的、对于相融的直接经验，转而为客观真理的准则。

此种实体化做法已经影响到三种最为一般化的欣赏形式，从而产生了作为本体绝对者的真（the True）、美（the Beautiful）、善（the Good）。这些绝对者的现实基础是对具体极致性目的的欣赏。就理智的、美学的和道德的经验来说，对于某些未定的存在性条件的客观完善得以实现，而且是如此全面地实现，以至于最后的那种情境显得特别优秀。有一种强调意义上的判断："这是真的、美的、善的。"而一般化的最终成形，根据的是大量这样的具体实现。是真的、美的或善的，这被认为是各论题的共有特征，尽管在现实构件上存在很大差异。然而，它们毫无意义可言，除非能够表明某些论题明显是通过采取适当的操作，对于某类先前的不确定情境所进行的极致性完善。换言之，真、美、善是抽象名词，代表着那些现实中极致性达到的三类目的的特征。

经典理论把所获致目的转换为目的本身。它之所以这样，是因为忽略了借以实现所谓成就的那些具体条件和操作。有一些特质标志着论题能成功化解理智探究、艺术建构及道德活动中的难题，但它们却被隔离于那些赋予其地位和含义的条件之外。经过如此隔离，它们必然得以实体化。离开了借以达到后果的那些手段，它们被当作那些操作于探究、艺术创作和道德操行中的外部理想和标准，而事实上，它们不过是一般化结果。这种实体化总是发生于那些终结性的具体目的被上升为"目的本身"的时候。

真、美、善这些一般化的抽象概念，对于探究、创作和操行具有真正的价值。和所有真正的理想一样，它们乃一种限制性的指引力。但是，为了发挥其真正的功能，它们必须被看作对于现实情况中一定要得以满足的具体条件和操作的提示。在充当这样的一般化工具时，它们的意义便显示在进一步的使用中，同时也在这样的使用中得到阐明与修正。譬如，"真理"（truth）、"是真的"（being true）的抽象意义已经随着实验探究方法的发展而改变了。

最后，我们再来看上文所提到的、似乎与实践判断这一概念相伴的悖论。先不管悖论问题，关于慎思的理智地位只有两种选择：要么承认在慎思期间形成的居间性的、试探性的命题，可以对它们所关于（about）的那个论题产生决定性的影响；要么否认它们具有所有理智上的地位和相关性。假若采纳第一种解释，就会出现明显的悖论。这一点之所以看起来是矛盾的，仅仅是因为从之前有关命题本性的那种观点来看，它们是纯陈述式的，而且此种陈述力是终结而完满的。假若可以承认（即便是作为假说），它们所陈述的那些东西需要而且最好采取某些操作以便由此获致一个可以有根据断定的最终论题，情况会变得完全不同。因为基于这样的考虑，认为命题就是一些用以确定它们所关于的那个论题的因素这一观点，正是我们所期望的，并且没有任何悖论。

如果我们在这方面注意到"关于"一词带有某种含糊性，或许其中的难题就能得到澄清。一方面，命题被认为是关于并不作为命题条件项出现的某种东西；另一方面，它被认为是关于命题的一个条件项，通常关于的是那个表达所谓肯定或否定的句子中作为语法主词的那个条件项。例如，一个人探究与某个棘手的外交问题有关的论题——他的探究整体上是关于这个棘手情境的。在探究期间，他提出一些关于事态以及国际法之规则的命题；而事实和规则都明显是那些命题的构件。但是，这些命题关于（或指称）的是并非作为任何命题之构件的论题。它们的要义和效力在于它们所关于的那个东西、那个它们用以确定的情境，而且那是一个并不作为任何命题之条件项而出现的情境。

结论是：评价之作为实践判断，并非一种可与其他种类对立的特殊类型的判断，它们不过是判断本身的一个固有向度（inherent phase)①。在有些情况下，最要紧的问题会直接关注于对存在作为手段的正负能力（资源和障碍）进行鉴定，直接关注于对作为所期望的结果而出现的那些可能后果的相对重要性进行鉴定，因而评价的向度（aspect）②就是占据支配地位的一种。此时，一些判断在相对的意义上可以被称作评价性判断，以区别于其他向度③占据次要地位的判断的论题。但是，因为④每一个判断都必然包含对于用作主词—资料（subject-data）⑤的存在以及对用作谓词—可能性（predicate-possibilities⑥，或所期望的结果）的观念进行选取，所以⑦，评价性操作内在于判断本身。情境越成问题，所要开展的探究越彻底，其中的评价向度就越明显。在科学探究中，为了确定资料，为了使用观念和概念（包括原则与法则），必须开展实验，这已暗暗把评价性判断与实践判断的同一作为一种指引性假说。实质上，本章可算是一种呼吁，呼吁逻辑理论要符合科学实践的现实，因为在后者中，若没有关于做与制的操作，便不存在任何有根据的确定性。

---

① 括号内的原文为编者所加。——编者注
② 括号内的原文为编者所加。——编者注
③ 编者将原译"评价向度"改译为"向度"。——编者注
④ "因为"二字为编者所加。——编者注
⑤ 括号内的原文为编者所加。——编者注
⑥ 括号内的原文为编者所加。——编者注

⑦ "所以"二字为编者所加。——编者注

评价理论[1]

I　评价理论的难题

　　如果让一个有怀疑主义倾向的人评论当前关于赋值(valuing)和价值问题的讨论，他一定会找到证据证明这种讨论是费力极大但收获甚微，甚至一无所获的事情。这一讨论的现有状况表明：人们不仅在运用事实作出恰当的理论解释方面存在相当大的分歧——这也许是理论健康发展的标志，而且在价值理论所运用的事实究竟是什么、究竟有没有价值理论可以运用的事实这些问题上，也存在相当大的分歧。纵观目前有关这一论题的文献，我们可以发现，在这一问题上存在两种截然相反的观点：一种观点认为，所谓价值，不过是情感的别名，或者说"价值"就是一种喊叫；另一种观点认为，先验的、具有必然性的、合乎标

---

① 首次发表于《国际统一科学百科全书》(*International Encyclopedia of Unified Science*)第 2 卷，第 4 部分(芝加哥大学出版社 1939 年版)。本书选用的是冯平的译本，对冯平和余泽娜的译本(首次发表于《评价理论》，修订后发表于《现代西方价值哲学经典·经验主义路向》，再次校订后被收录在《杜威全集·晚期著作》第 13 卷)有所校订。

准的、具有合理性的价值，是艺术、科学、伦理学赖以获得有效性的根据。在这两种极端性的观点之间，还有大量介乎其中的观点。通过考察目前关于价值问题的文献，我们还可以发现，对价值问题的讨论深受观念论（idealism）和实在论（realism）的认识理论的影响，也深受关于"主观的"和"客观的"形而上学理论的影响。

在这种情况下，很难找到一个事先没有作出任何妥协的起点。因为表面上看，适当的起点，也许不过是某种以前就有的认识论或形而上学的结论。也许从这样的提问开始是最稳妥的：为什么在最近的讨论中，评价理论的问题会显得如此重要？在智识发展史上是否已经存在一些因素，这些因素使科学态度和科学观念发生了显著的变化，所以评价问题现在才凸显出来？

如果人们是在这种背景中考虑评价问题的，那么，人们立即就会发现这样一个事实：天文学、物理学或化学这些学科，根本不包含价值事实或价值观念（value-facts or conceptions）这样的表达，即使想入非非，也不可能将这些学科中的表达看成意指价值事实或价值观念的。但是，在所有慎思的、有计划的人类行动中，无论是个体行动还是群体行动，似乎无一不受到关于欲达目的之价值鉴定的左右（如不说受其控制的话）。在实践事务中，"好"的意思通常与"相对价值"（relative values）的意思是一致的。自然科学和人类事务之间的这种明显的差别，导致了一种分歧，导致了一种彻底的分裂。在关于物理现象的那些被认为理所当然的观念与方法，和关于人类活动的那些被看作最重要的观念及方法之间，似乎没有任何共同基础。因为自然科学的命题涉及的是事实和事实之间的关系，这样的命题构成了被公认具有卓越科学地位的学科的主要内容，所以人们不可避免地会提出这样的问题：指导人类行动的科学命题是否可能？包含"应该"理念的科学命题是否可能？如若可能，这样的命题属于何种类型？它们的根据是什么？

从历史上看，在16世纪或17世纪，价值概念才被排除在关于非人类现象的科学之外。在此之前的很长时间内，人们都认为自然界之所以如此，是存在于自然界中的目的（ends）使然。这些目的的极致是完满的或完美的"存在"。人们相信，自然界的一切变化都是为了实现这些目的，自然界的本性使其将这些目的作为自己的目标（goals）。古典哲学将存在、真与善视为同一，而且这种观点被看作对作为自然科学对象的自然结构的一种见解。在这样的语境中，单独提出评价和价值的问题，既没有必要也没有可能。今天被称为"价值"的东西，那时整个儿都是被并入世界构架中的。但是，当一门又一门自然科学将目的论排除在外，最后连生理学和生物学也将目的论排除在外之后，价值问题就被作为独立的问题提出来了。

如果要问为什么当"目的"概念和"实现目的的努力"这样的说法被排除在自然之外以后，价值概念并没有像燃素等诸如此类的概念那样完全退场，那么，前面说过的价值概念和价值判断（estimate）在人类事务中的地位就蕴含了关于这一问题的答案。人类行为似乎要受"好与坏""正确与错误""值得赞美的或骇人听闻的"这样一些语句所表达的需要考虑的事情左右（如果不说受其控制的话）。所有的行为举止，只要不是盲目地仅凭情感冲动行事，或只是机械地例行公事的话，似乎都包含评价。评价问题和关于人类活动、人类关系的科学结构问题是如此紧密地联系在一起。如果把评价问题置于这样的背景中，我们就可以清楚地看到"这个问题是一个重要的问题"。因此，考虑那些关于评价的各不相同、互不相容的理论也就具有了重要的意义。有些人认为，物理学和化学已经穷尽了所有可得到科学证明的命题。对于这些人而言，不存在任何名副其实的价值命题（value-proposition）或价值判断，不存在任何陈述价值的命题或判断，无论是肯定命题还是否定命题，也就是说，不存在任何可以得到实验证据的支持或检验的有关价值的命题。但也有一些人认为，讨论非人类问题的领域和讨论人类（包括个人的或人类的）问题的领域存在着区别，而作为存在的两个领域，物理领域和精神或心灵领域是彼此独立的。这些人主张将价值范畴（value-categories）从物理领域中清除出去，以保持物理领域的纯净，而将价值范畴仅放置于精神领域。第三种观点，即利用在研究物理现象的科学中没有发现价值表达（value-expressions）这一事实，来证明物理科学的论题仅是科学论题的一部分（有时也称物理科学为纯粹的"现象的"科学），因此需要一种"更高"类型的论题和知识来补充。在这些论题和知识中，价值范畴高于事实范畴（category of factual existences）。

以上所列举的只是几种具有代表性的观点，并没有囊括所有的见解。将这些观点罗列出来，不是为了表明讨论的内容，而是为了界定讨论经常而明显围绕但却没有意识到其根由的核心问题。这一问题就是：指导人类事务的真正的命题是否可能？如若可能，我们也许就可以期望对这一问题的讨论尽可能少地涉及价值表达了。因为对价值表达的讨论，已被带入大量来自认识论和心理学的含糊其词的东西；眼下我们还不可能采取这种讨论方式，所以导言部分将以评论所谓标示"价值事实"（value-facts）特征的那些语言表达而结束。

1. "价值"这一表达，既被当作名词，又被当作动词。在此存在一个根本性争议，即"价值"一词的原始含义究竟是名词还是动词？如果有些东西在与活动没有任何联系的条件下，本身就是价值或具有价值的特性，那么，"价值"的动词形式（to value）就是派生的。因为在这种情况下，人们之所以把某种理解行为称为"评价"，仅仅基于这种行为所要把握的对象。然而，如果"价值"一词的动词形式是其原始含义的话，那么作为名词的"价值"，就是指那些通常被称为有价值的东西，也就是一些活动的对象。这些东西，像钻石、矿山或森林，它们的存在本身并不受制于评价。当成为确定的人类活动之对象的时候，它们是有价值的。许多标示事物的名词所标示的，并不是事物的原始存在，而是事物作为活动的素材（material）或目标（如某物被称为"靶子"）时的性质。当一个东西或一种性质被称为价值的时候，是否也存在同样的问题呢？这也是争论的一个焦点。让我们来看看下面这种说法。有人说，最好将价值"界定为一个理解过程的质性内容（qualitative content）……价值是呈现于注意或直觉的一种特定的质性内容"。这一说法看来好像主要把"价值"当成名词，至少当成形容词使用，以表示一个对象或对象的内在性质（intrinsic quality）。但是，当谈到直觉和理解的过程时，说这句话的人却说："看来，使评价行为与单纯的直觉行为区别开来的是，评价行为显而易见是以情感（feeling）为必要条件的……情感有意识地另眼看待了某些特殊的内容。同时，评价行为也是激发情感的；评价是一种兴趣、一种情感驱动（motor-affective）的态度的自觉表达。"这段话，与前面那段话给人的印象截然相反。这个人又说："经验的价值性质（value-quality）或经验的价值内容，已经与价值行为（value-act）或心理态度区别开来了，价值内容是心理态度直接的对象。"他的这番话并没有使问题更清晰。他的做法就好像是为到达目的地而骑上了两匹背道而驰的马！

此外，当把注意力集中在"价值"动词形式的使用上时，我们发现，通常的说法具有双重性。只要翻一下字典，我们就可发现，通常所说的"评价"在口语中既表示珍视（prizing）又表示鉴定（apprai-sing）。珍视是在珍藏、珍爱和其他诸如此类的行为（如尊重、敬重）的意义上使用的。鉴定则是在"赋予……某种价值""把价值归属于……"的意义上使用的。鉴定是一种评估（rating）活动，明显地包含了比较活动，如在价格方面对商品和服务作出鉴定。作为动词的"价值"一词所具有的这种双重含义非常重要，因为这里隐含着关于价值问题的一个基本争议。珍视这层含义，侧重于某些具有一定个人色彩的东西。就像所有带有独特个人色彩的活动一样，珍视具有被称为"情感的"（emotional）的性质。评价作为鉴定，则主要涉及对象的相关特性，因此鉴定活动中的理智因素要强于其他同类活动中的理智因素。这在"鉴定"和"尊敬"两个词的区别中也有所体现。尊敬带有个人的情感色彩。同一动词的这两种用法，使人想到目前各派观点意见之分歧所在。在作为动词的价值的这两种用法中，哪种是基本的呢？鉴定和尊敬这两种活动是分离的，还是互补的呢？联系词源史，我们可以看到（当然，尽管一点儿也不确定）："赞扬"（praise）、"珍视"（prize）和"价格"（price）都是从同一个拉丁词中派生出来的；"鉴赏"（appreciate）和"鉴定"（appraise）一度被交替使用；而在货币价格方面，"昂贵的"仍被当作"宝贵的"和"贵重的"的同义词使用。动词价值的双重含义在日常语言的使用中导致了一个问题，同时语言使用的这一问题由于下面的事实而被进一步扩大（如果不说被进一步混淆的话）。这个事实就是：当前的理论经常把动词价值和喜好、享受（enjoy）等同起来。这些理论不仅在将价值的动词意义等同于从某物中获得乐趣、得到满足，发现某物令人喜悦这一意义上使用"to enjoy"（欣赏、喜好），而且将价值的动词意义等同于在活动与其结果相一致的意义上使用"to enjoy"（享受）。

2. 如果我们采用通常被认为是价值表达的那些语词的话，就会发现，在理论讨论中，关于这些词的恰当地位根本没有统一的见解。例如，有人认为，"好"是指对什么而言是好的（good for）、有益的、有用的、有帮助的，而"坏"是指对什么而言是有害的、不利的。这是一个暗含着完善的评价理论的概念。另一些人认为，"对什么而言是好的"的"好"和"自在的好"（good in itself）之"好"极为不同。另外，就如上面所言，还有人认为，"令人愉悦的"和"令人满足的"是最基本的价值表达方式，其他人则不同意这样的说法。讨论者对作为价值语词（value-words）的"好"与"正当"（right）各自的地位也存在争议。

结论："价值"一词的动词用法对我们没有什么帮助。甚至，事实证明，人们用"价值"一词的动词用法来指导关于价值和评价的讨论，只能导致混乱。参考语言表达，充其量只是指出某些问题，这些问题可用来限定讨论的主题（topic）。因此，就目前讨论中使用术语的情形而言，我们将在理论最中性的意义上使用"评价"（valuation)的动词和名词形式，并在以后的讨论中确定它与"珍视""鉴定""享受"的联系。

II 被当成喊叫的价值表达

我们的讨论将从对前面所谈到的一种最极端的观点的思考开始。这种观点认为，价值表达不能由命题构成，即它不能由表达肯定的或否定的语句构成，因为价值表达纯粹是喊叫（ejaculatory）。他们认为，"好的""坏的""对的""错的""可爱的""可憎的"等诸如此类的表达，都与感叹词具有相同的性质；或者与脸红、微笑、哭泣等现象具有相同的性质；或者/而且与一些能使被命令者以某种特定方式行动的刺激信号具有相同的性质，就好像对牛喊"Gee"、对马喊"Whoa"一样。它们并没有表示什么或陈述什么，甚至没有谈论情感；只不过是表示（evince）或显露（manifest）情感而已。

下面这些说法代表了上述观点。"如果我对某人说'你偷钱是不对的'，与我只说'你偷钱'，没什么两样……也与我以憎恶的语气说'你偷钱'，或是加上一些特别的感叹号而写下这句话，没什么两样。这语气……仅仅表明说话者在说这句话时带有一定的情感。"这位作者还说："伦理学术语不仅用于表达情感，还可以用于唤起情感，从而对行动产生刺激作用……'说真话是你的责任'这个句子就既可以被看作一种有关诚实的伦理情感的表达，又可以被认为是'说真话'这种命令的表达……在'说真话是好的'这个句子中，命令语气已减弱，几乎相当于建议了。"这位作者并没有表明，他根据什么将这些术语和"情感"称为他所说的"道德的"。不过，将"道德的"这个形容词用在情感上，似乎包含某种用来辨别和确认情感的客观根据。当某一类别、某一结论与采取的立场不一致时，这些客观根据就用于辨别和确认那些情感。我们先将此搁下，继续来看进一步的例证："在说'容忍是一种美德'时，我并不是在陈述自己的情感或陈述其他什么，而只是表达我的情感，这与我说我具有这种情感是完全不同的。"因此，"就价值问题（questions of value）进行争论是不可能的"。因为无论怎样，当一些语句没有表示或陈述任何东西时，它们根本不可能彼此不相容。在具有明显争议的或截然相反的陈述事例中，如果这些陈述是有意义的，那么，关于它们的争议就可以被归结为它们所涉及的事实的差异。因为人们在一个人是否真的"偷"了或真的"撒谎"了这样具体的行动上，也许会产生争议。我们所希望或期望的是：

如果"我们能使反对者在经验事实的见解上与我们达成一致，那么，他就会和我们采取同样的道德态度去对待这些事实"。然而，为什么这种态度被称为"道德的"，而不是被称为"不可思议的""好斗的"，或者随便从几千个形容词中随意挑出一个呢？答案不得而知。

如先前所提到的，我们的讨论将分析应该引起关注的事实，而不是抽象地谈论理论的功过得失。让我们从大家公认属于什么也没有说的那些现象开始。像婴儿的第一声啼哭、第一次微笑，或早期的咿呀之声、咯咯笑声和尖叫声，这些就什么也没有说。若说它们"表达了（express）情感"，那么"情感"和"表达"这两个词不免含糊其词。如果我们可以弄清楚流泪和微笑所涉及的问题，那么，我们同样也能弄清楚无意识发出的声音所涉及的问题。流泪、微笑和这些无意识的声音本身并没有含义，但它们是更大有机体组织状态的组成部分。它们只是有机体活动的事实，在任何意义上，都不是什么价值表达。然而，它们可以被当作某种有机体状态的信号。如此一来，它们作为一种信号或被当作征兆就会唤起其他人的某些行动，以对这些信号或征兆作出反应。婴儿哭了。母亲会把婴儿的这种哭声当作一种有充分证据的信号，从而推论出这哭声表示孩子饿了，或是有钉子之类的东西刺痛孩子了。于是，母亲就会采取相应的行动来改变婴儿的身体状态。

当长大一些，婴儿会逐渐意识到特定的哭与所能引起的活动（activity），及由这种活动产生的结果之间的关联。这时候，他们哭（或采取某种手势、姿势）就是为了引起某种活动，为了体验活动所产生的结果。就有机体的反应而言，这两种"哭"所引起的活动是不同的。一种仅仅是由于哭的刺激而引起的反应（如沉睡中的母亲甚至还没有意识到有一种哭声，就会被孩子的哭声弄醒）；另一种是把"哭"理解为一种信号或某种迹象的活动。这两种哭也是不同的：一种是原始意义上的哭，我们可以把这种哭恰如其分地称为"纯粹的喊叫"；另一种是有目的的哭，是为了引起某种特定的结果。有目的的哭，以语言媒介的形式存在。它是一种语言信号。它不仅说了什么，而且是有意识地说，有意识地传达和有意识地告诉他人一些什么。

那么，它究竟告诉了什么或陈述了什么呢？与此问题相关，我们必须注意"情感"一词致命的含糊性。也许有人认为，这种有目的的哭所传达的不过是一些情感的存在，这些情感或许还伴随着一种赢得他人情感的欲望。他人的这种情感，是由哭这种活动引起的。这样的看法：（a）与使讨论得以开始的事实明显相反，（b）它引入了一个完全不必要的（如果不说是不能被经验证实的）问题。因为我们所着手讨论的，并不是一种情感，而是一种以眼泪、微笑等组成的有机体的状态。于是，"情感"一词要么是一种严格的行为术语，是包含了哭和姿势在内的整个有机体状态的一个名称；要么是被毫无必要地引入的一个词。我们所讨论的现象是有机体生命过程中的一些事件，这些事件与吃饭或体重增加没什么两样。但就像体重增加可以被当作适当饮食的信号或根据，哭也可以作为有机体生命过程中某些特殊事件的信号或根据。

因此，不论"表示"是否被当作"表达"的同义词，"表示情感"（evincing feeling）这个短语都与报告所发生的事情的无关。就如我们已经看到的，哭、笑、叹息、尖叫这些原始活动是一个更大的有机体状态的组成部分，因此，"表示情感"这个短语对此并不适用。如果哭或身体语言是故意而为之的，那么，哭所表示和表达的就不仅仅是一种情感。采用公开的语言行为，是为了改变有机体的状态，而这种改变要靠其他人采取某些行为才能实现。另举一个简单的例子：咂嘴，是或者也许是被称为"吃东西"的这种原始的有机体行为的一部分。在某个社会群体中，咂嘴发出的声音被看作粗俗或"不礼貌的"表现。因此，当年轻人在强制力量的控制下成长时，他们就被教导不准咂嘴。对另一个社会群体而言，咂嘴及其发出的声音表示客人已经知道主人准备好了东西。这两种情形完全可以在可观察的行为方式和可观察的结果这一意义上被描述。

与此相关的重要问题就是：既然"情感"这个词对描述实际发生的情况是多余的，那么，为什么理论解释还会引入这个术语呢？只有一个答案是合乎情理的，即"情感"这个词是从被称作心理学的理论中拿来的，而心理学理论采用了心灵主义（mentalistic）的术语，采用了"内知觉状态"或"内知觉"这类术语。就我们所面对的事情而言，如果要问这种内在状态实际上是否存在，那么既不切题，又无必要。因为，即使存在这样的状态，根据描述，它们也完全是私人的，是仅在个人内省时才可以触及的。所以，即使有一种正当的内省理论是关于意识状态的，或者是关于作为纯粹精神作用的情感的，也没有理由从这个理论中借用"情感"这个词来解释尚无定论的事情。而且，涉及"情感"，也是多余和毫无理由的。这个解释的重要部分是，"价值表达"通过引起他人的反应而影响他人行为举止的作用。从经验报告的立场来看，涉及"情感"是毫无意义的，因为那种解释所用的是一些难以进行公开检查或证实的术语。如若真的存在我们所说的这类"情感"，那也无法保证两个人在使用同一个词时，恰好指的是同一件事情。因为这种事情是无法接受公共观察和描述的。

因此，如果我们后面的思考能够集中于具有经验意义的部分，也就是集中于那些能引起他人某些反应的，而且集中于那些想使它们产生就能使它们产生的有机体的活动上，那么，下面这些说法就是有正当理由的。（1）我们所讨论的现象是社会现象，"社会"这个词，在此仅指在两个人之间，或者多个人之间，存在一种性质为相互作用或交互作用的行为方式。一个人，比如一个母亲或一个护士，将他人有机体行为所附带的声音当成一种信号，并对这种声音的性能作出反应，而不是对这种声音的原始存在作出反应。有这类行动，就表明人与人间存在一种交往活动。我们所谈论的那些以唤起他人的反应为目的的有机体的活动，更明显地表现了这种交互作用。如果我们追随前面提到的那位作者，把他当作价值表达的东西也当作价值表达，那么，在剔除"表达"的模糊性和"情感"的不相干之后，我们就得到这样一个结论，即"价值表达"只与人和人之间的交互行为相关，或者说，它只存在于人和人交互作用的关系中。（2）一旦手势、姿势和言语被理解为信号，尤其被用作信号时，它们就是语言符号。它们就表达意义，并具有命题的性质。例如，一个人表现出病人的样子，并且发出病人通常发出的声音。对这件事，合理的做法就是弄清楚这个人到底是真的病得不能工作了，还是装病。从其他人截然不同的反应中，一定会"引出"作为调查结果的结论。这个调查要做的，就是弄清经验上可观察的事情的真实情况到底如何，而不是弄清内在的"情感"到底如何。医生们设计出了具有很强实验性的检验方式。每位家长和学校老师都知道，需要警惕孩子们假装作出某种表情和姿势，因为他们的这些表情和姿势是为了让大人得出一种结论，而这种结论会使大人去照顾他们。对于这类例子（这类例子很容易拓展为包含更复杂因素的例子），如果人们对行为只进行了短时间的观察，那么包含推论的命题就很可能是错的；经过较长时间的观察，或根据多种经仔细观察的事实材料而建立的命题，就很可能是有充分根据的。在这一点上，我们正在讨论的命题的特点与一切真正的物理学命题的特点是相同的。（3）到目前为止，还没有人提出关于人与人之间交往活动这种情形的命题是否具有评价命题（valuation-proposition）的性质这一问题。我们的推论是假设性的。如果所涉及的表达就是评价表达（valuation-expressions），即像那个特别的学派所认为的那样，那么(i)评价现象就是一种社会现象或人际间交互行为现象；(ii)评价现象就与那些能为可被经验证实或驳斥的事实命题提供素材的现象是同样的。当然，这个假设到目前为止，还只是一个假设。它引出了一个问题，即那些以影响他人行动、唤起他人具有特定结果的活动为目的的语句，是否就是隶属于评价范畴的现象。

让我们以一个人喊"着火啦"或"救命"为例。无疑，这种喊叫就是为了影响他人的行为，从而达到某种结果。这种喊叫所欲达到的结果是可观察的，并且也是可用命题表述的。发生在可观察的情境中的这种喊叫，表达了某种复合的东西。通过分析，我们可知，这种喊叫表达了：（i）存在一种将带来不良后果的境况；（ii）作出这些表达的人不能应付这一境况；（iii）如果能得到他人的援助，那么，这种境况将得到改善，喊叫者所期望的就是这种境况的改善。这三点都可以得到具有经验证据的检验，因为它们所涉及的内容都是可观察的。例如，第三个（期望）命题，就可以通过观察确定情形中发生的事情而得到检验。先前的观察可以证实：如果语言信号真的像它被设计的那样产生效果了，即喊叫的确引起了想要引起的援助，那么无论如何，出现不良后果的可能性都会减少。

考察表明，这些例子和先前我们考察过的那位作者所用的例子具有相似之处。它们都包含评价表达。这些命题直接涉及现存境况，而间接涉及意欲达到、期望引起的未来境况。我们所说的这些表达是一种媒介，它们被用以引起从当前境况到合乎期望的未来境况的转变。在我们最先考察的一系列事例中，明显出现了像"好的""对的"这样一些毫无疑问的价值语词；第二系列的事例中却没有这种明确的价值表达。然而，当我们将求援的喊叫放在现实情境中来理解时，就会看到：求援的哭喊尽管用词很少，但实际上，它却断定导致哭喊的境况是"坏的"。在被人们拒斥的意义上，这种境况是"坏的"；倘若这种哭喊产生了作用，那么，期望达到的未来境况就是比较好的。这种分析似乎毋庸赘述。但是，除非每类例子实际存在的前因后果都被梳理清楚了，否则所用的语词表达就有可能意指任何东西或毫无所指。如果我们将那些前因后果都考虑在内，那么，我们就会看到：赋予实际存在状况以否定性价值命题；赋予所预期状况以相对肯定性价值命题；以及作为中介的命题（这类命题可以包含也可以不包含评价表达）引起某些行动，从而实现从一种状态到另一种状态的转换。因此，这几类命题包含：（i）对现存境况的厌恶和被预期的可能境况吸引；（ii）作为目的的可能境况，和作为实现这一目的手段的活动之间，存在一种能详细说明并可验证的关系。这为进一步的讨论提出了两个问题：其一，在活动中能起作用的态度或行动的态度，与（为了辨认起见）被称为"喜欢"和"讨厌"之间的关系；其二，评价与那些作为手段—目的（means-ends）的事物之间的关系。

Ⅲ 被当成喜欢或讨厌的评价

在与评价的关联中，对喜欢（liking）和讨厌（disliking）的考虑，应该从前面所阐述的可观察、可辨认的行为方式的角度进行。就行动而言，"情感驱动"（affective-motor）这个形容词，还是适用的。但是，我们应该注意，绝不能将"情感"（affective）的性质解释为私人的"情感"，因为这样的解释会抵消以"驱动"所表达的那种能起作用的和可观察的要素。"驱动"发生于公共的可观察世界。而且与发生于这个世界的其他事情一样，具有可观察的状态和结果。如果把"喜欢"这个词用作指称一种行为方式，而不是用作指称一种私人的、难以捉摸的情感，那么，它所代表的是哪一类活动呢？它所指称的是什么呢？让我们通过对下面这些词的说明来回答这些问题。作为行为方式，"关心""照料"与"喜欢"有非常密切的关系。还有一些词汇与"喜欢"的关系也很密切，如"期待""寻求""珍爱""致力于""专注""趋向于""照顾""抚养"等。几乎所有这些词都与"珍视"是同义异形的。而"珍视"，就像我们在前面已经看到的，是词典中所认可的"价值"的两种主要含义之一。当人们在行为的意义上使用这些词，或者用它们指称那些为维持或促成某些情形发生的那些活动时，就有可能将它们所指的东西与"享受"（to enjoy）这样一些意义含糊的词所指的东西区分开来。因为"享受"一词可指一种从已经存在的东西中，而不是指从由情感驱动的行动中获得满足的情形。情感驱动的行动是产生满足的前提，是满足得以延续的前提。也许，"享受"一词也可以指称由情感驱动的活动，但在这种情形中，"享受"是力求欢悦的同义词，有着明显的"欣赏玩味"的含义。在我们看来，只有"煞费苦心""想方设法"才能使那些能让我们从中获得满足的条件延绵不断。行动意义上的享受，以花费精力赢得作为满足之源泉的那些条件为特点。

之所以说这些，就是为了使理论免于那种脱离所指的对象而界定词意的徒劳。它引导我们注意那些能够作出详细说明的实际存在着的情形，去观察在现实情形中发生的事情。它告诉我们，要去观察我们的精力是否被用于创造某些条件和维持某些条件。用日常术语来说，就是去注意是否已经尽力了，是否已经尽力去创造那些条件而不是其他条件了。之所以需要花费精力，这表明现实中存在一些与我们所需要的条件相反的东西。如果一位母亲说她珍视她的孩子，乐于（在该词的行动意义上）与孩子为友，但实际上却接二连三地忽略孩子，而且也不找机会和孩子相处，那么，她就是自欺欺人。另外，假如她只在有他人在场的时候，才做一些像抚摸孩子等显示爱的事情，那么，她八成就是想欺骗别人。只有通过足够的时间和在足够的场合对其行为进行观察，人们才能作出评价。就像我们上面所列举的那个例子。只有通过观察这位母亲花费精力的多少和坚持时间的长短，才有资格将诸如"微不足道的"或"伟大的"这样的形容词恰当地加在特定的评价上。观察精力的去向，看它是趋向还是离开所说的目标，能使我们有根据地确定究竟应该给予它"肯定性的"评价还是"否定性的"评价。即使另外还存在"情感"，情感的存在也与可证实的、能够形成评价的命题无关。

因为在"珍视""喜欢"意义上的评价，只发生在有必要创造现在缺少的东西，或有必要保护受到威胁的东西的时候。评价包含着想望（desiring）。但想望不等于纯粹的想要（wishing）。在纯粹的想要中，"为实现目的而努力"是缺席的。"如果愿望就是马，那么，乞丐将骑愿望而行。"现在没有此物，假如有的话，就会令人感到心满意足，但却不花精力去创造此物，也不在现有条件下做任何能使此物产生的努力，那么，这就像婴儿哭着要月亮和幼稚的成年人沉湎于"如果事情不是这样的话，那该多么好啊"的幻想一样。在这些情形中，"想望"与"想要"这两个词的所指根本不同。相应地，用"想望"来界定"评价"的一个先决条件，就是要在欲望（desire）产生和发挥作用的现实情境中看待欲望。如果将欲望看作一种就其本身而言，是原初的、完成了的东西，并在这个意义上用欲望来界定"评价"，那么就不可能对不同的欲望作出区别，因此也就无法通过相互比较来衡量不同评价的价值。欲望就是欲望，所能说的就只是这些。另外，如果因此把欲望设想为纯粹私人的东西，那么就无法根据其他对象或事件对欲望作出规定。例如，假如碰巧注意到努力是随着欲望而来的，而且这种努力引起了现存条件的变化，那么，这些考虑就会被当作外在于欲望的东西。也就是说，在这样的条件下，欲望被当成了一种就其本身而言，是原初的、完成了的东西，一种不受可观察的、有前因后果关系的情境制约的东西。

然而，如果我们发现，欲望只产生于特定的背景（contexts）之中，即只有当某种匮乏妨碍了行动意向直接实行的时候，才会有欲望的产生；发现欲望是在这样的背景中，以弥补现存缺憾的方式起作用的，那么，我们就会看到可以要求以可证实命题的形式表述欲望和评价的关系。（i）我们看到，欲望的内容和对象依赖于使欲望产生的特定背景，而这一背景又依赖于人的活动和先前存在的周围环境。以一个人对食物的欲望为例。已经连续吃了 5 小时的人或已经连续吃了 5 天的人，对食物的欲望很难和普通人相同；住在茅屋里的人和住在皇宫里的人的食欲很难相同；游牧部落的人与农耕部落的人对食物的欲望，也很难相同。（ii）我们看到，包含在欲望中的最基本的张力是努力（effort），而不是随欲望而至的东西。因为欲望并非仅是个人的，它还是有机体与环境之间的一种行动关系（"饿"这个例子就很明显）。正是这种关系将真正的欲望与纯粹的想要和幻想区别开来。由此我们必然得出这样的结论：与欲望相联系的评价，是与欲望存在的条件联系在一起的；在不同的存在环境中，评价是不同的。既然评价的存在依赖于环境，那么它的恰当性就在于它对环境所产生的需要与要求的适应。既然环境是可观察的，并且评价对环境的适应取决于对努力之结果的观察，那么，一种特定欲望的适当性就可以通过命题来表达。而且，这些命题能够经受经验的检验。因为可以通过经验观察的手段（means），探知一种特定的欲望与它发挥作用的条件之间的联系。

　　"兴趣"（interest）一词，以具有说服力的方式暗示了人的活动和那些在评价理论中必须考虑的条件之间的积极联系。甚至在词源上，"兴趣"一词也显示了人和周围环境彼此紧密联系在一起的某种东西。发生在人和周围环境联系中的这种东西被称作"交互作用"（transaction）。它指的是通过外部环境这一媒介而起作用的活动。例如，当我们考虑一个特殊集团的兴趣时，如考虑银行家的兴趣、工会的兴趣或政府机构的兴趣时，我们所考虑的就不仅仅是这些相关人士的心理状态，还要考虑到他们作为一个压力集团（pressure groups），有各种各样有组织的渠道，并且正是通过这些渠道来指挥行动，获得和创造那些将会产生特定的结果的可靠条件的。单个人的行动也是如此。一旦法庭确认某个人对某事有特别兴趣，就确定了这个人会有哪些特别的要求，这些要求的满足将对存在的问题或者结果产生什么影响。无论何时，只要一个人对某事有兴趣，他就与这件事的进程和最终的结果有了一种利害关系；正是这种利害关系，引导他采取行动去实现某种特别的结果，而不是去实现其他的结果。

从所引证的这些事实中，我们可以得出这样的结论：将评价（或各种"价值"）与欲望、兴趣联系起来的观点，仅仅是一个起点（starting-point）。在对兴趣和欲望的性质作出分析以前，在构建"在欲望和兴趣具体而特殊的发生过程中，确定欲望和兴趣的要素"这一方法之前，将评价（或各种"价值"）与欲望、兴趣联系起来的观点，和有关评价的理论是模糊不清的。在那些将评价与欲望联系起来的理论中，几乎所有的谬误都是由于笼统地使用"欲望"而导致的。例如，当有人说（相当正确地）"价值源于对生命冲动直接的而无法说明的反应，源于我们本性的非理性部分"时，他实际上表述的是：生命冲动是欲望存在的原因。如果只给"生命冲动"一个经验上可证实的解释（有机体的生物学倾向），那么，那个"非理性"因素就是评价的原因。这个事实就证明了评价在某种存在中有其根基，而这种存在与所有自在存在一样，都是合理的存在。如果解释正确的话，这个表述就提醒了人们：有机体倾向是与其他存在相联系的存在，因此是可观察的。"非理性的"一词根本没有为"存在"添加什么新的东西。但上面所引用的那个句子，常常被解释为生命冲动就是评价。这种解释，与把评价和欲望及兴趣联系起来的观点，是不相容的。根据逻辑上的相似性，这种解释可以证明"树是种子"这个判断是正当的，因为树是由种子生长出来的。毫无疑问，生命冲动是欲望和兴趣存在的必要条件。但是，欲望和兴趣包含了以实现目的的措施（包括付出精力）为形式的各种想法（ideas），以及随同这些想法的预期结果。既然我们用欲望活动或兴趣活动来界定评价，就要拒绝用生命冲动来界定评价。这是因为，将评价视为生命冲动将会导致一种荒谬，即把所有有机体的活动都看作评价行为（act of valuation）。因为根本不存在不包含生命冲动的有机体的活动。

接受"价值是一切兴趣的一切对象"这一观点，应该非常谨慎。按照字面来理解，这一观点把一切兴趣完全置于同一水平。但是，如果从某些情形中兴趣的地位与兴趣的具体构成之间的关系方面来考察，那么就可以清晰地看到：一切都依赖于包含在兴趣中的对象。兴趣的对象又反过来依赖于某种关心（care），正是由于这种关心，才会有审视存在境况的需要；也正是由于这种关心，才会考察所计划的可满足这些需要的那些行动的约束条件。就兴趣作为评价者（valuators）的功能而言，"所有兴趣的立足点都是相同的"这一说法，与日常经验中即使最普通的观察，也是相抵触的。可以说，对入室行窃及其结果的兴趣，给予一定的对象以价值。但是，梁上君子对此的评价和警察对此的评价是不同的。对富有成效的工作成果的兴趣所创造的价值，与梁上君子追求其行当的兴趣所创造的价值是不同的。很明显，将小偷所偷的东西拿到法官面前等候处理时，这个东西的价值也是不同的。因为兴趣是在一定的存在的背景中产生的，而不是完全凭空而生的，并且由于这些背景属于个人或群体生命活动范围内的境遇（situations），所以各种兴趣彼此相连，以至于对任何一个兴趣的评价都只能将它视为它所属系列的一个函数。只有在将各种兴趣完全隔离开来的情况下，人们才能坚持"价值等于一切兴趣的一切对象"的观点。而将各种兴趣看成完全孤立的观点，与实际观察到的事实是如此格格不入，以至于它的存在只能被解释为内省心理学的一个推论。因为，在内省心理学看来，欲望和兴趣仅仅是一些"情感"，而不是一些行为方式。

IV　评价命题[①]

由于欲望和兴趣是在这个世界中发生并在这个世界中发挥作用的活动，所以它们本身是可观察的，它们所产生的作用也是可观察的。依据那些将评价与欲望、兴趣联系起来的理论，我们现在似乎已经看到我们的目标了——探究评价命题[②]。的确，现在已显示出关于评价的命题是可能的。然而，仅仅是在"关于土豆的命题就是土豆命题"这样的意义上，关于评价的命题才是评价命题。评价命题是关于事实的命题。这些所发生的恰好就是评价，这一事实并不会使评价命题处在任何特别的（distinctive）意义上。虽然如此，可以形成这样的事实命题这一事实，仍然是重要的。因为，如果根本不存在关于评价的命题这一事实，那么要假设一种特别意义上的评价命题，就再荒谬不过了。我们已经表明，个人活动的这一论题并不存在构成建立事实命题的理论障碍，因为人类的行为（behavior）是可观察的。当一些实践的障碍妨碍我们建立关于人的行为（如关于其要素的活动关系）的普遍有效命题（valid general proposition）时，我们可以探究这种行为的条件和结果。根据这种行为的条件和结果作出的关

---

① 本章标题，杜威用的是"proposition of appraisal"而不是"proposition of valuation"。在《评价理论》一书中，杜威多次谈到"appraisal"是"valuation"的两种基本含义之一。因此，可以将杜威对"proposition of appraisal"的用法理解为广义和狭义两种。在其狭义上，我们译为"鉴定命题"；在其广义上，我们译为"评价命题"。我们认为，杜威是在广义上使用"appraisal"的，因此将本章标题译为"评价命题"。——译者注

② 此处以下，杜威都用"valuation-propositions"表示评价命题的。——译者注

于评价的命题，划定了关于"一种特别意义上的评价命题"这一问题的界限。能够对关于现存评价的命题本身进行鉴定吗？这种鉴定能够成为将来评价的一部分吗？我们已经知道，可以通过观察确定一位母亲是否珍视她的孩子；在理论上，我们可以对不同类别的"珍视"或"喜好"的条件和结果进行比较和对照。一旦比较和对照的结果表明某种珍视行为比其他珍视行为更好，那么，评价行为（valuation-act）本身就得到了评价（valuationed）；而且，这种评价（valuation）可以对将来直接的珍视活动有所校正。如果满足了这个条件，那么，关于实际发生的评价的命题就成为特别意义上的评价的论题了。也就是说，这种特别的意义，是一种使关于评价的命题既区别于物理学命题又区别于记载人类实际已做事情的史学命题所具有的意义。

这样，我们就被带到了鉴定的性质或评价的性质这一问题上。如我们所知，鉴定是公认的"评价"的两层含义之一。以一个简单的鉴定命题为例："这块地的正面宽度每英尺值 200 美元"。这一命题在形式上不同于下面这个命题："这块地的正面宽度为 200 英尺"。后一个命题陈述了一个已经完成的事实。前一个命题陈述了一个用以确定将采取的行动的规则（rule）。前一个命题是指向未来的，而非指向已经完成或已经做过的事情。如果这个命题的背景是估税官执行公务，那么，这个命题所表达的就是向土地所有者征税的制约条件；如果它是土地所有者对地产商说的，那么，它就是提出一个制约条件，要求地产商在对土地所有者出售的资产出价时遵循这个前提。关于未来的行动或情形并不是作为关于将来会发生的事情的预言被提出来的，而是作为应该发生或本应该发生的事情而被提出来的。因此，可以说，这一命题设置了一个规范（norm），我们必须在"未来行动的一定形式应该遵循的条件"这一意义上理解这一规范。"规则"存在于人类关系的一切模式中，这一点显而易见，无须争论。"规则"绝不仅仅局限于适合用"道德"命名的活动之中。每一种循环往复的活动，如在需要技术的行业和需要专门知识和特殊训练职业中，都要制定一些规则，这些规则能使人们以最佳的方式实现所期望的结果（the ends in view）[1]。这样的规则被作为标准或"规范"，以

---

[1] "所期望的结果"（the ends in view）是杜威关于道德生活和价值理论的一个重要术语。在谈到目的与标准的关系（the relation of ends and standards）时，杜威写道："意图、目的、所期望的结果，与标准有所区别，但与标准有关；反之亦然。所期望的结果与愿望、欲望相连；它关注的是未来，因为它是关于满足愿望和欲望的目标的计划。"参见杜威的《道德生活的理论》（*Theory of Moral Life*）一书。——译者注

判断所筹划的行为方式的价值。这些评价不同领域行为模式的规则的存在是不可否认的，它们被用于评价不同领域的行为是明智的还是愚蠢的、节约的还是浪费的、有效的还是无效的。问题并不在于这些规则作为一般命题的存在(因为每一种活动规则都是一般性的)，而在于它们所表达的仅仅是习惯、习俗和传统，还是能够规定①作为手段的东西与作为结果(consequences)的东西之间的关系。手段与结果的关系本身的基础，是得到经验确定和证明的、通常被称为因果的存在关系。

当涉及工艺、技巧和技术的时候，我们能够确定哪一个选择是正确的。例如，医学技术正接近这样一种情形，即医生为病人规定的大部分规则涉及：对于病人来说做什么会更好，其中不仅仅包括药疗方式，而且包括日常饮食方式和生活习惯。医生为病人所规定的这些规则的基础，是得到经验证明的化学原理和物理学原理。当工程师们说，如果要在哈得逊河的某一点上建一座能够承受一定负荷的桥梁，就需要某些经过一定技术处理的材料，他们的建议所表达的并不是他们的个人观点，也不是他们的突发奇想，而是以公认的物理学原理为依据的。通常人们相信，像收音机、汽车那样的发明物，自问世以来已经得到很大的改善，并相信手段和结果之间关系的改善，归功于对基本的物理学原则更充分的科学认识。这种论证并不要求相信习惯和风俗的影响已经被完全排除。这些例子足以表明，建立以得到科学证明的物理学一般法则为基础的鉴定规则或评价规则是可能的；而且，这类规则与那些仅仅表达日常习惯的规则相比，正在不断增加。

在医学方面，一个庸医也许会援引大量所谓被治愈的例子作为证据，以使患者接受他所提议的药物。但是，一个小小的检验就能表明，在一些明确的方面，他对治疗步骤的建议与称职的医生是不同的，或者说，他们关于某种医疗步骤"好"或"必要"的判断是不同的。例如，并没有什么分析可以表明一个庸医用以作为证据的病例，事实上与他竭力推荐的药物治愈的病症是一样的。而且，也没有什么分析可以表明，一个庸医所说的(而不是已被证明的)那些已经痊愈的病例，实际上是由于服用了他竭力推荐的那种药而被治愈的，而不是由于某些其他未确知的原因中的任何一个。一个庸医所声称的每一件事情，都是不加区别和缺乏分析性条件约束的，而且缺乏

---

① 这里的"规定"(stating)，还包括陈述、说明之意。——译者注

评
价
理
论

科学程序必须具备的首要条件，即并没有充分地公开它的材料和过程。我之所以引用这些人们非常熟悉的事实，唯一的理由就是：它们与称职的医学实践之间的对照显示了一种限度，在这一限度内，称职的医学程序规则得到了已被验证的经验命题的保证。关于活动的过程更好或更糟、更有用或更没用的鉴定，与那些不涉及人的非评价命题（nonvaluative-propositions）一样，都能得到经验的证明。先进的工程技术命题，规定了所要采用的恰当的活动程序。很明显，这些命题是以物理科学和化学科学的一般规则为基础的；它们通常归属于应用科学。不过，那些为了使程序合适而不是不合适、好而不是不好而制定规则的命题，与它们所依据的科学命题在形式上不同。因为它们是人的活动中的规则或活动所遵循的规则，它们是将科学所概括的原则用作实现人们渴望和预期的目的的一种手段。

对这种鉴定和评估的考察表明，鉴定必须借助它们同手段与目的的关系或手段与结果的关系的相互支撑。对任何包含所谓更好或所谓需要的行动规则的鉴定，都必然包含所要达到的目的，因为鉴定就是对事物的适用性和必要性的评价。如果我们用前面所举的例子，那么显然，鉴定地产是为了征税或决定售价；鉴定治疗方法是为了使身体康复；鉴定和评估材料、技术是为了建造桥梁，或制造收音机和汽车等。如果鸟儿筑巢是出于所谓纯粹的"本能"，那么，它就不必鉴定材料和程序是否与目的相适应。但是，假如鸟儿把"巢"这个结果当作自己欲望的对象，那么，它要么采取一种最为任意的操作——试错法，要么考虑采用什么材料和通过怎样的步骤才能使欲望的对象成为现实。而对材料和步骤的权衡过程，明显地包含对作为可选择手段的不同材料和步骤的比较。除了那些纯粹的"本能"和完全的试错法之外，每一个例子都包含对实际材料的观察，和对这些材料就获得特定结果而言所具有的潜力的鉴定。人们总是会在将所获得的结果与所期望的结果的比较中，观察所获得的结果。那么观察，就使这种比较有助于理解那些被作为手段的东西的实际的适用性。这样也就为将来更好地判断这些东西的适用性与用途提供了可能。根据这样的观察，某些行为方式被认为是愚蠢的、轻率的，或不明智的，其他行为方式则被认为是明智的、谨慎的或英明的。这一辨别是以已完成的鉴定的有效性为基础的。而这一鉴定的对象，是作为手段者与作为目的的东西之间的关系，或作为手段者与实际取得的结果之间的关系。

反对这种评价观点的典型的意见认为，这种观点仅仅适用于作为手段的东西；而真正的评价的命题，是关于作为目的的东西的。对于这种观点，一会儿我们将详细地考虑。在这里必须提到的是：对目的的鉴定，就在对作为手段者的权衡这同一评价之中。例如，人们想到了一个目的，但当他们在权衡实现这一目的的手段时，发现要花费太多的时间和精力来实现这个目的，或者发现一旦实现了这个目的，会招致一些麻烦，或将来会碰到一些麻烦，就会将这个目的鉴定为"坏的"，从而放弃这个目的。

可以将结论概述如下。(1)有这样一些命题：它们不仅仅是关于已经发生的评价的，即不仅仅是关于过去发生过的珍视、欲望和兴趣的，而且描述和详细说明了在确定的现实关系中的一些东西之好坏、恰当和适合与否。此外，这些命题是一些一般规则（generalizations），因为它们形成了正确使用素材的规则。(2)我们所讨论的存在关系，是手段与目的的关系或手段与结果的关系。(3)具有普遍形式的这些命题，可以奠基在经过科学证明的经验命题之上；而且，这些命题本身也能够通过观察实际获得的结果和期望的结果的比较而得到检验。

反对上述看法的意见是：这些见解未能对以下两种东西作出区分：一种是直接而内在地因自身而好、因自身而正当，并且来自自身的好、来自自身的正当的东西；另一种是仅仅对其他东西来说是"好的"的东西。换言之，这种东西之所以好，是因为有助于获得那些被认为是因自身而有价值、由于自身而有价值的东西。因自身而有价值、由于自身而有价值的东西，并非因为作为实现其他东西的手段而得到珍视，而是因为自身的原因而受到青睐。据称，关于这两种"好"和"正当"的区别，对于整个评价理论和价值理论来说是至关重要的，以至于假如不对它们作出区别，我们已提出的那些结论就毫无有效性可言。这种反对意见明确地将手段与目的范畴的关系问题摆到了我们面前。根据前面谈到的"评价"的双重含义，"珍视"和"鉴定"的关系问题就很明显产生了。因为，在这种反对意见看来，"鉴定"仅适用于作为手段的东西，而"珍视"适用于作为目的的东西，所以，必须承认自身具有极其重要性的评价和派生的、第二位的评价之间的区别。

假设已经承认了珍视和评价之间的联系，也承认了欲望、兴趣与珍视之间的联系，那么，对于作为手段者的鉴定和对于作为目的者的珍视的关系问题，可以采取以下形式：对目的价值产生直接影响的欲望和兴趣(可能有人更喜欢用"喜好"这个词)，是不受对作为

评
价
理
论

手段者的鉴定的制约，还是本质上就受到对作为手段者的鉴定的影响呢？假如一个人经过充分调查之后，发现要付出巨大的努力才能获得作为满足这种欲望所必需的手段的条件（也许还需要牺牲其他目的价值，而通过付出相同的努力就有可能获得其他目的价值），那么，这个事实会不会使他修改原来的欲望呢？根据上面关于欲望与评价联系的那种界定，这个事实会不会使他对原来的评价也作出修改呢？审视慎思（deliberate）的活动中所发生的一切，可以为这个问题提供肯定的回答。何谓"慎思"？除了根据作为实现欲望的条件，即除了根据作为手段而决定结果能否实现的条件，而权衡各种可选择的欲望（各种目的价值）之外，还有所谓慎思可言吗？除非控制促成结果实现的那些条件，否则无法控制所期望的结果的实现。作为所期望的结果的对象是可陈述的，或可明确陈述的。这样的命题，仅仅在已经从作为手段的角度通盘考虑和鉴定了现存条件的情况下，才能被认为是有正当理由的。对这种陈述来说，唯一可能的另一种情况就是：一个人无论如何都不进行慎思，也不构建所期望的结果，而是直接按照恰好出现的冲动行事。

对构建所期望的结果的经验审视，对早期的冲动性偏好通过慎思而被塑造成精选的欲望这一经历的审视，揭示出：最后被评价为"要实现的目的"之对象的具体的特质，是通过对作为手段的现存条件的鉴定而确定的。然而，由于长期形成的哲学传统，将目的和手段这两个范畴完全割裂开来的习惯根深蒂固，因此有必要进行更进一步的讨论。

1. 一种通常的假定认为，有用的或有帮助的东西与内在好的东西存在明显的区别，因此何谓有利的、何谓谨慎的、何谓明智的这样一些命题，与什么是本来值得想望的命题之间，也存在明显的区别。这种假定，无论如何都不能声称是不证自明的真理。像"审慎的""有判断力的"和"有利的"这样的词，最后或经过全面考察所有条件之后，轻而易举地融入"明智的"这个词。这一事实表明（当然，不是证明），脱离对作为手段者的考虑而设计目的，已愚蠢到荒谬的程度。

2. 常识把某些欲望和兴趣看作是目光短浅的、"盲目的"，而把另一些欲望和兴趣看作是有见识的、有远见的。常识从来没有主张就目的价值而言，一切欲望和兴趣的地位都是相同的，也从来没有将所有的欲望和兴趣混为一谈。每种欲望和兴趣各自的短视和远见都被作了准确的区分。区分的根据就是：特定欲望的对象本身，是否反过来被当作手段，而这一手段是实现下一步结果的条件。常识并不赞成"直接的"欲望和"直接的"评价，认为拒绝中介恰好就是短视判断的本质。这是因为，认为目的纯粹是直接的、唯一终极的东西，就等于拒绝考虑在特定的目的实现之后将会发生什么，以及因为这一目的的实现而会发生什么。

3. "固有的"（inherent）、"内在的"（intrinsic）和"直接的"（immediate）这些词在使用中如此含糊不清，以至于会导致错误的结论。一些实际上属于任何一个对象或任何一个事件的任何一种性质或特性，统统都被称为"直接的""内在的"和"固有的"。它的错误就在于，把这些词所指称的东西解释为与其他东西没有联系的因而是绝对的东西。例如，按照定义，所谓手段是表示关系的，是通过中介得到并起中介作用的，是媒介性的，因为它是实际存在的情形与通过它而使之成为现实的情形之间的媒介。但是，被用作手段的东西的这种表示关系的特征，并没有妨碍它们具有自己的直接的性质。如果我们所讨论的东西受到珍视和喜爱，那么，根据把价值特性与珍视联系起来的理论，这些东西就必定具有一种直接价值的性质。评价手段和工具（instruments）所得到的结论是：它们的价值性质只是工具性的。这种看法与一个糟糕的双关语没什么两样。就珍视或想望的性质而言，没有什么会妨碍它们指称作为手段者；就手段的性质而言，也没有什么会妨碍它们被想望和被珍视。在经验事实中，一个人对某个特定目的的价值衡量，并不在于他说这个目的如何珍贵，而在于他多么在意去获得和使用那些对于实现这个目的而言必不可少的手段。根本没有显著的成功事例可以证明，一个人对实现目的的手段和中介毫不在乎，但却实现了目的，除非意外。所实现的目的，依赖于所采用的手段。实际上，它与上面的陈述是同义反复。对所需手段的忽视和冷漠，证实了欲望和兴趣的匮乏。因为如果没有全身心地投入，就不可能实现公开声称被珍视的目的。因此，只要关于欲望和兴趣的看法被逐渐展开，我们所讨论的欲望和兴趣的问题，就会自动地将自己与被看作达到目的之必需的手段的那些东西联系在一起。

对"直接的"一词的思考，也适用于"内在的"和"固有的"这两个词。一种性质，包括价值性质在内，如果实际上是属于某物的，那么，它就是固有的。至于这种性质是否属于此物，这是一个事实问题，而不是由玩弄"固有"这个概念所决定的问题。假如一个人对获得某些东西作为手段有着炽烈的欲望，那么，这些东西就因此具有了价值性质，或者说，价值性质是这些东西固有的。所期望的结果，这会儿就是去创造和获得这些手段。有一种观点认为，只有那些与其他任何东西都没有关系的东西，才能被冠以"固有的"之名。这种观点不仅本身是荒谬的，而且也与将对象的价值与欲望、兴趣联系起来的理论相矛盾。因为把对象的价值与欲望、兴趣联系起来这种理论，明显与目的—对象（end-object）的价值相关。因此，根据这种见解，假如用"不相关"（nonrelational）来界定"固有的"，那么就根本不会有固有的价值。从另一方面来说，如果在这一情况中，存在固有性质是一个事实，因为是一种关系制约着这种性质之所属，那么就不能拿手段的关系性特点（relational character）来证明手段的价值不是固有的。同样的思考也适用于"内在的"或"外在的"（extrinsic）这样一些指称价值性质（value-qualities）的范畴。严格地说，"外在价值"（extrinsic value）是一个自相矛盾的说法。表示关系的性质并不会因为它们的出现是由于某些"外在"东西引起的，就失掉使它们是其所是的内在性质。像"红""甜""硬"等诸如此类的内在性质，其形成都是由某种原因引起、受到某种原因决定的，根本不存在与外物无关的内在性质。因此，关于内在性质的理论从逻辑上说，早就应该终结了。但是，问题就出在对概念的玩弄已经代替了对实际经验事实的考察。认为"内在的"就是与其他东西没有任何联系的，这种观点的极端例子可以在拥有下述观点的作者那里看到。那些作者认为，既然价值是内在的，那么，它们就不能依赖任何关系，当然也不能依赖与人的关系。这一学派还以同样的观点为基础，抨击那些将价值性质与欲望和兴趣联系起来的人，抨击那些将手段价值和目的价值的区别，混同于手段价值和内在价值的区别的人。因此，可以认为，这种极端的非自然主义（nonnaturalistic）学派的观点，暴露了当人们用对"内在性"（intrinsicalness）这个抽象概念的分析取代对经验事件的分析时，到底会产生什么结果。

关于作为目的之对象的评价，与欲望和兴趣的联系越是明显，那么，对作为与其他手段相联系的欲望和兴趣的评价，是有效地鉴定作为目的之对象的唯一条件这一点也将越加明显。因为欲望和兴趣如果离开了与周围条件的相互作用，就不起作用了。如果早就知道，科学知识的对象无论如何都是一种已探知的诸多变化的相关关系，那么，人们就会看到（而不是否认），任何被当作目的的东西在自身的内容和构成成分方面，都是一种能量的相互作用，是作为手段的人的能量与非人的能量的相互作用。和其他任何科学分析的结果一样，"目的"作为一个实际的、存在着的结果，仅是使之发生的各种条件的相互作用。因此我们必然得出这样的结论：关于欲望和兴趣之对象的想法，即"所期望的结果"不同于事实上已经实现的目的或已经获得的结果，是根据起作用的各种条件而构建的，因而是有正当理由的。

4. 现在流行的那些评价理论，即那些把评价与欲望和兴趣联系在一起的理论，主要缺陷在于：没有根据具体欲望和兴趣的实际存在状况，而对欲望和兴趣进行经验的分析。如果进行这样的分析，那么，马上就会有一些相应的思考呈现在它们面前。

（i）欲望易受挫折，兴趣常遭失败。不能实现"想要达到的目的"的可能性，与在多大程度上未能在认识障碍（负价值的东西）或是以资源方式存在的先决条件的基础上形成欲望与兴趣成正比。合理的欲望和兴趣与不合理的欲望和兴趣之间的区别，恰好就是下面两种欲望和兴趣的区别。一种欲望和兴趣是偶然产生的，不是在考虑了那些实际上将对结果产生制约作用的条件之后重新建立起来的；另一种欲望和兴趣是根据现存不利条件和潜在资源形成的。欲望产生之初，是纯粹的有机体倾向和已养成的习惯使然，这是不可否认的事实。但是使欲望变得成熟的所有发展，都不会立刻对有机体的倾向和已养成的习惯俯首称臣，而是考虑如果按照这些倾向行动会产生什么后果，并通过这种思考改变欲望原初的表现形态。这一过程等于把欲望作为一种手段而对欲望进行判断和评价。作为手段的这种欲望，在与同样作为手段的、人之外的各种条件的联系中发挥作用。将评价与欲望和兴趣联系在一起的评价理论，不能既想得到鱼又想得到熊掌。它们不能总是在下面两种观点之间摇摆不定：一种观点把欲望和兴趣等同于偶然产生的冲动，即当作有机体机能的产物；另一种观点将欲望看作人们通过对行动结果的深谋远虑而对原始冲动作出的修正，并认为，只有这种被修正了的冲动才是欲望。对"所期望的结果"之想望，和对作为已预见其结果的对象之想望的存在，将欲望与冲动彻底区别开来。预见是根据对未来在事实上将对结果产生制约作用的条件的考察而建立的，因此是可靠的。如果硬要灌输这种看上去有些强人所难的观点的话，那只是因为，这件事举足轻重。因为它不是别的，就是具有特别意义的评价命题是否可能的问题。因为不能否认在对作为手段者的评价中，有证据证明的、根据实验检验的命题是可能的。因此，如果这些命题参与了评价目的的欲望和兴趣的形成，那么，欲望和兴趣就名副其实地成为以经验为根据的、可以对此作出肯定与否定的论题。

(ii)我们通常会说"从经验中学习"，或称某个个体或群体"成熟"。这些说法意味什么呢？起码意味着，我们想表达，个体发展和人类种族发展的过程发生了一种变化，即原始的、较为鲁莽的、冲动的和不容变通的习惯，变成了包含批判性研究在内的欲望和兴趣。在考察这一过程时，我们发现，这种变化主要是以对一种差别的小心观察为基础而发生的。这种差别就是：所想望的、所计划的目的，即所期望的结果，与所达到的目的或实际后果之间的差别。所想望的和所期望的与实际上所达到的目的之间的一致，肯定了对作为想要达到的目的之手段的条件的选择是正确的；而它们之间的差异，即人们体验到的挫折与失败，促使人们进行探究，以发现失败的原因。对形成冲动与习惯之条件，和对冲动与习惯得以发挥作用之条件越来越仔细的考察，就构成了这一探究的要旨。探究的结果，是一些欲望和兴趣的形成。这些欲望和兴趣，是通过情感驱动的行动的条件与理智或者观念的结合而形成的。只要有所期望的结果，就有理智和观念，无论它的形成有多么偶然。同时，正是在根据实现条件而确立目的这一点上，所期望的结果才是恰当的。因为无论在哪里，只要有所期望的结果，就有由情感和观念驱动的行动；或者根据评价的双重含义，只要有所期望的结果，就有珍视和鉴定的结合。对所达到的目的和实际的后果与所预期的目的或所期望的结果之间是否一致的观察，为检验和完善欲望与兴趣，从而检验和完善评价提供了条件。想象不出还有什么会比下面这种观点更与常识相悖了。根据这种观点，我们不可能通过对按照欲望和兴趣而行动所导致的后果的了解，或者像有时候所做的那样，通过对放任欲望和兴趣所导致后果的了解，改变我们的欲望和兴趣。我们倒也没有必要明显地去针对那些被宠坏的孩子和不能"面对现实"的成年人。然而，就评价和价值理论而言，只要一种理论将对目的的评价与对手段的鉴定割裂开来，那么，它就是将被宠坏的孩子和不负责任的成年人当成了成熟和明智的(sane)①人。

(iii)每一个有能力从经验中学习的人，只要他参与构建和选择各种相互竞争的欲望和兴趣，就能将"所想望的"(desired)和"值得想望的"(desirable)区分开来。这一说法既没有牵强附会，也没有任何"说教"。所涉及的差别只存在于下面两种对象之间：一种是由冲动

---

① "sane"包含"神志正常的、头脑清楚的；合乎情理的，明智的；健全的、无疾病的；稳健的"多种意思。——译者注

和习惯引起的最初欲望的对象；另一种是在批判性地判断了将对实际结果产生决定作用的条件之后，而作为最初冲动的"修正版"的欲望的对象。"值得想望的"东西，或被评价为"应该想望的"东西，既不是来自先验的高贵，也不是来自摩西十诫的命令。它之所以出现，仅是因为过去的经验表明，受未经批判的欲望支配的鲁莽行动不仅会导致失败，而且还可能导致灾祸。使"被想望的"有别于"值得想望的"，并不在于它显示了某种具有普遍性的或先验性的东西，而在于它显示了未经审视的冲动的作用和结果，与探究条件和后果之后而形成的欲望和兴趣的作用和结果之间的差异。社会条件和社会压力是影响欲望实现的那些条件中的一个重要部分。因此，在根据有效手段确立目的时，我们必须把社会条件和社会压力考虑在内。但是，在由某种原因引起的欲望之对象意义上的"是"，与在实际条件的联系中构建欲望这一意义上的"应该"之间的差别，就是人们成熟前后的差别。即当人们逐渐成熟以后，就不会像小孩子那样，放纵自己的每一个冲动了。

　　如我们所知，欲望和兴趣本身就是对结果而言具有原因作用的条件。就是以这种身份，欲望和兴趣成为潜在的手段，而且必须像鉴定手段一样，对欲望和兴趣进行鉴定。这无非是重复我们已经得出的结论而已。但是，这样做是值得的，因为它令人信服地表明，一些评价理论的观点与实践中常识的态度和信念是那么格格不入。不知有多少谚语实际上已经阐明：绝不能在欲望和兴趣一出现的时候，就把它们当作最终的、不可改变的东西；相反，必须把它们当作手段。也就是说，必须根据它们在实践中可能产生的结果来对它们作出鉴定，进而构建对象，构建所期望的结果。"三思而后行"，"鲁莽行事，空余悔恨"，"亡羊补牢，犹未晚矣"，"稍安勿躁"，"凡事预则立，不预则废"，等等，这些不过是众多格言中的点滴而已。用一句老话来概括，就是"要考虑后果"。"要考虑后果"标示了一种区别，即仅有一个能满足任何欲望的"所期望的结果"，不同于通过寻找、考察而确定一种结果；这种结果一旦产生，就会得到珍视和被认为是有价值的。只有那种有先入之见的理论，即受到未经批判而接受的"主观主义"心理学严重影响的理论，才会对由于评价而揭示的喜好和珍视、欲望和兴趣在内容上具体的差别视而不见。这种评价是以喜好和珍视、欲望和兴趣被当作手段时，它们各自具有的引起某种结果的能力为根据的。

V　目的与价值

那些将价值与欲望和兴趣联系起来但却严重地割裂了珍视与鉴定、目的与手段的关系的理论，问题就在于，缺乏对欲望和兴趣得以产生和发挥作用的那些实际条件的经验性探究。而正是在这些实际条件下，目的—对象和所期望的结果才获得了它们的实际内容。对此，我们已经不止一次地谈及，现在将进行一番分析。

如果我们不只是玩弄"欲望"的一般概念，而是探究欲望及欲望对象的实际出现，探究被认为属于欲望对象的价值性质的实际出现的话，那么再明显不过的就是：欲望只在现存境况有"问题"、有"麻烦"的时候才会出现。分析表明，所谓有问题，来自下面这个事实，即凡是"有问题"的地方，都缺少某些东西和需要某些东西。在实际存在的多种因素中，这种匮乏造成了冲突。如果事情进展得非常顺利，就不会出现欲望，也没有必要设计所期望的结果。这是因为，"进展顺利"意味着此处不需要努力和斗争，让事物"顺其自然"足矣。在"进展顺利"的情况下，没有理由探究将来发生什么会更好，也没有必要去规划什么目的—对象。

在这种情形中，生命的冲动和已养成的习惯，通常是在没有所期望的结果或意图介入的情况下运作的。如果一个人脚被踩了，他会马上推开踩着他的人，以摆脱这种不愉快的状况。他不会停下来构建一个明确的欲望和提出一个要达到的目的。一个习惯使然已经开始走着的人，会一直地走，而不会不断地停下脚步，问自己"我迈下一步要达到什么目的"。在很多人类活动中，这些初浅的例子具有典型性。行为经常是直截了当的，根本不受什么欲望和目的的干预，也没有什么评价发生于其中。只有那具有偏见的理论的要求，才会导致这样的结论，即认为饥饿的动物寻找食物，是因为它形成了一个关于"想要实现的目的—对象"的观念，或者说，是因为它已经根据欲望对这个对象作了评价。有机体的紧张状态足以使饥饿的动物继续寻觅，直到它找到能减轻这种紧张状态的东西为止。但是，如果在生命冲动或习惯性倾向的产生与行动的实施之间，介入了欲望和所期望的结果，那么，这种冲动或者倾向就将会得到一定程度的修正和改变。一种纯粹同义反复的说法是：与所期望的结果相连的欲望的产生，就是先前冲动或常规习惯的改变。只有在这种情况下，才会发生评价。如我们所知，这个事实比那种乍看起来似乎同把评价与欲望和兴趣联系在一起的理论联系起来的事实重要多了。这个事实证明，评价只会发生在有问题的地方，发生在需要消除某种麻烦的地方，发生在需要改变困窘、匮乏、贫困的地方，发生在需要依靠改变现存条件来解决各种倾向之相互冲突的地方。反过来，这一事实也证明了，只要有评价存在，就有理智因素，即研究因素在场。之所以构建和设计所期望的结果，就是因为如果按照这个目的行动，就会满足现存的需要或者改变现存的匮乏，从而解决现存的冲突。由此必然得出这样的结论，即不同的欲望和与此相关的所期望的结果之间的差异取决于以下两点：一是对现存境况匮乏和冲突的探究是充分的；二是对某种可能性的探究是充分的。这种可能性是指：如果按照被确立的特定的所期望的结果行动的话，那么就会满足现存的需要，满足那些由匮乏构成的各种要求；就会通过指导行动而消除冲突，开创一种统一的局面。

这种情形在经验上和逻辑论证上都如此简单，除非受到那些不切题的理论偏好的影响，不然就很难理解，为什么在讨论中，它会变得如此混乱。这些理论偏见部分来自内省（introspectionist）心理学，部分来自形而上学。在经验上有两种可能性，即行动发生时产生了有所期望的结果，或者无所期望的结果。在后一种情况下，有一种明显的行为是不以评价为中介的；它是一种生命的冲动或固有的习惯对某种直接的感官刺激作出的直接反应。在前一种情况下，产生了所期望的结果，而且这一目的经过了评价，或者这一目的的存在与某种欲望或兴趣相联系，那么，其中的动力和行动就受到了对行动后果的预见的调节。对后果的这种预见作为预知的目的，参与了欲望或者兴趣的形成。这不过是同义语反复而已。这样一来，就像我们反复说过的那样，只有根据使之成为现实的那些条件，才能将某事或某物预料或预见为目的或结果。除非考虑使这一目的或结果成为现实的手段，哪怕只考虑一点儿，否则根本不可能拥有所期望的结果，也根本不可能预料任何行动计划的后果。另外，也不可能有真正的欲望，有的只是毫无价值的幻想、毫无用处的愿望。生命的冲动和已养成的习惯也就只能消耗在做白日梦和构筑空中楼阁之中。根据描述，白日梦和空中楼阁的内容并不是所期望的结果。它们之所以沦为幻想，恰好是因为：它们的形成并没有以作为实现它们手段的那些实际条件为根据。要将某种事情（包括行动和素材）作为手段而对此作出鉴定的命题，就必须进入决定"目的—价值"的欲望和兴趣。因此，探究欲望和兴趣的重要性导致了对作为手段这一点已经非常清楚，用不着再直接就此讨论了；相反，考虑一下下面这种信念是如何形成的会更有裨益。根据这种信念，存在这样一些作为目的的东西，撇开对实现它们之手段的评价，这些东西还是有价值的。

1. 心灵主义心理学将情感驱动的行动归结为纯粹的情感。这种心理学已经影响了对所期望的结果、意图（purpose）和目的（aim）的解释。所期望的结果、意图和目的并没有被当作与关于未来事件的论断相同的关于结果的预料。无论如何，它们的内容和有效性都没有被看成是由关于结果的预料这样的论断决定的。相反，它们仅仅被看成一种精神状态；因为当这样来理解时，也只有当这样来理解时，目的、需要和满足才会以曲解整个评价理论的方式受到影响。作为一种精神状态，目的、目标或意图是不依赖于使其实现的生物手段和物理手段的。有欲望的地方就有需要、匮乏或贫困。因此，需要、匮乏或贫困就被解释为一种纯粹的"精神"状态，而不是某种境况中缺乏或缺少的东西，即不是将它们理解为完善它们所在的经验境况所应该补充的东西。在后一种意义上，如果要实现所期望的结果，那么，所需要的或必需的东西就是那种在存在意义上所必需的东西。在这种情况中，究竟需要什么，不能由对精神状态的考察来断定，只能根据对实际条件的考察来判定。至于对"满足"的解释，是将"满足"当作一种精神状态，还是将其当作对条件的满足，这两者之间存在明显的差异。如果将"满足"当作对条件的满足，也就是将它当作满足一定条件的某种东西，那么，连带的可能性与因匮乏使欲望产生和发挥作用的环境，就会对这些条件产生影响。匮乏是引起欲望产生之环境的特征。欲望的满足就意味着匮乏已经得到了满足，而且是以这样的方式被满足的：根据字面的意思，就是所使用的手段使实现目的所需要的条件变得充足了。由于对目的、需要和满足的主观主义的解释，一种词语上正确的陈述——"评价就是人的态度和人之外的事物之间的关系，这种关系还包含动力因素（motor），进而包含身体因素"——就被解释成一种包含手段和目的的分离，以及鉴定和珍视的分离的陈述。于是，一种"价值"被断定为一种"情感""感觉"。这种情感、感觉很明显不是对他物的，而是对价值自身的。如果有人说"感到了某种'价值'"，那么，这一表述就会被解释为：一个人的动力态度（motor attitude）和人之外的周围条件之间的确定的现实关系，是直接经验的内容。

2. 作为欲望—兴趣（desire-interest）的评价和作为享受（enjoyment）的评价，其基础的转换（shift）进一步导致了理论上的混乱。之所以容易发生这样的转换，是因为实际上既存在由那些不用想望和努力，就可以直接得到的东西所带来的享受；也存在由那些只是因为有了为获取那些可以满足欲望的条件而采取的行动，才获得了所得到的东西带来的享受。在后一种情况下，享受与欲望或与兴趣处于一种函数关系中，而且没有违背以欲望、兴趣的方式界定评价。但是，由于使用了同一个词"享受"，而"享受"一词也被用于表达一种与先在的欲望和随后而来的努力彻底无关的满足，于是评价的基础就转换了。"评价"被等同于享受的任何状态，而不管这种满足是如何产生的，即使这种满足是以最为不经意、最为偶然的方式得到的，也无所谓。"偶然"在这里指远离欲望和兴趣。例如，获悉得到了陌生亲戚留下的遗产时所感到的喜悦，就是一种偶然的满足。这里有享受的存在。但如果是以欲望和兴趣来定义评价的话，那么，这里就没有评价，也没有"价值"。"价值"只有在出现了该用这笔钱做什么这样的欲望，出现了该如何构建所期望的结果这样的问题时才会形成（coming into being）。因此，这两种享受不仅不同，而且对评价理论的影响是彼此矛盾的，因为其中一种享受是与直接拥有连在一起的，另一种享受却是以先在的匮乏为条件的，而先在的匮乏恰好有欲望参与其中。

强调起见，让我们用一个稍作变动的例子来重申这一观点。想想这样一个例子：一个人因为意外得到了一笔钱而欣喜，这笔钱是他在路上捡到的。在捡钱那一刻，他的行动与他的意图和欲望丝毫无关。如果价值与欲望的联系涉及对价值的界定，那么，到现在为止，这个行动还不包含评价。当捡钱者开始考虑该怎样珍视和照管那些钱的时候，评价就开始了。例如，他把这些钱当作一种手段，用它去满足一些以前一直不能得到满足的需要；或者，他把这笔钱当作被托管的东西加以保存，直至找到失主为止。根据定义，无论这两者中的哪一种情形，都有评价行为的存在。但明显的是，在这两种情形中，价值性质被赋予了截然不同的对象。当然，这笔钱的使用和它将满足的所期望的结果，都相当合乎标准。这个例子也许选得不是特别好。让我们再以一个小孩发现了一块发亮而光滑的石头为例。小孩对石头的外观和手感都很满意。但是，这里并没有评价，因为这里没有欲望和所期望的结果。直到他提出"应该拿这块石头来干什么"这样的问题，直到这个小孩珍爱（treasures）他偶然发现的这块石头时，才有了评价。在开始珍爱并喜欢这块石头的那一瞬间，小孩开始"用"这块石头，开始把这块石头当作达到某种目的的手段。至于他是否在目的和手段的这种关系中对这块石头进行判断（estimates）或评价（values），或是否将这块石头判断或评价为达到目的的手段，那就取决于他的成熟程度了。

与欲望和兴趣联系在一起的评价，被转换为与欲望和兴趣毫无关系的"享受"，就产生了理论的混乱。获得欲望和兴趣的对象（获得评价的对象），本身就是令人喜悦的，这一事实很容易导致那种理论混乱。这种混乱的症结，就在于将享受与使享受得以产生的条件相分离。然而，作为欲望得以满足，兴趣得以实现之结果的享受，之所以是享受，就是因为在作为所期望的结果的观念指导下，经过努力满足了某种需要，改变了某种匮乏，获得了令人满意的条件。在这一意义上，"享受"包含与拥有（possession）之匮乏的内在关联；但是，在另一意义上，"享受"是对纯粹拥有的享受。拥有之匮乏和拥有是矛盾的，这当然是同义反复。而且，一种通常的经验是：人们一旦获得了所想望的对象，就不再喜爱（enjoy）它了。这个道理非常普通，对此有一些众所周知的说法，像"得不到的才是最好的"。不需要逐字逐句地领会这些说法，我们就能意识到我们所讨论的事情，证实了与欲望相联系的价值和纯粹享受的价值之间是存在差异的。最后，作为日常经验问题，享受提供了评价难题的原始材料。人们可以完全不受"道德"问题的约束，而不断问自己：当需要付出很高代价才能获得这种享受的时候，这种享受是否还值得？是不是无论需要付出多高的代价，这种享受都是值得的？

当用生命冲动来界定"价值"时（所提供的根据就是，在价值"起源于"生命冲动这一意义上，生命冲动是价值存在的条件），就会导致前面所提到的那种理论混乱。在上述引文中，在其语境的紧密联系中，出现了以下命题："像任何其他的理想一样，关于合理性的理想本身是任意的，它的任意性与它对限定组织的需要的依赖相吻合。"这句话隐含两种非常奇怪的观念。一个观念是：如果一个理想是由实际存在的因果关系决定的，而且与人的实际需要有关，那么，它就是任意的。这种观念非常奇怪，因为人们会自然而然地认为：一种理想的任意性程度取决于它与存在的事物没有联系，与具体存在着的需求毫不相关。另一个骇人听闻的观念是：关于合理性（rationality）的理想是"任意的"，因为它如此受到条件的制约。也许有人会推想，根据合理性的理想的作用及其他所做的，而不是根据它的来源判断它是否合理（相对于任意而言），这是特别正确的。如果合理性作为一种理想，或者作为一种广义的所期望的结果被用于指导行动，那么，人们在由它指导的行动的结果中经验到的东西实际上会更为合理，对它的要求也仅此而已。这两种观念是如此奇怪，以至于人们只有在某些未明说的偏见的基础上，才能理解它们。就所能断定的而言，这些偏见如下。（i）理想不应该依赖于存在，也就是说，理想应该是先验的。关于理想起源于生命冲动的证明，实际上是对这种先验观点的有效批评。它规定了一个范围，即除非接受这种先验观点，否则就不能将理想称为任意的。（ii）另一种偏见看起来接受了这样的观点：有或者应该有"自在目的"（end-in-themselves）；也就是说，目的或者理想不能同时也是手段。但是就像我们已经看到的那样，如果根据理想的功能来判断和评价理想的话，那么，理想恰好就是手段。如果你认为，因为广义的所期望的结果或者理想源于存在、源于经验，所以它们就是任意的，那么，得出这一结论的唯一方式就是首先将"目的不能同时也是手段"确定为最终判断标准。我们所引用的这整个段落以及由这一段落典型而有力地代表的观点，使人想到一种信念的残余。这种信念就是："自在目的"是唯一正当的且终极正当的目的。

Ⅵ　目的与手段的连续性

查尔斯·兰姆[①]写过一篇关于烤猪肉来历的短文。读过这篇短文并喜欢它的人，或许并没有意识到，他们对这个故事荒谬性的欣赏，归因于他们对一种具有荒谬性的目的的理解。这种具有荒谬性的目的，是在脱离实现目的的手段、脱离目的本身下一步作为手段的功能这一情况下构建的。要说兰姆写这个故事，就是为了将造成这种分离的那些理论滑稽化，这也不太可能。但是，尽管如此，目的之荒谬性的确是兰姆这个故事的要点。这个令人难忘的故事说的是：人们第一次尝到烤猪肉的美味，是一间有猪的房子意外被大火烧毁的时候。房子的主人在废墟中搜索时，无意地触碰到被烤得滚烫的猪，并因此被烫伤了手指。于是，他们不假思索把手指放到嘴里去吮，想由此减轻疼痛。就在这时，他们尝到了一种从未尝到过的美味。由于喜欢这种烤猪肉的味道，他们就开始盖房子，并把猪

评价理论

---

① 　查尔斯·兰姆（Charles Lamb，1775—1834），英国散文家及批评家。——译者注

关在这些房子里，然后烧掉这些房子。到此为止，如果"所期望的结果"是完全脱离手段的，并且所"所期望的结果"具有的价值与对获得它的手段的评价完全无关的话，那么这一过程就无所谓荒谬也根本不可笑了。因为这一行动的目的，即事实上的结果，就是享受烤猪肉，而这一过程的结果恰好就是想要达到的目的。只有在根据所采用的手段来估量所获得的目的时，即在将所采用的这种手段与其他能够实现其所想望、所期望的结果的有效手段进行比较，而对盖房子和烧房子这一手段进行评估时，人们才会认为这种通过盖房子和烧房子而获得美味烤猪肉的方法是荒谬的，或者是不明智的。

这个故事还有一点是直接针对"内在"之含义的。享受烤猪肉的味道，可以说是直接的。尽管如此，当想到需要付出一些没有必要的代价，才能得到这种美味，对那些还记得那件事情的人来说，这种享受还是有些麻烦的。但是，由直接的享受就跳到所谓具有"内在价值"的东西，这种跳跃是缺乏根据的。享受作为已经达到目的之对象的价值，即所享受的价值是某种东西的价值。而这种东西作为一种目的、一种结果，是与达到这种结果的手段联系在一起的。因此，如果这一对象是被当作目的或被当作"最终的"价值而受到珍视的，那么，它就是在这种目的与手段的关系中得到评价的，或者说，是被作为一种中介关系而得到评价的。烤猪肉在首次被享用时，并不具有目的价值，因为根据描述，它并不是欲望、预期和意向的结果。但在后来的情形中，它是精打细算、欲望和努力的结果，因而处于所期望的结果这个位置上。有些时候，先前的努力会增强对所获之物的喜爱（enjoy）。但也有很多时候，人们在得到了作为目的的东西之后，却发现自己付出了太多的努力，并牺牲了太多其他的目的。在这种情况下，对享受所达到的目的这件事情的评价，就不是根据目的的直接性，而是根据达到这一目的所要付出的代价。"代价"这一事实对于享受被当作"自在目的"来说，是具有毁灭性的。无论如何，"自在目的"都是一个自相矛盾的术语。

这个故事使"目的证明手段（是正当的）"这一格言通常所指的意思清晰地显示出来，也使拒绝这一格言的理由更加显而易见。将该格言用于烤猪肉这个例子，意思就是：所获目的的价值证明了，为实现这一目的所用的手段是正当的，即吃到烤猪肉，就证明了烧毁盖得好好的房子和牺牲为盖房子所付出的代价是正当的。"目的证明手段"这句格言所包含的观念，与"自在目的"概念所包含的观念基本相同；从历史的角度来看，它就是从"自在目的"概念中衍生而来的，因为只有主张"某些东西以自身为目的"，才能相信目的与手段的关系是单向度的，才能相信从目的到手段是唯一的路径。如果将这一格言与通过经验而发现的事实相比较，我们就会看到，采取以下这两种看法别无二致，它们都是与经验事实相矛盾的。一种看法认为，只有那个被特别选出来的所期望的"目的"，才能被采用的手段真正地实现，某种东西不可思议地介入，阻止了所采用的手段发挥它们通常具有的其他作用；另一种看法（更可能）认为，与所选择的而且是唯一被珍视的目的所具有的重要性相比，其他后果完全可以忽略不计，置之不理，无论这些后果实质上多么令人讨厌。从已获得的各种后果中任意地选出一部分作为这一目的，并因此将这一目的作为证明所采用手段正当性的根据（无论这个手段所带来的其他后果多么令人讨厌），之所以会这样，原因就在于，人们认为这一目的之作为目的，是以自身为目的的，因此具有与所有现存关系都无关的"价值"。有一种观点假定：人们能够脱离对作为实现目的之手段的那些东西的鉴定，而对目的作出评价。这种观念蕴含在下面的各种见解中。一种见解认为，这一目的是从实际结果中任意选出来的，作为目的，这种实际结果的一部分证明手段的使用是正当的，而无须考虑这一手段所产生的其他后果。对这种见解，唯一的选择就是将欲望、所期望的结果和已经取得的结果反过来，当作实现下一结果的手段，从而对它们作出评价。在实际结果的意义上，目的为手段的使用是否正确提供了证明。这种见解，不过是"目的证明手段"这句格言的一个幌子。实际上，它说的是：某个实际结果的片段，一个由于一心想得到而被任意选出来的片段，证明使用获得它的手段是正当的，没有必要再对作为使用这一手段所产生的结果的其他目的进行预测和权衡。这样，它就以惊人的方式暴露了这一立场包含的一个谬误，即目的具有价值，与对与其相关的手段的鉴定无关，也与它在下一步作为原因所具有的作用无关。

我们又回到了前面已经阐明的要点。现在人们承认，在所有自然科学中（在此，"自然"是作为"非人类"的同义词而使用的），一切"结果"都是"原因"；或者，更加准确地说，所发生的一切都处于川流不息的事件发展过程中，在这个意义上，没有什么是最终的。如果将这个原则及其随附的对"只要一个对象是目的，它就不是手段"这一信念的怀疑，用于处理具有特殊性的人类现象，就必然得出这样的结论：目的和手段之间的区别只是暂时的、相对的。就此而论，为了作为手段而需要实现的每一个条件，都是欲望和所期望的结果的对象；在实际中已经达到的目的，相对下一步的目的而言，都是手段，同时是对先前已作评价的检验。因为已经达到的目的是下一步存在意义上将要发生的事情的条件，所以必须将它当作一种可能的障碍和可能的资源进行鉴定。如果放弃那种认为某些对象是自在目的的观点，那么，不仅在言辞上，而且在所有实践的含义上，人类都将有史以来第一次站在这样的立场上：以具有经验基础的、关于事件之间暂时性关系的主张为基础而构建所期望的结果。

每个特定的时期，社会群体中的成年人都会拥有一些确信无疑的目的，习俗使这些目的如此符合标准，以至于人们未经审察就对这些目的信以为真。于是，唯一的问题就是：实现这些目的的最佳手段是什么？对这个群体来说，赚钱是目的；对那个群体而言，掌握政治权力是目的；在另一个群体的眼里，科学知识的进步才是目的；有的群体则认为，军事威力才是目的，诸如此类，不一而足。但无论在哪种情况下，这样的目的（i）或多或少是一些空白的框架。在这些空白的框架中，名义上的"目的"规定了所限定的目的应与之相符合的限度，所限定的目的是由对作为手段者的鉴定决定的；（ii）它们仅仅表达了一些没有经过对手段和目的关系进行批判性审察就建立的习惯，在这个意义上，它们没有为评价理论提供一种可遵循的样式。如果一个人经历过极为讨厌的严寒并对此深有感触，那么，他就会立刻断定烧毁他的房子来取暖是值得的。唯一能将他从这种由"强迫性神经症"导致的行动中拯救出来的办法，就是让他理智地认识到失去房子可能导致的其他后果。将某些被设定为目的的事件，与这些事件将发生于其中的运动变化的世界这一背景割裂开来，不一定是精神错乱的标志（就像我们引用的这个烧房子取暖的例子），但起码是不成熟的标志。如果一个人不能将他的目的同时也看作下一个结果的一个变化着的条件，而把这一目的当作"最终的"（在这里，所谓最终的意味着事件的进程已经完全中止），那么，这至少说明他是不成熟的。人就是在这种诱惑中沉沦的！然而，如果把它们当作构建目的理论的样式，那么就是将概念从它产生和发生作用的情境中抽象出来，就是用玩弄概念，而不是从对具体事实的观察中得出结论。这要么是精神错乱、不成熟、死板地例行公事的标志，要么就是狂热的象征，即上述三种状态混合的象征。

毫无疑问，存在着普遍的目的概念和普遍的价值概念。它们不仅作为习惯的表达存在着，作为未经批判的、可能无效的概念存在着，而且作为有效的普遍概念出现在所有学科之中。相似的境遇循环往复；欲望和兴趣从一种情境被带到另一种情境，而且日益巩固。一般目的的一览表产生了，其所包含的价值是抽象的，但这种"抽象"是在"不直接与存在的某个事例相联系"的意义上而言的，不是在"与所有存在于经验中的事例无关"的意义上而言的。当用普遍概念指导自然科学时，这些普遍概念是一种理智手段；当发生特殊情况时，人们就利用它们对那些特殊情况作出判断。实际上，这些普遍概念是对考察具体事物起指导和促进作用的工具，同时又受到因为使用它们而产生的那些结果的检验，并在这一检验过程中得到发展。当自然科学不再通过概念的逻辑论证而获得关于实际存在事务的结论时，当概念的逻辑论证被当作一个工具而用于获取适用于特殊事例的富有成效的假设时，自然科学就开始了真正的发展历程。关于人类活动和人类关系的理论，也将如此。熟练的行动所特有的连续性，使普遍的价值概念能够发挥作为评价特殊欲望和目的之标准的功能。具有讽刺意味的是，这种连续性竟然成了下面这种信念的来源。在这种信念看来，欲望的产生与它们在连续性活动中的各种关系毫不相干；仅凭"产生"这一仅有的事实，欲望就将价值赋予了作为目的的对象。

与此相关的是一种危险，即"终极"这一概念的使用与我们先前说过的"直接的"和"内在的"这些概念的使用非常相似。所谓一种价值是"最终的"（final），是指它所代表的是分析地鉴定了具体情形中起作用的那些条件之后所得到的结论。那些条件既包含冲动和欲望，也包含外部环境。通过探究所获得的结论证明：对于这种情形而言，这种价值是最终的。在这里，"最终的"具有一种逻辑的力量。价值的性质或特性，与在评价过程构建的最后的（last）欲望相关。对于那种特殊的情形而言，它是最终的。这其实是同义反复。然而，它只适用于能详细说明的暂时性的手段与目的关系，而不适用于本身就是目的的东西。最终的特性或性质，与"终极"（finality）的特性或性质，有着根本的区别。

通常反对上述观点的意见认为，根据这种观点，评价活动和评价判断会卷入毫无希望的无限倒退之中。因为，如果所有的目的反过来又都是手段的话，那么，所谓深谋远虑便无立锥之地，除非采取最任意的举动，否则不可能构建所期望的结果。而这样做是如此任意，以至于真正评价命题的要求就此成为泡影。

这种反对意见使我们回到形成欲望的条件上，回到将预测结果设计为所要达到的目的的条件上。这些条件就是需要、缺乏和冲突的环境。如我们所知，脱离了人与周围环境的紧张状况，就没有什么可以唤起人们对其他东西的欲望；也就没有什么可以促使人们在具有理论可能性的诸多目的中构建某个目的，而不是其他什么目的。一旦人们觉察实际境况中的要求，实际境况的各种需要、匮乏就会操纵一种转换，即把各种在活动中起作用的倾向转换成一种欲望；这种欲望包含被特别期望的目的。人们对那些浮现在心中的不同目的之价值的鉴定和衡量，是以这些目的所展示的指导改善现存匮乏状态之活动的能力，以及满足（照其字面意思）现存需要的能力为根据的。正是这个因素，缩短了根据所期望的结果作为手段的功能，而对其作出预测和权衡的过程。对竞争而言，充足是不幸。但充足也是好的，因为它摆脱了现实中的不幸。之所以如此，是因为充足是开创圆满局面和一种综合条件的手段。

这里有两个例证。例证一是一个医生必须确定不同治疗过程在一个特殊病例中的价值及效果。他通过检查发现了病人的"毛病"或"麻烦"，在此基础上构建了所期望的结果；这一所期望的结果所具有的价值，在于这些治疗方案被证明是正确的。医生对自己所采用的治疗方案之价值的鉴定，是以这一方案消除病人"麻烦"的能力为根据的，即以采用了这一方案，病人就会被"治愈"为根据。医生并没有把一个健康的观念当作一个绝对的自在目的，当作一种可用以决定做什么、不做什么的绝对的善。相反，他将关于健康的一般观念的构建，当作对这个病人而言的一种目的和一种善（价值）。他构建这一观念的基础，是他的检查技术向他显示的信息：病人患的是什么病，以及用什么办法才能治愈。没有必要否认，关于健康一般而抽象的概念最终也得到了发展。但是，这种发展是大量确定的经验探究的结果，而不是不断研究先验的、预先准备好的"标准"的结果。

例证二更为常见。在所有的探究中，甚至在最科学的探究中，人们对作为结论（该探究中所期望的结果）而被提出来的东西之价值的鉴定，都是以它解决问题的能力为根据的。这些问题是通过探究过程的各种条件而呈现出来的。在具体的情形中，并没有什么先验的标准可用来确定所提出的解决方案的价值。作为所期望的结果，一个假设的、可能的具体方案被当作方法论手段，用以指导下一步的观察和实验。这一解决方案也许能解决问题，就像人们采用它、尝试它时所期望的那样，也许不能。经验已经表明，各种问题在极大程度上都可以归入一些周期性发生的种类，因此就会存在一些一般准则。人们相信，在一种特殊情形中提出的解决方案，一定要符合这些一般准则。于是就逐渐形成了关于需要满足的条件的一种基准体系，即参照框架。这个参照框架在具体情形中，发挥着经验调节作用。我们甚至可以说，它起着"先验"标准的作用。但是，只有在与以下意义完全相同的情况下，我们才可以说它起着"先验"标准的作用：那些指导工业技术学科的标准既是在经验上居先的，又是在该学科的具体情形中起支配作用的。虽然没有一种先验的健康标准，可以让人们用它来对照人的实际状态，对人是否健康或究竟生了什么病作出判断；但是，人们在以往经验中已经逐渐形成了某种标准，当出现新情况时，人们就用这种标准有效地处理新情况。当发现匮乏和冲突使一些情形令人不满时，人们就会以所期望的结果指导行动，去改变这种令人不满的状况。人们根据所期望的结果指导这种行动表现的适用性，鉴定和评价所期望的结果的好或坏；根据所期望的结果在实现这个目的过程中的必需性，鉴定它们是否恰当、合适，是否正确。

在人类经验中，诸如麻烦、匮乏、失败、挫折这样的"灾难"几乎无处不在。人们花费了大量的时间对它们作出解释，然而"麻烦"的一种具体功能却被人类行动理论奇怪地遗忘了。这种功能就是：当被当作需要解决的问题时，麻烦具有一种训练功能。为了找到解决问题的方法，人们就得去探究问题的条件和结果。刚才引用的医学技术的进步和科学研究的进步这两个例子，在这一点上最富有启发性。只要医学技术和科学研究还坚持，只有对照那些作为标准和规范的绝对的目的价值，才能对实际事件作出判断，它们就不可能取得真正的进步。只要健康的标准、满足的标准、条件的标准、知识的标准是根据对现存条件的分析性观察而构建的（这种分析性观察揭示了问题中可阐明的麻烦），那么，判断标准就可能会通过在查找麻烦的根源和表明有效解决办法这一观察过程中的使用而不断地自我矫正。这些方法构建了具体的所期望的结果的内容，而不是构建了某种抽象的标准或抽象的理想。

强调需要和冲突作为控制因素在确定目的和建立价值方面的作用，并不意味着目的和价值本身在内容上和重要性方面是消极的。在根据短缺、匮乏、冲突等消极因素设计目的和价值时，目的和价值的功能是积极的；通过发挥它们的功能而得到的结果也是积极的。要想直接达到一个目的，就必须让作为经验到的麻烦之根源的所有的条件都发挥作用，而且要在不改变它们显露自身的外表形式的范围内增强其作用。根据消极的信息（诸如一些麻烦和问题）构建的所期望的结果是一种手段，它被用以遏制产生令人讨厌的结果的那些条件发挥作用，并使积极的条件成为最大限度地产生积极结果的源泉。目的作为所期望的对象，其内容是理智的或方法论的；已经获得的结果或者作为结果的目的的内容，是有关存在的（existential）。它标志着致使所期望的结果产生的那些匮乏和冲突已经得到了解决。在这个意义上，它是积极的。消极因素的作用，在于它是形成某一目的适当观念的条件；如果人们按照这个观念行动，这个观念就对积极结果的产生起着决定性作用。

已经达到的目的，或者已经获得的结果，总是一种对各种活动的组织。在这里，所谓组织，指对作为参与因素的所有活动的协调。所期望的结果是一种特殊的活动，它的作用就是协调其他相关的从属性活动。认识到"目的"是一种协调，是一种使各种活动成为一体的组织活动；而且认识到所期望的结果作为特殊的活动是实现这种协调的手段，就会避免悖论的产生。这一悖论似乎是与关于活动的暂时性、连续性观念联系在一起的。在活动的暂时连续中，每一个相继的阶段都既是目的又是手段。一个已经达到的目的或者已经获得的结果的形式总是相同的，即都是恰当的协调。每个相继的结果的内容或相关问题，都与被取代的原有事物的内容或相关问题不同；因为，经过了冲突和匮乏所导致的中断，它在复原（reinstatement）作为一个统一而不间断的活动的同时，也是一种新事态的制定（enactment）。它所具有的性质和特性，与它作为活动前状态的完全改变是相称的；而活动前的状态存在着特别的需要、欲望和所期望的结果。在将活动组织成一个协调的和协调着的整体这个连续而暂时的过程中，每个子活动都既是目的又是手段：就它是一个暂时的相对的结束而言，它是目的；就它提供了下一步活动必须考虑的条件而言，它是手段。

与存在的那些奇怪的或自相矛盾的事情相反，在现实情形中，手段恰好就是目的—对象的要素，而这一目的—对象恰好就是借助它们成为现实的。每当活动成功地设计了所期望的结果，而所期望的结果又指导行动解决了原先的问题时，这种情形就会出现。目的与手段分离的情形，是一种反常的情形，是偏离理智指导的那些活动的情形。无论什么时候，只要有纯粹的苦差事，就有所要求的必要的手段与所期望的结果以及所达到的目的的分离。另一方面，从被称作目的的这一方面来看，无论什么时候，只要被称作"理想"的东西是一些乌托邦和白日梦，就会产生这种分离。没有成为真正的目的或结果之要素的那些手段，导致了我们所说的"必要的恶"（necessary evils），这些代价的"必要性"与知识状况和技术状况是成正比的。成为真正的目的或手段之要素的手段则与脚手架相似。在建筑物建成之后，必须拆掉脚手架；但在建筑物的建造过程中，脚手架是必不可少的，直到用了升降机为止。升降机在已经建好的建筑物中仍被保留下来，成为运输材料的工具，而这些材料反过来又是构成建筑物这一整体所必需的要素。在所期望的东西的生产过程中，曾一度被当作必然废弃品的那些结果或后果，根据人类经验和智力的发展，又会派上用场，成为实现下一步所期望结果的手段。根据分析，在每一种先进的艺术和技术中发挥作用的、关于经济效率的一般理想和标准，与关于手段的观念同样重要。这种关于手段的观念，是已经达到的目的和作为下一步目的之手段的目的的组成部分。

一定要注意，就像前面用到这些词时那样，"*活动*""*复数的活动*"与任何一种实际的行为一样，都必须有一些实际存在的材料，就像呼吸要有空气、步行要有大地、买卖要有商品、探究要有被探究的东西，等等。没有任何人类行动是在真空中进行的。人类行动是在这个世界中进行的，它需要材料；只有用这些材料和通过这些材料，人类行动才能创造出结果。另一方面，除非在人的活动中，除非人们用它来完成某件事情，否则便没有任何材料是手段，空气、水、金属、木头等就都不是手段。当说到"组织各种行动"时，这种组织总是本身就包含对材料的组织，这些材料是我们居住的这个世界所拥有的。这种组织活动对于所评价的每一种具体情形来说，都具有"最终的"价值，因此成为现实条件的一部分；在下一步构建欲望和兴趣或形成评价时，必须考虑到这些条件。如果对处于手段与目的关系之中的事物采取轻率而目光短浅的研究，那么就会使一种具体的评价失效，并且难以使接下来的评价合理。如果欲望和兴趣建立在批判性通盘考虑那些作为手段而对实际结果起制约作用的条件的基础上，那么下一步的行动就会进行得更加顺利。因为这样一来，所获得的结果就像被评价过了一样，在行动的延续中更容易被用作手段。

Ⅶ　评价理论纲要

因为有一种混淆影响了当前对评价问题的讨论，所以我们在探究中就不得不花费相当多的笔墨来分析这种混淆，追溯产生这种混淆的根源。这样做是必要的，因为它使对在常识看来是理所当然的那些事实的经验探究从不切题而且混乱的联想中解脱出来。可以将一些更重要的结论概括如下。

1. 即使"价值表达"是一种喊叫，而且以喊叫的方式影响他人的行为，关于这种表达的真正的命题仍然是可能的。我们可以探究它们是否达到了预期的结果，并且通过进一步的考察发现，成功地获得了预期结果的事例，与不能成功地获得预期结果的事例的条件是不同的。在此，区别"情感"（emotive）语言表达和"科学"（scientific）语言表达是很有用的。即使"情感"语言表达没说什么，但它们仍然能像其他自然事件一样，作为一种可以对其条件和效果进行检验的结果，成为"科学"命题的论题。

2. 另一种观点把评价和价值表达与欲望和兴趣联系在一起。既然欲望和兴趣都是行为现象（至少包含"动力的"方面），那么对于由欲望引起的评价，就可以根据欲望和兴趣各自的条件与结果进行探究。评价是在经验上可观察的行为方式，可以把评价当作这样一种行为方式进行探究。这种探究所产生的是关于评价的命题，而不是价值命题（value-propositions）。这类命题与事实命题没有任何区别。

3. 无论何时，只要对事物的鉴定是根据它们作为手段的适宜性与有用性而作出的，那么，就存在一种独特类别的价值命题。因为这类命题并不是关于已成为现实的事物和事情的，或关于已经存在的事物和事情的（尽管在与前一句所提到的那类命题相分离的情况下，这类命题不可能被有效地确立），而是关于准备使之成为现实的事物和事情的。而且，虽然这类命题在逻辑上以对事实的预言为条件，但它们不是单纯的预言。因为，除非在现实的条件下受到人的行为的干预，否则，我们所谈论的这类事情不会发生。这种差异类似于以下两个命题的区别："无论如何，某一确定的日食都会发生"；"假设那些人采取某种行动的话，他们就会看见或经验到这一日食"。尽管作为对手段的鉴定，评价命题发生在所有的艺术和技术之中，并且是以严格的自然科学命题为基础的（如在先进的工程技术中所看到的），但是评价命题仍然不同于自然科学命题，因为评价命题内在地（inherently）包含了"手段与目的"的关系。

4. 只要有欲望，就有所期望的结果。所期望的结果不单是纯粹的冲动、嗜好和日常习惯的结果。所期望的结果作为影响特定欲望的预期结果，按照定义，或同义反复地说，是观念的（ideational）。

就"所期望的结果"依赖于作为充分观察活动之结论的那些命题而言，它所包含的远见、预测或预料与任何一种理智的推论性因素一样，是有正当理由的。因为其观念性要素，所以一个特定的欲望是在实际内容或在"对象"之中的。可以把纯粹的冲动或嗜好描述为"情感驱动的"；但是，那些将评价和欲望、兴趣联系起来的理论就根据这一事实，将评价和那些"由情感和观念驱动的"行为联系起来。这个事实证明了具有特殊意义的评价命题存在的可能性。鉴于所期望的结果所发挥的引导活动或实现欲望、挫败欲望的作用，如果欲望有可能是理智的，目的有可能不是短视和非理性的，那么，评价命题存在的必要性就得到了证明。

5. 对作为产生实际结果的行动之手段的欲望，与所期望的结果所作的必需的鉴定，依赖于对一些结果的观察，这些结果是在将它们与所期望的结果的内容进行比较和对照中获得的。欠考虑而轻率的行动是没有经过一定的探究就采取的行动，而这类探究是确定实际形成的欲望（评价也因而得以作出）与依据这种欲望而进行的活动所实现的东西之间是否一致的关键因素。既然欲望与对被作为目的而提出来的对象的评价内在地联系着，既然有必要将欲望和所期望的结果当作实现目的的手段而进行鉴定（这种鉴定是以得到证明的自然科学的一般法则为基础的），那么，就应该用实际上随之发生的结果来检验对所期望的结果的评价。如果对所期望的结果的评价与实际上随之发生的结果一致，那么，这一评价就得到了证实。万一经过仔细观察而发现这一评价与这一结果相背离，那也不是纯粹的失败，因为这种不一致为将来更好地建构欲望和构建所期望的结果提供了手段。

最后的结论就是：（i）无论是一般的还是特殊场合中的评价问题，涉及的都是那些支撑彼此手段与目的关系的东西；（ii）只有以使目的得以实现的那些手段为基础，目的才是确定的；（iii）对欲望和兴趣本身的评价，必须将欲望和兴趣作为手段，而且以欲望和兴趣与外部条件或周围环境相互作用为根据。所期望的结果与结果不同，就像已实现的结果与目的不同一样明显，它们是作为指导活动的手段而发挥作用的。在日常语言中，所期望的结果被称为"计划"。作为手段，欲望、兴趣和周围条件都是行为方式，因而可以被设想为能量；借助能量语言，可以将它们还原成同质的、可比较的同类事物。对源于有机体和周围环境的能量的协调或组织，因此既是所有评价的手段，又是所有评价获得的结果或所达到的"目的"。这两种源于有机体和周围环境的能量，在理论上（在实践中并非完全如此）都可用物理单位的术语来表达。

以上结论并没有构成一个完整的评价理论，但它们确实阐述了一个完整的评价理论必须满足的条件。只有对那些支撑目的—手段关系的事物的探究得到了系统的指导，而且这一探究的结果对欲望、目的的构建产生了影响的时候，一种实际的评价理论才能完成。因为评价理论本身是一种理智的或方法论的手段，它只有在应用中、通过应用才能得到发展和完善。既然目前还没有以任何适当的方式应用这种理论，那么所阐发的那些理论思考和已获得的那些结论，都还只是计划纲要，而未形成完整的理论。只有在具体过程中控制性地引导了兴趣和目的的构建，这个理论才得以完成。参照目前关于评价与欲望和兴趣之间的关系的理论，完成这一理论的首要条件，就是必须认识到：欲望和兴趣并不是一开始就是所予的、现成的，更不是像它们最初出现时那样。欲望和兴趣并不是评价理论的起点和原始数据，也不是评价理论的前提，因为欲望总是在前一个行动的系统中或在相互联系的能量中出现的。欲望产生在这样的地方，一个遭到了破坏或受到破坏威胁的地方，一个冲突引入了需要的张力或预示有引入需要的张力之虞的地方。一种兴趣所代表的并不仅仅是一种欲望，而是一系列相互联系着的欲望。人们已经发现，这些欲望是在经验中产生的，因为是彼此相连的；所以在连续的行为过程中，这些欲望具有一定的次序。

对评价的存在及性质的检验，是可以被观察的实际的行为。要接受活动的现有环境（影响人们行为的各种因素的综合）吗？在这里，"接受"就意味着努力保持它而抵御不利条件。或拒绝活动的现有环境吗？在这里，"拒绝"就意味着努力摆脱这一个行为环境和努力创造另一个行为环境。在后一种情况下，那个作为目的的欲望与努力（或构成一种兴趣的欲望与努力的协调）所针对的实际环境是什么？将这一环境确定为行为的目标，也就确定了什么是有价值的。直到出现了现实的打击或打击的先兆，出现了对处境的干扰，才会为立刻行动、公开行动开绿灯。没有需要，没有欲望，就没有评价，就如没有疑问就没有探究的理由。恰如激发探究的问题是与出现问题的经验环境联系在一起的，欲望和对作为想要达到的结果之目的的预测，也是与具体的环境及其改变环境的需要联系在一起的。可以说，证明的重任取决于阻碍和妨碍情况的出现，取决于引起了冲突和激发需要的情况的出现。考察构成匮乏和需要的条件，考察作为构建可实现的目的，或可达到的结果的积极手段的条件，就是构建正当的（必需的和有效的）欲望和所期望的结果的方法。简言之，评价就以这种方式产生了。

现有理论中的混乱和错误（正是它们使前面所展开的分析成为必要），在很大程度上起因于它们将欲望和兴趣当成了原初之物，而不是将其置于它们出现的相关环境之中。一旦欲望和兴趣被当作原初之物，那么，它们在评价关系中就成为不可再分析的了。一般而言，若将欲望和兴趣当作原初之物，那么，我们就无法再对它们进行经验检查或检验了。如果欲望真的具有这种原初性，真的独立于具体的经验情境的构建和需要，并且真的因此而对存在的情境毫无作用，那么，坚持每个欲望中必然有观念的或理智的因素，进而坚持实现有效的经验条件的必要性，就真的会像批评者所说的那样，是多余的和不切题的。因此，这种"坚持"也会像人们所说的那样，是在"改造"个体和社会的兴趣中产生的一种"道德"偏见。但是，由于在经验事实中，离开了产生欲望和兴趣的行动领域，离开了欲望和兴趣产生和作为拙劣的或有益的手段而发挥作用的活动领域，就没有任何欲望和兴趣可言，所以，我们对这一点的"坚持"，纯粹是而且完全是为了对现实情况进行恰当的经验考察，是为了避免大而空地玩弄欲望和兴趣概念。因为将欲望与其存在情境隔离开来，必然导致大而空地玩弄欲望和兴趣概念。

一个极端的错误会引发另一个极端与之形成互补，这在理论发展史上屡见不鲜。刚才我们所考虑的那种理论类型，不仅将作为评价的源泉的欲望与欲望存在的情境相隔离，而且将欲望与理智控制欲望的内容和目标的可能性相隔离。这样一来，评价就成了一种随心所欲的东西。也就是说，实际上，对欲望所建立的价值来说，任何一种欲望都完全与其他欲望一样"好"。既然欲望和形成兴趣的欲望系统是人类行为的源泉，那么，如果完全彻底地按照这种看法行事的话，就会产生茫然无序的行为，从而导致彻底的混乱。然而，尽管行动存在着必要的冲突，也存在着不必要的冲突，但却不存在彻底的混乱。这一事实证明，对现存条件和后果一定程度上的理智考虑，实际上的确作为控制因素在欲望和评价的构建中发挥了作用。但是，由于前面这种理论的含义无论在理智上还是在实践上都非常混乱，所以引发了一种与之相反的理论。这种理论与前一种理论的基本前提相同，即它们都将评价与具体的经验情境相隔离，将评价与经验情境潜在的可能性和要求相隔离。这种理论就是将自在目的作为所有评价的终极标准的理论。这种理论或隐或显地主张，除非或直到欲望臣服于作为评价欲望之标准和理想的先验的绝对的目的（a priori absolute ends），否则，欲望与"终极价值"（final value）就没有任何关系。这种理论在奋力逃出混乱无序的评价之油锅的同时，又跳进了绝对主义的火坑。它以牺牲其他所有人的所有兴趣为代价，为特定个人或特定群体的特定兴趣披上终极的、十足的理性权威的外衣。这种观点反过来又强调：不对欲望进而不对评价和价值性质进行理智的、在经验上合理的控制，是可能的。因为这是与前面观点相伴随的必然结论。那些根据定义在经验上不可检验的理论（因为它们是先验的），和那些不经意地用从单纯的欲望概念中得出的结论，代替了对欲望的实际观察结果的那种自称经验主义的理论之间的跷跷板游戏，就这样延绵不断。这种先验理论的令人吃惊之处（如果在审视中忽略了哲学思想史，就会令人吃惊），就在于它完全忽略了这样一个事实，即评价是个体的和群体的人类行为中一再重复的现象，而且能够通过利用关于自然关系的知识所提供的资源得到纠正和改善。

VIII 评价和社会理论的条件

于是，我们就被引入了下面这个问题。如本书开篇所示，这个问题是目前人们之所以对评价问题和价值问题感兴趣的原因，即关于目的、计划、措施和政策等真正的有根据的命题是否可能。只要人的活动不仅仅是冲动或习惯性的结果，活动的目的、计划、措施和政策等就影响着人的活动。评价理论作为一种理论所能提出的，就是在具体情境中构建欲望和兴趣的一种方法所必须遵循的条件。是否存在这类方法问题，完全是与以人类活动（无论是个体的还是群体的）的理智的行为为论题的真正的命题是否可能的问题联系在一起的。价值在好的意义上与促进、推动、推进活动进程的东西内在相连；在正当的意义上与维持活动进程所需要的、所要求的东西内在相连。这种看法实质上并不新奇。这种看法的确完全受"价值"一词词源的启发而来。"价值"一词与"效用""勇猛""有效""无效"等词相关联。前面的讨论对这一观点所作的补充，证明了当且仅当在这一意义上理解评价时，这些有经验根据的、关于欲望与兴趣（作为评价的源泉）的命题，才是可能的。而且，这些命题在多大程度上有充分的根据，取决于它们在多大程度上将科学的物理学归纳作为手段，构建关于行动的命题，这些活动作为"目的—手段"而相互关联。如此产生的普遍命题为评价目标、意图、计划和政策提供了标准。人类理智的活动就是由目标、意图、计划和政策指导的。但是，它们不能使我们直接地或在缺乏调查的条件下断定特定的个别目的的价值（傻瓜才会要求将关于先验价值的信念作为理想与标准）；在这个意义上，它们不是标准。它们是指导确定探究不同行为方式各自的条件和结果的、有条理的程序的规则（rule）。它们并不声称本身就能自行地解决评价问题；而是说，它们要做的是阐明解决评价问题所必须满足的条件，而且在引导这一探究的过程中发挥指导性原则（principle）的作用。

1. 事实上存在评价，而且评价可以接受经验观察，因此关于评价的命题在经验上是可证实的。个人和群体认为是宝贵或珍贵的东西，以及他们之所以如此珍视这些东西的根据，在原则上都是可以弄清的，无论遇到的实际的困难有多大。但是，总的看来，过去的价值是由习俗确定的，这些习俗在当时之所以受到称赞，是因为它们有利于某种特殊的利益，而这些称赞是随着强制、劝诫或两者的混合物接踵而来的。科学地探究评价的实际困难是巨大的，以至于它们极易被误认为是一种不可克服的理论障碍。而且，目前关于评价的知识远不是有条理的，更谈不上是充分的。认为评价并不存在于经验事实中，因而必须从经验之外的源泉中引入价值概念，这是人类心灵曾有的十分稀奇古怪的信念。人类从未间断过评价，而这些评价为后来的评价和关于评价的一般理论提供了原始材料。

关于这些评价的知识并不是关于评价自身的，就像我们已经看到的那样，它并没有提供评价命题；不如说，它是关于历史文化人类学性质的知识。但是，这种事实性的知识是构建评价命题的一个必要前提。这一表述包含了这样一种认识，即只要适当地进行分析和组织，过去的经验就是引导我们未来经验的唯一（sole）向导。如果一个人意识到他的欲望和目的过去曾经产生的结果，他就会在个人经验的范围内对欲望和目的作出修正。这一知识，就是能够使他预见自己未来活动的可能结果并相应地指导自己行为的知识。构建关于当前欲望、意图与未来结果之间关系的有效命题的能力，反过来依赖于将当前欲望和意图分解成其组成要素的能力。如果未经分析就笼统地接受欲望和意图，那么，对未来的预见就会相应地是粗略而不确定的。科学史表明，将粗略的定性的事件分解为基本组成要素，预言的力量会相应地得到增强。在目前缺乏关于作为已经发生的事件的人类评价充分而有条理的知识这一前提下，更不可能有系统地阐述就特殊因果关系结果而言的新的评价的有效命题。鉴于人的活动(个体的或群体的)是连续的,因此,除非将当前的评价置于它们与之相连的过去的评价事件的背景中,否则就不可能有效地陈述它们。假若没有这样的理解,那么更深入的看法,即关于目前新的评价的结论,就是不确定的。只要能够将现有的欲望、兴趣(从而评价)置于它们与过去条件的关联中进行判断,就可以在这样的前后关系中理解它们;这一前后关系,使它们在可观察、可接受经验检验的根据的基础上得到重新评价。

例如,假定已经查明一系列特别流行的评价的有关历史的前提条件,是一种小团体的或特殊阶级维护某些特权和利益的兴趣,而且这种维护限制了其他人欲望的范围和他们实现其欲望的能力,那么,很明显,这一认识一定会使我们重新评价那些欲望和目的,重新评价那些已经被假定可信的评价来源。难道不是这样吗?当然,这样的价值重估(revaluation)未必能立即生效。但是,一旦某一特定时间内的评价被发现缺乏那种曾以为它们所具有的支持,这些评价就处于对它们的继续存在非常不利的境地了。从长远来看,这种结果与一种对待某些水域比较谨慎的态度很相似。人们之所以会对那些水域采取谨慎的态度,是因为知道那些水域有病菌。另一方面,如果探究表明,已知的这一系列现有的、包含实施准则的评价,能够以有助于群体所有成员的欲望和兴趣共同增强的方式释放欲望和兴趣的独特潜能,那么,这一认识就会充当这一特殊系列评价的坚强后盾,而且使人们更努力地维持这一评价。

2. 这些考虑指向一个核心问题:关于过去和现有评价的知识成为构建新的欲望和新的兴趣的评价工具,必须满足什么条件。在这里,这些新的欲望和新的兴趣是经过经验检验而表明是最值得培育的。这么说吧,根据我们的观点,这一点很明确,即任何抽象的评价理论都不能作为判断实际存在的评价(existing valuations)的标准。

答案就是:改进了的评价一定是在实际存在的评价中产生的。探究将实际存在的评价置于彼此相互联系的系统关系之中,而实际存在的评价受到探究的批评方法的影响。就一般而论,实际存在的评价大部分可能是有缺陷的,所以要改进它们,就要使它们处于与其他观点的相互联系之中。这一观点乍看起来,就像说一个人用靴带将自己拎起来一样滑稽。但是,我们之所以会产生这样的印象,是因为没有想过实际上如何才能将它们置于相互联系中;换句话说,正是对它们各自条件和结果的考察,将它们置于相互联系中的。只有遵循这种方式,我们才能将它们化为可以进行相互比较的同类项。

事实上，这种方法只不过是把那些已被证明能成功处理物理学论题和化学论题的方法，运用于人类现象或社会现象而已。在现代科学出现之前，物理学和化学领域存在大量表面上看彼此独立的事实。当从现象本身导出构建理论内容的概念，并把这些概念作为将那些否则就彼此分离的事实连接在一起的假说而使用的时候，物理学和化学就开始了系统化的进步。例如，当普通饮用水在使用中被当作 H_2O 时，就使得人们将水与其他无数现象联系起来，从而无限地扩展了相关的推论和预测，同时使其成为经验检验的对象。人类活动领域目前存在着大量有关欲望与目的的事实，它们以彼此完全孤立的方式存在着。并没有关于这种同样的经验次序（order）的假说，能将这些孤立的事实彼此联系起来，从而使由此产生的命题有序地控制后来的欲望和目的的形成（formation），进而控制新的评价的形成。原料比比皆是，但把原料的各种要素置于成果由之产生的联系之中的手段却空空如也。人们缺乏将实际评价置于彼此联系中的手段，在一定程度上，相信价值标准和价值理想是外在于（通常使用"在……之上"表达）现实评价的原因；同时反过来它又是这一信念的结果。说它是原因，是因为控制欲望和目的的方法非常重要，人们迫切需要得到它，因此如果没有经验的方法，那么，任何一种看似能满足这一需要的观念都会被人们抓住不放。说它是结果，是因为一旦先验理论形成并获得了威信，它们就会掩盖联系各种评价的具体方法的必要性。通过这样做，先验理论提供了一种将各种冲动和欲望安放于一种背景中的理智手段，而这一背景恰是影响对冲动与欲望作出评价的地方。

然而，妨碍我们的困难大多是实践的，它们来自未经系统的经验探究就存留下来的传统、风俗和制度。这些传统、风俗和制度成为对后来欲望和目的最有影响力的源泉。一些先验理论又加强了这一点。总的来说，这些先验理论将这些欲望和目的合理化，从而使它们获得貌似理智的地位与声望。值得注意的是，同样的障碍曾一度存在于现在已由科学方法支配的论题中。这方面的一个显著事例，是几个世纪以前哥白尼天文学在获得发言权的过程中曾经历的种种困难。得到强权体制认可与维护的、传统的、习俗的信念，曾将哥白尼天文学这一新的科学观点视为一种威胁。然而，这些产生了在实际观察和实验证据意义上具有可证实性（verifiability）命题的方法却保存了自己，拓展了自己的范围，并产生了持续性影响。

那些已经产生并且现在是物理学、化学，乃至生物学的实质内容的命题，恰好提供了这样的方法；通过这些方法，就能在声称处理人类现象和社会现象的信念和观念中引起所需的变化。只有自然科学发展到今天这样的水平，一种能够反过来作为方法调控新的评价产生、有充分根据的经验主义的评价理论才有可能。只有当表达欲望和兴趣的活动，通过与物理条件的相互作用而在环境中见效时，欲望和兴趣才展现出结果。没有关于物理条件的充足的知识，没有关于这些条件相互联系的有充分根据的命题（没有已知的"规律"），就不可能预测被包含在评价中的各种可供选择的欲望与意图可能导致的结果。一旦我们注意到，相对于人类在地球上所存在的时间跨度而言，用于严格的物理事件中的艺术与技术获得科学的支持是多么晚的事情，就不会对与社会、与人的政治事件有关的学科的落后状况感到奇怪了。

心理科学目前的状况与天文学、物理学和化学最初作为真实的经验科学而出现时的状况极为相似，然而如果没有一门作为真实的经验科学的心理科学，就不可能有对评价的系统的理智控制；因为如果没有合格的心理学知识，就不能对与周围的非人类环境相互作用而产生的结果的人类因素的力量作出判断。这一说法完全是不言而喻的，因为关于人类各种条件的知识就是心理科学。再者，一百多年来，对所谓心理学知识起关键作用的那些观念，实际上就是妨碍对控制所期望的结果之形成所需要的因果关系深谋远虑的东西。因为当人们将心理学的题材用于形成一个相对物理环境而言的心理领域和精神领域时，探究会偏向（实际上也是这样）心理和物理之间的相互作用是否可能。这样的形而上学问题远离评价的核心问题，也就是说，远离揭示人类行为与周围环境之间具体的相互作用的问题，而恰是这一周围环境决定了欲望与意图的实际结果。一个有充足根据的、关于人类行为现象的理论，是评价理论的一个先决条件，也是自然（在不涉及人的意义上的）事物变化过程理论的一个先决条件。关于生命现象的科学的发展，是健全的心理学发展的一个绝对的先决条件。在生物学提供存在于人类与非人类之间的重要事实之前，人的表面特征与非人的表面特征是如此不同，以至于二者之间存在绝对鸿沟这一教条似乎是唯一言之有理的。以有充足根据的评价命题为终点的知识链条，所缺少的一环就是生物学。因为这一环正在锻造之中，所以我们可以期盼着那一刻早日到来；到那时，阻碍经验主义评价理论发展的障碍将是那些来自制度的和阶级利益的习惯和传统的东西，而不再是智力方面的缺陷。

因为人类有机体生活在一个文化环境中，所以对人类关系理论的需要，是作为有效工具的评价理论得以发展的更深层的条件。用社会学的术语来说，人类关系理论也许最好被称为文化人类学。任何一种欲望和兴趣，之所以有别于原始的冲动和纯粹的有机体的嗜好，都是因为它们在后来与文化环境的相互作用中得到了改造。审视当前恰到好处地将评价与期望和兴趣联系起来的理论，可以发现，它们的疏忽最引人瞩目。这一疏忽是如此广泛，绝非一种偶然的疏忽。这些理论忽视了文化条件和习俗在形成欲望和目的中的作用，从而也就忽视了文化条件和习俗在形成评价的过程中的作用。这一疏忽也许是所能获得的最具说服力的证据，它证明对欲望概念的玩弄，已经取代了对作为具体存在事实的欲望和评价的探究。有一种观点认为，撇开个体生活、活动并存在于其中的文化环境，只考虑个体，就能够形成一种令人满意的关于人类行为的特别是关于包含着欲望与意图现象的人类行为的理论。我们可以将这种理论恰当地称为形而上学个体主义（metaphysical individualism）。而且，这种观点已经与精神领域的形而上学信念合成一体，而将评价现象（valuation-phenomena）置于臣服于未经审查的传统、习俗与制度化的习惯统治的地位。① 只有将评价现象视为在行为的生物学模式中有其直接源泉，并且将评价现象的具体内容归因于文化环境的影响时，那种所谓存在于"事实世界"（world of facts）和"价值领域"（realm of values）之间的分离，才会从人类信念中绝迹。

　　一些人所设想的那一道存在于"情感"语言和"科学"语言之间的严格而无情的界线，是如今存在于人类关系和人类活动中的理智和情感之鸿沟的反映。存在于当前社会生活中的观念与情感之间的分裂，尤其是有科学保证的观念和支配实践的无拘无束的情感之间的分裂，以及情感上和认知上的分裂，可能是整个世界正在遭受的失调和令人无法忍受的紧张的主要根源之一。智力与情感的分离所造成的紧张如此让人难以忍受，所以哪怕只让它暂时消失一会儿，人类也甘愿付出几乎全部的代价。如果忽略了这个事实，我认为，我们很

---

① 人们经常会说，形而上学的命题是"无意义的"。这种说法通常没有考虑这样一个事实，即人文学科的言语，在具有重大文化影响这一意义上，绝不是没有意义的。实际上，在任何浅薄地玩弄概念都无法消除它们的意义上，它们绝不是"无意义的"。因为只有具体地运用那些能够对文化环境进行改造的科学的方法，才能消除形而上学的命题。有一种观点认为，不具有经验证明的命题是无意义的。只有在这些命题声称或自命它们所言不能清晰明白地被理解这一意义上，认为这些命题无意义才是有道理的。这个事实大概就是持这种观点的人想要的吧！在被解释为实际存在状况的表征或迹象时，它可以是也通常是非常有意义的；而且对它们最有效的批评，就是公开它们作为证据的那些条件。

难建立关于独裁政治何以兴起的心理学上的令人满意的解释。我们正生活在这样一个时代，此时情感的忠诚与依恋集中在那些不再对理智的忠诚有支配权的对象上，而理智的忠诚得到了那些在科学探究中获得有效结论的方法的认可，虽然那些在探究的理论基础中有其来源的观念，至今没有成功地获得那种纯粹由情感的热情所提供的力量。现在我们不得不面对的实践问题，就是建构一种文化环境；这种文化环境将为融情感与观念、欲望与鉴定于一身的行为提供支持。

如果说，前面一些章节关于这一研究的讨论，看上去主要强调形成作为评价之源泉的欲望和兴趣的有效观念的重要性，而且注意力集中于被经验事实证明有充分根据的观念因素的必要性和可能性，那是因为，当前关于评价的经验主义理论（有别于先验理论）的阐述，是以将欲望当作一种与观念隔绝的情感为根据的。事实上，在最终结果上，先前的讨论完全没有以理智取代情感的意思。先前的讨论唯一的、完整的含义，就是强调在行为中必须有理智和情感的结合。用日常语言来说，就是强调在行为中要心脑并用；用专业一点儿的术语来说，就是在行动中应将珍视与鉴定相结合。鉴于实际所发生的事实，所谓自然（在不涉及人的意义上的）知识的发展限制了与像光、热、电等有关的人类活动的自由范围的观点是如此荒谬，以至于没有人会支持它。如果欲望也能听命于关于事实的可证实的命题，那么，它在引起影响人类行动的评价方面的作用也能被释放出来。

主要的实践问题是科学的统一问题。这一问题是百科全书目前所关注的问题，应当说，这也是本书所关注的问题，因为目前知识中最大的鸿沟就是人文学科和非人文学科的分裂。因为欲望和所期望的结果，并且因此也包含评价，是人类行为区别于非人类活动的特征，所以，当与个人无关的（impersonal）、非人文（nonhumanistic）的科学结论被用于指导与之相区别的人类行为过程时，也就是说，与个人无关的、非人文的科学结论被用于指导那些在设计（frame）手段和目的方面，受到情感与欲望影响的人类行为过程时，人文学科和非人文学科之间的分裂将会消失，它们之间的沟壑将被填平，而科学将因此不仅在观念上，而且在事实上，明显地成为一个操作整体。另一方面，在专门被用于人文的科学中，被证明有充分根据的关于非人文世界观念是与作为人类特性的情感融为一体的。在这一结合中，不仅科学本身是一种价值（因为它是一种特殊的人类欲望和兴趣的表达和实现），而且科学还是有效地鉴定人类和社会生活所有方面的所有评价的最重要的方法。

"内在的善"的模糊性①

我想提出的观点是，当"内在的"一词用于善及其他哲学讨论的论题时，具有某种模糊性。有时它指在亚里士多德的"形式因"意义上本质的东西，与"存在的"相对立。"存在的"指暂时的、占有空间的，但不是必然的和普遍的东西。我的讨论首先提到的是语言表达的用法，但我不打算赋予这种用法任何拥有立法权的能力。我所谓的这种特殊的用法指词的"内在的"和"与生俱来的"用法。查阅《牛津词典》(*Oxford Dictionary*)的人会发现，这些词有时被用作同义词，这种用法赋予"内在的"一词一种力量来表示属于事物本性或本质的东西。例如，"内在的"一词的第三个界定是："属于事物自身的，或依据其本性的；与生俱来的，本质的；固有的。"显然，这一界定意味着接受了这样一种逻辑的形而上的学说，即认为某些性质必然地、永恒不变地、普遍地属于某些实体，

----

① 没有巴尼特·萨弗利(Barnett Savery)论"内在的善"的文章的刺激，这篇文章就不会面世。事实上，如果不是似乎要使他对他没有说过的结论负责，我会将这篇文章看作他先前文章的某些观点的发展。本书选用的是余灵灵被收录于《杜威全集·晚期著作》第15卷的译本。

而区别于仅仅暂时地、偶然地"被拥有的"性质。在同一词典中，对"与生俱来的"一词的界定使得这一层意思非常清楚："在事物中作为永久属性或性质而存在的……属于谈及的事物的内在本性。"

至此尚没有模糊性的问题。但在这里引述的"内在的"一个重要界定，以下面引自约翰·洛克(John Lock)的著作中的一段文字为例证："银子作为货币，其内在的价值，是赖以作出普遍同意的评估。"这种"评估"显然是易变的和偶然的东西，随着时间和地点而变化。它和由于本身的、与生俱来的、永久的性质或本质而属于银子的价值无关。用亚里士多德的话来说，它是"从属的"性质，随着空间和时间条件的变化而变化。

萨弗利先生的文章引述了 G. E. 摩尔关于内在的善的两个界定或描述。其中一个界定认为，将善称作内在的，是肯定"即便它完全孤立"地存在，也是作为善的事物存在的，这一界定并未超越存在的或非本质的意义。这一事实证明，萨弗利先生关于这一界定是"显然无害的"论断完全正确。但是摩尔也认为，善的事物能否被说成内在的善，"只能依赖于这一事物的内在的本性"。

假设我们不说"善"的性质而说如同"白"那样的性质，如果我说"白"的性质内在地属于我书写用的纸，因为即便纸完全孤立地存在于世界上，"白"这一性质依旧属于它，那么我认为，我只是说出了事实上确实属于纸的性质，而不管这一性质如何属于纸。在这个意义上，"内在的"并没有超出断言时空存在的事实。在这个意义上，我会认为，所有"内在"于事物的性质，它们符合事物发生的时空条件——假设只有这些事物真正地"拥有"这些性质。然而，如果我认为"白"的性质属于纸，是因为纸的"内在的本性"，我就是在完全不同的意义上使用"内在的"一词的。

如果说"善"的适用性依赖于事物的"内在本性"，便无疑涉及这一模糊的词的两种含义。有一点很不明显，即该词的模糊性的影响竟至改变了问题，这很不幸。问题不再是某种事件或存在是否确实具有"善"的性质，与该事件或存在如何具有这种性质无关，而是转变为内在性质或本质的一般的形而上的问题。"善"的内在本性的全部问题于是被看作依赖于另一个问题，即直接与内在的不变的性质或本质的学说相联系的问题。

我不打算讨论后一学说的正确性。显然，任何论述这一论题的人都有权在讨论伦理学问题界定"善"时利用这一学说。但是我认为，遇到这种情况，应当让读者清楚，这一道德界定是根据宽泛的逻辑—形而上学说作出的，其正确性依赖于后一学说的正确性，因此，后一学说需要独立证明所提出的"善"的道德学说的正确性。

不再深入的话，我想，我们会假定，一些论述道德问题的作者会对我所说的内在的"善"的存在的含义和本质的含义作出区分，认为就其非道德的用法而言，"善"等同于满意或享受；这种满意或享受确实作为特定时间和地点的某个事件的性质而存在，它仅仅是在下述意义上是"内在的"，即这一事物在那一时刻、那一地点确实具有或"拥有"这一性质。另一方面，道德的善或许可以被认为是道德的，这恰恰是因为被标志为"善"的东西的性质或本质是永恒的。

我不怀疑，这是一个可以坚持的观点。如果要接受它，当然需要论证的支持，因为有可供选择的不同观点。为了清楚地陈述并清楚地辩护，我提出一种可选择的观点。可以认为，关于作为满意或享受的善的事物的道德问题，只是在下述条件下提出的，即这种享受成为有疑问的，并导致了反思的探索。在这种情况下，对照物被认为并非是下述两种事物的对照，即某种仅仅在"外在的"或偶然的意义上为善的事物与由于其永恒的普遍的本性为善的事物之间的对照，而是直接为善的事物与适用于大多数情况的依赖反思被确定为善的事物之间的对照。我这里并不坚持这是对的。我指出一种可供选择的界定，是为了表明"内在的善"的观点需要被清楚地阐释和证明，以确保它最终不会停留在与尚未阐明的形而上观点相联系的"内在的"一词的模糊性上。

价值判断与直接的质[①]

  菲利普·B. 赖斯先生最近发表于《哲学杂志》
的文章，有许多新经验主义者非常乐于赞同的观
点。[②] 从批评性方面看，他赞同反对形而上的"实
在论"，这种实在论将价值的"客观性"定位于"客
体"中，而客体之所以称客体，是由于与人类行为
缺乏关联。他也赞同反对这样一些观点，这些观
点承认价值观中人的因素，但却以结果是怀疑论
的方法作出解释，即否认了对客体作出任何真判
断的可能性。这些赞同意见是基于赖斯先生的文
章的积极方面的：（1）将真判断的可能性问题，与
得出能够指导生活行为的价值观结论的可能性问
题，看作同一个问题；（2）将判断的"客观性"等同
于可为经验证据证实的可证实性。价值判断是"客
观的"，与其他判断被认为是有效的，具有同样的

---

① 首次发表于《哲学杂志》1943 年第 40 期。这篇文章是对菲利普·B. 赖斯（Philip
  B. Rice）文章的答复。赖斯的第一篇文章见《杜威合集·晚期著作》第 15 卷附录 3，
  第二篇文章见附录 4。本书选用的是余灵灵被收录于《杜威全集·晚期著作》第 15 卷
  的译本。
② 参见《价值判断的"客观性"》（"'Objective' in Value Judgment"）一文（《哲学杂志》1943
  年第 40 期）。

理由，因为它们可以为假设—归纳方法①所证实。这一观点是新经验主义者所主张的。

I

对于赖斯先生文章中的这些观点越感到满意，就越会对赖斯先生引入"主观性"要素感到失望。这种主观性是由与界定"客观性"不同的方法和不同的标准获得的。这些方法和标准根本不同，毫不相干。主观的是根据存在的特殊状态界定的，即只是直接面向某个个人的观察，这种观察通过一种被称为"内省"或"自觉"的特殊认识得来，这种存在的状态因此是"内在的"和"私人的"。于是，一方面，"主观的"依靠假设某种认识论—形而上的"实在"来界定；另一方面，"客观的"依据所有科学探索中发现的证据来界定。赖斯先生不仅使用在"客观性"中被明确拒斥的方法和标准，而且进一步将事情复杂化，认为这种对私人的内在的东西的内省提供了一种价值判断的特殊验证方法，这种验证能够也应当附加到共同观察提供的证据上，诸如在获得非价值命题时那样。这一规定使"主观的"本身根据赋予客观性的界定成为"客观的"！

在涉及客观性问题时，我要先说明一下关于"主观性"的界定。界定"主观性"可以根据用于"客观性"的相同的推理和标准。情况会是这样的：当命题（判断、信念或其他陈述）由因果条件产生时，这些因果条件不具有真正证明的可能和证实的力量，但又被当作具有这种可能和力量，人们亦因此接受并认同这些命题，此时，这些命题便是主观的。在这一界定中，唯一的"假定"就是下述经验中可证实的事实，即所有信仰，不论对错和是否有效，都有其具体的因果条件。在特定的环境下，这些因果条件产生了判断。在某些情况下，这些因果条件可以为形成的命题提供理由或进行辩护；在另一些情况下，它们被发现并不能提供辩护的根据。认识论哲学家在说明幻想、幻觉、各种精神错乱的形式方面费尽力气。但是科学以幻想、幻觉、错乱发生的具体条件为基础继续发展，这些条件能够被发现并被消除或减少，直到它们能够产生并使人接受特定的命题和信念。在科学倒退的状态下，在一般推测未经分析的关于"一个主体"的假

① 由于强调可证实性（verifibility），有些遗憾的是，没有提及莱普利（Lepley）博士关于这个问题的文章。

设下，将具体的可以列举的错误条件混杂在一起，作为存在的特殊的状态，可能是"自然的"。但是科学探索进步了，因为它寻求并发现特殊的具体的条件，这些条件如同保证并证实正确、有效的命题（判断、信仰或其他陈述）的条件一样，严格服从于公众同样的观察和检验。赖斯先生关于价值判断的观点的特征在于，他完全拒绝"客观性"条件下的认识论—形而上的假设，而保留了"主观性"条件下的认识论—形而上的假设。经验主义的一贯观点是，作为事件，主观的东西和客观的东西具有相同的本质。这些事件在相应因果条件能够作为有效根据方面存在差异（根本差异），即它们在能够经受用作证据的要素的检验方面存在差异。

Ⅱ

赖斯先生并没有提供直接的证据或论证，来支持这样一种材料的存在。这种材料是私人的、内在的，因此（本质上是）可以为个别的、排他的、非公共和非社会的"自我"经过观察直接达到的。而且，他参与了另一个观点的讨论，将这一观点的缺陷看作为他的立场提供了根据。由于另一观点被归为我的观点，对这一观点的思考会被看作纯粹为特定观点或群体利益服务的论证，这是一个缺陷。但我希望这一讨论的发展能够较于个人观点，形成两种更重要的观点。其一涉及主观性问题，其二涉及"价值经验"（value experience）的能力的问题，（正如赖斯先生描述的那样）作为确认价值判断的辅助的或"附加的"的证据。

赖斯先生非常正确地将价值判断探究的是"被经验到的客体的条件与结果"这一观点归于我。他也非常正确地指出，这个观点与下述观点是相同的，即认为"客观性"存在于"公众可观察到的条件中和价值经验的结果中"。他进一步断言，我在证据中寻求价值判断的客观性时，方向是正确的。问题在于我在可作为证据并进行检验的材料是什么的问题上没有进一步说明。我的"社会行动主义导致我忽视了一个非常重要的依据，即价值经验本身的直接的质（immediate quality）"。这一论述并没有特别强调这个"直接的质"是私人的和主观的。在这个范围内，讨论直接经验到的性质可作为证据的价值，而排除其所谓的主观性质是可能的。

赖斯先生关于"价值判断"是"关于价值经验本身的直接的质"的论述，是与下述论述相关联的，即既然我承认"'喜好'或'享受'是价值经验本身的要素”，我忽视喜好与享受的体验中可作为证据并进行检验的要素，就是非常奇怪的。

现在我远非只是认为，质上的“享受”“满意”是可作出价值判断的经验材料的要素。我还认为，“享受”和“满意”是可作出判断的所有材料。但是我的价值判断观点的本质部分是：满意、喜好、享受本身不是一种价值，除非以一种比喻的方法，或者举例说明的方法，而使用这种方法时，人被认为注定会遭遇某种命运。因为我并不是断言，人天生地本质上注定会遭遇某种命运；而是断言，人是与正在进行的事件相关联的，对这些正在进行的事件，将来必须作出选择——以预期的参照标准作出选择。因此，享受被认为是与作出评价判断的潜在要素有关的价值，或与即将发生的事件有关的价值。这一认定作为一种比喻是可以的，但当字斟句酌时，它便混淆了整个问题。

赖斯先生对我的观点的批判的奇怪之处是，他明确支持评价判断就其“客观性”而言，可以作为预期的参照，而除非具有证据支持的客观性，我不认为任一陈述都能够被当作一个判断。引自赖斯先生文章的下述思考，肯定会被当作似乎与我的观点完全融洽。我的观点仅仅阐明实际上某物被欣赏或喜爱，这不是对被欣赏的东西的价值的判断。赖斯先生在界定“客观性”时（如我刚才所说，没有声明不是任何词汇的形式都能表示判断），清楚地表明，伦理判断不是关于现在或过去的事实的简单的描述性判断，而是“关于人性的可能性和现实性现状的预言性判断”。他明确声称，说一个行为 X 是善的，不是在孤立地谈论它，而是与整个利益系统或“利益实现方式”相关联；它具有“客观性”，因此将“最终”推动这一利益实现方式“比起其他的利益实现方式，会带来满足的最大化”；X 具有客观性，是因为它指向“超出我此刻的所欲望或喜欢之外的事情”。当仅仅说我强调“条件和结果”“方向是正确的”时，赖斯先生并没有指出，除了在“条件和结果”的基础之外，还能在什么基础上比较并研究与利益系统相关的可选择的可能性。

Ⅲ

那么，我们之间的不同是什么呢？为什么赖斯先生发现我的观点的确有缺陷呢？他同意我关于评价判断的理论的两个主要观点，即（1）这种判断的客观性问题等于对生活行为的合理指导是否可能的问题；（2）客观性是可能的，因为价值判断涉及超出当下特定的喜好或满意的利益系统或利益实现方式。就我的理解，我们之间的不同有两个层面。我的批评者认为，喜好或满意的发生提供了附加的或"增加的"检验证据；由于被喜好的是性质，就其仅仅直接向自我的观察或内省开放而言，它是主观的，或是私人的和内在的。我首先采用他的观点，即满意的直接的质是证明满意是一种价值的证据之必要部分。这个观点似乎与赖斯先生下述学说非常矛盾，他的这一学说认为，价值问题必定涉及满意与利益系统的联系，包括对将来的考量以及对各种行为的一体化功能进行比较和选择。

因此，他的下述论述的说服力似乎就打了折扣，即他认为我的"社会行动主义导致我忽视了一个非常重要的证据，即价值经验本身的直接的质"。我非但不"忽视"它，根据我的观点，整个价值评价过程恰恰专门涉及这一直接发生的性质。赖斯先生自己的论述，大意是价值评价不是对已经发生的事物的描述，而是关于预言的描述，该论述的就像对同一学说的明确认可。其含糊之处在于，将有关直接体验到的性质的证据等同于由直接的质的满足（享受、喜好）提供的证据——不管这种证据与其整个利益实现方式的关系是可疑的，反而把它作为价值评价判断的理由和根据！这一含糊之处在下述段落的假定中显示得非常清楚。赖斯先生认为，由于"杜威承认'喜好'或'享受'是价值经验本身的要素……在经验主义者看来，在寻找价值评价的根据时，将行为的这一阶段排除在研究之外，似乎是极大的疏漏"。这里清楚地表明，从判断拥有的可作为证据并能进行检验的功能中排除直接经验到的性质，相当于从所有认识或关注中排除这一性质，虽然事实上这一现象恰恰是判断在努力确定其自身作为价值的资格时，其内容或其所"关注的东西"！他在批判我的观点时说："无论在其他哪个领域，我们在研究时都不能排除对现象的关注，只专注于其条件和结果。"在我看来，这很清楚，从特定现象的可作为证据的要素和功能到形成喜好这一事实之间，有着不正当的转换：这种转换之所以不正当，是因为它无知地用拥有可作为证据的要素取代无遮蔽地发生的事实，这一事实唤起并要求对其价值状态作出判断。对特定事件其条件和结果的探究，为什么并且怎么样会消除对事件的关注？要理解这一点并不容易。对于无可否认地作为直接性的事件无遮蔽地发生，其可作为证据的价值的以及价值判断的问题就谈这些。

Ⅳ

我现在来谈另一个问题。赖斯先生假设，因为被享受的是直接的质，因此它是"主观的"。无疑，正是这个假设使他相信，根据原因和结果、条件和结果的界定只是部分的界定。在赖斯先生和我自己的用语中，这一界定都被限制在确定无疑地"客观的"要素上。在我关于判断和证实的一般学说中，"境遇"（situation）是关键词，一种境遇被认为具有直接和当下性的质。我认为，如果就境遇的直接的质而言，由于混乱的、冲突的、相对杂乱的性质导致境遇是存疑的，那么境遇就会唤起探究，并最终作出判断。因此，任何被唤起的探究在一定程度上都是成功的，即进一步的观察获得了成功，发现了事实。依靠这些事实，探究在有序、统一的境遇中告终（与原初的、存疑的境遇同样具有直接的质）。在导致这种从一种性质转向另一种性质的转换中，被发现的东西形成了检验其他被包括在观察结果中的理论或假设的资格，即前面提及的假设—归纳方法。

由于目前的讨论并不关注我的理论的真理性，而是关注其本性（nature），所以我满足于仅仅引用一段引文。变换了性质的境遇据说是探究的目标（end），这是"在'目标'意味着'所期望的结果'的意义上，也是在目标意味着'结束'的意义上"说的。①

赖斯先生根本没有论据支持其观点，即认为喜好（满足、享受）的直接的质是主观的。显然他将这一观点看作是自明的。赖斯先生认为，我的理论是有缺陷的，理由是我认为价值判断是根据"条件与结果"决定的，于是不考虑"主观的"东西提供的证据。在我看来，必须指出，依据我的理论，原初存疑的境遇和最终转变为确定的境遇同样是直接性的。这些境遇都不是主观的，也不包含主—客关系。这一事实表明，我的理论恰恰没有"忽视"直接的质，其中肯之处在于下述事实，即如果赖斯先生想要对我的理论进行相应的批判，他应当拿出论据来支持他的观点，即认为至少在喜好与满足的现象中，只有通过对本身是"内在的和私人的"事物的内省或"自我观察"的行为，性质才被直接检视或观察。他应当对他的下述观点作出解释，即提供最初材料的事件（1）不是境遇的自然状况，并且/或者（2）有令

① 参见《逻辑：探究的理论》一书的相关论述。

人满意的证据支持直接性的境遇是"主观的"，而不是先在于、中立于或包含主客之间能够合理建立的区别和联系。因为否认这一首要的和最终的主客关系（这种联系被假设为本身具有认识论—形而上的基础与根据，哲学理论由之形成），是我的一般认识理论、判断理论和证实理论的特征，所以我的价值判断理论只是这种一般理论的特殊情况。

在将我关于这一问题的理论称为我的一般理论的一种特殊情况时，我打算提请注意下述事实，即我否认价值判断作为判断，或探究、检验和证实的方法，具有什么不一样的特征。当然，在与判断相关的特殊事物上，价值判断不同于其他判断。但是在这方面，关于土豆、猫和分子的探究和对于它们的判断，相互之间也是不同的。真正重要的区别在于所谓的价值判断的特殊论题所具有的关于生活行为的更重要的事实。因为与人类这一论题的深度和广度相比，其他判断的论题相对狭窄，只是技术方面的。

V

我感谢赖斯先生，不仅因为他同意我的理论的某些主要原则，而且因为他的文章给了我澄清自己下述实际观点的机会，即"主—客"区别与联系次要的、衍生的性质，以及境遇的首要特征在于境遇对这种区别与联系完全是中立的。在我看来，这种联系在一种直接性境遇转换到另一种有序的但同样是直接性境遇的境遇时，是中间的、过渡的、工具性的，它既不是主观的或客观的，也不是两者之间的联系。

我感谢他，是因为我越来越接近这样一个结论，即不能把握我在这个问题上的观点以及我讨论特殊论题的基本立场，是导致误解我曾讨论过的许多论题的首要原因。布拉泽斯顿（Brotherston）先生最近发表在《哲学杂志》上的一篇文章与此有关。文章的题目是《实用主义的经验主义的特征》（"The Genius of Pragmatic Empiricism"），其出发点认为这一理论坚持"让常识和科学活动领域中的主—客关系［得到公认］，它在探究的一开始就作为一直关注的东西"。根据他的观点，这一理论的代表进一步表明，在开始反思分析这一关系前，研究者对它并没有清楚的意识。他们的错误在于，从一开始就没有明确指出"主观的"因素居于首要地位。现在不论我们是否应当坚持这一观点，事实上它与我们一直持有的观点都十分不同，或许可以把它称为实用主义的经验主义的"坏的特征"。①

我现在重新提及直接的质与价值判断的关系。认为任何一种满足无遮蔽地发生都是价值的证据，这个观点在我看来落入了前科学的方法。皮尔士将这种方法称作同质性方法。在我看来，它也没有清楚地表明，据说私人的和内在的质如何能够被加于公共的质之上，形成可作为证据的整体。这样一种相加或结合似乎是语词上的自相矛盾。这些思考与下述事实并不矛盾，即显著的满足，有时相当于积极的刺激，会限定境遇，而在这种境遇中，最终的价值判断由能够被作为证据的事实来验证。但是，就其作为价值而言，获得充分证实而产生的满足的性质，完全不同于偶然发生的不受证据约束的满足的性质。真正的运用科学方法的教育的主要好处之一，就是促使人们直接感受到这两种满足之间的不同。

---

① A. F. 本特利的另一篇文章《真理、实在与行为事实》("Truth，Reality，and Behavioral Fact")，正确地陈述了这一实际立场，特别是修正了布拉泽斯顿先生对于詹姆斯"中立实体"的误解(《哲学杂志》1943 年第 40 期)。我也许应提一下自己较早的一篇文章——《心灵如何被认知》("How Is Mind to Be Known?"，《哲学杂志》1943 年第 39期)。在较早的文章《现代哲学的客观主义—主观主义》("The Objectivism-Subjectivism of Modern Philosophy"，《哲学杂志》1941 年第 38 期)中，我恐怕没有足够清楚地表明，在谈到作为一种境遇的条件的有机的环境因素时，我所说的是这些因素是境遇**发生**(occurrence)的条件，与**产生**(production)有区别，这一区别是为我们带来有目的的规则下境遇性质(在这种境遇下关系不是获得的)的首要因素。

关于价值判断的进一步论述^①

我感谢赖斯先生给了我进一步澄清我的观点的机会，过去我没能将我的观点表述得足够清楚。^② 我现在试图将论述限定在赖斯先生提出的两个最主要的命题上。第一个命题是，有一些事件本质上具有如下的质，即它们只能够被"内省地"观察到，或为个人或事件发生于他们身上的人自己观察到。这些事件是极为"隐秘的和特殊的"，因此是私人的，在心理学上是"主观的"。第二个命题是，尽管它们具有主观内在的性质，但它们能够被用作证据来判断价值以及具有公共的和"客观的"性质的事实，因此虽然存在主观性，逻辑却

---

① 首次发表于《哲学杂志》，是对菲利普·B. 赖斯的文章的回答。《关于价值判断的进一步论述》被编入《杜威全集·晚期著作》第 15 卷。本书选用的是余灵灵被收录于《杜威全集·晚期著作》第 15 卷的译本。

② 这篇文章为赖斯教授论《价值判断的类型》一文所引出。我在这里补充一条注释：当偶然使用"评价判断"（valuation judgments）一词时，我将这一短语当作一种重复，评价（valuation）就是一种判断（judgment）。（"赋值"如我早就指出的，是一个含混的词，是代表判断或评价，也可以代表直接的喜好、珍爱、欣赏、喜爱等。）由于赖斯先生在他的文章中，将我为了区别于传统的感觉论的经验主义而称之为新经验主义以及科学方法，等同于"工具主义"，因此我也要加上这一注释，即只能将过去和现在的论述等同于"假设—归纳法"。

是"客观的"。[①]

Ⅰ

第一个命题涉及事实问题。这一涉及的事实是，它具有这样一个基本性质，即它与有效地支持价值判断的证据这一逻辑问题没有影响和关联，与其他众多哲学问题也没有影响和关联。于是，我将把它作为一个事实问题讨论，而且我注意到，在赖斯先生的观点中，按照他的解释，这一事实在关于"价值"的判断中起着重要的作用。赖斯先生认为，诸如"形状、颜色、明显的运动"等，具有为许多具备同样条件的观察者观察到的质，因此它们的存在方式是公共的和"客观的"。与这些事例相对立，存在着"肌肉的感觉"、不能表达的思想、有情调的情感等。这些东西只能被个人观察到，或"内省地"观察到，因此是私人的、主观的。在下述论述中，这一观点得到了清楚的表达，即"这些事件的发生与质只能被发生于其上的个体有机体直接观察到"。从生理学上，它们据说是以本体感受器和内部感受器官为条件的，而具有公共性与客观性的东西是以外部感受器官为条件的。

讨论这一事实问题的过程存在一个难点。按定义，讨论中具有这种特征的事件不能为任何两名观察者所共同拥有，因此不能被赖斯先生与我共同拥有。于是赖斯先生非常有逻辑地让我求助于"我自身"［排他性的我自身（exclusively my own）］的"喜悦、痛苦和隐秘的思想"，以此作为私人观察到的事件存在的证据。当我认识到赖斯先生列举的这些事例的存在时，我并没有发现它们作为被观察和被认知的东西是"私人的"或内在的，现在这直接的陈述并不能使讨论进一步进行下去，反倒似乎使讨论进入了死胡同。

然而争论的问题可以被间接地处理。赖斯先生反对我将他的观点描述为"认识论—形而上的"观点。过去我没有解释这一描述。因为我那时没有打算以任何招致不满的方式将之运用于赖斯先生的观点。相反，我打算把这个描述运用于一个传统的、目前仍然普遍被接受的学说，这一学说源于并发展于现代认识论的讨论，在这一学说与存在的两种性质或状态的固有本性有关的意义上，它是"形而上

---

① 赖斯先生的文章还有第三个观点，显然就是其标题。它完全独立于刚才被提到的观点，值得单独加以考量，因此在这一答复中我不涉及。

关于价值判断的进一步论述

的"。如果我正确地理解了赖斯先生，由于他接受并传播这一观点，即有两种状态，一种是心理的和"个人的"，另一种则不是，我便使用了上述这一概括。①

无论如何，我愿意再次表达对赖斯先生的感谢，他给了我尽可能清楚地陈述我对于这个问题的观点的机会，因为正如我在先前的文章中所言，不能把握我的实际观点，看来可能由于误解了我的一般哲学理论中的许多观点。这次重申我的观点，我要从陈述我的结论开始。这就是：各种事件——这些事件是一般在特殊的生物有机体内，如在约翰·史密斯身上，在观察与认识方面发生的事件更直接的条件——其无可否认的中心，被看作证据，证明了作为结果的观察是其自身"个人的"观察。我进一步相信，事件发生的条件转变为（观察的）事件本身的内在的固有性质，这一转变不应被归于任何事实，而是一种较早的、前科学的、主要具有神学起源的学说的延续，这种学说认为，个体灵魂是认识者——即便"灵魂"部分稀薄化为"精神""意识"，甚至被认为是科学合成的，是单个的生物有机体的大脑。

换言之，我并不否认，一种痛苦，如牙痛发生的直接或最近的条件，以及关于认识一个特定事件，如牙痛这样一个事件发生的直接和最近的条件，是以特殊的有机体为中心的。但我确实否认，一个事件发生的因果条件本身就是这一事件的性质或特性。我认为，它们是外在于事件自身的，尽管它们与事件的发生确实相关。我还认为，一种观察的时间与空间界限条件以特殊的生物有机体为中心，这些条件并不位于这个生物有机体内。因为在体外发生的事件和在体内发生的事件都既直接与产生的痛苦有关，也与对作为痛苦的观察有关。

我会从这一观点出发。在区分我称之为事件的中心与其位置时，我头脑中并无任何难以理解之处。每一个发生的事件都有一定的时空延伸，其长度与广度包括所有有关的相互作用的条件。环境条件肯定像有机体条件一样，是牙痛发生的一部分；如其所是，认知诸

---

① 这一问题在赖斯先生最后一篇文章中因下述事实而变得复杂了，即他随意谈论"主观的**方面**和"客观的"**方面**，似乎"经验"具有两方面或两面（一方面是私人的，另一方面是公共的）。我依然将此观点看作"形而上的"，这是在其作为关于存在物本性的一般性的最高概括意义上说的。无论如何，因为我无法假定，赖斯先生对"方面"一词的使用闪烁其词，这个词看来需要解释。赖斯先生关于"肌肉的感觉、隐秘的思想、有情调的情感"的讨论，似乎是将它们当作以自身为依据的事例。

如牙痛的事件确实依赖于认知前者。环境条件和有机体条件之间唯一的区别是，在形成一个完整事件的事件发生序列中，前者占据相对初始的位置而后者占据相对末端的位置。环境条件和有机体条件的出现、起作用，同样在赖斯先生所称的"私人的"事件中被发现，如同在他所称的"公共的"事件中一样。认为语言在没有被其他人听到（没"被表达"）的情况下，其起源、发生和性质是私人的，这种观点十分极端。我相信，除了极端唯我论者外，没有什么人持这种观点。而且，如果某些以特殊的生物有机体为中心发生的事件，证明了以此为条件的事件是私人的和"主观的"这一结论是正确的，那么似乎从逻辑上可以推出的学说就是：感觉到的颜色和明显的运动也是私人的。赖斯先生纠正了我这样一个印象，即他认为诸如此类的性质同样是"主观的"；但我认为，有关坚持所有性质都是主观的理由，这一问题的逻辑与那些对感觉到的颜色和感觉到的痛苦不作区分的人有关。

就问题的逻辑而言，为什么不坚持所有事件都具有排他的、隐蔽的、私人的、自我中心的方面？例如，着火并不普遍发生。它发生于特殊的房子，并可以被限制于单独一所房子：根据代表主观性学说的逻辑，它是"个别的"。除了坚定的泛灵论者外，所有认为不能把着火这一事实归结为主观的，同时牙痛等感觉属于私人方面的人，似乎都有责任指明两种情况的区别。泛灵论者没有这一责任，因为他们自始至终运用同样的逻辑。

最后，如痛苦的事件的发生可以在经过限制的相对的意义上，被恰当地说成以特殊的有机体为中心，这种说法的相对意义与其作为痛苦和作为牙痛的痛苦的观察知识无关。在平常条件下，某个其他人能比我自己更直接地看到"我自己的"牙痛。我想，这一事实不能提供证明，毕竟他所看到的属于他"私人"的方面。在平常条件下，我不能看到自己的后脑勺，这一事实也不能被用来反对下述事实，即毕竟这涉及的是"我自己的"后脑勺。从我现在坐的地方，我可以观察到某些人从他们现在占有的位置无法观察到的事情，这一事实也不能被作为上述事实是私人的和主观的证据。

我所选择的例子大概会引起反驳，说上述感觉和非感觉的条件完全是外在的，对感觉到的事物的性质没有影响。严格地说，是这样的。我的观点是：为什么牙痛直接为这个人而不是另一个人"感觉"到，其原因同样是外在的，根本不影响对诸如痛苦和牙痛事件的观察的性质。我们又回到了区分特定事件发生的条件和对这一事件的观察的性质的问题。

当"感觉"意味着识别与区分一件事是否具有某种界定某事成其为某种事的性质时——正如识别与区分作为痛苦和作为牙痛的事件一样，我们必须学习去看、去听、去感觉。尽管不能十分确信地断言，但下一代人或许可以使生物学、人类学和其他科学所确定的事实取代目前的学说对观察和认识理论的影响，这些学说是在科学达到目前状态前构建的。作为目前站得住的事物，许多仍然作为可靠的心理学知识的东西，是由于它们渗入了在先前的条件下"自然"值得坚持的学说，但这些条件现在在科学上无效了。

在重提对下述事件的混淆时——这些事件在相对有限的意义上是被作为事件发生的条件，还是被作为被观察到的事件的性质，我要说，一般情况下我们确实看不到自己的牙齿或后脑勺。然而，"利用镜子"就很容易看到。虽然在实际操作上不是很方便，但在原则上，牙痛也同样如此。假设两个有机体的神经组织的感受器的某种移植能够成功地实现（像这样的奇异的事件确实发生了），就会存在由不同的观察者同样观察到的条件——这种观察的标准被说成是"公共的"。

关于另一观点，即识别和区分事件如此这般靠的是感觉和观察，赖斯先生合理地承认一个事实，即基于公共认识——如牙医的观察——的感觉，比起没有什么技术知识的观察来说，可能更有效，即便被观察事件的发生条件恰巧以被观察的有机体为中心。事实上赖斯先生承认这点，就非常接近于认可我已经提出的观点。问题或许还在那里。

我要补充说，我相信详尽考察"肌肉的感觉"所表现的状况或许证明是特别有益的。生理学方面的一些性质因肌肉中的神经组织的变化而改变，这种性质的存在是在什么时间、什么环境下被第一次发觉的？我相信，这一事实将表明，虽然事件直接发生在某人的有机体内，但是它们的出现并不是某人直接容易观察的，在一开始，它就是根据对另外的事实的认识得出结论的——这一假定的结论于是通过设立特殊的、能够进行直接观察的条件来检验（一般就如同一个人用镜子感觉自己的后脑勺那样）。

我还要补充说，考察语言的情况，无论是表达出的还是"隐秘的"语言，在我看来，都提供了至关重要的证据。语言是习得的，是在社会或公共条件下习得的，这几乎不需要辩论。如果我们消除传统学说的影响，这些学说的流行要归于传统的力量而不是科学上确认的事实，那么我相信，我们接受下述观点就不会有困难，即它们并非首先是私人的"思想"，继而由于语言的外衣而成为公共的，而是语言、交流使无声的事件拥有了"意义"，当以分割的方法来研究时，这种意义就被称作"思想"。我可以想象，涉及决定"痛苦、牙痛"的意思的语言在赖斯先生看来似乎是不相干的。这个问题太大了，无法在这里详尽讨论。这里讨论的问题在于观察的便利性。为了对"不相干"的观点作辩护，有必要表明，对如此这般的事件的观察不使用语言中公共确定的特征是可能的，并且/或者没有它们，事件就不可能发生的条件与语言的描述并不相干。①

II

前面一节涉及的是事实问题。得出的结论影响到评价理论，只是在结论与哲学论题有关的意义上而言的。在这篇文章中，哲学讨论占据着很大篇幅，这是因为前面的文章提出的问题和作出的批评使得这一讨论成为必须。就我来说，我所得出的结论乍看起来使与评价的证据有关的问题陷入了僵局。因为如果根本没有这种"主观的"事件，那么主观的事件当然不能作为评价的证据或其他事物的证据。

---

① 赖斯先生非常友好地将他发表于同刊的反驳文章的抄件送给了我。因此，我对前面的段落附加了一些简短的注释。（1）我在这篇文章开始时就指出，我要批评的赖斯先生的第一个论题是"**内在的**"和"**唯一的**"的观点，即某些事件是难于达成公共的（如两个人或多数人的）观察的。因为我理解赖斯先生是坚持对某些事件难于达成两个人的观察这一**内在的**特性的。我在他的反驳中并没有发现任何否定这一观点的论述。如果我的理解没错，在通常被引作典型的情况下，即牙痛的情况下，这一观点被撤回了。但是，如果我的理解没错，接下来，难于达成两人观察的内在性观点仍未能收回。（2）我的观点是，这种情况证明，特定事件的观察者的数量是**外在的东**西，正如**在目前条件下**，我是我正在写作的房间中事件的唯一"可达到的"的观察者。（3）我并不把下述观点归结于赖斯先生，即**他**对私人的和公共的事件的区分是依据它们发生的原因条件的。相反，我早已指出，他没有这样做，表明他将在特殊时空条件下难于达到的观察看作内在的和绝对的——如果我正确地理解了"内在的"和"唯一的"。（4）因此，我不采取这一观点，即认为"外在的联系不能被用作事件的'定义性质'"（包括各类事件），我的论断是：这种"外在的联系"中的时空**区别**，是赖斯先生认为与众不同地**内在的**事件和各类事件的整个区别。这一区别就像我在**通常**的时空条件下无法看到自己的后脑一样，完全是**外在的**。（5）我不能肯定，赖斯先生是否打算将下述观点归于我，即我"依据有机体为中心"区分各类事件。为避免可能的误解，我要补充说明我不持这种观点。相反，我的观点是，**所有观察事件都是以有机体为中心的**，而**所有**赖斯先生所称的私人的和公共的事件，在时空上都远远超出了集于其上的有机体自身。这一思考用于补充与观察中的语言有关的话题，因为在观察中事件被描述为**如此这般**。

然而，事实上关于评价的问题并不能以这种颇为随意的方式解决。我并不否认被赖斯先生称为私人的和内在的论题的存在。相反，我们同意，这种材料（不论是主观的还是客观的）是评价所涉及的材料。关于判断这种材料是否可用作证据的问题仍然摆在我们面前。与事实不同的逻辑问题需要讨论。而且，在赖斯先生的上一篇文章中，他的说明有助于界定这一问题。

我尽可能再次强调一下，估价、珍爱、赞美、欣赏、享受等事件的发生，都不在讨论之列。它们对于人类生活具有不折不扣的重要性；这些事件使生活有价值。我并不认为，这些事件必须消除其直接性质，并且经过判断。相反，我关于评价的观点是：只有当下述条件出现了，即引起对它们的价值（而不是它们的发生）的怀疑，才能对它们作出判断。没有一个单独的词汇能够涵盖这种事件的整个范围。用一个单独的词汇省去对被赞美、享受、喜好、珍爱、欣赏的东西的不断重复，是方便的，这一列表远不能包含它们的整个范围。我将使用"被享受的东西"（enjoyeds）一词。我之所以用这个词而不用"享受"（enjoyments）一词，是因为它强调这一事实，即它涉及实际的事件；我们并不享受（enjoy）享受（enjoyments），而是享受人、情景、行为、艺术作品、朋友、与朋友的交谈、球类运动和协奏曲。

在最初的文章中，赖斯先生批评我的下述观点，即评价判断形成于将被享受的东西置于（当然是由探究提供的）产生它们的条件和由它们产生的结果构成的背景中。赖斯先生并不否认，这一操作提供了证据，但他指责我忽略了由被享受的东西的出现提供的证据。事实上，他甚至认为在我专注于条件和结果时，并不关注被享受的东西的出现。我的回答是，我非但没有忽略这一事实，还认为这种事件正是评价的论题；但是由于它们作为价值的未决或不确定的状况恰恰呼唤着判断，根据它们的无遮蔽的出现（in their bare occurrence），便认为它们能够提供证据，这是含糊其词的。

赖斯先生的回答引证了牙痛的例子，认为它直接的并非享受的性质可以并经常为价值判断提供部分证据："'我应当去看牙医'，或者——虽然最初不太可能——'我应该去补牙'。"他继续说："疼痛不像杜威先生认为的那样，只是这种境遇下的一个'不确定的'因素，而是加上我以前对相似的境遇的认识，构成了这种价值判断的初步证据。"我不知道赖斯先生在说我认为疼痛"只是这种境遇下的一个'不确定的'因素"时指的是什么。而且我并不认为，他打算归于我的观点是，疼痛的存在是存疑的。因此，我要重复一遍，如果在价值判断时犹豫，一定是因为在整个境遇中，对表明如何做更好、应当或应该如何做，有着某种疑问。我要加上如果，是因为判断的介入绝不是必需的。牙疼的人或许会将疼痛作为看牙医的尺度；上述事件因此是一个直接的刺激——不幸的是，许多人的做法只是忍受疼痛直到它停止。

赖斯先生观点的要义体现在包含"加上"（together with）这一短语的句子中。他认为，疼痛的性质与以前的认识一起，提供了证据。现在"加上"有一个含义，根据这个含义，这句话似乎对我和对赖斯先生同样是可理解的和明确的。但是这一含义恰恰不是赖斯先生赋予这一短语的。"加上"是一个含糊的短语。赖斯先生赋予它他自己的理论所需要的含义；它自身就是证据，然后这个证据被加到先前对相似境遇的认识提供的证据上。我对这一短语的理解是，我相信，它出现在一个人的脑海中与任何理论都无关。当对一个被享受的事件的判断与其价值有关时，鉴定这一事件发生的价值，其依据是使它的发生摆脱孤立状态，将它与其他事实联系起来，首先是与对过去相似境遇中发生的记忆性认识所提供的那些事实联系起来。由于"加上"这些事实进行考虑，便形成了事件如何更好或事件应当如何的判断。从我的观点出发，赖斯先生赋予这一短语的含义重复了我前一篇文章所指责他的含糊措辞。

虽然如此，赖斯先生对事实的理解导致他限定事件可作为证据的状况；他将它称为"初步的证据"，并谈到为了证实（我料想或是为了拒绝）仅仅是初步的证据，需要寻找"进一步的证据"。我的观点是，这个进一步的证据，恰恰是在下述同样的意义上"加上"上述被享受的东西的。在这个意义上，对先前境遇的认识加上了被享受的东西："加上"就成为决定对它的评价的手段。

赖斯先生为相同的一般类型列举了进一步的例证，涉及关于未来事件的评价。他说，当作出如下判断时，即当说听贝多芬协奏曲或看道奇队和红人队之间的球赛是一种享受时，"部分地是因为我回忆起过去相似情况下伴随着享受，还因为我通过内省发现，我对可能的体验的想象伴随着愉快"。谁也不能怀疑，过去的相似事件证明是享受这一事实提供的证据也很好地证明了下述事实，即在相同条件下，同类的事件在将来会被享受。这没有证明赖斯先生的下述论点，即目前对期望之事的兴趣是附加的证据，而是说明其他事件提供的证据可用于判定这种兴趣作为价值的性质。我只是重申，我认为评价判断并不必须介入。人们可以直接作出反应去球场或音乐厅。除非赖斯先生认为，被享受的每一种情况本身也是作出评价判断的情况，否则根据他的观点，唤起对被享受的事物——假设其无疑具有价值——作出判断的条件是什么呢？

读者会自行分析赖斯先生所举的例证，决定它们是否是下述情况的实际例证，即直接享受的东西在进行价值判断时提供了附加的、甚至是初步的证据；或者决定据说是被附加其上的证据事实上是否是决定被享受的事情的价值的东西。如果我们仅仅限于辩论，而不讨论问题，那我要补充一点：引入"初步的"这一短语本身就足以表明，后一种选择是对事实的描述。

关于价值的几个问题^①

近来关于价值的讨论使我感到气馁。分析为什么会产生这种感觉时，我发现自己之所以感到气馁，并不是因为我个人所坚持的那些见解没有得到普遍赞同，而是由于我感到这一讨论，在确定与价值息息相关的那些问题或重要议题方面几乎一无进展。盖格博士最近的那篇文章观点清晰，它促使我尝试通过澄清那些讨论中潜在的争论焦点问题而为这一讨论做点事情。其中，我之所以注意到那些对这些问题的不同的回答和解决方法，只是因为也许这样能使这些问题的性质更加清晰地显示出来。我不认为我所能做到的对这些焦点问题的形式化表述，不会受到我对这些问题的回

① 首次发表于《哲学杂志》，是对乔治·R. 盖格文章的回应。盖格的《我们能在价值之间进行选择吗？》（"Can We Chose Between Values?"）一文，见《杜威全集·晚期著作》第15卷附录7。本书选用的是冯平的译本。该译本以冯平首次发表于《评价理论》，修改后发表于《现代西方价值哲学经典·经验主义路向》的译本为基础，参考余灵灵被收录于《杜威全集·晚期著作》第15卷的译文，重新做了校订。
本文初次的翻译参考了傅统先生发表于上海人民出版社1965年版《人的问题》中名为《关于价值的几个问题》的译文，并采用了傅先生译文中几个传神的译法。由于同傅先生的翻译在"选词"和个别地方的理解上存在差异，所以为了保持关于杜威的评价和价值理论的翻译在用词和表达方式上的一致性，我没有直接用傅先生的译文。——译者注

答的影响。但是，如果其他人也能把在他们看来具有根本性的焦点问题表达出来，也许，关于这些问题的解决方法的讨论，在达成一致意见方面会比现在①更富有成效。

我就以一个初步而粗略的"清单"开始吧。

1. 如果被人们称作珍爱、珍视、想望、喜好、兴趣、欣赏等的这些态度相互之间是有联系的话，那么它们的联系是怎样的呢？

2. 无论把这些态度中的哪一种态度当作基本的，难道这种态度本身就是价值存在的充分条件吗？或者说，如果这种态度就是价值存在的必要条件，那么评价（valuation）或鉴定（appraisal）的性质还需要其他条件吗？

3. 无论对第二个问题作出怎样的回答，评价和鉴定作为一种判断或/和一种命题，就其逻辑地位或科学地位而言，其性质中是否存在一种东西能使它们与其他命题或判断区别开来呢？当我们说到天文学命题和地质学命题时，丝毫不意味着我们认为，就作为命题而言它们两者之间存在着任何差异。同样，评价命题或鉴定命题所具有的独特性，完全是因为它们的论题吗？

4. 就其广义而言的探究的科学方法②，适用于形成评价或鉴定与评估这类判断和/或命题吗？或者说，在将价值作为研究论题的性质中是否存在着某种固有的东西，而这种东西使我们无法将这种探究的科学方法运用于价值研究？

I

不能假定"珍视""想望"这些词（或第一个问题中的其他一些词）的意义在字面上是一目了然的。企图对这些词全都作出界定是不可能的，也是不必要的。在这里，"珍视"表示一种行为的交互作用。如果将"珍视"一词的确切含义由明显的行动而归结为一种态度，那么我们就必须将所说的这种态度和倾向理解为是针对某些东西或某些人的，而且如果将它们与其针对的对象分隔开，那么

---

① 需要补充的是，我并没有试图列出在结论上有分歧的所有问题。我省略了赋予价值以**超验性**（transcendent）的那种观点，因此，我所说的不会引起那些认为价值具有超验性的人的兴趣。

② 之所以插入"就其广义而言"这个短语，是为了使这一点更清晰，即并没有预先假定所谓"科学的"就是要归结为物理学术语或归结为生物学术语，而是说，像通常在对具体问题的科学研究中一样，所谓"科学的"意味着在研究过程中确定论题的范围。

这种态度和倾向就没有任何意义了。倘若我们在主动行为的意义上理解"怀有（希望或仇恨）""喜好""照料""抱有（希望）""重视""忠诚于""忠实于""执着"等，那么，这些词都是同义的。如果这种意义属于"珍视"，那么第一个问题所关乎的就是：一种确定的行为方式和确定的情形、行为或诸如"想望""喜好""感兴趣""享受"等过程之间的联系（或没有联系）——无论怎样界定"想望""喜好""感兴趣""享受"等。

也就是说，如果给予后面这些词一种行为的描述，那么第一个问题就是同一向度上的不同态度和倾向彼此之间的联系问题，因为它们都是关于行为的。例如，我们可以认为，既然所谓"珍视"或"珍爱"指一种倾向于维持某些在事实上（在时空中）存在的行为方式，那么所谓"兴趣"就代表一种持久的、长期的、具有将原来的趋向不同方向的行为结合在一个系统中的倾向。因而欲望会是一种在"珍视"暂时受到阻碍或落空的时候产生的行为态度，同时享受会是珍视的圆满阶段的一个名称。① 然而，如果我们赋予欲望、兴趣等以非行为的意义，那么就意味着它们一定是指某种"内在的""精神的"东西。利害攸关的争论的焦点问题是在以下两种观点之间作出选择。一种观点认为：从根本上说，赋值是一种行为方式。这种行为方式有助于保持一种独立于对它的评价而存在的东西。另一种观点认为，某种心理状态或心理过程足以使价值产生，而这种价值就是这种心理状态和心理过程唯一完成了的产品。

根据第一种观点，"珍视"（如在这里所理解的那样）具有一定的生物学根基。这一生物学根基在动物的行为中很明显，例如，这在雌鸟抚育孩子的行为中，或母熊对威胁孩子的那些敌人所发起的进攻中就很明显。于是，可以通过衡量雌鸟和母熊投入抚育行为和进攻行为的精力来确定与这些行为相关的"珍视"的强度。根据这种观点，始终有一个事件或一个东西是独立于对它的珍视或对它的评价而存在的。而"价值"是在确定的时空条件下附加这一事件或这一东西的性质或特性。根据主张欲望、嗜好、兴趣，或不管其他什么能使价值产生的那些东西完全是"内在的"或"心理的"的这种见解，似乎要得出这样的结论：如果所说的价值因此只是附加到一个事件和一个对象（在时空中的某种东西）上的，那么这种附加就或多或少源

① 在此用"might"（会）一词是为了说明，我们所做的这些特殊的描述只是解释同类行为的例证，而不是将这些特殊的描述当作最后的事情。

于外在的、偶然的结合。因为，如果欲望或嗜好是一种完全自在的"内在的"状态，那么，我们偶然发现或瞄上的东西，比如说，一颗钻石、一个年轻女子或获得官职，无疑就像一种比较偶然的事件一样是外在的了。

Ⅱ

目前的文献中似乎还有一个基本的争论焦点，涉及评价活动意义上的赋值和评价之间有无联系的问题。无论我们如何理解价值和如何说明价值，价值能离开和先于任何一种赋值的条件而存在吗？倘若价值真的是这样发生（arise）的，那么随着价值而发生的评价活动与先前已经存在的价值是什么关系呢？评价又是如何随之发生的呢？[①] 为什么会随之发生评价呢？也就是说，如果评价有什么作用的话，那么它的作用是什么呢？

考察目前的讨论情况，我们就会发现，在有些人看来，如果没有某些鉴定因素、衡量因素和比较因素的参与，就不可能有具有价值性质的东西产生。另一些人认为，价值可以离开任何鉴定因素、衡量因素、比较因素和诸如此类因素的作用而存在，而且也这样存在了，所以，评价始终完全是在价值受到关注之后才出现的。前面所做的陈述就是以这样一种信念为根据的。

我想，"珍视"和"赋值"这两个词的确是交换使用的。就用法本身而言，这个事实从表面上看似乎表明赋值完全是脱离评价活动的。但是，评价和赋值经常被当作同义词使用这一事实，又足以使这一结论踌躇不前。例如，税务部门的鉴定与评估者据说是对真实财产作出评价的，而且所有买卖财产的交易中都有专门的鉴定者。价值就是由他们确定的，就像价值是由他们鉴定与评估的一样真切无疑。这里潜在的争论焦点就是："价值"是一个表示独立存在的实体的名词，还是一个表示一种在特定的情况下附属于某种先于评价而独立存在的物或人的特性或性质的形容词？如果我们接受第一种见解，那么说"一颗钻石或一个心爱的人，或拥有一个官职具有价值"，或者说"它是一种价值"，就是断言：两个分离的且不相同的实体以某种方式建立起了一种联系。如果我们接受第二种见解，那么就会认

---

① 杜威在这里用了不同的词表达了中文都可以翻译为"评价"的意思。为了更准确地表现杜威的用意，本文将"evaluation""evaluating""to value"都翻译为"评价活动"；将"valuation"翻译为"评价"，将"valuing"翻译为"赋值"。——译者注

为：一个东西借助一些可以确认的和可以描述的事件，获得了一种原先不属于它的性质或特性。根据这种观点，一个东西原先不好也不坏，当有人主动地喜好它、保护它或设法使它继续存在的时候，它就获得了价值的性质。这就像一个东西原先是硬的，加热后就变成了软的一样。根据这种观点，价值性质就失去了人们经常赋予它的那种貌似神秘的特征，而成为像其他自然事件一样，能够根据因果条件加以辨认和描述的东西。①

前面提到，鉴定活动（评价活动）与赋值经常交替使用。这并不是说：珍视这种直接的行为活动与评价财产和其他商品那样的活动是没有区别的。这两种活动明显不同。之所以提醒大家注意这些词在用法上的共通性，有两个理由。其一，它明确地提出了评价与价值的相互关系问题。评价对先前得到评价的东西有影响吗？能对它们作出规定吗？所谓"得到评价的"，意思是被珍视、被想望、被喜好、被欣赏（享受）。或者说，评价命题仅仅是表达人们实际上珍视（想望、喜好、欣赏、看重）一个东西或一个人这一事实吗？如果仅是如此，那么仔细考虑和权衡还有什么用处？是不是人们不时会提出这样的问题：是否应该继续看重（想望、喜好）先前非常看重（想望、喜好）的东西？在这种情形中，之所以进行反思性研究（仔细考虑和权衡），就是为了确定被讨论的事或人的价值。

其二，它提出了这个问题：直接的赋值与评价活动的间接性之间不可否认的区别，表明它们两者是彼此分离的，还是各自有不同的侧重点？如果直接的赋值是以一种认识因素，即对事物性质的认识或对人们评价过的东西之性质的认识，作为珍视、看重、想望、喜好的根据，那么赋值和明确的评价活动之间的不同，就只是侧重点上的不同和程度上的不同，而不是固定的类别上的不同。因此，鉴定或多或少就是珍视中已有因素的系统化的发展。如果赋值完全是一种非理性的活动，如果它不以任何被称作"客观的"东西作为基础，那么赋值与评价活动就是彼此分离的。在这种情况下，需要解决的难题就是确定评价（1）只是对已经完全在那里存在着的东西的"实在论的"理解；或者（2）只是对既成事实的语言表达，而不是任何意义上的命题；或者（3）如果它确实全然参与了后来的赋值结果的构建，那么它是如何设法做到这一点的。

---

① 如果真的采取这种解释路径，人们就会指出：价值性质的出现在起源上、功能上是连续不断的，不仅与保护和延续现存过程的生理活动是相继的，而且与在一些混合物的变化中维持稳定性的物理—化学的交互作用也是相继的。

Ⅲ

第三个问题直接是从刚刚考虑过的那个问题衍生出来的。对这一问题可以做如下陈述：评价命题，作为命题，是否具有独特之处或与众不同之处？（如果评价命题只是向人们宣布已经存在的事实，那么就不会提出这个问题，因为评价命题所传达的只是事实，所以它不是命题。）评价命题作为命题，是一种具有独特性的命题，这不只是因为它们的论题。在讨论价值问题的文献中，这一直截了当的说法并不常见。但是，如果不是已经假设了这种主张（虽然没有直截了当地说出来），那么，经常谈到的那些见解和提出的那些论题几乎就没有任何意义了。让我们来看一个典型的例子。

时常可见一些讨论事实和价值关系的文章。如果在价值与事实的关系这一标题下，所讨论的论题是价值—事实与其他事实的关系，那么，就不会有我们刚才提到的那种关于评价命题独特性的假定。但是，任何读了专门讨论这个问题的文章的读者都会注意到：价值与事实的关系问题之所以是一个争论焦点或一个需要解决的难题，就是因为有人认为，价值命题由于某种原因，是命题的一种特殊类型，这种命题本质上就与关于事实的命题截然不同。在目前这一论题如此混乱的情况下，我想，澄清问题的最好办法，就是明确地陈述"价值的命题不是关于时空事实的命题"这一假定的根据，明确地讨论这一主张将导致的结果。除此之外，我想不出更好的办法。如果有人提出地质学命题与天文学命题的关系问题，或提出流星命题与彗星命题的关系问题，那么任何人都会认为这个"难题"是两个不同系列的事实之间的联系问题。我深信，改善目前讨论价值问题的这种令人不满意的状况的最好办法，就是明确而清楚地说出为什么涉及价值就假定要用不同的方法。

Ⅳ

最近，出现了另一派理论家，他们极力坚持：关于价值的真正的命题和/或关于价值的真正的判断是不可能的，因为价值所具有的性质使我们完全不能用认知的方式处理价值问题。简而言之，这个学派认为，关于价值的语言表达都具有感叹惊叹的性质，那些语言所表达的仅仅是喊叫者占主导地位的情绪状态。这种喊叫可以用言辞扩展为一个句子，以表达一种欲望、一种嗜好或一种兴趣。因此，他们认为，所能提出的具有认知或理性性质的唯一问题，就是这种语言表达（不管它是一声短促的喊叫还是一个扩展了的句子）实际上所表达的是否就是说话者的情绪状态，或者是否意味着说话者想以掩盖或歪曲自己真实状态的方式误导他人。

可以根据这一事实推断出这一立场的实践意义，即根据这一立场，价值问题上的分歧既不可能得到裁决，也不可能进行商谈。价值问题上的分歧就是最终的事实。用坚持这一立场的一个人坦率的话来说，如果想根本解决价值问题上重大的最终的分歧，唯一的办法就是"当头棒喝"。有一种见解认为：一些"内在的""精神的"状态和过程足以使价值事件产生。这一见解是前面一种立场合乎逻辑的结论。在这里，我不提出这一立场在什么程度上可以得出这一结论的问题。现在，我只想指出：目前在赋值问题上的严重的分歧，事实上是被当作只有诉诸武力才能得到解决的问题，而且这种观点已经得到了经验的支持。两个国家之间的战争，一个国家内部不同群体之间的争斗和阶级之间的斗争都是如此，只不过采取了不甚明显、不甚完全的方式而已。在国际关系中，除了战争之外，当人们承认"应由法院受理的"与"不应由法院受理的"的纠纷之间有最终的分歧时，实际上就接受了这种观点。

不可否认，这个特别的问题具有极其重大的实践意义。如果不带偏好地使用"偏执"这个词，我想可以对这个问题作以下陈述：难道价值事实就是一种偏执的事实？这种事实具有如此之强和如此独特的性质，以至于不可能根据任何可能的对根据和结果的考虑而对它作出纠正？争论的焦点不在于是不是实际上人们把一些价值当成了这样一种偏执的事实，而在于人们之所以这样对待价值，是因为价值事实本身呢，还是因为一种社会文化现象。如果其原因是一种社会文化现象，那么就可以通过社会文化的改变来扭转对价值的这种看法。如果原因出自价值事实本身，那么就不可能通过探究而理性地解决人们在具有重大社会意义的赋值问题上的分歧。也许这种分歧不会总是导致公开的冲突。如果这种分歧现在还没有表现为公开的冲突，那只是因为人们相信公开的冲突不可能获得成功，或者认为公开冲突的代价太高，或者认为公开冲突的时机尚不成熟，或者认为越是迂回的方式越能够有效地实现所期望的胜利。

第四个问题显然是与前面讨论的那些问题相连的。如果赋值完全地绝对地是由本质上抗拒探究与裁决的因素构成的，那么我们就不得不承认，除了在手段方面最能保证在一些彼此相冲突的评价和价值中取得胜利之外，我们不可能使赋值超越无理性的野兽的水平。但是，如果我们在回答第三个问题时已经确定，每一种珍视、每一种想望等诸如此类的事例，都包含一些以"客观的"作为基础的评价因素和评价方面，那么，评价的这些因素和方面本身就有可能成为被珍视、被想望和被欣赏（被享受）的对象，这将通过有效地削弱兽性和非理性的因素而实现。

就此而论，我们似乎应该注意坚持赋值具有完全的非理性特点的那些作者。他们先是接受了那种关于价值的"内在的"心灵主义的理论，然后进一步赋予这种就像气体似的东西比三角钢还硬的抗御力。尽管我上面简要陈述的这四个问题，在目前的讨论中或多或少有所表达，但是我刚才说的这个事实，使我又提出了另一个问题（这个问题是由我独立地提出来的）。这个问题在关于价值的文献中并不常见，不过，也许比那些常见的问题更为根本。这个问题就是：价值、评价属于那种可以在依其所述具有"个人"性质的心理学基础上进行研究的那类问题呢，还是毫无疑问地、完全彻底地属于那种只有在社会文化的因果关系中才能有效地进行研究的社会文化问题呢？①

---

① 写完这篇文章，我发现在艾耶尔的《经济进步论》一书中，特别是在此书第73页到第85页、第90页、第97页，这个问题已经被作为对于经济学理论来说具有根本性的问题提出来了。

伦理主题与语言[①]

       这篇文章的标题所指明的论题，集中关注史蒂文森教授在其近作中提出的特定议题。[②] 既然我的文章明确批评这一特定议题，我感到有责任一开始就表明某些观点。我认为，这本书总体上不仅应该赢得伦理学研究者的关注，而且应该赢得他们的支持。大家一致同意的观点如下：（1）我们非常需要更多关注明确表述伦理判断的语言；（2）伦理学研究应当"源自人的知识整体"，因为这种研究的材料不适合专门化；（3）伦理学研究一直受害于"探索最终建立终极原则"——这一程序"不仅完全遮蔽了道德问题的复杂性，而且提出了静止的、超尘脱俗的标准，以取代具有灵活性的、实际的标准"；（4）"伦理学问题不同于科学问题"，

[①] 首次发表于《哲学杂志》1945 年第 42 期。本书选用的是余灵灵被收录于《杜威全集·晚期著作》第 15 卷的译本。

[②] 参见查尔斯·史蒂文森的《伦理学与语言》(耶鲁大学出版社 1944 年版)。我愿表明，我受惠于亨利·艾肯(Henry Aiken)博士对该书的评论。他的这篇评论亦发表于《哲学杂志》。由于他对史蒂文森关于态度和信仰关系的讨论在我看来具有结论性，所以我只能另辟蹊径。

应该审慎地注意到它们不同的方式。①

　　"问题"一词词义非常模糊，因此把握其双重意义是极为必要的。该词的一种含义是，道德问题与科学问题的不同不仅被当作一种让步加以承认，而且被当作伦理论题的和伦理判断的特征加以坚持。这两种问题在这层含义上的不同，即便不是老生常谈，在认为伦理学是实践的或"规范的"学科时，也通常是被接受的。但在这一意义上，"问题"就与职责、功能、效用、力量等同义；它涉及在上下文中"实践的"的指称，涉及伦理判断的客观性。陈述、接受或拒绝伦理判断的人试图实现这一功能和效用，就此而言，是不同的兴趣将伦理判断与传统所谓科学兴趣的判断区分开来的。虽然这种不同决定着被选择作为伦理判断的特定内容或论题的特定事实，但它不构成这一论题的组成部分。伦理判断的不同效用或功能，使某些事实而不是另一些事实被选择，这些事实以某种特定的方式而不是以其他某种方式排列或组织，这种说法是一回事。同样的命题适用于将不同科学相互区分——如将物理学与生物学区分开——的不同事实。将功能和效用的不同转换为伦理判断的结构和内容上的不同成分，这是完全不同的另一回事。这种转换事实上便是史蒂文森的处理方式。

　　我可以进一步预见随后的讨论进程。我要指出，我看不出如何能够否认下述说法，即完全满足伦理判断的职责和功能的那些判断，其选择的适当的必需的论题，能够承载（并且确实能承载）这样一些名称——诸如贪婪—慷慨、爱—恨、同情—憎恶、尊敬—漠视——所认定的事实。这些事实通常被总称为"情感"，或被更学术地称为"情感动机"。承认（和坚持）伦理判断的这一特征是为这些判断的功能或效用所要求的特征，这是一回事。认为这一论题不能也不需要描述，不需要那种属于"科学的"判断的描述，这是完全不同的另一回事。我相信，考察史蒂文森对"情感的"（emotional）或他所使用的术语"表达情感的"（emotive）东西的特殊论述将表明，他认为下述事实——实际上充分的理由被用于真正的伦理判断，以修正影响并指导行为的情感动机的态度——等同于承认上述判断中有认识能力之外的成分存在。简言之，（可描述的）实际理由在真正的伦理判断中用作工具，以影响行为动机并因此指导和重新审视行为，这一事实

――――――――――――――――

① 引文均出自《伦理学与语言》；"问题"和"方式"是我所强调的。读者在下面将看到，它们是我讨论的重点。

似乎将一种完全不服从理智或认识考量的因素纳入伦理判断的特殊论题。[①] 人们会完全同意，伦理判断（就关注其目的和用途而言）是一种"指向人的意动—情感的天性"的"辩护和劝告"。这些判断的效用和目的都是实践性的。但待决的问题在于实现这一结果的工具。我重申一遍，将目的转化为工具的固有组成部分，使得在真正的道德判断中，目的依赖这种工具得以实现，这是一种激进的谬见。我认为，将"情感因素"附加于给出的理由，仿佛这一伴随的因素是判断的固有部分，不仅在理论上是错误的，在实践中广泛运用时更是道德衰败的根源。[②]

Ⅱ

先前的一些段落在某种程度上事先使用了随后的讨论所得出的结论，主要试图通过说明结论不是什么来揭示问题的本质。奇怪的是（或许除了由于前面提到的模糊性外），引证一段单独的论述——其中明确表述伦理判断本身包含两种独立成分，一种是认识的，另一种是非认识的——并非易事。不过，很容易找到下述类型的论述："在最典型的规范的伦理学的语境下，伦理学术语既具有表达情感的功能，又具有描述的功能。"[③]在这样的段落中，"功能"一词出现了。于是，我便要直接讨论史蒂文森赖以得出他关于伦理判断具有非认识的成分这一结论的特定根据。他关于根据或理由的陈述与符号和意义的讨论有关。单独地"表达情感的"符号和意义存在的证据包括：（1）对非语言的事件，诸如叹息、呻吟、微笑等的说明；（2）对语言事件，诸如感叹词的说明。除非表达情感的意义的发生能够独立实现，否则，完全排除描述性指称（和描述性意义）这样一种要素才会当然地出现在伦理判断中。接下来我们将集中讨论这一点。

我要无删节地引述以下关键段落：

---

① 把"真正的"一词运用于文中，是因为**声称**为伦理的判断无疑经常利用认识之外的"表达情感"的因素影响行为，因此破坏了实际列举的证据。此外，某些理论，如康德的理论，在下述方面已经走得很远，使得直接的、排外的"律令"要素成为所有伦理判断最重要的部分。

② 我不想过分强调这一点，但的确印象很深。史蒂文森关于道德判断的"意义"的论述，有时受"意义"一词模糊性的影响，即"意义"既有意图或目的的含义，又有符号表征的含义。

③ 我们的确有诸如"独立的情感的意义"这样的表述，意思是当"描述性的"意义变化时，表达情感的意义仍旧保持一致。

词的表达情感的意义最好可以通过将它与笑、叹息、呻吟和所有类似的通过声音或手势进行的情感表达进行比较和对照，来加以理解。显然，这些"自然的"表达是证明情感的直接行为征兆。笑直接"宣泄"为它所伴随的欢乐。这种宣泄方式十分密切，不可避免。如果笑被突然制止，某种程度的欢乐也会被抑止。同样，叹息即时地释放了忧愁；耸肩主要表达了满不在乎与无动于衷。我们绝不能仅仅因为这个缘故，就坚持认为笑、叹息等真的是语言的部分，或认为它们有表达情感的意义；但仍然有一个重要的类比：感叹词是语言的一部分，它们确实具有表达情感的意义，它们像叹息、尖叫、呻吟以及其他能够"宣泄"情感或态度的行为一样……表达情感（emotive）的词，不论关于它们还能说出什么，都适用于"宣泄"情感。就此而言，表达情感的词与那些指谓（denote）情感的词是不同的，而与"自然地"表现（manifest）情感的笑、呻吟和叹息相同……为什么"自然地"表现情感在这一更广泛的含义上被赋予意义（正是在这层含义上，"退烧有时意味着逐渐康复"这样的自然事件具有意义，这种意义据说比任何语言学理论所发现的意义都更宽泛），而感叹词——它们的功能与"自然地"表现情感相同——则在更狭隘的含义上被赋予意义？

对于史蒂文森对这最后一个问题的回答，即为什么"自然的"符号的意义不同于语言符号的意义，相关讨论将被搁置，直到关于感叹词和叹息、呻吟等的下述说法被采纳，即二者的类似之处在于都仅仅表达情感，因此没有相应的"指示物"。一方面，上述事件被说成宣泄（vent）、释放（release）；另一方面，它们据说是征兆（symptomatic）、显现（manifest）和证明（testify）。在后一种身份中，它们一定是认识含义上的符号。上文使用的"表达"（express）一词，似乎是一个居间的、模糊的术语。就"表达"意味着传达（convey），它无疑是一种认识符号；就"表达"意味着"排出"（squeeze out），它与宣泄类似。

现在，我将宣泄和显现分列为两类情况，一类与符号相关，另一类与符号无关，而史蒂文森的处理方法是将宣泄或释放的明显事实等同于符号。另外，他将宣泄不仅作为一种表达一般情感的符号，而且作为一种表达特定情感——不适的呻吟和忧愁的叹息等——的符号。我不知道，如果没有一套成熟的（为语言所命名的）已知事物系统所提供的帮助和支撑，它们怎么可能被看作或当作这样的符号。我的这一评论并不意味着下述事实无足轻重或同义反复，即我们需要语言赋予它们名称；我的意见是，想要赋予它们一类事件的名称，即表达情感，并且赋予它们这类特殊事件的名称，不进行确认和区分是不可能的，而确认和区分与下述事件有关，这些事件超出了单纯的宣泄。的确，它们远远超出了单纯的宣泄，是只有成人才能做或理解的事件。也就是说，只有对可能"描述"的事物颇为熟悉的人才能做或理解。

在讨论感叹词作为语言的符号时，如果可能，这里提出的观点会表现得更有说服力。这一讨论占据着重要的战略位置。因为既然感叹词是语言符号，如果能够证实它们具有意义，具有独立地"表达情感"的意义，那么这种"意义"是伦理判断的组成成分这一观点，就获得了事实根据。史蒂文森提供了证据，说在语言符号的一种含义中，"符号的'意义'是当人们使用符号时它们所指示的东西"，对于这种意义，可以用"所指"一词来替代，它是描述性的。他继续说，然而，一些语言符号还具有另一种含义。一些词（如"唉"）是无所指示的，但的确具有一种意义，即"表达情感的意义"。这里我们至少对于"表达情感"的语言符号是什么，有了一个否定性的规定。其确切特征是缺乏所指（referent）。它表达了一种意义，像叹息宣泄了一种情感一样。它表明，有些符号并不与指谓情感的词相同，而是与"'自然地'表现情感的笑、呻吟和叹息相同"。然而这一段落，包括这一段落的整个讨论，都既将一般意义上"被称为情感的东西"，也将特殊意义上不同的情感（欢乐、忧愁等）称作感叹词作为符号的所指！如果这不是"指谓"、标明（designate）或命名，我不知它还能是什么。这里的指谓只能凭借确认和区分而发生，没有确认和区分，被称为感叹词的声音充其量不过是发声事件——当然，即便只是将一个事件确认为"发声"事件，也只可能通过一系列"指称"来命名它。

以咳嗽作为"自然的"符号，很容易进一步深入这一讨论。"咳嗽可能意味着着凉"是一个无可否认的事实。但当有人说咳嗽作为一个自然符号缺乏"为实现交流目的的确切条件"时，我们犹豫了。作为自然的事件，咳嗽可能不是着凉的符号，我可以说，这是一个无可否认的事实。咳嗽在没有确切条件的情况下用作符号，我可以说，这是不可能的；只有在下述条件下似乎是可能的，即在爱丽丝的梦游奇遇中蛋糕上印有"吃掉我"字样的类似情况下。例如，把医生制止常见的咳嗽的根据，看作许多不同的生理条件的符号。当然，这并不能得出结论说，咳嗽是传统的语言学含义上的语言符号。但它确实能够引出下述结论，就其作为符号或与标志符号有关的资格说，它与语言符号一样。如果不是在语言符号的某种关联中，并由于这种关联能使咳嗽代表自身之外的某物，认为咳嗽能够作为着凉的符号，似乎是非常值得怀疑的。由于出现在语言作为另一要素的整个关联中，咳嗽不仅发生了，还获得了指示事件的能力。没有这样一个指示能力，它就缺乏符号的特性。值得注意的是，一个词在成为符号之前，最初是独立于符号存在的自然事件，是一种声音或存在于空间的标记。

至此，重点落到下述方面，即某些自然事件、叹息等，据说都像某些语言符号，即感叹词一样的符号。值得注意的是史蒂文森为下述认定给出的理由。他认定这些符号在一个重要的方面是不同的，正是这一重要方面使得感叹词成为语言。在回答上面列举的问题时，即为什么情感的"自然表现"在其他自然事件具有意义的"更宽泛的含义"上具有意义，我们发现了如下论述："感叹词的表达，与呻吟或笑不同，是建立在它们的传统用法的习惯上的……可以说，各种语言中人们都会发出呻吟，但只在英语中发出'ough'。"同样，据说感叹词作为讲话的有组织的语法形式，"引起了语源学家和语言学家的兴趣，而后者（呻吟等）只引起生理学家和心理学家产生科学兴趣"。"只引起生理学家和心理学家"产生兴趣的这些词却见于这样一个段落，其中，符号研究者怀着明确的兴趣来讨论它们，将它们作为某种相关理论的证明！被证明的是它们作为符号及其与标志符号有关的资格；被列举的是研究它们的特殊群体。涉及特殊的"训练"或"条件"的情况意味着什么对语法学者等人和对生理学家不同。将一样东西称为 H_2O 和水，涉及的就是这种训练。

史蒂文森将呻吟当作内在的表现、表达，当作某物的符号，即表达情感的符号。他这么做基于以下假定，即事件的开始存在两种东西，一种是情感，另一种是情感的宣泄或释放。但在第一个例子中，只有一个完整事件，这一事件发生的顺序与排尿一样：婴儿在小床上不断翻转，不停地哭喊，水流汩汩。这完全是行为主义者的行为，不是情感及其释放。上述任何事件都可以被看作及用作一个符号。但它是成为（become）一个符号；它不是在事件一开始时就是一个符号。它如何成为一个符号，在什么条件下被当作代表它自身之外某物的符号，这样的问题在史蒂文森先生的论述中甚至没被提及。如果讨论了这个问题，我们就会明确，上述条件就是行为交互作用的条件；在这种行为交互作用中，其他事件（被称作"所指项"，或更通常被称作"客体"）是与并非符号的单纯事件共同伴随的事件。

　　"唉"和"嘻"对不同的社会群体成为符号的条件，根本不是使两者具有符号特征的条件，也不是两者是同一事件即忧愁事件的符号的条件。我并不想列举词典作为最终权威，但词典的表述具有提示性。在《牛津词典》中，我发现了下述表述："唉：表达不快、忧愁、遗憾或担忧的感叹词。"除了处于会发生同样事情的复杂境遇之下，它表达了这类情感所在（at）、所关（about）或所属（of）的任何其他条件吗？此外，这四个词并非同义词。脱离了其属于、关于的"客体"的共同存在，脱离了描述性的语境，如何能分辨"唉"是表达这四种意思中的哪一种？正如某些语调、手势、面部表情是为了欺骗观众和听众而伪装出来的，正如"实际的"反应若要符合事实，就需要将这种情况与真实情况相区别，我们也需要区别感叹词真实的意义和伪装的"意义"。《牛津词典》在上述引文之后的文字是："偶尔同与格宾语或 for 连用。"我认为，"偶尔"一词仅指明确表示的语言惯例；若与格宾语在语言学上没有明确界定，那是由于它是言者与听者共有境遇的一部分，因此言及它是多余的。至于使用"for"，我们能在下述说明性引文，即"唉，我为你的灾难哭泣""唉，既为这一行为，也为其原因"中发现这样的情况吗？即除了与灾难性、损失性、悲剧性事件，或某种悲伤的原因或哀悼的行为有关外，"唉"还有其他意义吗？我认为，当读者看到"情感"一词时，有可能想到愤怒、恐惧、希望、同情等事件；在想到这些事件时，他必然想到其他事情——与这些事件密切关联的事情。只有以这种方式，一个事件，无论是一声叹息或一个感叹词"唉"，才能具有可确认的、可被承认的"意义"。然而这正是史蒂文森的理论所拒斥的！

　　史蒂文森的理论，即所有意义都是一种"心理反应"。他以其一贯的谨慎与坦诚，使我们形成了一种心理反应，这无疑是他的情感反应理论的显著特征。他将感受（feeling）和情感（emotive）说成同义词，进而说道："'感受'一词指示一种情绪状态，这种状态流露出其当下内省的全部特性，而无须逻辑推理。"既然要有一种意义是"表达情感"所独有的，就必须这样来看，因为没有"所指"，也就没有这种意义。只有断言一种情感——不仅指它是一种情感，而且指它是一种忧愁、愤怒等——在其发生时无掩饰地自我流露其全部特性，使用"属于（of）、关于（about）、对于（to）"等来指示的事实才能被作为不相干的事实加以排除。在此一般地讨论"心理"问题，以及特别讨论"内在地"自我流露的问题，是不可能的。我必须满足于指出：（1）这些假设在史蒂文森的学说中所处的核心地位；（2）事实上，它们只是假定，但被当作理所当然可普遍接受的事情，因此不需要证据，也不需要论证，只需要说明。①

Ⅲ

迄今的讨论对于考察史蒂文森的书的论题——伦理语言，只是一个开端。如果他对情感表达的"自然的"和语言的解释失败，后一个理论就失去了主要的支撑（就意义的两重性被归为伦理语言而言）。值得讨论的是他的伦理语言理论的影响。他的总体观点可以用以下这句话来公正地表述："在最典型的规范伦理学的语境下，伦理学术语既具有表达情感的功能，又具有描述性功能。"②在承认"描述性"方面，史蒂文森超出了那些否认伦理表达具有任何描述效用的人。③就此而言，史蒂文森的论述是一种决定性的进步。我就从否定这一有争议之点出发吧。史蒂文森说："伦理学术语不能完全与科学术语相比较。它们具有准规则（quasi-imperative）的功能。"现在（正如前面所言）争议并不涉及上两句引文的第二句，也不涉及下述陈述的正确性，即"规则判断和伦理判断更多用于激励、改变或重新确定目的和行为，而不仅仅是描述目的和行为"。争议之处在于，具有效用和功能的事实是否使得在论题和内容方面，伦理学术语和判断不能完全与科学术语和判断相比较。我相信，就效用而言，上述引文中的"更多"还强调得不够。就通常运用的伦理判断而言，可以说，伦理判断的整个效用和功能是指导性的或"实践性的"。争议的焦点还涉及另一个问题：如果判断真正具有伦理性质，这一目的如何实现？对于史蒂文森提出的观点而言，还有一个可选择的关于伦理判断的理论观点：就非认识的、在认识范围之外的因素被归为自称真正的伦理学判断的论题和内容而言，这些判断恰恰因此被剥夺了某些性质，而这些性质是判断成为真正的伦理判断所应具有的。

---

① 在史蒂文森先生第三章的标题中，"心理学的"和"实用主义的"是同义词。他这样使用，有赖于莫里斯（Morris）对皮尔士的符号和意义理论所作的非同寻常的解释的权威性。我将在《哲学杂志》上另文讨论皮尔士的理论与莫里斯的误解，以说明这里未加详察的问题。

② 我忽略了"功能"（function）一词的使用，因为我们已经考察了该词含义的模糊性。

③ 他在脚注中列出了包括最重要作家的参考文献。

让我们注意某种程度上一种类似的情况。善辩的律师经常诉诸诉讼程序来为受到犯罪指控的当事人辩护，诉讼活动经常包含非认识要素，这些因素对陪审团来说有时比事实证据或叙述证据更具有影响力和导向力。在这种情况下，我们能说，这些手段，诸如声调、面部表情、手势等，是法律判断之为法律判断的一部分吗？如果在这种情况中不是，为什么在伦理判断中就是呢？因此，值得注意的是，至少在某些情况下（可能在所有情况下），科学判断具有实践职能和功能。在某种科学理论由于有对立的观点而引发争论的情况下，无疑也是这样。当然，被列举的证据被采用或打算被采用，是为了确证、削弱、修改、重新确定为他人所接受的命题。但我怀疑，是否有人会认为，有时伴随着列举理由以改变旧观点的热情是科学命题的论题的一部分。

超出认识范围的手段无疑被用来实现一个结果，这一结果只是在下述意义上是道德的，即"不道德的"一词被包含在"道德的"范围之内。许多现在被当作不道德的命题，在从前很长时间里被认为具有绝对的道德性质。有一种很明显的迹象表明，超出理性范围的因素在早期形成判断和使人们接受判断的过程中起着过于强大的作用。党派偏好、一厢情愿等在今天，不仅在使人们接受判断方面，而且在确定被人们接受的判断论题方面，都起着巨大的作用，否认这一点是愚蠢的。但我也必须指出，这些事实显然只是在下述意义上是"道德的"，即"道德的"一词包括反道德和伪道德。如果道德理论具有某种特殊范围和重要功能，我认为，就是批判在特定的时间或在特定的群体中流行的习惯语言。如果可能，应该从相关论题中排除这一因素作为成分，代之以提供取自那一时代知识整体的相关部分的准确的事实或"描述的"证据。

我的结论就其是个人的而言，无足轻重，但可以说明前面讨论中的立场或原则。史蒂文森接受了我在讨论价值判断时关于"应当"（to be）一词的用法，而伦理判断是价值判断的一种。他发现我在使用"应当"时有一个特点，即被迫承认伦理判断的准规则"力量"。我没有明确赋予它们导向力量，但在史蒂文森先生看来，我似乎必须赋予"应当"一种预言力量。因此，他得出结论说，我关于价值判断的说法在某种程度上的合理性应归因于下述事实，即我允许"祈使句中的应当"与"预言性的应当在某种程度上复杂地结合在一起"。

我开始时说，不论我关于"将要"或"预言"如何论述，都与我在价值评价中关于曾经和现在的论述相同，即由于主张某些"应当"是在应该做的事的意义上使用的，因此价值评价只与给出可描述的事实理由或根据有关。我曾认为，我一直坚持需要依赖整个相关事实的知识去探究"条件和结果"，表明条件和结果的职能是以合理的方式决定应当的情况的。显然，过去我没有澄清这一点，现在我很愿意重申一遍：价值评价命题与选择什么目标有关，与遵循什么样的行动路线有关，与采取什么样的方针有关。说明劝说采取某一行为的根据和理由，在道德上是必要的。这些根据和理由作为条件，构成了报告发生了什么、现在如何的事实判断，构成了对如果某些条件被用作手段将会带来的结果的估价。因为在我看来，关于应该做什么、选择什么的判断只有在下述逻辑意义上才能被看作句子、命题和判断，即这些话仅作为事实根据支持被劝告、规劝、建议去做的事——根据事实证明值得做的事。

不幸的是，许多道德理论，其中一些在哲学上具有很高声望，都以规范、标准、理想来解释道德论题。根据这种理论的提出者的观点，这些规范标准和理想根本不具有事实的地位，于是遵循它们的"理由"就在明确宣称为超验的、先验的、神圣的、"超尘脱俗"意义上的"理性"与"合理性"中。根据那些理论家的观点，给出在其他科学探索和讨论中找到的类似理由，就忽略了什么是真正道德的，而是将其贬低为一种"审慎的"、权宜的"策略的"东西。据此，伦理学只能在下述意义上是"科学的"，即赋予"科学"一词极为神秘的意义。在这个意义上，一些作者认为哲学是唯一最高的科学，具有超越次级的"自然"科学的方法和能力。鉴于这种道德理论的流行，历史地看，就理论的否定部分而言，终究会有人对这些理论家的话信以为真，这是不可避免的；他们会宣称，所有道德判断和道德理论都是超出科学范围的。史蒂文森看到，伦理判断中有一个部分需要并能够进行和其他科学探索一样的验证和发展，这是其处理方式的优点。正是由于这一积极的贡献，在我看来，值得批判地考察他的理论中向这一方向迈进却又半途而废的部分。

《人的问题》导言：
人的问题及哲学的现状^①

  一个与哲学教学与著述有关的组织——美国哲学学会——的委员会最近印发了一份报告，恳请"考察哲学的现状及哲学在战后世界应发挥的作用"。这一要求来自非专业的洛克菲勒基金会（The Rockefeller Foundation），后者会提供经费支持。这一事实表明，这一题目被看作不仅与专业有关，而且与公众有关。这一要求为下述委托给委员会的任务所证明：要求委员会研究"哲学……在发展共同体自由的、沉思的生活中的作用"，也要求委员会讨论"哲学在自由教育中的作用"。该报告的标题是"美国教育哲学"。

  这一标题表明，委员会的研究被限制在受委托的两项任务的较狭窄范围内。该报告很少超出这一范围，便证明了这一点。"我们要做什么？我们认为我们正走向哪里？"在提出问题之后，报告的导言继续说："在我们当代的环境中，没有这样一种被称为'哲学'的具有权威性的、被普遍接受并由适当的发言人代表的学说。我们有哲学和哲

---

① 首次发表于《人的问题》(1946)一书。本书选用的是余灵灵被收录于《杜威全集·晚期著作》第15卷的译本。

学家，但他们正是在哲学上对于我们要解决的问题意见纷纭。"委员会由于坦承这一点而受到信赖。但就利害关系超出了哲学家的圈子而言，我相信，我强调的内容比报告中的其他文字更能揭示哲学的现状和作用。

这是一个有力的声明。作出这一声明的原因是：使委员会无法解决被委托的两项任务中更重要的哲学界内部的分歧，是共同体分歧的混乱和冲突在理智形式上的反映。这是因为哲学是如此学术化，完全不触及实际生活中的问题。我们在谴责哲学家们不能取得一致意见之前，应当记得：由于世界现状，他们之间取得一致意见会被证明是积极的。

因此，我建议在人类意义上讨论哲学现状。在哲学家圈子中和在学院的哲学教学中，构成体系和学说的各种结论都有其位置。但对于大众来说，与哲学家正在试图做并且可以做什么这个问题比起来，这些不同是微不足道的。大众的兴趣集中于下述问题：哲学的特殊目的和任务是什么？它如何与今天人类面临的利害关系问题相联系？

I

讨论可以从下述事实开始，即当代确实存在一种哲学，认为自身具有"能被公众接受的发言人"断言其内容的"权威性被普遍接受的学说"。在报告中，这种哲学的代表并没有出现，这一事实揭示了现代生活的深刻分裂。这种哲学是一种制度的哲学，这种制度主张承认神的起源和神的支持及指导。它的学说被认为具有权威性，因为这些学说来源于超自然的启示。报告列举的各种哲学系统地阐述了一种观点，根据这种观点，哲学学说应该依据以下根据来阐释——这种根据独立于超自然的启示，不需要任何特殊制度作为其机构。超自然的神学哲学形成于中世纪。报告所列举的哲学其形成不是由于解释旧的哲学的态度和兴趣，而且此种哲学在很大程度上是反对那种态度和兴趣的。

概括地说，哲学内部的这种分歧表现了现代生活中旧的因素和新的因素之间、超自然的因素和可被称为世俗的因素之间的分裂。正是这种条件，使得马修·阿诺德（Matthew Arnold）在一代人之前就将现代人说成：

在两个世界中徘徊，一个世界已经死去，
另一个世界又无力诞生。

然而，我们在陈述哲学的现状时必须注意：就哲学的目的和任务而言，神学哲学与某些世俗哲学至少有着基本的一致。拒绝超自然的起源与基础，当然形成了巨大的不同。但是，报告所列举的哲学信条在很大程度上——虽然并不只是——坚持认为，哲学的首要目的是认识更加包罗万象、更基本、更终极的存在(Being)或"实在"(Reality)，而不是认识由"特殊的"科学工具或方法提供的知识。因为根据这一观点，科学——可能数学例外，是处理暂时的、变化的、偶然的事物的，哲学则致力于认识永恒的、本质上必然的东西。这种东西极其重要，是终极性的，它本身就能确保断言由少数认识形式提供的真理。

深刻的分裂这一事实，而不是谁对谁错的问题，在这里非常重要。由"现代"带来的生活中的分裂，极大地违反并背叛了过去的实践和信条，一切事物都受到了影响。在政治上、实践上导致各国政教分离的运动就是证明。工业和商业的发展，以流动性取代了由一度盛行的习俗统治的相对静止的条件；这些发展引起了对中世纪教会统治时期至高无上的利益和权威的挑战。在自然和历史知识方面，新的研究方法深深地动摇了宇宙论、物理学、生物学、人类学理论，神学哲学认同了对于历史的认识。积极的科学与神学之间、世俗与神圣之间、现世利益与永恒利益之间的分裂，带来了下述特别的分离，这种分离以"二元论"的形式决定着在历史意义上"现代"哲学的首要问题。

有关这些现代哲学的最明显的事实是：现代哲学在政治、工业和科学方面表现出后中世纪运动(postmedieval movements)的影响力，但并没有使旧的、古典的观点降服，后者认为，哲学的主要任务是寻求某种实在，这种实在比科学所揭示的事实更基本、更具终极性。结果引发了近几个世纪关于认识工具的争论，这种争论导致形成了不同的哲学学说。哲学的目的和任务是实在，这一实在被假定在形成科学的各种可靠认识的论题背后并超越这一论题。由于这种观点，"认识的可能性"，即认识之所以能够发生的条件，成为哲学的首要"问题"。实际的认识越丰富，相互矛盾的哲学就越以提供"认识的基础"自居，而不使用众所周知的知识去指导它发现和完成自己的任务。曾经被赋予哲学的以寻求智慧为名的任务，日益后退为背景。众所周知，在用于人类生活的智力行为方面，智慧与知识不同。哲学的困难源于这一事实，即这种有效的认识越是增长，哲学就越致力于不再是人类的切合实际的任务。

实践问题深深植根于人类，因此也是当代的精神问题。实践问题的范围和强度日益增加。它们实际上覆盖了当代生活、社会问题、工业和政治的各个方面。就在这一切发生之时，哲学将它们置于从属于未经证实的认识问题的位置。同时，实际的认识，由于发明创造和工业技术带来的科学在生活中的运用，得到充分发展；而认识未经证实的基础与可能性，只是无关紧要的职业兴趣。忽略这些迫切问题而专注于对积极的人类关怀无足轻重的问题，其最终结果说明了哲学已经日益陷入普遍的不信任；反过来，这种不信任在决定哲学在世界上的作用时又成为关键因素。

不管在科学和人类事务方面具有基本重要性的条件发生什么变化，哲学所能够做的，仍旧是忽略认识的实际的和可能的结果而专注于认识的条件吗？致力于对科学的成果进行系统研究，研究它们为什么会成为今天的状态，研究仅仅通过没有运用科学探索的制度媒介影响生活环境的这种科学方法之所以有限的原因，研究科学的成果如果得以运用其结果可能怎样，这种研究才有希望对培养共同体中自由的、受到很好检验的、事实上理由充分的态度起到某种作用。

II

在当今条件下，科学方法影响着大众生活于其中的具体的经济条件；但科学方法并没有被用来自由和系统地决定道德目的、人道目的，这些目的是由令人向往的实践条件、由目的和价值观的实际状况提供的。因此，更重要的事情被留给了具体的习俗、成见、阶级利益和传统来决定，这些条件被掌控它们的人所拥有的最高权力牢牢固定。在这种条件下，哲学近来的一个运动特别需要关注。这一运动持下述观点，即哲学关注的是最高的实在，而在探索最高实在时主要从数学与类似数学的符号学中得到启示，完全拒斥哲学以寻求智慧为名的活动。这一运动将现代哲学对政治和道德论题的实际忽略，转变为系统地从理论上否定理智关注它们的可能性。它认为，具有最高最深远意义的人类实践事务是价值观与价值评价问题，因此它们在本质上不可能由理智来判定：既不能根据理智的理由来辩护，也不能根据理智的理由来非难。这一运动以最引人注目的形式保留了古希腊的观念。根据古希腊的观念，理论本质上高于任何一种形式的实践——后者是由与永恒的存在相对立的变动不居的事物组成的。但是，上述运动又比古典学说更进一步。古典学说认为，实际事物是有关物质的较低级的知识。现代的哲学运动认为，道德方面的事情，关于它们具有"内在的"价值还是"以自身为目的"，这完全超出了认识能够达到的范围。

当代思想界这一流派的著名成员最近写道："人的行为，其无数重要方面，依赖于他们关于世界和人类生活的理论，依赖于他们关于善恶的理论。"但他也写道，人们关于"善恶"的观点纯粹是好恶的问题。它们完全是私人的和个人的问题——用哲学术语说是"主观的"——因此不能用"客观的"根据来判断。好恶不受认识的影响，因为好恶处于难以揭示的私密层面。"外在的"或"工具的"价值可以用理性来估价，因为它们仅仅是工具，不以真正的意义为目的。作为工具，它们的功效可以由能够经受科学检验的方法来确定；但它们服务的"目的"（真正的目的）是群体、阶级、宗派、种族或某种团体的非理性的好恶事务。

全世界的人们在机遇与相对不利的地位方面实际或具体的条件，他们的幸福和痛苦，他们"在许多方面对善恶"的看法，根据这一观点，都为单纯的工具的事物所决定。而且，据说他们对于其最终目的完全是任意的、不负责任的，尽管这些目的都是人类所珍视的！结果必定是由好恶决定的，反过来，好恶又由非理性的习惯、习俗以及阶级和宗派对强者与弱者的权力分配决定。如果人类的生活环境继续以现在的速度发展，在这种具体环境下进行调控，地球上人类可能的命运会怎样呢？无论这一学派关于终极实在的"理论"观点多么深奥，其学说的这一部分对或错的确是公众所关注的。

假如这一哲学被普遍接受，以"禁止科学"为目的的运动就会大大得到发展。因为根据这一哲学，"工具"价值观正源自科学。根据这一哲学，使用原子能毁灭人类，与将它用于保障人类生活更安全更丰富的和平工业，这两者之间在智能的运用与检验方面没有什么区别。这一事实并不能证明这一学说是错误的；但它的确表明，必须严肃地思考这一学说自身赖以成立的理由。价值与价值评价问题无论如何都已经被提到我们面前。这里提出的挑战，会使得这一问题在未来一段时间成为重要问题。

同时，这样一种风气如同会产生这一学说一样，几乎自动增进超自然的神学哲学。因为神学哲学也认为，终极目的是超越人类的发现和判断范围的；但它又认为，天启提供了足够充分的补救方法。在像现在一样不平静的年代，否认任何自然方法和人类方法能够最终判断善恶，这样一种哲学将有利于下述一些人。这些人自认为拥有高于人类、高于自然的探索终极目的的可靠工具，特别是声称拥有确保那些接受他们断言的真理的人能够达到终极的善的实际方法。

<h2 style="text-align:center">Ⅲ</h2>

哲学现状的另一形态也需要注意。它批判最近的运动所倡导的东西，肯定这一运动所否定的东西。它完全打破了下述哲学传统，即认为对最高实在的关注决定哲学探索的任务。它声称，哲学的全部目的和任务是被称作寻求智慧的历史传统——寻求为我们人类行为提供指导的目的和价值。它认为，所谓科学，并不是把握永恒的实在，而是运用我们最好的认识方法和结论，为指导这一探索提供工具。它认为，这种应用的现存界限会随着检验认识的方法的拓展而变动，这类方法界定了从物理学和生理学问题到社会和人类事务方面的科学。这一运动的不同方面，以实用主义、经验主义和工具主义命名；这些名称并不重要，重要的是它们关于哲学探索的特殊目的和任务，以及如何实现这一目的和任务的观念。

指责它天真地相信科学，是忽略了下述事实，即它认为科学本身仍旧处于婴儿期。它认为，科学研究的方法尚不完备；科学方法只有扩展到人类关注的所有事物的所有方面，才能达到成熟。它认为，现代许多可以挽救的不幸都源于研究和检验方法的错误，以及片面的应用。这些方法组成的东西有权被称作"科学"。它认为，哲学在当代的首要任务是解决现存的问题，包括关于方法的自由设定的问题，以这种方法带来必需的社会变化。

关于哲学的目的和任务的这种观点，包括综合（comprehensiveness）和终极（ultimacy）等词义在运用于哲学任务方面的确定的变化。在哲学被当作获得关于"实在"的认识的努力时，即获得高于与具体科学有关的认识时，赋予这些词的意义现在已不复存在。在特定的时间地点，在引导人类善恶行为方面存在的问题非常重要，具有战略重要性，因此是名副其实的、终极的和综合的。这些问题需要我们给予最系统的反思和关注。这种关注被称为哲学还是其他名称，并不重要。根据探索已经掌握的最好的、经过检验的种种资源，给予这些问题以关注，对于人类具有极端重要性。

涉及刚才提及的地点和时间，应该很清楚，这一关于哲学职责的观点与下述观点无关，即认为哲学的问题是"永恒的"。相反，它认为，这样一种观点妨碍倾向于首先要有利于保护不断重复出现问题的实践，这些问题在原来的社会条件下是适时的，但现在不再迫切了——除了从历史的观点出发。历史的观点在哲学上与在其他人文领域一样重要。但当它被允许垄断哲学活动时，便窒息了哲学的生命力。永恒被当作回避时间的避难所，而人类生活是在时间中得以延续的。这一永恒可以提供一种安慰。但是，情感与安慰不应等同于理解与见识，也不应等同于理解与见识所能提供的指导。

这一运动被指责为在下述意义上增进了"相对主义"，即将相对主义等同于缺乏标准，因此等同于增加混乱的趋势。的确，这一运动认为，既然哲学问题不是永恒的，就应该与当时当地的紧急事务相联系。如果"哲学状况"是指其现状，它就必须解决当代的问题。"相对性"一词使哲学家成为不敢批判"绝对主义"的稻草人。在整个历史上，每一个阶级都以发表绝对宣言的方式来保卫自身的利益不受检查。社会上的狂热分子，不论是右派还是左派，都以极端绝对的、不受怀疑和质询的原则为堡垒。绝对是孤立的东西；孤立的东西是不能通过考察其各种关系来作出判断的。上述运动的这种相对性特征，是标志整个科学研究的特征。因为科学研究也认为，它唯一可使用的"标准"是由事物之间的实际关系提供的；当这种联系一般化时，它们只被给予"时空"的名称。

对时空关系的依赖性，是科学研究取得的所有成就的特征。假定它们仅仅停留在特殊性上，那是愚蠢的。相反，它们永远趋向一般，因为只有一般性需要更广泛的联系，而不是沉浸在无穷的空虚中。因此，正是使用权威的研究方法和结论作为考察价值的工具的这种哲学，目前在调控着人类习惯、制度和各种努力。假如时空关系与判断当前迫切的问题有关，那么时空关系的跨度就不能太泛太长。隔离和局限事物的并非"相对性"，而是绝对主义。实际上，绝对主义攻击相对性的原因在于，寻求事物间的关系是摧毁各种绝对主义在各处所获得的、免除受考察的特权地位的可靠方法。

Ⅳ

前面的论述需要说明，这场哲学运动以什么样的特殊问题取代了那些它认为无关的、妨碍哲学在当代世界扮演其可以担当的角色的问题。如果我说，至少哲学应当清理门户，这似乎是在回避人类的问题，而退回到专业哲学的技术事务中。如果哲学学说中需要清除的东西不是人类现状中成为障碍或导致偏离的东西，情况应该是这样的。这是一个尚未完成的说明。心物分离，将被称作"观念的"和"精神的"东西提升为最高存在，将被称作"物质的"和"世俗的"具体物降低到最低的地位，这种理论是经济和政治上的阶级分裂在哲学上的反映。奴隶和工匠（他们并不比奴隶有更多的政治自由）从事"物质的"生产，即良好生活资料的生产，但却不能分享良好的生活。自由的公民完全不需要从事这些卑贱的活动。当然，随之而来的是理性的、理论的高级知识与低级的、卑贱的、惯常的实际知识之间的分离，以及观念的东西和物质的东西之间的分裂。

我们已经摆脱了奴隶制和农奴制；但目前生活的情况仍然使人忘不了下述分离，即低级的、卑贱的活动与自由的、观念的活动之间的分离。一些教育家认为，他们坚持他们称之为自由的学习与称之为机械的、实用的学习之间的固有区别，是在提供一种服务。从这种区别发展出来的、有巨大影响的经济理论习惯于为经济的、商业的与金融的事务独立于政治的与道德的事务提供辩护，并且现在已经超越了这种辩护。与当今条件相关的哲学在清理自身学说方面有艰巨的任务，因为这些学说似乎在为这一分离辩护；科学和技术（科学的运用）根据某些措施和政策可以完成比以往更人性和更自由的任务，但上述学说阻碍着这样一些措施和政策的形成。

当代哲学可以很好地解决这类问题的上述例证，与另一个问题紧密相连，事实上，这另一个问题是同一个问题的另一形式。当今流行于哲学专业内外的观点是：内在价值与外在价值、终极价值与工具价值之间的区别，是工具与目的之间分离的理智形式。这种哲学上的"二元论"，是前科学、前技术、前民主条件下的哲学在当今哲学中的投影；这一投影造成了极大的障碍，因此必须被全部消除。另外，如果哲学家想在清理当今科学和技术时利用潜在资源，以便在人类事务中发挥其真正自由的职能，他们就有艰巨的、吃力的工作要做。

因此，以自身为目的的观念，区别于被称为仅仅是工具的目的，代表着目前肯定成为障碍的先前的社会情况。在理论方面，突出的是在科学处处以关联性取代绝对性之后，哲学仍然保持绝对性。当将自身看作现代的、脱离禁锢的——像以前描述的那样——哲学完全保留了这样的观念时，即认为确实存在着作为目的而非工具的事物，该观念所支配的这种认识就明显地表现出来。只要放弃这一观念，支持下述认识的理由就全部消失了，即认为在理论上，道德目的不能像技术目的那样为同样"客观的"事实所决定。根据民主精神去打破"较高等的"和"较低等的"之间的固定区别，还必须有哲学上的进步。

考察价值的这一方面，是为了引入另一项渴望在当今世界发挥作用的哲学工作。使价值完全超越有根据的判断的一个理由是：价值具有主观性。任何学哲学的人都不需要被告知，在现代哲学中主客二元论的影响有多大。在现代科学的早期，这种二元论确实具有实际作用。科学有许多要与之斗争的敌人。科学采取了下述策略，即建立认识的心灵和自我的"内在的"权威，以反对习俗和既定制度的"外在的"权威。当科学进步表明人是自然的一部分而非与自然对立的存在物时，仍然坚持这种主观和客观的分离，便成为妨碍理智地讨论社会问题的主要障碍之一。如果哲学要在推动对社会问题的研究方面发挥作用，就必须在哲学上完全接受下述事实，即现在根本没有理由去固化事物主观和客观的划分，这是首要条件。

正在讨论的问题关系到哲学今天必须从事的艰巨的、我们中很多人不同意的工作。这一工作要依靠尽可能严谨的批判性的思考去消除那些迂腐的态度，那些态度阻碍了从事哲学的思考者把握目前的机遇。这一工作在哲学现状中是批判性的，或是承担的任务的否定性方面；但它不仅仅是否定性的，也是哲学能够做和应该做的工作积极性的和构建性的方面。哲学自身不能解决当今世界矛盾与混乱的问题。

只有全世界成员联合起来，才能从事这一工作——建立和平制度条件是其显著特点。但是，需要理智工具作为行动的观念或计划。从事这项工作所用的理智的工具需要经过消毒和打造。这一工作与尽快打造工具密切相关。实际运用理智工具解决当今人类问题，是防止它们生锈的唯一方法。用已经完成的工作来考察和检验，是使这些工具免于与传染病的黑点接触的方法。所能提供的计划、措施与政策仅是种种假设，这一事实只是哲学及其探索态度和探索精神的另一个例证，这种探索态度和探索精神在其他领域的科学探索中赢得了胜利。

仅仅是在数个世纪以前，物理学还处于今天的历史学感兴趣的状态——它在方法和论题上远离我们今天称为"科学"的状态。创造和使用新方法的障碍，一度并非仅仅在理论方面。旧的信仰和旧的认识方法与传统习俗和制度相关，以至于抨击其中之一就被当作抨击另一个。然而，还是有一些人有勇气不仅对几个世纪以来所接受的结论进行彻底批判，而且对几个世纪以来的立场和方法进行彻底批判。此外，他们还提出了种种新的假设，以指导此后的物理学探索。其中一些假设涉及的范围非常广泛，以至于它们在今天被认为是"哲学的"而非"科学的"。尽管如此，这些假设最终如同上述的清理工作，在引导探索进入正确的路径时无疑起了作用，使探索沿着这一路径得到了可靠的、经过检验的结果。

今天，就在探索中如何有效地处理问题而言，社会问题与三百年前的物理学问题一样。目前需要像数百年前进行物理学知识革命那样，对流行的方法和习惯作出系统的、综合的批判，并提出丰富的假设。我们不仅有这种需要，而且有良好的机会。现在研究社会问题的障碍，比起中世纪研究天体问题要大。最初的步骤是使人们普遍认识到，所谓认识，包括大多数无可置疑的科学认识，不是独立于社会活动的，而是本身即社会活动的一种形式，就像农业或运输是社会活动的一种形式一样。因为认识是人类从事的活动，正如人们耕地和行船一样。从批判或"清理"方面看，彻底地拒斥所有下述学说，即把认识和心灵与被称作个体自我的孤立的、自我封闭的东西联系起来的学说，是必要的。从肯定方面看，这最初的步骤要求系统地考察生物学和社会学方面的自然条件。据此，认识才得以进行。

这一工作是准备性的工作。总的来看，哲学正在清理门户，进行某种程度的重构。重要的工作是使人们明白，经济、政治、道德和宗教方面的社会条件一直将科学研究首先限制在自然学方面，其次限制在生理学方面；这些条件圈定了科学研究的范围，致使人类最为关注的广大领域被当作似乎是神圣不可侵犯的，而不被具体的研究沾染。牢固地确立并加以巩固的对待经济事务、对待工业和商业的习惯，作为与道德的"终极"目的没有内在联系的工具，具体说明了这种圈定理论，并使这种理论在实践中长久地持续下去。

结果是，在最重要的社会实践形式中被误认为道德理想的东西过于"理想"，以至于成为乌托邦。这些理想被当作个人的劝告，有时则辅以实际应用或威胁使用的奖惩力量。"物质的"东西和"理想的"东西的分离，使后者失去了杠杆作用和推动力，并阻止以前者的名称命名的事物为人类提供它们所能提供的服务。生理学与其应用已经在公共卫生方面得以实现，作为例证，尽管有限，但足以说明合格的探索方法和结果可以为人类的各个方面带来益处。被称为实用主义的哲学，曾协助打破了教育领域里"实用的"和"自由的"教育之间的分离，因为这一分离既限制了前者，又限制了后者。认为"职业的"教育不可能是人性化的，这种看法如果不是实际上非常有害，倒不失为一种幽默。

政治理论和实践提供了另一个例证。自由主义曾一度从事解放事业；但它受到绝对论者传统观点的影响非常深，以至于发明了建立在与"大写的社会"相分离的二元对立基础上的"大写的个体"的神话。它掩盖了这一事实，即这些词汇事实上是命名人类特征和能力的名称。它把名称所指示的东西变成独自的存在。因此，它掩盖并阻止人们认识下述事实：这些特征和能力的实现，依赖于人们诞生和成长的具体条件。在这种影响下，个体与社会成为现成的内在的事物的名称——并没有在本质上区别于下述信仰，即相信超自然的本质，而自然科学知识方面的新运动在从事其工作之前必须攻击和清除这种超自然的本质。

V

为了进行说明，在前面的论述中，我已经展现了一些系统的、一般性探索的任务。任何探索，不论名称如何，都承担着这种探索、批评和构建的任务，都不必担心其在世界上的作用。在结束之时，我要就这一任务将不得不面对的环境条件说上几句。我会从一位著名美国思想家写于一个时代之前的著述中引用一段话，以说明一个对比。乔赛亚·罗伊斯（Josiah Royce）说："当你们反思你们在世界上所做的事情时，你们是在进行哲学思维。当然，你们正在做的事情首先是生活。生活包括激情、信仰、怀疑和勇气。批判地研究这些东西意味和包含着什么，就是哲学。"

假如习惯、约定、制度，与之有关的是激情，诸如怀疑、信仰和勇气，也包括在哲学的任务中，那么这种观点与我所说的相差无几。但我们马上会想到要注意的另一个问题。这段话继续说："我们感到自己置身在一个有规律和有意义的世界中。然而，为什么我们对于世界的实在和价值的舒适感仍是要经受批评的一件事呢？这种对生活详尽彻底的批判，就是哲学。"在后面这段表述中，罗伊斯假定人们生活于其中的世界是具有意义和价值的，以至于我们不能不感觉其舒适。因此，哲学的任务仅限于通过系统的和彻底的反思，为哲学认为理所当然的事实提供合理的理由。

从这位思想家写下这些话至今，时代变了。这些话或许表达了过去大多数典型的社会制度共同的假定和目标。但是，它们被写在特别充满希望的时期，所以很容易作出对于价值、意义和统一秩序的假定。我们现在生活在这样一种情况下，世界对于我们似乎是疏离的，而不是舒适的；在这样的时代中，科学认识的趋势改变了我们从前对"最有权威的规律"（overruling laws）的信仰。在大多数实践问题中，最普遍的感觉是不安全。有这样一种哲学试图表明，我们所处的世界与一切"表象"相反，实际上是一个有稳定秩序的、有意义的和有价值的世界。这种哲学的态度颇像神学宣教的态度。

哲学还有一项工作要做。由于转向思考为什么人与人现在如此疏远，哲学为自己设立了职责。它或许会提出大量丰富的假说；如果这些假说被用作行动计划，它们将为人们的下述探索提供理智的指导，即寻求使世界更有价值、更有意义、更舒适的种种方法。在教育、经济、政治、宗教生活的所有阶段，探索都致力于缔造马修·阿诺德所断言的尚未诞生的世界。当代哲学最适当的工作就是助产，这是苏格拉底两千五百年前就为哲学指定的工作。

价值、价值评估与社会事实[①]

贝努瓦-斯穆尔扬（Bonoit-Smullyan）先生近期
在《哲学杂志》上发表了一篇文章，题为"价值评判
与社会科学"（Value Judgments and the Social Sci-
ence）。他在文章中说，关于社会科学能否得出评价
性结论的争论如今看来已经过时。研究社会发展进
程的科学是否有可能指引人类未来社会发展进程，
这是个非同小可的问题。这样重大的问题不可能一
下子就过时，尽管到目前为止，讨论这一问题的部
分方式方法确实应该被抛弃。作为直接行为的评价
与作为针对这种行为所做的种种批评考察之评价，
两者之间是有区别的，这是我曾经所持的观点。人
们针对我的这一区分继续进行讨论，很容易让我觉
得是无聊的重复。尽管如此，我还是想就贝努瓦-斯
穆尔扬先生的文章，进一步谈谈我对这一问题的看
法。由于本文基本是一篇驳论，所以本人完全同意
他对实证主义学派的严厉批评。这一学派一边以列

---

① 本文未发表的打字稿，现藏印第安纳大学（伯明顿校区）理利（Lilly）图书馆手稿部
A. F. 本特藏品室，共 9 页，日期标注为 1945 年 6 月 20 日。本书选用的是汪洪章被
收录于《杜威全集·晚期著作》第 16 卷的译本。为保持全书在一些重复率较高的词语
方面的统一，编者对汪洪章译本的个别词语、标点稍作改动，特请译者谅解。

维-布留尔(Lévy-Bruhl)为代表，另一边以纯粹主义者为代表；他在文章结尾得出的一些颇有见地的结论，本人也基本同意。但是，我认为他支持那些结论的理论立场和观点似乎大有问题。

I

请允许我重申一下我以前说过的话："赋值"一词极其模棱两可。在日常言语中。该词既可指重视、珍重、珍爱、对……依恋、忠贞，又可指专业评估。后者属于评判性质，即对已经发生和计划发生的直接珍视行为进行慎重乃至全面的检视。在日常言语中，上下语境已经表明该词是在何种意义上使用的，因而不至于产生严重的歧义。我认为，哲学在讨论价值和判断意义上的价值评估时，情况并非如此。在哲学讨论中，论者由于没能向自己和读者交代清楚上下文的语境脉络，因而所发议论常常显得缺乏说服力。结果，珍爱、敬重的特点被转交给判断；相反，估量、测定这类属于判断的特征却混进了行动中。这样一来，要揭示行为的基础和诉求，即估价与评估，珍视、珍爱的行为反倒变得无足轻重了。①

具体讨论人们混淆两种不同性质事物的行为之前，我先絮叨几句。其实，人们若时常把语境脉络放在心上的话，这几句话本来没有必要说。在依恋、钟情、追求、依依不舍之类的评价中，人、事的广阔天地中的所有事物皆可被视为珍爱的对象，而且，由于珍爱，该事物也就有了"价值"。然而，人们"赋予价值"之物本身并非价值。当评价作为判断、判定时，某种受到珍爱的东西之价值才刚好成为评价的论题。我的某位朋友值得我那样去爱吗？我矢志不渝追求的对象值得我花那么多的时间和精力吗？这样的区分在理论探讨之外是很平常的。一种态度极其热烈，另一种则不裹挟太多热情，使人冷静。这在各种各样的道德劝诫中也是常见的，它能从消极的一面警告人们不要被欲望和激情冲昏头脑；理智之所以具有吸引力，原因也正在于此。"三思而后行"这一格言较好地表达了这一点。

---

① 为避免误解，我在此附带声明，进行如上区分并不是说在珍视、珍爱的各种行为中毫无认知或曰"理智"的成分，只是想说这样的认知成分无关乎我们对珍视、珍爱本身的考察。评估或曰"评判"明确地取决于这样一个事实：某种或某一类珍视、珍爱行为已经变得很成问题，以致人们觉得，不加以认真考量就没法从事这样的行为。

Ⅱ

开场白过后，我想接着谈谈上述议论能对贝努瓦-斯穆尔扬先生的文章产生什么影响。他的文章中有这么一段话，不失为一个很好的议论出发点。"价值判断必定始终包含情感成分……另一方面，价值判断似乎又含有自愿作出抉择的成分。作判断的人似乎在作出某种选择，这种选择要他忠于未来的某项事业，可能要他不要偏离某项行动的路线，因而他有责任去拥护、捍卫自己认为是正确的事情，并行动起来去维护它。"

判断的特征与作为珍视、珍爱之意的评价之特征，关于这两者间的相似性，我们也许没有必要加以详述。用心理学术语表达的话，后者明显可以说是一种情感—选择型行为；或许也可以说是典型的情感—选择型行为，因为意识到了情感—选择的对象，而且其中包含的"理智"因素也被吸收乃至裹挟到了一系列喜爱—厌恶行为中，而这些喜爱—厌恶行为遵从明确的行动方向。同样显而易见的是，把这些特征归给价值—判断，自然就会在对价值的各种判断与所有其他各类判断之间设置鸿沟，因而同样自然地在社会问题与所有其他科学问题的研究原理上产生差异。

忠诚、关切、依恋的态度和习惯，是人类社会客观存在的事实中极其重要的方面及组成部分；将这样的态度和习惯转换成作为科学探究之结果的种种判断，也许不无道理，也许未必像表面看上去那样错得离谱。人们完全有理由认为，由于判断而真实发生的某种变化恰好促成了这样一种转换。笔者在此谈论的既不是原初的行为性质的珍爱、珍视，也不是判断本身，而是信奉什么、珍爱什么（及把什么视为有价值的）发生了变化。通过探索，人们对以往盲目、随意、考虑不周的行为有了一个较好的认识态度，从而导致了这种变化。将判断转变成从事判断的人，或许就很好地证明了这么回事——请看下面这段话："作判断的人似乎是在作出一项选择……因而带来一种责任。"我认为，将情感—选择成分归于判断的做法没有任何意义；尽管如此，有必要指出的是，由于判断涉及的是某一类内容（别的判断可能涉及土豆、化石之类，或者其他什么东西），因此判断的结果很可能是在为另一种性质不同的情感—选择型态度作准备。事实上，人们之所以不应鲁莽行事，而应三思而后行，恐怕原因也正在于此。

前文曾提到，将情感—选择型态度归于判断本身，立刻可将价值判断与其他各类判断区别开来。这一点是一般论者所承认的，甚至可以说是他们所宣称的，尽管他们表面上说的是价值判断和所谓"存在"判断之间的区别。虽然目前这种区分几乎为某一部分论者所公认，但除了拒不承认所谓价值判断是任何意义上的判断外，我看不出这种区分有任何意义；因为他们认为价值判断未能满足相关条件，而一项陈述要想成其为判断就必须满足这些条件，如此其科学地位才可能被认可。当然，有一项事实极为重要，即要作上述逻辑区分，就得用假设来否定价值和价值评判本身是事实性的和实际"存在"的。价值评判所针对的实际上是不存在的东西，这一假设本身至关重要。更进一步讲，乍看起来，评估行为及其结果只是将社会事实与物理科学的事实区分开来的东西罢了——正因为如此，这事才特别得有点儿不可思议。

III

因此我建议，与其像贝努瓦-斯穆尔扬那样区分两种判断，还不如在相对直接的行为——如珍爱、珍视、效忠等——和相对间接的行为之间作出区分；在相对间接的行为中，珍爱、珍视、效忠等行为可以得到批判性考察。我们就从一项不可否认的事实谈起：由于生存条件的原因，人们始终得抱有或喜爱、赞美或厌恶、憎恨的态度，并对这些态度作出"评判"。一切行动、一切动机及人类广泛关注的一切事情，都是直接行为态度的表达。人们用行为来为这些行动、动机和策略进行辩护和提供支持。由于来自社会实情（而不是个人的异想天开）的压力，人类某些更为基本的思想态度就变得可疑。集体价值及评价的冲突，恐怕是这些思想态度遭到怀疑，因而不得不承受系统全面的"理性"考量的一个突出原因。①

所谓原初（比较而言）行为态度与从属、派生行为态度之间的区别，其实也就是前面具体论述过的不同估价行为与评价结果之间的

---

① 这里给"理性"一词加引号，并不意味着所涉及的理性**一定**是精神分析意义上的"理性化"。目前仅涉及这样一个问题：**如何**使类似问题的探讨更加明确地符合规范，使其与已成常规的传统做法保持一致；毕竟，传统的做法涉及的议题是经过长期努力才获得其科学地位的。这无疑要求人们强化并扩展某种情感和某种日常习惯，悉心呵护真理，抑制另一些想法和癖好。不过，得到强化及扩展的并非判断的组成部分，而在于创造条件以便让判断作为人类行为的大事而出现；被排除在外的情感—选择型态度，虽然根本谈不上是判断的"组成部分"，但却有力量阻碍判断事件的出现，因此有必要努力削弱其效力。

区别。这种区别仅表明侧重的方面有所不同，本质上未必有多大区别。例如，喝水并享受喝水的乐趣与琢磨水的化学成分，本质上就没有太大的区别。那些更为直接的情况，确实涉及某些"知识"，确实包含"认知"的一面。琢磨的内容在较为间接的或反思的语境下，性质却大为不同。在任何一种较为间接的情况下，都有一个人涉足其中，这个人有他的个人喜好乃至偏见。但是，在适合使用"判断"一词的情况下，喜好的性质却发生了变化。此时，一个人所喜好的不再是别的，而是知识，是探索，其他偏好和珍视则从属之，至少暂时这样。并不存在一种逻辑的或理论上的观点和方法可以让我们将关于"价值"的判断、关于种种估价行为的判断与任何其他形式的作为判断的判断区分开来。但是，我们讨论的是判断。这一事实表明，我们必须充分而明确地承认研究内容上的区别；倘若拒绝满足判断问题所设定的条件，将珍爱、珍视这样的论题还原成分子式论题，这就好比坚持认为：鲸由于会在海里游泳，所以必定是鱼，因而只能用鱼的标准来对其加以判断。

Ⅳ

请让我长话短说吧。就社会科学领域而言，我前面论述过程中所得出的"实际"结论，其着眼点与贝努瓦-斯穆尔扬先生所表达的观点基本一致。他虽然对价值和存在判断持二元论的立场，但强调指出，对这种二元论所作出的某种解释会带来有害的后果。用他的话来说，这种解释"给社会科学的发展造成了极为深刻的不良影响"，使人误以为"价值判断是非科学的，因此必须从科学家的生涯中被清除出去"①。所谓"中立"策略，亦即论者所谓被动性，其实"对价值判断充满鄙视和不信任，而且根本就不愿意涉及有关社会政策的问题"。

最后，我想再简单说几句，谈谈从上述议论中如何得出性质基本相同的结论。这种结论当然与探讨社会学研究的内容有关，而且结论的得出也比较直接，既不含糊其词，也无观念转换。

1. 在珍视、珍爱、效忠等能带来"评价"的相关研究内容中，并不存在特别"个人的"东西。当然，你可以说其所在地还是"个人的"，

---

① 由逻辑的向"个人的"这样的转变前面已经指出过，有鉴于此，原文中出现的着重号似乎特别值得注意。

但这一事实和下面的事实一样，不能确定目前所讨论的相关问题的性质和特征。例如，日本发生了一次地震。从地质学上来说震中地区在北部，而这推翻不了地震这一事实本身。政策、制度、习俗等是种种"估价行为"的所在地；在这个意义上，它们是典型的社会学现象或表现。

2. 上文所论侧重的主要是作为时间延展的行为中估价行为及评价结论的相对地位和活动，现在有必要明确地用空间延展来补充说明一下，以校正上述所论的片面性。由于估价行为和评价结果两者都包含在习俗和制度中，所以，它们必定占有极其可观的空间范围。简言之，尽管作为研究内容的社会事件有着自身的性质和具体特征，但它们都具有时空特征，因而与科学所探讨的所有其他问题并无二致。其发生的时间和地点虽都带有"个性化"的特点，但不至于令它们"纯真无暇"到没法用"科学的"方法来加以研究。

3. 和生物学一样，天文学和物理学也都是科学；它们的历史表明，为了争取足够的"中立"程度以取得有效的研究成果，这些学科都经过艰苦的斗争。显而易见，各种社会事件中仍然充斥着形形色色的偏见、歧视及个人好恶，这不利于形成一种特殊性质的偏好和忠诚情感。这里所谓的特殊性质的偏好和情感，能够引发、规范不偏不倚的研究，即通常所谓的客观研究。在天文学、物理学的研究中，研究者从以往阻碍研究的处境中解放了出来，使自己的研究工作在社会上实实在在地得到了确立和广泛承认。和天文学、物理学一样，与价值及价值评判相关的人类社会事件的调查研究和描述，将来也会取得类似的地位。这类性质的科学研究和判断，本身都是些人类社会事件，且以其他社会事件为产生媒介，并以其他社会事件为存在基础，故而它们在"实际"影响方面的逻辑或理论问题并非特异的。存在的问题固然相当多，不过，这些问题都是另一个与之关系密切的"实际"问题的不同方面。这个"实际"问题就是：所谓科学的行为态度，如何在具体的生活环境中被人们广泛接受？

"价值"领域①

　　就价值学科目前的状况而言，具有决定作用的争论的焦点问题就是方法论问题：应该以什么立场来处理赋值和评价②这一论题？应该根据什么样的假设来确定赋值和评价论题的选择和处理方式？上面所提到的"价值学科目前的状况"非常重要。这并不意味着方法论问题可以脱离论题，也不意味着方法论问题会永远保持这种最为重要的地位。相反，如果我们解决了方法论问题，或者说，一旦我们解决了这一方法论问题，我们就将继续前行，我们就将运用这种方法论，并在运用它的过程中对它作出检验和进行完善，而且，那

① 最初发表于《价值：一种合作研究》(*Value：A Cooperative Inquiry*，哥伦比亚大学出版社1949年版)一书。该书是雷·莱普利(Ray Lepley)编辑的有关价值论的论文集。本文回应了哲学家们对杜威的评价与价值理论的批评，尤其是回应了他们对杜威1944年发表的《关于价值的几个问题》一文的批评。本书选用的是冯平的译本。此译本以冯平和宾新元的译本(首次发表于《评价理论》，修订后被收录于《现代西方价值哲学经典·经验主义路向》)为基础，参考汪洪章翻译的《杜威全集·晚期著作》第16卷的同名译文，重新做了校订。
② 杜威用了"valuings""evaluations"或"valuations"来表示"评价"。我们将"valuings"翻译为"赋值"；将"evaluations"和"valuations"翻译为"评价"。杜威在1943年写的《再论评价是判断》一文的注释里称，"valuing"是一个模糊的字眼，它既指判断与评价，又指直接的喜好、珍视、偏好、看重等。——译者注

时我们就不需要再专门就研究赋值和评价论题的方法论问题进行讨论了。纵观目前价值问题探究众说纷纭、莫衷一是的状况，我们就可以看到佩珀①所提出的问题是多么中肯和多么深刻。佩珀提出的问题是："怎么才能保证不同的研究'价值'问题的作者所讨论的恰好是同一论题？"②我认为，佩珀在此句之前所用的短语"价值学科或价值领域"同样非常重要。因为，关于价值学科令人困惑的颇有争议的状况，似乎正是由对符合价值的限定性条件（value-qualification）③的事件所处的领域缺乏一致的意见这一事实引起的。在合理地确定这一领域之前，关于赋值和评价论题的讨论完全就像是在黑暗中向着某个被认为是存在于某处的东西开火，而所谓"某处"恰恰是最模糊不清的。在这种情况下，如果不首先讨论方法论问题，或者说不首先确立假设，那就太狂妄自大了。

I

那么，我就从确立假设开始。这个假设对接下来的内容具有导向作用。我的这个假设就是：价值—事实（value-facts）领域④是一个行为（behavioral）领域，因此，必须用适合于行为论题的方法来处理价值事实。然而，"行为和行为的"这些语词并不是不言而喻的。我们有必要对这些语词做一些基本的解释。在这里，"行为和行为的"一般专指具有生命过程性质的那些事件，尤其专指具有动物生命过程性质的那些事件。有一种假设认为，"行为和行为的"这些语词只能用于可用物理术语（严格的物理学知识）表述的事情。以这种假设为立足点的反对意见和批评意见因此而离题了。生命过程包含物理方面，如果不汲取可以利用的物理学知识，就不能对生命过程作出恰当的解释。但是，利用物理学知识和将生命过程归结为物理学术语是根本不同的两回事。另外，虽然人类行为，毫无疑问，既包含动物的一面，又包含物理的一面，但是，它仍具有自己非常鲜明的

---

① 佩珀（Stephen C. Pepper），美国加利福尼亚大学哲学教授，《价值：一种合作研究》的撰稿人之一。——译者注

② 这个问题包括在目前合作研究中所提出的问题和评论中，参见《价值：一种合作研究》的序言。

③ "value-qualifications"，其中"qualifications"意指事物已经具有价值的资格或限定条件等，本文将此短语翻译为"价值的限定性条件"。——译者注

④ 为了行文简洁，本文将"the field in which value-facts belong"译为"价值—事实领域"。——译者注

特征与特性，因而，不能完全用生理学术语表述人类行为。在这里，我们只要援引语言的事实就足够了。没有物理条件，没有生理过程，就不可能有语言的发生；但是，我们却不能因此就将语言归结为物理条件和生理过程，否则必然会使语言所具有的独一无二的显著特性变得模糊不清。

提到生命过程，对我们确定价值事件领域①并没有多大帮助。要确定价值事件领域，还应该附加以下限定性条件。(1)将生命过程限定为选择与拒绝过程。(2)详细说明这个事实：选择和拒绝过程使从阿米巴虫到最高级的灵长类动物，保持了整个生命过程的不断延续。也就是说，所有生命过程都有一个目的(end)。"目的"这个词，在这里既不是在其形而上学的意义上，也不是在其心智的意义上(通常称"精神的")，而是在与结果、后果、结局相同的这一意义上使用的。简而言之，目的是一个严格的描述性术语。

与关于生命过程的基本陈述相关的这些限定性条件表明，在使事实可以被观察、可以被检验这一意义上，价值—事实领域是行为的。在这里，所谓观察和检验都是在其通常含义上被使用的。既然总的来说，选择和拒绝这一生命的倾向，就是维持生命和延续生命过程(当然还不止这些)，那么，无论是用赋值这一名称还是用价值这一名称，"领域"这个词都特别合适。因为，所说的那个假设，排除了把赋值和价值当作孤立的、不受外界影响的、瞬间的或短暂的"举动"的观点；排除了将赋值和价值归因于某种特别作用或某个特别作用者的观点。因此，我们所说的选择，不仅本身极大程度地在时间中延续和在空间中遍布，而且它们的结果和后果也涉及整个生命进程，并且通过实现繁殖的那些过程而与人类的生命相关。② 我们所说的拒绝过程，则承担着长时间跨度的淘汰、保护性防御和向破坏性因素进攻的功能。

这并未涉及所提到的这些事实除了能够确定价值事件领域的范围之外还能做什么；也并不意味着在不附加其他限定性条件的情况下，这些事实就足以涵盖价值事件。然而，即使不附加其他限定性条件，我们也能由此直接得出一些方法论的结论。

---

① 为了行文简洁，本文将"the field in which value-events are located"或"the field of value-events"译为"价值事件领域"。根据本文，"价值—事实领域"与"价值事件领域"似并无区别，但是杜威在本文中用了这两个略有差异的词。——译者注

② 这并不意味着，在确定的研究中观察延伸到更狭窄的领域就不合理，但是，**要重视我们现在研究的这个问题**，对选择这一生命过程的观察就必须思考它们的全部影响。

1. 因为价值领域是一种可以观察的、存在于时空中的事实，所以当内省被用于特指对事件的观察，而当这一事件完全指私人事件的时候，就必须将它排除在价值领域之外。虽然这个结论是从我们所说的假设中推衍出来的，但它绝不是任意的。无论以什么理论为基础，在讨论中仅仅要求内省是完全不能容许的。应该将纯粹属于私人的东西留在它产生和它所属的地方——私人的隐居地。在与他人的争论中诉诸内省是一种哲学的自相矛盾。以为可以假定另一个人的内省所注意的是同一个事实，这种观念无非重蹈这种自相矛盾之覆辙；它逃脱不了这种自相矛盾的结局。

2. 由此可以断定：因为作为生命过程的选择与拒绝总是涉及一些东西，这些东西要么是被选择的，要么是被拒绝的，所以对李①所提出的这个起始性问题，即"有没有这样一种作为价值的东西，它既不是某一事物的价值，不是某一事件的价值，也不是某一情境的价值呢"，我的回答干脆而明确："没有。"②

3. 由我所提出的那个假设而得出的另一个方法论结论，即并不存在这样一类特殊的东西（更不用说"存在物"），能够被认为也应该被认为价值的限定性条件是属它所有的。前面的观点表明，"价值"是一个形容词，它被用来命名一些东西的特征、性质和限定性条件（"东西"一词在这里是广义的）。"价值"这个词就像"好的""精美的""优秀的"这些词一样。现在需要补充的是，实际上，当"价值"一词被用来指称事物的特殊类别或特殊范畴时，它是被当作一个抽象名词使用的。假如语言给我们提供了一些特别的抽象名词，如"价值"（valuity）或"价值性"（valueness），就像与形容词"好的"（good）相关的名词"好"（goodness），那么，大量含糊不清的、导致无逻辑联系之结论的讨论就大可避免了。世上所有东西都可以进入以作为形容词的"价值"命名的范围。而且，文化人类学似乎想要指出，几乎所有的东西事实上都已经在某个时候、某个地方被人们赋予了价值的限定性条件。③

---

① 李（Harold N. Lee），美国杜兰大学哲学教授，《价值：一种合作研究》的撰稿人之一。——译者注
② "东西"（thing）这个词，就像"任何东西"（anything，如在上述短语"任何这样的东西"）、"某些东西"（something）一样是惯用语句，并不是指称一个物（substance），无论这个物是物质还是精神的。"东西"包括各种事件、情境、人物、团体、原因、运动、占有和追寻。
③ 这个事实就是杰赛普（Jessup）进行了专门的研究，并提出一个初步问题，即偶然发生的价值与一般性的价值之间的关系。

4. 将"内在的"这个词用在"价值"上，是如此之矛盾，简直就是武断和窃取论题①。这样说几乎就是在重复我们刚才提出的观点。它如此有效地掩盖了真正的问题，以致预先就结束了讨论。从某种意义上说，"内在的"这个词本身是无辜的；它仅仅意味着我们所谈论的某个特征实际上属于某一时间某一地点的某个特别的事物。例如，如果雪是白的而且确定是白的，"白"就是雪的"内在属性"。但是，作为一个武断的和窃取论题的形容词，"内在的"使事物及其性质与时空完全隔离开来，从而使它们绝对化。"内在的"这个词在用法上是"本质"这个词的残余。"科学"的各个分支一度用"本质"一词来说明事物的性质，表示事物"真正"（really）是什么。很久以前，在知识领域每一个随着时代而进步的分支中，"本质"早已被对时空中各种联系的考虑取代了。价值领域研究的进步也会随着与此类似的方法论转变而到来。

Ⅱ

现在让我们来考虑，当选择与拒绝这一生命过程进入真正的价值的限定性条件领域之后，它所获得的特殊的限定性条件。引入"照料"这个术语指称一种具体的选择与拒绝，可以说明这个问题。当照料发生在一些低于人类的动物那里时，照料本身并不等于赋值。但它朝向赋值的方向。照料配偶和幼崽是一些动物的行为特性。以知更鸟为例，它的照料表现在一直趴窝，直到蛋孵化为止；表现在它喂养和看护幼鸟，给幼鸟以温暖，保护幼鸟抵御敌人，帮助幼鸟学会飞翔等。

我相信，假如附加一个条件，我们就会感到必须把这种照料看成和赋值一样了。但是，就我们能断定的而言，尽管这种照料已经程序化，而且经历了特殊的时间和空间，但它并不意味着，动物是以它们对照料结果的认识，作为从事照料活动的根据或理由的。如果我们所谈论的这些动物对照料的结果有所预期或预见，如果它们的照料行为是由它们对结果的预见来指导和调节的，那么，根据前面所说的假设，它们的这种照料就进入真正的价值领域了。在詹姆斯引用的一个例证中，对于那只爱抱窝的母鸡来说，蛋"从来都不会

---

① 这里杜威用的是"question-begging"一词，指"窃取论题"的逻辑错误。旧译为"丐辞"。——译者注

多得让它不想孵"。如果这只母鸡对孵蛋导致的结果有所观察，我想，我们就不得不说，它对孵、蛋和小鸡的"评价"，是将它们都当成了"孵"或对"孵"而言必不可少的东西。

以上是假设陈述。如果照料发生在我们人类这里，那么，我们知道预见的条件，而且会用我们所预见到的东西，作为我们照料的根据或理由。我们发现，就如可期望的那样，因为事物的多样性为照料的多样性提供了根据，所以照料、赋值具有多种形式。因此，"照料"这个词就可以被分解成一系列包含这种行为的词，像"珍视、看重、珍重、尊重、赞赏、敬重、赞成、敬畏、支持、拥护、忠实、忠诚、奉献、关心、占有"，诸如此类。即使实在不得不用"对……有兴趣"这一短语，也必须是在特定的行为，像一个合伙人对一项生意"有兴趣"，或者一种"兴趣"须服从合法的判决这样的意义上使用。我相信，人们普遍是在这个意义上使用"对……有兴趣"这个短语的。这种用法符合语言习惯；但是，主观主义心理学却按照自己的倾向给这个词涂抹上了另外一种色彩，涂色的结果是使这个词浸透了有名无实的哲学讨论，以致再使用这个短语时很难不引起争议。

显然，无论使用上面哪一个词，所涉及的事实都相当普遍地包括了不同的时间、不同的地点、"不同的对象"、不同的作用者与不同的接受作用者。各种不同的行为和一些特定的"东西"之间存在着一种系统的内在关联，而这种"东西"就像在消化和循环情形中被称为功能的东西一样。无论在珍视、尊重、珍爱等情形中是否用"赋值"这个词，我们所观察到的事实强调了我们先前所提出的观点，即"赋值"并不是一个特殊的或独一无二的行为者一种特别的与世隔绝的行动，这个行为者在某种情况下是如此独一无二，以至于可以离开那些本身不属于"价值"类别的事实而理解赋值与价值。

相应地，需要引起注意的是用于赋值理论的那个含糊不清的短语"关系理论"。这里出现的假设就是："关系"是相对于"绝对主义的"而言的，而"绝对主义"是"内在性"理论的一些描述的性质。但是，这是一种非常笼统的考虑，因此，对所说的"关系"的性质尚可有多种解释。价值是"心灵""意识""主体"和"客体"之间的一种关系，或是有机体与"对象"之间的一种关系，或是一些特别的以不同名称命名的行为之间的一种关系，这些行为被称作"喜好、享受、想望、有兴趣"（被当作"精神作用的过程"）。这些观念就是当前关系理论的一些类型。所有这些观点都与我们在这里所提出的假设有着根本的区别。当然，我相信，采取这种将赋值（当绝对主义的解释被否定的时候)当作两个不同的事物之间的某种独特的直接关系的观点，比做其他任何事都更能导致价值学科的混乱。只有当所谈论的"关系"被理解为复数（因为包括不同事物在不同时空中的联系）而不是单数，而且明确地注意到，所谈论的这种联系包括不同的空间、时间、事物和人，关系理论才能导出可被普遍认同的结论。[1] 在这种情况下，"关系"将会被看作构成一种人与人之间或社会交往中的交互作用的关系，而且将会被"交互作用"取代。

III

通常，所谓"关系理论"在使用"内在的"这一术语时，仍旧保留了绝对主义理论的残余。当"内在的"被作为"外在的"的对立面时，这一点就格外明显。"外在的"被等同于仅仅作为手段（"自在手段"）的那些东西的价值，"内在的"被等同于仅仅作为目的（"自在目的"）的那些东西的价值。事实上，必须用"自在的"这个短语就表明，我们所说的这种绝对主义绝没有被削弱。"自在的"始终是一个否认联系的符号，因此，也是主张绝对的一个证明。只要还坚持绝对性观点，关于赋值与价值的讨论就只能停留在目前这种落后于其他学科的状态。其他学科之所以能产生"科学的"进步，就是因为这些学科在研究中放弃了对所谓"自在"之物的研究，而致力于对可以被观察到的各种联系的探究。

在"作为工具的"和"终极的"这一问题上，如果我们诉诸观察，而不是诉诸对概念的抽象，那么，我们就会注意到，在已经实现了所想望的发展的每一种技术和每一种追求中，作为手段的东西（无论是物质的还是程序的），实际上都是得到珍视和珍爱的东西，而且这些作为手段的东西还被当作关爱和热心的根据和理由。因为"工具—手段"是被珍视之物，所以价值就是"工具的"。这种观点简直难以获得双关语的资格。如果真如这种观点所说，那么，是不是当有人说狗或珠宝得到珍视的时候，就应该有一种以狗或珠宝的名字命名的特殊的价值类型呢？如果因为作为工具的东西被珍视，就有了"工具价值"这种价值类型，那么为什么当狗被珍视的时候就不能有"狗价

---

[1] 更为特别的是，在用一些内容更为丰富的关于行为的交互作用术语来界定"喜欢""愿望""享受"等之前，只要它们还被冠以那种孤立的、心灵的或者有机体的、彻底的、预先自成的名字，我就会怀疑介绍它们是否还有什么意义。如果把它们界为交互作用行为的一些方面，情况就完全不同了。

值"这种价值类型，或当钻石被珍视的时候就不能有"钻石价值"这种价值类型呢？

有一种观点认为，撇开同等重要的对作为获得目的之手段的那些东西的赋值，仍能赋予作为目的的东西以价值，而且人们仍能喜好这些作为目的的东西。这简直是不经之谈。① 如果一个人说他深刻地或强烈地看重某一"目的"，然而却对实现这个目的所必需的手段摆出一副漠不关心、满不在乎的样子，那么，这个人要么是一个故意欺骗他人的人，要么就是一个恶劣的自我欺骗者。有一种理论认为，谈到"内在的"价值，作为手段的东西与作为目的的东西是不同的。尽管这种理论很流行，但是令人满意的能干的人的行为要好过他们所声称的理论信念。这些人借着对"手段"的耐心和不懈的关注表达了他们对"目的"的热爱。

在价值问题上将手段与目的隔离开来的理论，实际结果是双重的。一方面，它们将所谓目的描绘成终极性的，而且是在极端乌托邦的、极端情感用事的、极端空洞的和极端无能的意义上使用"理想"这个概念的。这种"目的"的终极性不仅高不可攀，而且也毫无指导能力。"如果'好'不是同时也具有'工具的'价值，那么'好'凭什么是'终极'价值呢？"我还得留心恰好针对这一问题的答案。另一方面，这个理论与这样一种暗示有关，即作为手段的东西不具有属于自己的价值；不具有"只能用智力了解的""内在的"价值。让我们来看一个极端的例子，这个例子可以很好地展示这层意思。将价值截然划分为手段价值与目的价值的实际后果肯定是一种盲目的狂热。如果假定一个过程的"目的"是自在自为的（因而是终极的），那么，它就不能成为探究和价值判断的对象，于是我们的注意力就应完全集中在实现这些目的的方法和手段上。所有的不幸，都是由于接受了"目的证明手段"这一理论。因为，凡是被作为目的的东西，总被视为已经确定了的和不可置疑的；因为，目的是如此"自在"和"自为"，所以没有必要对一种事实上是由于使用了某种东西作为手段而导致的结果进行深究。即使是虐待狂残酷的行径或残酷的迫害，也不过是看起来残酷。事实上，依照这种逻辑、理论和实践，这些残酷的行径和残酷的迫害，不过是实现至高无上的价值的手段；而使用那些

---

① 重复短语"作为手段—目的的东西"（"things as means-end"）似乎是吹毛求疵。但是在目前谈论的情况下，我不认为，已经过分地注重了对那种关于存在自在手段和自在目的的观点的抵御；与自在手段和自在目的的观点性质相同的还有：**价值**是一个自在自为的"**具体**"名词。

看起来野蛮之手段的人，"实际上"不过是具有主宰作用的终极的善和好的谦卑仆人。对乌托邦的无法实现的"理想"的逃避，导致了狂热地专注于随心所欲地被作为手段的任何东西。后者与前者是互补的。任何观点，只要它们是以"终极价值和工具价值之间存在固有的类型之别"为名而建立价值的，那么无论这些观点是什么结果或什么"目的"的"工具"，在实践逻辑上，它们都具有狂热的倾向。

IV

从对目前价值研究的一些初步的怀疑和评论中发现的资料证明，存在着一种误解，这种误解歪曲了照料（赋值）作为一种保持或维护所珍视或珍爱之物的行为的含义。照这种误解看来，由于价值的限定性条件被另外附加给"被珍视或珍爱之物"，所以，这些"被珍视或珍爱之物"本身是先于珍视而存在的。我想，没人会怀疑，一旦一颗珍珠进入与光和光学仪器等的特别联系之中，就会因此获得颜色的限定性条件。而且，我希望现在可以假设，这种联系就被看成如其所是，而不是被看成一种与心灵、意识或其他什么东西的"关系"。这里所呈现的假设是：一颗珍珠就是在与此相同类型的情况下（尽管细节不尽相同），而获得价值的限定性条件的。因此，下面这段话值得我们引用。这段话表明，对误解的纠正将使误解所持立场更清晰地暴露出来。

> 在我看来，在一些通常被认为有价值的经验中，我们关心维护我们所珍视的独立存在的对象之存在；在另一些情形中，我们却并不关心这一点。在审美领域，前者就是博物馆策展人的态度；后者就是博物馆参观者的态度。参观者只想去看画，而把维护画的任务留给博物馆职员。珍视的这两种类型都是合理的，而且也都是有价值的，但也是截然不同的。所以，一个完整的价值理论必须考虑到这两种态度，而且必须将分别属于这两种态度的、它们各自具有特殊意义的价值类型赋予它们。

我正在发愁读者怎样理解我的原作的有关章节，并怎样以这一理解为根据提出看上去中肯的批评，批评就来了。我欢迎这种批评，它为我更充分地陈述自己的观点提供了机会。

1. 在上面所引述的内容中，相同的概念转换发生了两次，即从因有价值而得到珍视的对象，转换成了珍视具有价值之物的经验。

可以推测，之所以发生这样的转换，是因为后面的词句所表达的是作者自己的观点。这种观点既不是我的观点，也与我的观点毫不相干。除了"经验"一词的模棱两可之外（人们通常赋予经验"心灵主义"的含义，也可以将它当作一种无显著特点的行为的同义词），它无疑还蕴含着作者将珍视等同于被珍视之物，并因此将其等同于有"价值"之物的看法。我毫不怀疑，在珍视行为发生之后，人们通常会再对被珍视之物进行评价，看这些被珍视之物是否真的应该得到珍视，看人们以后是否应该"维护与保持"它们。但是，这种反省研究及其评价性结论，肯定不是最初的珍视"经验"。如果说我对这部分内容的评论太过详细了，那是因为在我看来，这部分内容为我提供了一个极好的例证，表明正是这种模糊不清遮蔽了目前价值领域的论题。

2. 在博物馆策展人的例子里，"维护存在"一词被赋予了特别的物理学的意思。有些策展人可能只关心这一点。但是，怎么能够因此就把策展人的这种关心说成属于"审美领域"的呢？我还没看出来。如果所包含的照料或者珍视行为是属于审美的（正如我用策展人这个例证所希望说明的那样），那么在乎画的物理意义上的保存，肯定仅是所包含的诸多方面的珍视中的一个方面。

3. 根据我前面提出的假设，参观者的"看"是一种属于行为范畴的活动。如果我们所说的这种行为是属于审美领域的，那么此时的"看"所表示的恰恰不是"仅仅"想看一幅画。"看"这种行为举动，绝不会仅因被看的东西是一幅画，就变成审美活动了。"看"也许只是偶然的一瞥；也许只是为了确定画的作者，或者鉴定画大概的商业价值；也许只是为了弄清画所描绘的景色，等等。

4. 如果"看"这种行为举动是属于审美领域的，那么（1）首先发生的是非审美的"看"，而且在此意义上，非审美的"看"是先于和独立于审美的"看"而"存在"的；（2）当"观看"被当作值得保持或值得开发的东西而受到珍视时，它就具有了审美的性质。瞬间的"看"不具有审美的性质；我们所谈论的"维持""保存"是穿越画之不同空间的考察，这种考察要成为真正审美的，还需要从容地进行。判断审美价值的一个标准，就是这种"观看"是很快完成了呢，还是在每一次"观看"中都会发现一些新的待欣赏的东西。当参观者的目光突然落在画上时，他欣喜若狂。此时他只是沉溺于热情的迸发，而不是沉浸于审美的想象。也许审美观察比任何其他类型的观察都更强调交互。

看来是时候讨论关于所谓价值的不同类型这件事情了。在奠定了赋值与价值和批判性判断（评价）的一般理论的基础之后，有必要讨论那些对于区别各种不同的价值限定性条件来说真正重要的问题，对此我毫不怀疑。某些能具体指明的方面或情况是专门与审美理论有关的，另一些方面或情况是专门与伦理理论有关的，或专门与经济理论有关的，或专门与作为方法论的逻辑理论有关的。但是，我认为：（1）意见不统一是目前关于价值问题的讨论的特征，而对属于不同类型的那些方面的具体化，是造成意见不统一的一个重要原因；（2）在奠定站得住脚的关于赋值与价值的一般理论的基础之前，涉足这些问题非但不能有助于达到一种合理的"价值"理论，反而会使目前的混乱状态愈演愈烈。

V

现在，让我们来考虑关于赋值与价值的判断问题，也就是说，来考虑评价的问题。首先，尽管对那些持相反意见的人敬重有加，但我还是要说，的确存在以判断而结束的评价探究这种事情；而且，像所有其他领域的判断一样，评价探究所达到的判断或多或少在特定境况中也是有充分根据的。简而言之，关于价值的命题可以是真命题，这些命题不只是报道某一个事物有价值，或者某一个事物已经被赋予了价值。通常人们会承认，在被称作工具价值的事例中，切实的探究和以真正的判断作为探究的结论是可能的和值得想望的。但却常常认为，在被称作最终的或终极的价值中，唯一可能的就是传达一种特殊的信息，即告诉人们：这些最终的或终极的价值是有价值的或者已经被赋予了价值。最奇怪的是，在一些场合，有人主张应该赋予这些最终的或终极的价值以普遍价值，尽管除了断言它们是"自在目的"以外，无法给出其他任何理由。有种观点无论是在逻辑上还是在实践中，都只是使外部"权威"得益。与这种观点相反，我们认为，构建一种能被充分理解的评价与赋值关系的理论是绝对必要的（赋值与评价实际上是同时发生的）。

讨论从这样一个事实开始，即照料、珍视，实际上作为赋值，都包含在心理学被称作动力（运动）①的方面。动物的选择和拒绝行

---

① 心理学将"motor"一词翻译为"运动的"，如"运动能力"（motor ability）。但对于一般读者来说，似乎翻译为"动力"更容易把握它的含义。因此，在杜威没有专门提到它作为心理学的一个术语时，我们还是将它翻译为"动力"。——译者注

为经常伴随着狂怒、恐惧、性倾向和依恋。对这一事实的观察表明动物也有情感的一面。它们是否也有"理智的"一面呢？对这个问题的回答决定了对下面这个问题的回答：恰好作为赋值的珍视等，与评价判断是否具有真正的或"内在的"的联系？或者后者与前者是否具有真正的或"内在的"的联系？或者作为赋值的珍视等，与评价判断是否构成了两种彼此分离的事件？前面提出的假设在这些选择项肯定方面的意义上回答了这个问题。对结果的预期和远见，对照料的预期和远见，作为基础为照料提供了内在的联系。

当对照料本身进行探究时，基础与理由是完全相同的。具体的照料活动都会有一些通常被称作"具有因果关系性质"的条件。如果通过对这些条件进行探究而发现它们足以保证预期结果的实现，那么，对这些条件的预期就成为具体赋值的基础，于是，珍视就明显地成了具有判断性质的那类事件。一个正常的人有时会提出这样的问题，即是否还应该保持或多或少习惯性地沉迷其中的那些珍视。如果或多或少习惯性地提出这类问题，他就会逐渐意识到，某些赋值"具有因果关系性质"的条件，就得到珍视的结果或效果来说，是不相关的，甚至是颠倒的。我们可以看到，社会等级限定性条件、非理性的偏好和那些为了拥有特殊声望或具有较高权力的人所作的断言等，对决定一种特定的赋值发挥了作用（凡相互作用的就包含被赋予价值的）。探究和由探究得出的结论（判断）必然引起珍视的改变和被珍视对象的改变。简而言之，价值判断是更为直接的珍视和珍爱这种活动在审慎性方面的发展。更为直接的珍视和珍爱是人类作为生物必须从事和不断从事的活动，相对而言，珍视和珍爱开始时是"欠考虑的"。①

就现实中"珍视"依赖于流行的风俗习惯道德观念，依赖于那些拥有较高的经济、政治和/或教会权力之人的操纵而言，实际上"珍视"已经非常扭曲，以至于它为受到"理性的评价是不可能的"这种观念深刻影响的任何一种貌似有理的说法做好了充分的准备。至少在今后很长一段时间里，我们是否能够把这类珍视的影响从现在可以

---

① 在我原来所提出的价值问题的一览表中，有一个问题是直接的赋值（valuings）和作为判断的评价（evaluations）的区别是分离类型的一种，还只是所强调的一点。对这个问题的回答就是，它只是所强调的一点。我之所以一定要说明这一点，是因为在早些年的论文中，我过多地强调了两者之间的区别。我现在仍然认为促使我这样做的理由是正当的。在目前讨论中，赋值（valuings）的清晰特征经常不加区别就被转移到评价（valuations）上。但是注意到它们之间的区别只是发展中的一种状态，就可以避免这种因之而起的混淆。

构建的最为合理的评价判断中全部清除出去，这还是值得怀疑的。但是，我们却没有理由放弃预先的努力，没有理由让需要引起注意的那些可悲的事情继续延续下去。再者，我们可以确定无疑的就是应该特别提到，在几个世纪以前，天文学和物理学的结论还受到当时占主导地位的我们上面所说的这类情形之影响的污染；大约在一个世纪以前，生物学的研究由于同样的原因而遭受严重的扭曲。发生在这些研究领域里的解放运动，就是我们尝试将赋值与评价从同样的影响下解放出来的充分的理由。关于"存在着诸如独一无二的'终极'价值之类的事件"的观念，就是我们所要进行的这一尝试遇到的首要障碍。当发现那些宣扬所谓"自由主义"原则的人，实际上却是一些积极支持和教唆独断论的专制主义者时，这简直是道德上的悲剧。

我提出的假设是在价值领域使用那些在其他领域已经被证明卓有成效的和能带来丰硕成果的被用于观察、构建和检验理论的探究方法，至于那些会在"价值"领域不断产生合理判断的探究，在这里就没有必要再逐一细说了。然而，应该指出的是，这种探究必须受到系统的控制：(1)控制在特定时间里对赋值的产生起决定作用的那些条件；(2)控制根据由这些条件决定的赋值产生的实际后果。在这类探究中，人们可以暂时不考虑"赋值"，而去关注那些决定赋值的因果关系。这些因果关系是由不文明的习俗、偏好、阶级利益和权威力量的操纵(包括特别要求有权设置暂时性或"永久性"处罚和奖励)造成的。有一种观点认为，关于赋值与价值的判断本身必须用价值的字眼。这就等于说，关于颜色的判断必须用颜色的字眼，而不能用振动过程或微粒子震动的条件这样的措辞。正是这种方法论论调使广义上所有人类的科学和知识在数百万年中一直处于发展迟缓的状态。

有人提出了这样的问题：是否所有的价值判断都不具有一种功能，并且也并不打算发挥这种功能，而这种功能我们可以也应该将其命名为"劝导"；是否这一事实并不赋予价值判断一种能使价值判断与所有其他类型的判断区别开来的特性？根据我前面所提出的假设，在所提到的限定性条件之内，我对这个复合问题的第一部分的回答是肯定的，对第二部分的回答是否定的。道德评价的功能就是影响其他人的行为，这种影响是通过使其他人形成一种凭理智(非情感)行事的、有利于某一类行为的意向而实现的。我对此毫不怀疑。但是，要将这种观点运用于审美判断，我却并不是如此确定无疑。不过，我相信足够的讨论将表明，这个观点对审美判断也是适用的。在目前情况下①，我尽量不说，无论在什么情况下，无论以哪种方式描述标准的价值，都将包括或应该包括价值的功能，因此，价值影响与指导后继行为的意图和职责是很清楚的。这里所谓的限定性条件就是：应该将"劝导"限定为评价判断的意图和职责，而不能将它当作评价判断内容中的一个与事实一道的、可作证据的要素。

前面所说的劝导的效用或功能并没有使评价判断在判断类型上有任何独特之处。通过考察被公认属于"科学的"类型的那些判断，我们可以清楚地看到这一点。根据对"科学的"一词的严格界定，天文学、物理学和生理学论题领域的合格的判断和结论，都是小心谨慎、有计划选择和拒绝的结果。即小心谨慎、有计划地选择真正的、提供证据的素材，小心谨慎、有计划地拒绝所有能够被查出是偏好或原先笃信某种特别的理论、专业声望和受大众欢迎的名声等使然的论题。目前，关于道德和技术的有效赋值在"科学的"学科中的发展，要比在那些按照惯例的方式划归"价值"领域的发展更大。劝导的功能和使人产生坚定信念的功能，绝不是按照惯例而被公认属于价值领域的那些判断所独有的。"科学的"探究和由"科学的"探究得出的命题，在这一方面是更好的范例。

根据以上内容，我们可以得出这样的结论：没有任何东西在方法论上（作为判断）能使"价值判断"与在天文学、化学、生物学的研究中得到的结论有所区别。特别是可以得出这样的结论："价值与事实的关系"问题，完全是人为的，因为它依赖于和源自一些毫无事实根据的假设。价值事实与其他事实的关系倒是构成了一个更为合理的需要解决的问题。这一研究是必不可少的。如果不走出"价值领域"而进入物理学、生理学、人类学、历史学和社会心理学等领域的论题之中，我们就不可能得出能被证明具有充分根据的评价判断。只有重视和考虑这些学科所发现的事实，我们才能确定具体赋值的条件和结果。如果不能确定具体赋值的条件和结果，"判断"的产生就只能是十足的空想。史蒂文森博士说：道德评价应该"来自一个人的全部知识"。简直没有什么能比表达对史蒂文森博士这句话的赞同，更能完满地结束我关于赋值和评价理论的陈述了。就让我们将史蒂文森的这一说法应用于所有评价，应用于每一个评价吧。

---

① 对这一点更详细的讨论，请见我的《伦理主题和语言》（"Ethical Subject-Matter and Language"）一文。"劝导"的效果体现在选择和整理事实的论题的两个方面。"劝导"本身并不是论题的一部分。

图书在版编目(CIP)数据

杜威卷/冯平主编. —北京：北京师范大学出版社，2024.5
（现代西方价值哲学经典）
ISBN 978-7-303-28660-7

Ⅰ.①杜…　Ⅱ.①冯…　Ⅲ.①价值（哲学）　Ⅳ.①B018

中国版本图书馆 CIP 数据核字（2023）第 018579 号

营　销　中　心　电　话　010-58805385
北 京 师 范 大 学 出 版 社
主题出版与重大项目策划部

出版发行：北京师范大学出版社　www.bnupg.com
　　　　　北京市西城区新街口外大街 12-3 号
　　　　　邮政编码：100088
印　　刷：北京盛通印刷股份有限公司
经　　销：全国新华书店
开　　本：710 mm×980 mm　1/16
印　　张：27.5
字　　数：460 千字
版　　次：2024 年 5 月第 1 版
印　　次：2024 年 5 月第 1 次印刷
定　　价：128.00 元

策划编辑：祁传华　　　　责任编辑：梁宏宇
美术编辑：王齐云　　　　装帧设计：王齐云
责任校对：陈　民　　　　责任印制：马　洁　赵　龙